Das römische Reich unter Nero

Manfred Fuhrmann

SENECA UND KAISER NERO

Manfred Fuhrmann

SENECA

UND KAISER NERO

Eine Biographie

Alexander Fest Verlag

Für Käthe und Martin Walser

Wie der Tropfen in die Tiefe fällt,
als wüßte er, wo er bleibt,
rennen wir durch eine Welt, die den Tod betreibt.
La la la la
la la la la.
Die den Tod betreibt.

Martin Walser, *›Nero läßt grüßen oder Selbstporträt des Künstlers als Kaiser‹*

INHALT

VORWORT

Auch dieser Versuch ist, wie sein Vorgänger, die Cicero-Biographie, kühn genug, an eine reiche Tradition anzuknüpfen und eine vielgliedrige Reihe ähnlicher Werke um ein weiteres Glied zu verlängern. Die Rechtfertigung lautet abermals: Der Verfasser möchte durch eine übersichtliche, allgemeinverständliche Darstellungsart seinen Gegenstand auch denen vermitteln, die nicht schon von Berufs wegen oder auf Grund eingehender historischer Studien über einen Orientierung stiftenden Horizont des Vorwissens verfügen. Der Horizont wird also, wenn auch nur in groben Strichen, mitgegeben: Die Anfangskapitel handeln neben anderem von den Römern in Spanien, von der Rhetorik der beginnenden Kaiserzeit und von der Stoa, und auch später sind, wo es förderlich schien, Sachzusammenhänge in den eigentlichen biographischen Bericht einbezogen worden.

Eine jede Seneca-Biographie sieht sich notwendigerweise mit zwei Schwierigkeiten konfrontiert: Leben und literarisches Werk sind in diesem Falle bei weitem nicht so eng miteinander verflochten wie bei Cicero; das Leben aber ist, da Privatbriefe völlig und andere Selbstzeugnisse fast völlig fehlen und da auch Zeitgenossen und Spätere nicht eben verschwenderisch mit Nachrichten aufwarten (geschweige denn, daß sich in der Antike ein Biograph gefunden hätte), großenteils dürftig und erst in der letzten Phase, etwa von der Ermordung Agrippinas (59 n. Chr.) an, einigermaßen zufriedenstellend dokumentiert. Der Verfasser hat der ersten Schwierigkeit dadurch Rechnung getragen, daß er zwar das biographische, dem Faden der Chronologie folgende Darstellungsprinzip grundsätzlich wahrte, andererseits aber nicht Anstand nahm, den Gang der Ereignisse wiederholt durch literarische, dem philosophischen und poetischen Werk Senecas geltende Kapitel zu unterbrechen. Der zweiten Schwierigkeit wird auf die übliche Weise begegnet: Hypothesen und Rekonstruktionen suchen die Lücken der Überlieferung zu schließen, und das Wahrscheinliche dient als Surrogat, wo die Wahrheit auf immer verborgen ist. Dies gilt vor allem für das Kalkül des Staatsmannes Seneca, der zugleich ein strenger Ethiker war: Der Hof Neros setzte ihn schlimmsten Situationen aus; auf die Frage aber, welche Erwägungen seine Reaktionen geleitet haben mögen, bleiben als Antwort nur Mutmaßungen.

Der Hof Neros, der Kaiserhof überhaupt: Er wurde für Seneca zum Schicksal nicht erst, als Agrippina ihn zum Prinzenerzieher berief. Er machte sich als Gravitationsfeld mit Notwendigkeit von dem Zeitpunkt an bemerkbar, da der junge Redner und Schriftsteller mit den ersten Proben seines Talents brillierte. Das Weitere verlief großenteils nach vorgegebenen Regeln, denen des Hofes und denen des römischen Soziallebens überhaupt: Kabalen führten zur Verbannung (41 n. Chr.); die Erlaubnis zur Rückkehr acht Jahre darauf belastete Seneca mit einer Dankesschuld, die seine Handlungsfreiheit stark einengte usw. Daß infolgedessen dem Hof und zumal Kaiser Nero, dem Zögling und Mörder Senecas, besondere Aufmerksamkeit zugewandt werden mußte, sucht schon der Titel dieses Buches anzudeuten; es kommt hinzu, daß ohne den Hof weder das Reichsregiment noch der grandseigneurale Lebensstil Senecas vollauf verständlich sind.

Die Biographie von Marc Rozelaar – ›Seneca: Eine Gesamtdarstellung‹, Amsterdam 1976 – ist zum Teil mit herber Kritik bedacht worden, sicherlich zu Recht. Dem Verfasser jedoch hat sie bei manchem Detail, insbesondere bei der Suche nach Zeugnissen, gute Dienste geleistet. Er wäre undankbar, wenn er dies nicht eigens hervorhöbe.

ERSTES KAPITEL

Senecas Herkunft – Spanien und die römische Literatur – Senecas Familie

Der vollständige Name ist bekannt: Lucius Annaeus Seneca. Sein Träger hat ihn selbst einmal in einer seiner Schriften erwähnt, als Beispiel für Identität trotz verschiedener Bezeichnungen: »Wenn du ein Darlehen, das du von Seneca empfangen hast, dem Annaeus zu schulden behauptetest oder dem Lucius, dann würdest du nicht den Gläubiger wechseln, sondern nur den Namen, da ja, ob du seinen Vornamen oder seinen Namen oder seinen Beinamen nennst, der Genannte gleichwohl stets derselbe wäre.«

Jahr, Monat und Tag der Geburt hingegen sind unbekannt und müssen aus ungenauen und daher dehnbaren Selbstaussagen erschlossen werden. »Ich sah um die Zeit, da der göttliche Augustus starb, ein derartiges Vorzeichen«, schreibt Seneca von einem Feuerball, der über den Himmel fuhr und inmitten seines Laufes erlosch. Er war also im Jahre 14 n. Chr. alt genug, einen großen Meteor zur Kenntnis zu nehmen, eine Erscheinung, die nach antiker Vorstellung ein bedeutsames Ereignis anzukündigen pflegte. Ein etwas genaueres Zeugnis bezieht sich auf dasselbe Epochenjahr, auf den ersten Thronwechsel in der von Augustus begründeten römischen Monarchie: »In den Anfang der Regierung des Kaisers Tiberius fiel die Zeit meiner Jugend.« Seneca berichtet, wie radikal sein Streben nach philosophischer – man könnte auch sagen: nach asketischer – Lebensführung damals gewesen sei: Das pythagoreische Dogma von der Seelenwanderung, vermittelt durch den Lehrer Sotion, habe ihn dazu veranlaßt, sich jeglichen Fleischgenusses zu enthalten; erst nach einem Jahr sei er, vom Vater gedrängt, zu seiner früheren Kost zurückgekehrt. Nun ist auch »Jugend«, *iuventa*, alles andere als eine starre Größe, und dasselbe gilt für *iuvenis*, »junger Mann«, als den sich Seneca in seinem Bericht von seinen pythagoreischen Neigungen bezeichnet. Glücklicherweise hatte er indes an anderer Stelle geschrieben, daß er als *puer*, als »Knabe«, dem Philosophen Sotion gelauscht habe. Er befand sich also damals im Grenzbereich zweier Lebensphasen, er wuchs vom *puer* zum *iuvenis* heran, kurz, er zählte, als Tiberius die Herrschaft antrat, vierzehn oder fünfzehn Jahre – er hatte das Alter erreicht, in dem der römische Jüngling in feierlichem Akt die Männertoga erhielt und hierdurch zum Erwachsenen erklärt wurde.

Es gibt noch andere, allerdings schwächere Indizien für die Annahme, daß Seneca nicht, wie man meist in den Nachschlagewerken vermerkt findet, im Jahre 5 oder 4 vor Christi Geburt, sondern geradezu im Jahre Null zur Welt gekommen ist. Dieses Jahr fehlt allerdings in der offiziellen Zeitrechnung: Man hat es vergessen, als man begann, die christliche Ära in den vorchristlichen Raum zu erstrecken; man ließ damals dem Jahre 1 *nach* Christi Geburt das Jahr 1 *vor* Christi Geburt unmittelbar vorausgehen. Seneca wäre somit im genauesten Sinne des Wortes ein Zeitgenosse Jesu Christi – wenn nicht, wie man längst weiß, Jesu Geburt in das Jahr 6 oder 5 »vor Christi Geburt« fiele, in die letzte Zeit der Regierung Herodes des Großen (gestorben 4 v. Chr.).

Durch äußere Umstände läßt sich das Fehlen eines so wichtigen Datums wie des Geburtsjahres nicht erklären: Seneca lebte in einer Zeit des Friedens, des Wohlstands und hoher kultureller Blüte. Das im Jahre 79 n. Chr., also vierzehn Jahre nach Senecas Tod, durch den Vesuvausbruch verschüttete Pompeji zeigt dem heutigen Betrachter am deutlichsten, in welch komfortablem Zustande sich Italien und weite Teile des römischen Reiches damals befunden haben. Offenbar legten weder die Zeitgenossen noch die unmittelbar Nachgeborenen Wert auf Genauigkeit nach Art des modernen Standesamts, und so blieb es auch in historisch heller Zeit dem Zufall überlassen, welche biographischen Fakten festgehalten und weitergegeben wurden und welche nicht. Dem Historiker Tacitus, dessen ›Annalen‹ die wichtigste Quelle für Senecas Leben sind, erging es nicht anders: Auch bei ihm, dem um ein halbes Jahrhundert Jüngeren, kann das Geburtsjahr nur approximativ erschlossen werden.

Für die Beurteilung von Genies, die früh reiften und sich rasch aufwärts entwickelten, mag es von Belang sein, möglichst genau zu erfahren, wann sie geboren wurden. Auf Seneca traf weder das eine noch das andere zu: Er hatte die Dreißig überschritten, als er die ersten Schriften veröffentlichte, und das früheste erhaltene Werk, die ›Trostschrift an Marcia‹ (unter Caligula, 37–41 n. Chr.), zeigt ihn bereits in vollem Besitz der Stil- und Argumentationskunst, die für sein ganzes Schaffen charakteristisch ist. Es kommt also wenig darauf an, ob man sich ihn im Jahre 41 n. Chr., als er nach Korsika in die Verbannung gehen mußte, als Vierzig- oder als Fünfundvierzigjährigen vorstellen soll und ob er im Jahre 65 n. Chr., als Nero ihn zum Selbstmord zwang, ein Mitt- oder ein Endsechziger war.

Seneca stammte aus dem äußersten Westen der damaligen zivilisierten Welt, aus Corduba am Baetis, dem heutigen Córdoba am Guadalquivir. Die Tatsache selbst ist zuverlässig überliefert. Seneca wird in den literarhistorischen Notizen, die der Kirchenvater Hieronymus seiner Weltchronik beigegeben hat, als *Cordubensis* bezeichnet, und dasselbe Prädikat erhält der Dichter Lukan, der Neffe Senecas, in der ihn betreffenden biographischen Tradition. Martial, der Epigrammatiker, läßt in dem Stück 1,61 die Geburtsstätten berühmter Autoren Revue passieren, dort verlautet unter anderem (v. 7–8):

Duosque Senecas unicumque Lucanum
facunda loquitur Corduba –
Von den beiden Seneca und vom einmaligen Lukan
spricht das beredte Corduba.

Hier werden, wie ersichtlich, alle drei Mitglieder der Familie, die es durch literarische Leistungen zu Ruhm und Ansehen gebracht hatten, Seneca der Vater und Seneca der Sohn sowie Lukan, der südspanischen Stadt zugewiesen.

Corduba, eine alte iberische Siedlung, war, als Seneca geboren wurde, seit etwa anderthalb Jahrhunderten eine römische Stadt, im Jahre 152 v. Chr. gegründet von Marcus Claudius Marcellus, einem Enkel des berühmten gleichnamigen Eroberers von Syrakus. Sie entwickelte sich rasch zum Zentrum der Region, dem allenfalls das weiter flußabwärts gelegene Hispalis, das heutige Sevilla, Konkurrenz machen konnte. Im caesarisch-pompejanischen Bürgerkrieg (49–45 v. Chr.) kam Corduba große Bedeutung zu: Die Stadt wurde nach der Schlacht bei Munda, der letzten des furchtbaren Ringens, von den Pompejanern geräumt und von Caesar eingenommen. Martials Gedicht 9,61 weiß von einem beachtlichen Relikt aus dieser Zeit: Caesar habe in einem berühmten Anwesen dort, wo »sich das reiche Corduba des sanftströmenden Baetis erfreut«, eine Platane gepflanzt, die inzwischen zu einem mächtigen Baum herangewachsen sei. Der Dichter verheißt ihr, einem Mittelpunkt bacchischer Ausgelassenheit, ewiges Leben, da sie ja der Hand des Siegers entstamme, nicht der des Pompeius.

Von Corduba, der durch ihre Schafzucht und ihr Olivenöl bekannten Stadt, ist aus nachcaesarischer Zeit kein spektakuläres Ereignis mehr überliefert; es wurde erst in westgotischer Zeit, in der zweiten Hälfte des 6. Jahrhunderts, wieder Gegenstand kriegerischer Verwicklungen. Erhebliche Reste römischer Bauten sind nicht auf uns gekommen; doch bezeugen mancherlei Plastiken und vor allem die Fülle der Inschriften, daß in Corduba über die Jahrhunderte der *Pax Romana* hinweg die üblichen städtischen Beamten und Priester ihren Dienst taten, daß dort wie überall, wo Römer wohnten, die herkömmlichen öffentlichen Spiele begangen wurden und daß der bürgerliche Alltag vom geschäftigen Treiben der Handwerker geprägt war.

Daß sich Corduba schon in spätrepublikanischer Zeit als Schauplatz literarischer Bemühungen hervortat, bekundet Cicero: Ein spanischer Statthalter namens Quintus Metellus Pius (79–72 v. Chr.) war derart auf den Preis seiner Taten erpicht, »daß er sogar ein paar Dichtern aus Corduba, die mit schwülstigen, sonderbar klingenden Versen aufwarteten, ein freundliches Ohr lieh«. Dann verlautet aus frühaugusteischer Zeit etwas über einen Musensohn der Stadt Corduba: Ein gewisser Sextilius Ena habe im Hause des Messala Corvinus, des berühmten Gönners des Tibull, ein Poem auf den Tod Ciceros vorgetragen. Der Vater Seneca, dessen rhetorischen Studien die Nachwelt diese Kunde verdankt, fügt noch hinzu, daß Sextilius Ena ein ungleichmäßiger Dichter gewesen sei und manchmal von der Art, wie Cicero sie den cordubensischen Lobrednern des Metellus Pius zugeschrieben habe.

Um das Jahr 55 v. Chr. brachte Corduba zwei literaturbeflissene Persönlichkeiten hervor, denen nichts Provinziell-Rückständiges mehr anhaftete: den Vater Seneca sowie den Redner und Redelehrer Marcus Porcius Latro. Zwar ist von Latro nur die Herkunft aus Spanien ausdrücklich bezeugt; daß auch er aus Corduba kam, kann indes als sicher gelten, da er mit dem Vater Seneca, wie dieser berichtet, *a prima pueritia*, »von frühester Jugend an«, befreundet war. Die beiden gingen nach Rom, wo sie gemeinsam Rhetorik studierten. Latro war hierbei so erfolgreich, daß er es im Lauf der Jahre zu einem der bekanntesten Repräsentanten der damaligen Modeberedsamkeit, des Deklamierens, brachte – selbst Augustus sowie dessen Paladine Agrippa und Maecenas hörten ihm gerne zu, und der junge Ovid zählte zu seinen Bewunderern.

Die Würdigung von Senecas Geburtsort bliebe unzulänglich, wenn nicht ein rascher Blick auf das übrige Spanien hinzukäme. Die iberische Halbinsel hat nämlich insgesamt in der frühen Kaiserzeit einen erheblichen Beitrag zum römischen Geistesleben geleistet; er war ebenso groß, wenn nicht größer als der des Mutterlandes Italien. Aus Spanien stammten nicht nur die drei derselben Familie angehörigen Cordubenser, Seneca Vater und Sohn sowie der Epiker Lukan; dort waren auch die Fachschriftsteller Pomponius Mela, Columella und Quintilian und zudem der Epigrammatiker Martial beheimatet.

Pomponius Mela, aus Tingentera, einer im übrigen unbekannten Stadt in der Nähe von Gibraltar, kann den Ehrentitel für sich beanspruchen, das erste geographische Werk in lateinischer Sprache verfaßt zu haben, den Abriß ›De chorographia‹ (›Länderbeschreibung‹) in drei Büchern. Die Schrift entstand offenbar in den Jahren 43–44 n. Chr., also während der Regierungszeit des Kaisers Claudius (41–54 n. Chr.); sie befolgt im wesentlichen das in der antiken Geographie übliche Periplus-Schema, das heißt sie »umfährt« zunächst das Mittelmeer und sodann die an die Ozeane grenzende Außenküste Europas, Asiens und Afrikas.

Lucius Iunius Moderatus Columella hingegen (1. Jahrhundert n. Chr.), aus Gades, dem heutigen Cádiz, hinterließ ein großes Werk über die Landwirtschaft (›De re rustica‹, zwölf Bücher). Es gehört dank der ebenso präzisen wie anschaulichen Darstellungsweise zum Besten, was die römische Fachschriftstellerei hervorgebracht hat. Daß es unter Kaiser Nero (54–68 n. Chr.) entstanden sein muß, ergibt sich aus einem Hinweis auf keinen anderen als Seneca, dessen Weingut bei Nomentum (nordöstlich von Rom) wegen seiner hohen Erträge gerühmt wird.

Während Pomponius Mela und Columella nur durch räumliche Nähe und durch Zeitgenossenschaft mit Seneca verbunden waren, hatte der um eine Generation jüngere Marcus Fabius Quintilianus (etwa 35–100 n. Chr.), aus Calagurris (Calahorra) am Ebro, eine ungleich intensivere Beziehung zu dem Philosophen. Er war ein bedeutender Lehrer der Beredsamkeit und verfaßte die ausführlichste Darstellung der antiken Rhetorik, die auf uns gekommen ist (›Institutio oratoria‹, ›Ausbildung des Redners‹, zwölf Bücher). Als er in Rom zu wirken begann, hatte Seneca bereits seinem Leben ein Ende bereitet; seine Beziehung zu ihm war die eines eine neue Epoche repräsentierenden Widerparts. Er vollzog durch sein Bekenntnis zu Cicero als seinem Stilideal die Wende zum Klassizismus und lehnte daher die Zeit, die unmittelbar vorangegangen war, die »moderne« Zeit unter Nero, aufs schärfste ab. Bei seinem Plädoyer für den »richtigen« Stil war Seneca sein vornehmster Gegner, der Inbegriff all des Schwulstes, den er an den älteren Autoren rügte.

»Die Halle der Pisonen stand mir offen, mitsamt der Ahnengalerie, und das Haus des gelehrten Seneca, das dreifach zählt«: So beginnt ein Gedicht, in dem sich Marcus Valerius Martialis, der

1. Corduba am Baetis – Cordoba am Guadalquivir, Senecas Geburtsort. Die maurische Brücke ruht auf römischen Fundamenten aus der Zeit des Augustus. Photographie, um 1890.

jüngste der frühkaiserzeitlichen spanischen Autoren (etwa 40–103 n. Chr.), über einen ungetreuen Gönner beklagt. Er war in Bilbilis (westlich des heutigen Saragossa) aufgewachsen und hatte, als er um das Jahr 64 n. Chr. in Rom sein Glück zu machen suchte, nicht vergebens bei seinem reichen »Landsmann« Seneca angeklopft – da sowohl Gaius Calpurnius Piso, das Haupt der nach ihm benannten pisonischen Verschwörung, als auch Seneca dem Wüten Neros zum Opfer fielen, mußte er, ein Hungerpoet par excellence, sich bald darauf nach neuen Förderern umsehen. Er war, soviel wir wissen, unter den spanischen Schriftstellern des ersten nachchristlichen Jahrhunderts der einzige, der nicht für immer in Rom geblieben ist: Gegen Ende seines Lebens kehrte er in die Heimat zurück, auf ein Gut, das Freunde ihm geschenkt hatten.

Mommsen hat im fünften Bande seiner ›Römischen Geschichte‹ (er ist den Zuständen in den Provinzen gewidmet, von Caesar bis

Diokletian) einen gemeinsamen Zug der spanischen Autoren ausfindig machen zu können geglaubt: Sie hätten wenn nicht die Rolle des Führers, so doch die des Schulmeisters übernommen. Dies läßt sich ganz gewiß von Porcius Latro, Seneca dem Vater und Quintilian behaupten, den drei Spaniern, die sich der Rhetorik ergeben hatten; dies gilt weiterhin von Seneca dem Sohn, der selbst seine Tragödien in den Dienst pädagogischer Absichten gestellt zu haben scheint, sowie von den Fachschriftstellern Pomponius Mela und Columella. Dies trifft indes, wenn überhaupt, dann nur in sehr geringem Maße auf den Epiker Lukan und ganz und gar nicht auf den Epigrammatiker Martial zu.

Im übrigen ist Vorsicht geboten: Es gibt keine Besonderheiten der spanischen Autoren. Ihre Sprache, ihre Formen und ihre Stoffe waren genauso römisch wie alles, was in Rom selbst und in Italien entstand. Sie hatten auch kein Heimat- und Zusammengehörigkeitsgefühl, weil sie von der iberischen Halbinsel stammten, jedenfalls zeigten sie nichts davon – es ist somit unwahrscheinlich, daß Martial deshalb um Protektion bei Seneca nachsuchte, weil er ein »Landsmann« war. Im ersten nachchristlichen Jahrhundert läßt sich keinerlei Bedürfnis nach provinzieller oder regionaler Eigenständigkeit feststellen: Roms Stern war noch im Steigen begriffen; seine Sprache expandierte nach wie vor, und seine zivilisatorische Kraft begann erst gegen Ende des 2. Jahrhunderts n. Chr. zu erlahmen. Kategorien wie »spanisch« oder »gallisch« spiegeln erst in der Spätantike einen über das rein Geographische hinausgehenden Befund; erst in der Völkerwanderungszeit begannen die Regionen, sich auch innerlich vom Zentrum zu distanzieren.

Gleichwohl kann man nicht umhin, die spanische Präsenz im römischen Geistesleben der neronischen und flavischen Zeit zur Kenntnis zu nehmen: Sie bleibt ein auffälliges Faktum, das der Erklärung bedarf. Dies gilt um so mehr, als sich damals in keinem anderen Gebiet des Imperium Romanum Vergleichbares hervortat. Der griechische Osten ging ja ohnehin seine eigenen Wege; dort, im Bereich viel älterer Schriftkulturen, hat sich die Herrschaft der Römer stets auf das Politische und Administrative beschränkt. Im lateinischen Westen aber, wohin die römischen Eroberer alles mitzubringen pflegten, ihre Sprache und Schrift, ihre Religion, ihr Recht und ihre Zivilisation, herrschte außerhalb Spaniens noch lange Zeit Stille. Nordafrika begann sich erst in der zweiten Hälfte des 2. Jahrhunderts mit einem großen Autor, mit Apuleius, dem Verfasser des ›Goldenen Esels‹, an der literarischen Produktion zu beteiligen, und im Falle von Gallien trifft man nicht früher als im 4. Jahrhundert – vor allem in den Personen des Dichters Ausonius und des Kirchenvaters Ambrosius – auf herausragende Repräsentanten des Geisteslebens. In den Randgebieten endlich, in Britannien und im Donauraum, ist es nie zu einer kulturellen und literarischen Blüte von erheblichem Ausmaß gekommen.

Die römische Kultur hat sich somit im entfernteren Spanien erheblich früher entfaltet als in den näher gelegenen gallischen und nordafrikanischen Gebieten: Diese Tatsache erschiene nur dann, wenn man sich mit einer äußerlichen, rein geographischen Betrachtungsweise begnügen wollte, als Paradox; sie erklärt sich hingegen mühelos, sobald man einen Blick auf das politische Geschehen wirft. Die iberische Halbinsel, an der Peripherie der mediterranen Hochkulturen gelegen, lockte wegen ihrer Bodenschätze, zumal wegen des Reichtums an Zinn, schon in vorgeschichtlicher Zeit Kauffahrer herbei. Später, etwa vom Beginn des ersten Jahrtausends v. Chr. an, fanden sich nacheinander die Phönizier, die Griechen und die Karthager dort ein. Während sich die Phönizier und Griechen darauf beschränkten, Handelsplätze einzurichten, traten die Karthager als Eroberer auf, und zwar mit gesteigerter Intensität, nachdem sie – infolge ihrer Niederlage im Ersten Punischen Krieg (264–241 v. Chr.) – Sizilien und Sardinien an die Römer verloren hatten. Nunmehr rückten die Machtsphären der Römer und Karthager aufeinander zu, die der Römer von Norden, über das gallische Küstengebiet, die der Karthager vom Südosten her, wo um das Jahr 225 v. Chr. das »Neue Karthago« (Carthago Nova, heute Cartagena) gegründet wurde. Ein Vertrag, der bestimmte, daß der Ebro die beiderseitigen Sphären begrenzen solle (226 v. Chr.), vermochte die Dynamik des Zusammenpralls nicht aufzuhalten; um der iberischen Halbinsel willen kam es im Jahre 218 v. Chr. zum Zweiten Punischen Krieg, zum entscheidenden Ringen zwischen den beiden Vormächten des westlichen Mittelmeers.

Der Sieg (201 v. Chr.) machte die Römer in Spanien zu Erben des überwundenen Gegners, und diese folgten auch darin der Handlungsweise des Vorgängers, daß sie sich in zähem Kampf das ganze Binnenland anzueignen suchten, daß sie sich also nicht, wie im südlichen Gallien vor dem Auftreten Caesars oder in Illyrien, mit einem schmalen Küstenstreifen zufriedengaben. Der Osten und Süden des Landes wurde schon wenige Jahre nach Beendigung des Zweiten Punischen Krieges zu einem nicht mehr angefochtenen Besitz der Römer; die wechselvollen Unterwerfungskriege im Westen und Norden hingegen zogen sich bis zur Zeit des Augustus hin. Gerade die Langwierigkeit der Kämpfe, die ja den ständigen Aufenthalt römischer Truppen von nicht geringer Stärke erforderlich machte, muß beträchtlich zur Verbreitung der römischen Kultur und Sprache beigetragen haben. Spätestens um die Mitte des ersten Jahrhunderts n. Chr. erloschen – mit Ausnahme des Baskischen im Norden – die alten Sprachen, die Sprachen iberischer und keltischer Provenienz. Die iberische Halbinsel war in ihrer ganzen Ausdehnung romanisiert.

Die römische Vormacht hat das Gebiet zunächst in zwei Provinzen eingeteilt, in das »Diessseitige« und das »Jenseitige Spanien« (*Hispania Citerior* und *Ulterior*). Unter Augustus, im Jahre 27 v. Chr., wurde das Jenseitige Spanien halbiert; die östliche Hälfte, mit Corduba als Hauptstadt, hieß von nun an *Baetica*, die westliche, das nachmalige Portugal, *Lusitania*. Damals fand auch die für die frühe Kaiserzeit grundlegende Neuordnung des ganzen Reiches statt: Es gab hinfort kaiserliche (von Stellvertretern des Kaisers verwaltete) und senatorische (vom Senat mit Statthaltern beschickte) Provinzen, je nachdem ob dort die ständige Anwesenheit von Truppen für erforderlich erachtet wurde oder nicht. Von den spanischen Provinzen unterstanden *Hispania Citerior* und *Lusitania* dem Kaiser, die Heimat Senecas hingegen, die seit langem befriedete und daher garnisonslose *Baetica*, dem Senat.

Es ist also nichts Befremdliches darin enthalten, daß es gerade aus Spanien stammende Literaten waren, die in stattlicher Zahl das römische Geistesleben des ersten Jahrhunderts n. Chr. befruchteten: Die politischen Ereignisse hatten diesem Geschehen seit langem den Weg gebahnt. Hiermit muß sich allerdings jedweder Versuch, die Familie der Seneca, das glanzvollste Phänomen seiner Art, aus ermöglichenden Bedingungen abzuleiten, zufriedengeben: Da über ihre Herkunft so gut wie nichts bekannt ist, bleibt kein anderer Ausweg, als vom Allgemeinsten, der Romanisierung Spaniens, sofort zum ganz Besonderen, zu den drei bedeutenden Individuen und ihren nächsten Angehörigen, überzugehen. Wir wissen nicht, wann und woher Vorfahren Senecas aus Italien nach Spanien kamen, ob es Veteranen, das heißt ausgediente Soldaten, oder sonstige Kolonisten waren und ob auch romanisierte Iberer zum Stammbaum gehörten, und wir wissen ebensowenig, wann die Familie in Corduba Fuß faßte und wie sie sich dort entfaltete.

Sie tritt mit dem Vater Seneca unvermittelt aus tiefem Dunkel ins Licht der Überlieferung. Auch der Name Annaeus gibt nichts her. Ein Gaius Annaeus Brocchus, immerhin Mitglied des römischen Senats (er hatte es also in der Ämterlaufbahn mindestens bis zum Quästor gebracht), wurde – nach Cicero – um 72 v. Chr. von Verres, dem berüchtigten Statthalter Siziliens, erpreßt, und derselbe Cicero weiß in seinen Briefen von einem Marcus Anne(i)us, der ihm während seiner Statthalterschaft in Kilikien als Offizier wertvolle Dienste geleistet habe. Hiermit sind bereits sämtliche Annaei genannt, die es in republikanischer Zeit zu etwas gebracht haben.

Tacitus legt dem Sohn Seneca, der bei Nero vorstellig geworden ist, um seine Entlassung zu erwirken, die Worte *ego ..., equestri et provinciali loco ortus* – »ich ..., aus ritterlichem und provinzialem Hause stammend« in den Mund. Der Ritterstand, ursprünglich ein Reiteradel, war seit spätrepublikanischer Zeit eine im wesentlichen unpolitische, auf wirtschaftliche Erfolge bedachte Schicht zwischen Plebs und Senatsaristokratie; wer ihm angehören wollte, mußte ein bestimmtes Vermögen nachweisen und bedurfte seit Augustus der Ernennung durch den Kaiser. Der Vater Seneca, geboren im Jahre

55 v. Chr. oder etwas eher, war also Ritter, wohl nicht schon seinerseits *equestri loco ortus*, »weil er aus ritterlichem Hause stammte«, sondern erst durch sein eigenes Verdienst: Er hat sich wahrscheinlich als Advokat oder Vermögensverwalter zu dieser Stellung emporgearbeitet. Der Sohn schildert ihn als einen Mann von altväterischer Strenge, der nicht geduldet habe, daß sich seine Frau allzu intensiv mit Literatur befasse – wegen des abschreckenden Beispiels jener Damen, die sich um des Luxus willen der Lektüre hingaben, nicht aus Streben nach Weisheit. Bei Seneca dem Vater läßt solch altmodische Moral, für die es noch weitere Indizien gibt, eher auf eine berechnete Attitüde und Selbststilisierung schließen als auf die Fortsetzung einer Familientradition: Manches spricht dafür, daß er ein Selfmademan war, der diesen Mangel durch angelesene Sittlichkeitsbegriffe zu kaschieren suchte.

Seneca senior hat offenbar erst ungewöhnlich spät geheiratet: Als der gleichnamige Sohn, der mittlere von dreien, zur Welt kam, war er bereits etwa 55 Jahre alt. Seine Frau hieß Helvia, oder richtiger, da die Römerinnen keinen Individualnamen, sondern nur den der Familie, aus der sie stammten, trugen, sie war eine Helvierin; eine sonderbare Fügung hat bewirkt, daß die Mutter des Philosophen Seneca demselben Geschlecht angehörte wie die Mutter Ciceros. Helvias Vater lebte noch, als der Sohn vom kaiserlichen Bannstrahl getroffen wurde (41 n. Chr.), sie selbst muß damals etwa sechzig Jahre gezählt haben. Folglich ist sie circa 20 v. Chr. geboren, und etwa sechzehn Jahre später heiratete sie einen um fünfunddreißig Jahre älteren Mann. Daß sie aus einem vornehmen, alten Hause kam, ist über jeden Zweifel erhaben: Ein ebendies behauptender Hinweis des Sohnes wird durch jene Helvier bestätigt, die es schon zu Beginn des 2. Jahrhunderts v. Chr. zur Prätur, zur zweithöchsten Sprosse der römischen Ämterleiter, gebracht hatten. Vielleicht sah sich der Vater Seneca nicht zuletzt aus diesem Grunde zu seinem altrömischen Gebaren veranlaßt.

Der Sohn Seneca hat den Vater wegen seiner negativen Einstellung zur Frauenbildung nachdrücklich kritisiert. »Hätte doch mein Vater, der beste Mensch, die altüberkommenen Gepflogenheiten weniger ernst genommen und zugelassen, daß du dich mit den Lehren der Philosophie nicht nur oberflächlich, sondern gründlich vertraut machst!« Das Werk, dem dieses Zitat entstammt, ist der Mutter gewidmet; Seneca hat es verfaßt, um ihr Trost zu spenden, nachdem er sich als Verbannter nach Korsika hatte begeben müssen. Es ist von einer persönlichen Wärme und Zuneigung erfüllt wie kaum eine andere Schrift des Philosophen; mit ihm ist ein Zeugnis der Sohnesliebe an die Nachwelt gelangt, das in der ganzen Antike kaum seinesgleichen hat. Es hat als *Consolatio*, als »Trostrede«, die sich immer wieder zur Lobrede steigert, ziemlich alles bewahrt, was von Helvia bekannt ist. Daß sie manchen Schicksalsschlag gefaßt ertragen hat, erfährt der Leser sofort in der Einleitung: Als sie geboren wurde, starb die Mutter, so daß sie unter der nicht unbelasteten Obhut einer Stiefmutter aufwuchs. Sie verlor einen Onkel, der ihr überaus zugetan war, und unmittelbar darauf ihren geliebten Mann, und zudem trauerte sie um drei Enkel, unter denen sich auch ein Sohn Senecas befand. Als Verwalterin des Vermögens ihrer Kinder zeigte sie größte Uneigennützigkeit, und als Römerin legte sie Eigenschaften an den Tag, die damals in ihren Kreisen wenig verbreitet gewesen sein mögen: Sie schminkte sich nicht und trug keine Kleider, die mehr zeigten als verhüllten, sie schämte sich ihrer Schwangerschaften nicht, als wären sie eine häßliche Last, und sie hütete sich, ihre Leibesfrucht abzutreiben. Seneca rät der Mutter, sie solle den Schmerz, den ihr der jüngste Unglücksfall, die Verbannung eines ihrer Söhne, zugefügt habe, nicht durch Zerstreuungen betäuben, sondern durch *liberalia studia*, durch geistige Anstrengung und Geistesbildung bekämpfen – dann fällt das zitierte kritische Wort über den Vater, der von intensiven Studien seiner Frau nichts wissen wollte.

So deutlich wie dort hat sich der Sohn an keiner anderen Stelle von den Grundsätzen des Vaters distanziert. Er war Kind einer Epoche, in der sich andere Tendenzen hervortaten; sein Frauenideal erschöpfte sich nicht in dem altüberkommenen Stereotyp der *mater familias*, der »Familienmutter«, die in strenger Zucht Haus und Herd zu versehen habe. Nach seiner Auffassung durfte die Frau dieselbe Erziehung und Bildung beanspruchen wie der Mann, und seine eigene Gattin (jedenfalls die zweite – von der ersten ist wenig bekannt) war ihm Gefährtin in seinem auf die Philosophie gegründeten Leben und bei seinem getreu diesen Lehren ertragenen Tode. Die einstige strenge Scheidung von männlicher und weiblicher Lebenssphäre hatte sich unter den veränderten politischen und kulturellen Verhältnissen der Kaiserzeit nicht durchweg behauptet. Um dieselbe Zeit, da Seneca die zitierte Kritik an den Grundsätzen seines Vaters übte, hatte sich das neue Frauenideal in einem eindrucksvollen Beispiel verwirklicht: in der Person der Arria, die ihrem Gatten, als er der Teilnahme an einer Verschwörung gegen Kaiser Claudius bezichtigt wurde, mit den berühmten Worten *Paete, non dolet* (»Paetus, es tut nicht weh!«) in den Tod vorausging. Was der Vater Seneca mit seinen provinziell verspäteten Moralbegriffen für Luxus gehalten hatte, eine in der Literatur und Philosophie bewanderte Frau, galt dem Sohn als unentbehrliche Rüstung gegen die Nöte des Lebens.

Helvia schenkte dem älteren Seneca drei Söhne: Marcus Annaeus Novatus, Lucius Annaeus Seneca und Marcus Annaeus Mela. Warum es dem Vater gefiel, erst dem zweiten Sohn den Namen zu geben, den er selber trug, ist nicht bekannt; daß es jedoch mit der angegebenen Reihenfolge seine Richtigkeit hat, daß somit der Philosoph als der mittlere der drei Brüder zur Welt kam, bekunden unter anderem die Widmungen, die der Vater allen Büchern seines Hauptwerks, der ›Controversiae‹ (›Streitfälle‹, zehn Bücher), vorausschickte: *Seneca Novato, Senecae, Melae filiis salutem* – »Seneca an seine Söhne Novatus, Seneca und Mela.«

Novatus, der Älteste, wurde in vorgerücktem Alter von einem Freunde des Vaters, von dem Rhetor Lucius Iunius Gallio, adoptiert; er nannte sich seither Iunius (oder Annaeus) Gallio. Er schlug wie sein Bruder Seneca eine Karriere im Staatsdienst ein; er verwaltete mit dem Titel eines Prokonsuls die senatorische Provinz Achaia (Griechenland; 51–52 n. Chr.), und bald darauf wurde ihm die Ehre eines Konsulats zuteil. Wie die Apostelgeschichte berichtet, machte er während seiner Statthalterschaft in Korinth, seiner

Residenz, Bekanntschaft mit Paulus; die Juden wollten Paulus abgeurteilt wissen, da er die Leute überrede, Gott wider das Gesetz zu verehren. Gallio wies diese Zumutung ab: Es handele sich um Fragen der Lehre und nicht um ein Vergehen. Aus der darauf folgenden Zeit ist ein Ereignis von ganz anderer Art überliefert: Kaiser Nero, der in einem römischen Theater als Kitharöde, als Sänger zur Leier, vor zahlreichem Publikum zu glänzen suchte, habe seinen Auftritt von Gallio ankündigen lassen. Bald nach Seneca fiel auch er dem Wüten Neros zum Opfer, und wie jener gab er sich mit eigener Hand den Tod.

Seneca hat seinen älteren Bruder geschätzt und bewundert. Drei seiner Schriften hat er ihm gewidmet: in der Zeit, da er noch Novatus hieß, die große Abhandlung ›Über den Zorn‹ (›De ira‹), und später den sogenannten Dialog ›Vom glücklichen Leben‹ (›De vita beata‹) sowie einen Traktat ›Über Hilfsmittel gegen Unglücksfälle‹ (›De remediis fortuitorum‹), von dem nur kümmerliche Exzerpte die Zeiten überdauert haben. Das eindringlichste Zeugnis seiner brüderlichen Zuneigung ist in eine Vorrede der Schrift ›Naturwissenschaftliche Probleme‹ (›Naturales quaestiones‹) eingegangen. Gallio wird dort dem Freunde Lucilius, dem Empfänger des Werkes, als Vorbild empfohlen: Er, der in tiefer Bescheidenheit Komplimente selbst dann zurückweise, wenn sie nichts als die Wahrheit zum Ausdruck brächten, zeichne sich durch höchste Intelligenz aus, er sei ein Muster an Genügsamkeit und seine natürliche Liebenswürdigkeit vermöge selbst die zu bezaubern, an die sie sich gar nicht wende.

Die Mutter, schreibt Seneca in seiner ihr gewidmeten Schrift, habe an den beiden übrigen Söhnen (er selbst, der Verbannte, scheidet ja aus) Trost und Hilfe: Der eine strebe nach Ehren, um sie auszuzeichnen, der andere hingegen sei zu dem Zwecke in eine ruhige, behagliche Existenz ausgewichen, um für sie Zeit zu haben. Annaeus Mela, der Jüngste, war in der Tat von ganz anderer Art als Novatus und erst recht als Seneca. Zwar gab auch er sich mit großem Eifer dem Studium der Rhetorik hin, aber nicht, um sich ihrer als Sprungbrett für eine politische Laufbahn zu bedienen; er betrieb sie um ihrer selbst willen und brachte es als *procurator*, als Verwalter kaiserlicher Besitzungen, zu einem stattlichen Vermögen. Nicht wenig trug zu seiner Berühmtheit bei, berichtet Tacitus, daß er der Vater des Dichters Lukan war – und eben dieser Sohn riß ihn, den Unpolitischen, mit sich in das Verderben, das Neros Furcht und Geldgier allen mutmaßlichen Oppositionellen von einigem Reichtum bereitete. Lukan hatte sich als prominentes Mitglied der pisonischen Verschwörung den Tod geben müssen (wie üblich durch Öffnen der Pulsadern), Mela wurde bald darauf, als er die Guthaben seines Sohnes eintrieb, durch einen gefälschten Brief zu Fall gebracht.

Dem jüngeren Bruder hat Seneca offenbar keine einzige Schrift gewidmet. Er erwähnt ihn lediglich an der soeben zitierten Stelle der ›Trostschrift für Helvia‹, nennt ihn jedoch nie bei seinem Namen. Dies läßt nur den Schluß zu, daß sein Verhältnis zu ihm – anders als zu Novatus – ziemlich kühl war; vermutlich wußte er mit dessen allein auf Gelderwerb gerichteter und im übrigen quietistischer Lebensweise wenig anzufangen. Desto größere Stücke hat der Vater auf Mela gesetzt. In der Einleitung zum zweiten Buch der ›Kontroversien‹ erklärt er ihn rundheraus für talentierter als seine beiden anderen Söhne, und die Tatsache, daß sich Mela der Rhetorik widmete, ohne sie später für öffentliche Ämter nutzbar machen zu wollen, dient ihm zu dem etwas abenteuerlichen Argument, eben hierin zeige sich die überlegene Begabung, daß sie von vornherein auf die Möglichkeit eines Mißbrauchs verzichte. Offenbar sah er gerade im Jüngsten sich selber gespiegelt: Dieser war *paterno contentus ordine*, er strebte, »mit dem väterlichen Rang zufrieden«, nicht vom Ritterstand in die Senatsaristokratie. Immerhin wollte Seneca senior den Ehrgeiz der beiden Älteren nicht uneingeschränkt abgewertet wissen: Er selbst habe sie zu ihrem riskanten Streben ermuntert und aufgefordert, unter der Voraussetzung, daß es die Grenzen des Anstands wahre. Der innere Widerspruch ist evident: Der Vater Seneca identifiziert sich mit Mela und kann doch die höher greifenden Pläne der beiden anderen Söhne nicht mißbilligen – sie entsprachen ja den überlieferten Standards von Roms politischer Klasse.

ZWEITES KAPITEL

Senecas Vater und die zeitgenössische Rhetorik

Das Mittelalter kannte nur *einen* Seneca, und noch die ältesten Drucke – Venedig 1490 und 1492 – enthielten promiscue die Werke des Vaters und des Sohnes. Als man im 16. Jahrhundert die beiden wieder unterscheiden gelernt hatte, bürgerten sich die bibliographischen Etiketten *Seneca rhetor* und *Seneca philosophus* ein, obwohl sich der ältere Seneca offenbar nie als Rhetor betätigt hat – man übertrug den Inhalt seines Werkes auf seine Person.

Durch einen Palimpsest des 5. Jahrhunderts, einen nach Tilgung des ersten Textes abermals beschriebenen Codex, hat sich dürftige Kunde davon erhalten, daß Seneca der Sohn eine Biographie des Vaters verfaßt hat. Wie das Stück, das daraus zitiert wird, erkennen läßt, hatte der Vater ein Geschichtswerk, eine Darstellung der Bürgerkriege, hinterlassen, die damals noch nicht veröffentlicht worden war, und es ist denkbar, daß der Sohn jene ›Vita patris‹ der von ihm veranstalteten Ausgabe des Geschichtswerks vorausgeschickt hat. Jedenfalls aber erinnert dieses frühe literarische Unternehmen des Sohnes an Tacitus, dessen Tätigkeit als Autor mit der Biographie eines nahen Verwandten, in seinem Falle des Schwiegervaters Agricola, begonnen hat.

Da indes, anders als bei Tacitus, von der Initiative Senecas außer der erwähnten Notiz nichts die Zeiten überdauert hat, sieht man sich für das Leben des Vaters auf die wenigen Nachrichten verwiesen, die sich dessen eigenem Werk sowie den erhaltenen Schriften des Sohnes entnehmen lassen. Das approximative Jahr seiner Geburt – spätestens im Jahre 55 v. Chr. – ergibt sich aus der Einleitung zum ersten Buch der ›Controversiae‹: Er bemerkt dort, daß er von den namhaften Rednern zur Zeit seiner Jugend lediglich Cicero nicht habe hören können: Die Bürgerkriege, die damals im ganzen Reich wüteten, hätten ihn in seiner Kolonie – in Corduba also – festgehalten, so daß er »das Genie, das als einziges dem römischen Volke so viel wert sein mußte wie seine Weltherrschaft«, nicht mehr kennenlernte. Da Cicero im Jahre 43 v. Chr. ermordet wurde und der ältere Seneca schwerlich Zugang zu dem großen Redner hätte finden können, ehe er zwölf Jahre zählte, ist der Schluß auf ein Geburtsjahr zwischen 60 und 55 v. Chr. unabweislich.

Seneca (so, ohne Zusatz, werde der Vater von nun an in diesem Kapitel genannt, das ihm und seinem Werk gewidmet ist) mag sich von etwa 40 bis 35 v. Chr. zu Studienzwecken in Rom aufgehalten haben. Dort herrschte damals die Friedhofsstille der Militärdiktatur. Anderthalb Jahre hatte es nach der Ermordung Caesars (an den Iden des März 44 v. Chr.) gedauert, bis die revolutionären Kräfte Roms formiert waren: Vom Herbst 43 v. Chr. an standen die Anhänger Caesars, das Dreimänner-Komitee Octavian, Antonius und Aemilius Lepidus, und die Republikaner, allen voran Brutus und Cassius, einander gegenüber. Und zur See behauptete sich noch Sextus Pompeius, der Sohn des Pompeius Magnus, auf der Basis der Inseln Sizilien, Sardinien und Korsika. Im Herbst 42 v. Chr. fiel in der Doppelschlacht bei Philippi die Entscheidung im Kampf gegen Brutus und Cassius, und in der Seeschlacht von Naulochos (Sizilien) wurde die Flotte des Pompeius vernichtet (36 v. Chr.). Unter den Dreimännern, die nunmehr über das ganze Reich geboten, hatten schon vorher starke Spannungen bestanden; die Verträge von Brindisi und Tarent (40 und 37 v. Chr.) brachten nur vorübergehend Entlastung. Im Jahre 32 v. Chr. kam es zum offenen Konflikt zwischen den beiden Hauptakteuren, Octavian und Antonius, und aus der Seeschlacht bei Actium (31 v. Chr.) ging Octavian als Sieger und Alleinherrscher im Römerreich hervor.

Als Seneca in die Hauptstadt kam, hatte Italien das Schlimmste überstanden: Das Morden an den für vogelfrei erklärten politischen Feinden, mit dem die Dreimänner ihr Regime eröffnet hatten, war beendet, und ebenso auch die gigantischen Landenteignungen zum Zwecke der Versorgung von ausgedienten Soldaten. Man darf annehmen, daß sich die Reise von Corduba nach Rom in leidlicher Sicherheit bewerkstelligen ließ; es ist zudem überaus wahrscheinlich, daß Seneca von seinem Vater begleitet und beaufsichtigt wurde. Wir hören öfters von Knaben aus einfachen Verhältnissen, die irgendwo in einer fernen Gegend aufwuchsen und, sobald ihre außergewöhnliche Begabung entdeckt war, nach Rom, ins Zentrum der Macht und der Kultur, geschickt wurden – unter finanziellen Opfern der Eltern und (wie im Fall des um fünf bis zehn Jahre älteren Horaz) unter der schützenden Hand des Vaters.

Seneca hat gewiß die elementaren Kenntnisse des Lesens und Schreibens sowie einige Vertrautheit im Umgang mit Literatur aus der Heimat mitgebracht: Er konnte sofort mit dem Studium der Rhetorik beginnen. Sein erster Lehrmeister hieß Marullus, er war offenbar ein Techniker von durchschnittlichem Können – Seneca charakterisiert ihn als »trockenen Menschen, der nur sehr selten etwas hübsch und in ungewöhnlicher Redeweise auszudrücken wußte«. Seneca hatte indes reichlich Gelegenheit, seine eigenen Exerzitien durch das Anhören der bekanntesten Redner seiner Zeit zu ergänzen, eben jener Redner, die er in großer Zahl in seinen Werken paradieren läßt. Er muß später nochmals einige Jahre in Rom verbracht haben; an einer Stelle versichert er, daß er den Politiker, Redner und Schriftsteller Asinius Pollio, einen Freund und Förderer Vergils, sowohl in seiner Glanzzeit als auch in hohem Alter erlebt habe – vielleicht um 5 v. Chr., bevor er Helvia heiratete (Asinius Pollio, Konsul des Jahres 40 v. Chr., starb 5 n. Chr.).

Der zweite Romaufenthalt könnte eine Art Bildungsurlaub gewesen sein. Denn als Rhetor, als Redelehrer, dessen Praxis sich in fiktiven Plädoyers, in Deklamationen um ihrer selbst willen erschöpfte, hat er sich, soviel wir wissen, nie betätigt. Da er über seinen ritterlichen Stand nicht hinausstrebte, mag er, wie schon angedeutet wurde, als Sachwalter oder als Administrator kaiserlicher Besitzungen seinen Lebensinhalt und -unterhalt gesucht haben. Nebenbei fand er, der über eine scharfe Auffassungsgabe verfügte und geistvoll zu schreiben verstand, Befriedigung in literarischen Unternehmungen. Genauere Daten sind erst wieder aus den letzten

Lebensjahren überliefert. Er hat nämlich seine zu einem großen Teil erhaltenen rhetorischen Schriften verfaßt, als er bereits die Neunzig überschritten hatte, unter dem Regiment Caligulas (37–41 n. Chr.). Er behauptet, daß ihn seine Söhne zur Aufzeichnung seiner Erinnerungen an die Beredsamkeit seiner Jugend gedrängt hätten. Die Verbannung des Sohnes Seneca hat er nicht mehr erlebt; also ist er vor dem Jahre 41 n. Chr. hochbetagt gestorben.

Der Vater »haßte die Philosophie«, schreibt der Sohn ohne Umschweife. Er gebärdete sich mithin in einem wesentlichen Punkte als echter Römer, ja er ging sogar über das übliche Maß an Ablehnung hinaus. »Philosophieren tut not, aber nur wenig«, lautete ein vielzitierter Vers des alten Dichters Ennius, und noch Agricolas Mutter glaubte, ihren Sohn dieser Maxime gemäß vor einem allzu intensiven Studium der Philosophie bewahren zu müssen. Dergleichen roch nach Theorie und Lebensfremdheit, wie sie dem zum Handeln berufenen Römer nicht anstehe. »Er nahm Anstoß an der Philosophie«, schreibt Plutarch vom alten Cato, dem starren Musterbild römischer Moral (234–149 v. Chr.) – an eben diesem Cato hat sich Seneca offenbar zeit seines Lebens orientiert. Denn Cato ist ihm auch für die Beredsamkeit höchste Instanz, einem Orakel gleich: »Der Redner ist«, lautet Catos biedere Maxime, von Seneca in der Einleitung zum ersten Buch der ›Controversiae‹ beschworen, »ein anständiger Kerl, der zu sprechen weiß« (*orator est … vir bonus dicendi peritus*). Seneca zitiert diesen Spruch, um mit Vehemenz gegen eben jene moderne Rhetorik zu Felde zu ziehen, die den Inhalt seiner Schriften ausmacht, und er bestätigt mit seinem Urteil über sie, was der Sohn am Verhalten der Helvia gegenüber rügte: *antiquus rigor*, »altertümliche Starrheit«. Man geht schwerlich fehl in der Annahme, daß er in Sachen Rhetorik nicht vollauf mit sich ins reine gekommen ist: Wenn seine Klagen über den Niedergang der Beredsamkeit mehr wären als eine angenommene Gebärde, dann hätte er sich nicht so intensiv damit beschäftigen und mit so großer Anteilnahme davon berichten können.

Er verfaßte zehn Bücher ›Controversiae‹ (›Streitfälle‹) und danach noch ein Buch ›Suasoriae‹ (›Beratende Reden‹). Diese Werke sind auf ihre Art die der Kaiserzeit angemessene Fortsetzung von Ciceros Dialog ›Brutus‹: Dort wird die Geschichte der römischen Beredsamkeit bis auf die Zeit Ciceros dargestellt, während die Schriften Senecas deren weitere Schicksale bis zur Zeit des Tiberius (14–37 n. Chr.) zum Gegenstand haben. Die Kontroversien und Suasorien sind die beiden Typen oder Gattungen der kaiserzeitlichen Übungs- und Kunstreden, der Deklamationen: Die Kontroversie erörtert einen fingierten Rechtsfall, sein Pro und Contra, und ist somit das Scheinbild des altüberkommenen Plädoyers vor Gericht; die Suasorie hingegen rät oder widerrät ein bestimmtes Tun in einer angenommenen Situation und knüpft als deren Surrogat an die einstige politische, vor dem Senat oder dem Volke gehaltene Rede an.

Senecas rhetorische Werke spiegeln aus unmittelbarer Zeitgenossenschaft den Übergang von der Republik zur Monarchie; sie markieren die wichtigste Epochenschwelle in der Geschichte der römischen Beredsamkeit oder, was dasselbe bedeutet, der römischen höheren Bildung. Für ihr Verständnis ist ein Blick auf das Ganze der Entwicklung erforderlich, ein Blick, der auch die griechischen Verhältnisse berücksichtigen muß.

Griechenland kannte seit dem 5. oder 4. Jahrhundert v. Chr. drei Stufen schulischer Unterweisung: die Elementarstufe, die in die Künste des Lesens, Schreibens und Rechnens einführte, die mittlere Stufe beim Grammatiker oder Philologen, welche durch die Beschäftigung mit »klassischen« Autoren neben formalen, vor allem stilistischen, Einsichten auch allerlei Realienkenntnisse, etwa auf mythologischem oder historischem Gebiet, vermittelte, sowie die abschließende Stufe, den mehrjährigen Kurs beim Rhetor, beim Lehrer der Beredsamkeit. Dieses System – ein privates System, da die Antike weder eine allgemeine Schulpflicht kannte noch in aller Regel ein staatlich geordnetes Unterrichtswesen – verbreitete sich seit Alexander dem Großen über die gesamte hellenistische Welt und gelangte im 2. Jahrhundert v. Chr. auch nach Rom, wo dessen Methoden, Gegenstände und Ziele unverändert übernommen wurden – nur daß sich die Unterweisung dort meist in lateinischer Sprache abspielte.

Die dritte Stufe des antiken Bildungswesens, das Studium beim Rhetor, blieb im wesentlichen jungen Männern vorbehalten, die der Oberschicht entstammten. Sie war das übliche Sprungbrett zu öffentlichem Wirken in der Politik, in der Justiz und in der Verwaltung. Wer sich zu einem Redelehrer begab, hatte sich dort zunächst mit einem System von Begriffen und Lehrsätzen vertraut zu machen, wie es in allerlei Handbüchern, etwa von Aristoteles, von Cicero oder von Quintilian, überliefert ist. Er lernte zum Beispiel, daß es drei Gattungen der Rede, die Gerichts-, die Volks- und die Festrede gebe, daß jede Rede sich in fünf Teile, in die Einleitung, die Schilderung des Sachverhalts, die Gliederung, die Beweisführung und das Schlußwort gliedere, und vieles andere, bis hin zu den feinsten Verästelungen eines nicht selten überspitzten Scholastizismus. Des weiteren wurden Musterreden gelesen und analysiert, sei es, daß der Lehrer selbst sie hergestellt hatte, sei es, daß man auf ein Repertoire veröffentlichter Reden – von Demosthenes, Lysias und anderen, in Rom vor allem von Cicero – zurückgriff; hierbei oblag es dem Schüler, sich sowohl den Sprachgebrauch und die Stilmittel als auch die Formen der Argumentation einzuprägen. Schließlich übte man sich in der Herstellung eigener Produkte, vor allem von Volksreden und Gerichtsplädoyers. Die Themen wurden meist vorgegeben: Bei einer Beratungsrede mußte der Schüler in einer bestimmten mythischen oder historischen Situation mit plausiblen Gründen eine bestimmte Handlungsweise empfehlen, bei einem Gerichtsplädoyer hatte er aus einem vorgegebenen Sachverhalt und den dazugehörigen gesetzlichen Bestimmungen eine plausible Entscheidung abzuleiten.

Die Rhetorik als methodisch geübte Kunst der öffentlichen Rede war ein Kind der griechischen Polis-Kultur. Sie kam auf, nachdem das ursprüngliche Königtum der Stadtstaaten durch aristokratische und demokratische Systeme abgelöst worden war, so daß die politischen Entscheidungen, aber auch die Erledigung von Straf- und Zivilprozessen nunmehr in den Händen großer, oft vielhundertköpfiger Gremien lag, die ohne die Initiative von einzelnen, von Sprechern und Volksführern, nicht handlungsfähig waren. Als die Schlacht bei Chaironeia (338 v. Chr.), der Sieg König Philipps von Makedonien über die Athener und ihre Bundesgenossen, der griechischen Freiheit, dem souveränen Schalten der Volksversammlung und hiermit der Beredsamkeit eines Demosthenes und vieler anderer für immer ein Ende bereitete, überlebte die nunmehr eigentlich funktionslos gewordene Rhetorik gleichwohl die Bedingungen ihres Ursprungs, ja sie gedieh mit der griechischen Kolonisation im Zeitalter des Hellenismus wie nie zuvor. Sie erhielt damals wie von selbst eine neue Funktion: Sie wurde zum herausragenden Instrument einer formalen, einer allgemeinen Bildung. Durch ihr Programm, durch die Lektüre der nunmehr »klassischen« Redner und durch praktische Übungen verbürgte sie einen hohen Standard der mündlichen und schriftlichen Verwendung des Griechischen, die den Zugang zu vielen Berufen und Tätigkeiten sowohl des öffentlichen als auch des privaten Lebens eröffnete.

Als die Rhetorik nach Rom kam, wiederholte sich dort die soeben skizzierte zweiphasige Entwicklung. Zunächst stieß sie auf Verhältnisse, wie sie einst, im 5. und 4. Jahrhundert v. Chr., in Griechenland geherrscht hatten. Zwar war die Staatsform die einer Adelsrepublik, so daß die politischen Entscheidungen weniger von der Volksversammlung ausgingen als vom Senat, dem mehrhundertköpfigen aristokratischen Gremium, das sich aus den ehemaligen und den jeweils amtierenden Magistraten – von den Konsuln bis zu den Quästoren – zusammensetzte. Doch diese durch die ständische Ordnung der römischen Republik bedingten Unterschiede (vor allem im Verhältnis zu Athen) änderten nichts daran, daß auch die römische Politik und ebenso die Strafjustiz, die zunächst von der Volksversammlung und sodann von großen Geschworenengerichten wahrgenommen wurde, des Antriebs öffentlicher Reden bedurfte. Die Rhetorik war daher in Rom wieder, wie ehedem in Griechenland, zuallererst Instrument des Handelns der führenden Schicht, und zwar um so mehr, je mehr die tumultuarischen Zeiten, die im Jahre 133 v. Chr. mit den Umsturzversuchen der Gracchen begannen, den Wert der Beredsamkeit steigerten.

Dieser Prozeß schlug ein Jahrhundert später in sein Gegenteil um, als die große Staatsumwälzung, der Übergang zur Monarchie, die Beredsamkeit der institutionellen Voraussetzungen beraubte, auf denen sie bislang beruht hatte: als die Volksversammlung fast völlig verschwand und der Senat zum Befehlsempfänger des Kaisers verkümmerte. Vom Prinzipat des Augustus an war der freien politischen Rede der Boden entzogen. Die Rhetorik aber vermochte auch in Rom den Wandel der Verhältnisse glanzvoll zu überdauern – sie lebte fort als Instrument der gehobenen Allgemeinbildung und leistete einen erheblichen Beitrag zum zivilisatorischen Standard der Kaiserzeit.

Dies war die Epochenschwelle der römischen Rhetorik, deren Zeuge und Chronist Seneca geworden ist. Er hat die Ursachen des Vorgangs und deren Tragweite nicht vollauf ermessen können. Die Phänomene indes sind ihm nicht verborgen geblieben, bis hin zu dem nunmehrigen Zweck rhetorischer Studien. *Tu eloquentiae tamen studeas* – »Du sollst dich gleichwohl um Redegewandtheit bemühen«, empfiehlt er Mela, dem Sohn, der von der Wahrnehmung öffentlicher Aufgaben nichts wissen wollte: »Leicht ist von ihr aus der Zugang zu allen Berufen; sie bereitet auch diejenigen vor, die sie nicht für sich ausbildet.«

Der Wandel der Funktion blieb nicht ohne Folgen für die Inhalte. Das Gebäude der Theorie allerdings trotzte den neuen Gegebenheiten – es wurde, wie schon immer, variiert, aber nie in den Fundamenten angetastet, und noch Quintilians System beruhte auf keinen anderen Prinzipien als das Ciceros. Auch bei der Lektüre mustergültiger Autoren gab es, jedenfalls im römischen Rhetorikbetrieb, keine einschneidenden Veränderungen. Man modernisierte die Auswahl, die man aus dem jeweils Vorhandenen traf, bis man sich schließlich auf Cicero als den Redner schlechthin festlegte. Es waren die Übungsreden, in denen die neue Zeit ihre Dynamik entfaltete, und vor allem an ihnen lasen Seneca und alle diejenigen, die in ihrem Urteil mit ihm übereinstimmten, den Niedergang ab, der sich in der Zeit nach Cicero mit der Rhetorik vollzogen habe.

Schon während des Hellenismus hatte es derlei Exerzitien mit fingierten Gegenständen gelegentlich gegeben, doch erst im Rom der beginnenden Kaiserzeit scheinen sie sich kräftig verbreitet zu haben, und jedenfalls nahmen sie nunmehr im allgemeinen Bewußtsein einen wichtigen Platz ein. Sie hießen dort, wie schon erwähnt, *declamationes* (eigentlich: »laut Aufgesagtes«) oder *scholastica*, »Schulreden, Redeübungen«. Ihre Stoffe entfernten sich mehr und mehr von der Wirklichkeit, der die Rhetorik von Hause aus hatte dienen sollen: Die Kontroversien beruhten auf meist extremen, mitunter geradezu absurden Sachverhalten sowie auf Gesetzen, die entweder weit hergeholt oder frei erfunden waren, und die Suasorien nahmen sich mit Vorliebe ebensosehr dem Alltag entrückter, sei es mythischer, sei es geschichtlicher Situationen an. Es kam hinzu, daß nicht nur die Schüler anhand von derart künstlichen Themen ihre Erfindungsgabe zu entfalten suchten: Auch die Lehrer nahmen sich ihrer an und benutzten sie, um der Öffentlichkeit zu zeigen, was sie zu leisten vermochten. So entstand ein Virtuosentum der Rede, eine Art Konzert-Rhetorik um ihrer selbst willen, und die Produkte der Schule begannen in einem bis dahin unbekannten Maße, der Unterhaltung, dem Vergnügen des Publikums zu dienen.

Von eben diesem Betrieb, von den Redeübungen neuer Art, den Deklamationen, vermitteln die Schriften Senecas ein wenn nicht immer sehr klares, so doch – zumal in Verbindung mit anderen Quellen – hinlänglich anschauliches Bild. Wer in den modernen Ausgaben der ›Kontroversien‹ und ›Suasorien‹ blättert, stößt dort auf ein zunächst einigermaßen verwirrendes Szenarium, und die Bücher haben Stück für Stück ein verschiedenes Aussehen – sie bestehen bei den ›Kontroversien‹ bald aus einer Einleitung, der eigentlichen Darstellung und einem Resümee (so die Bücher 1 und 2, 7 sowie 9 und 10), bald aus Einleitung und Resümee (die Bücher 3 und 4) und bald nur aus dem Resümee (die Bücher 5, 6 und 8). Die ›Suasorien‹ hingegen, die nur ein Buch ausmachen und denen der Anfang fehlt, präsentieren sich ohne jede Einleitung und auch ohne Resümee. Dieser Zustand ist hauptsächlich durch die Zufälle der Überlieferung bedingt. Im 4. Jahrhundert, als man nach einer Zeit schweren Niedergangs die einstige literarisch-rhetorische Bildung wiedereinzufühen suchte, stellte ein Unbekannter Auszüge aus den ›Kontroversien‹ her, denen er bei einem Teil der Bücher die ungekürzten Einleitungen vorausschickte, während er bei anderen gänzlich darauf verzichtete. Diese Auszüge mitsamt den Einleitungen sind unbeschädigt auf uns gekommen, und zwar in zahlreichen Handschriften. Von dem Werk selbst hingegen hat sich genau die Hälfte in einem einzigen – inzwischen verlorenen – Codex hinüberretten können; die Bücher 3 bis 6 und 8 fehlen dort. Das buntscheckige Bild der modernen Ausgaben ist dadurch bedingt, daß man die beiden Überlieferungsstränge ineinandergeschoben hat.

In den ›Kontroversien‹ wurden insgesamt 74 fingierte Rechtsfälle nach einem einheitlichen Schema vorgeführt. Am Anfang steht stets der kurze Sachverhalt. Dann berichtet Seneca, wie die zahlreichen Rhetoren, denen er gelauscht hatte, den jeweiligen Fall behandelt hatten. Hierbei teilt er sein Material in drei Rubriken ein. An erster Stelle zählt er die Urteile, die *sententiae* auf, welche die Vortragenden dem betreffenden Stoff abgewonnen hatten, meist geordnet nach Pro und Contra. An zweiter Stelle sucht er zu verdeutlichen, nach welcher Disposition (*divisio*) ein jeder Schulredner das Thema erörtert, in welche Fragen des Rechts und der Billigkeit er den Fall zerlegt habe, und schließlich teilt er allerlei Gesichtpunkte (*colores*, »Färbungen«) mit, welche die Deklamatoren geltend machten, um die Sache in einem sei es weniger günstigen, sei es – so meist – günstigeren Lichte erscheinen zu lassen. Seneca will alles, was er bringt, aus der Erinnerung aufgezeichnet haben. Er beruft sich, um zu zeigen, über welch ein ans Wunderbare grenzendes Gedächtnis er verfüge, auf Spitzenleistungen seiner jüngeren Jahre: Er habe einst zweitausend Namen in der Reihenfolge aufsagen können, in der sie ihm vorgesprochen worden waren, außerdem sei er in der Lage gewesen, in umgekehrter Ordnung über zweihundert ihm vorgetragene Einzelverse wiederzugeben. Ob man ihn nun beim Wort nimmt oder lieber vermutet, daß er sich auch auf schriftliche Aufzeichnungen gestützt habe: Jedenfalls enthalten seine Werke außer den Einleitungen, die jeweils einzelne Deklamatoren charakterisieren, nichts Eigenes, sie sind gleichsam eine nach sachlichen

Kriterien, nach den Themen der Fälle geordnete Anthologie. Die von Seneca gewählte Reihenfolge der drei Rubriken ist aufschlußreich: Die Sache hätte wohl geboten, die »Gliederungen«, aus denen sich die wichtigsten Rechtsfragen des Falles ergaben, an den Anfang zu stellen, die »Färbungen« folgen zu lassen und die pointierten »Urteile« am Schluß zu bringen. Diesen sentenzartigen Urteilen kam eben nach der Meinung der Deklamatoren und ihres Publikums größte Bedeutung zu, und Porcius Latro, der Studiengenosse und Freund Senecas, betrachtete sie daher als seine *supellex*, seinen unentbehrlichen »Hausrat«. Die sieben Themen des Suasorienbuches befolgen dieselbe Anordnung wie die ›Kontroversien‹; *colores*, mildernde oder verschärfende Färbungen, werden dort allerdings nicht vorgeführt.

Die Kontroversie 1,6, mit dem Titel ›Archipiratae filia‹, ›Die Tochter des Seeräuberhauptmanns‹, beruht auf folgendem Fall:

> Ein von Seeräubern Gefangener schrieb dem Vater wegen der Freiheit; er wurde nicht freigekauft. Die Tochter des Seeräuberhauptmanns nötigte ihn zu schwören, daß er sie heirate, wenn er loskäme; er schwor. Sie verließ ihren Vater und ging mit dem jungen Manne. Dieser kehrte zu seinem Vater zurück und heiratete das Mädchen. Eine Waise bot eine gute Partie; der Vater verlangte vom Sohn, er solle sich von der Räuberhauptmannstochter trennen und die Waise heiraten. Dieser lehnte ab, der Vater verstieß ihn.

Ohne jeglichen Kommentar bringt Seneca nunmehr die »Urteile«, und zwar zunächst diejenigen, die dem Vater recht geben. Hierbei wird jeweils zunächst der Name des Deklamators genannt, der das Urteil äußert: »Von Porcius Latro: Ihr guten Götter! Und dies Mädchen wurde vom Vater gastlich aufgenommen? Ich verweise sie des Hauses, die des Landes verwiesen werden müßte! ... Von Cestius Pius: Wer war bei deiner Hochzeit dabei? Dein Vater? Oder wenigstens der Vater des Mädchens?« Hieran schließen sich Sentenzen an, die sich auf die Seite des Sohnes schlagen: »Von Iulius Bassus: Noch stets wäre ich in Gefangenschaft, wenn nicht die

Tochter des Seeräuberhauptmanns gewesen wäre. Als ich sagte: ›Mein Vater lebt noch‹, wurde ich unter die ›guten‹ Gefangenen beiseite getan. Man nennt sie die Tochter des Räuberhauptmanns, vielleicht war ihre Mutter eine Gefangene; jedenfalls hat die Natur ihr ein anderes Wesen verliehen als dem Vater: Sie hatte ein gutes Herz, sie bat um Schonung, sie weinte, sie nahm Anteil an den Gefahren, die allen drohten, man konnte an ihr nichts Seeräuberisches entdecken. Ich versprach ihr die Ehe und habe als heilige Bürgschaft auch deinen Namen eingefügt …«

Unter der Rubrik *Divisio* gibt Seneca zunächst einen Hinweis: »Bei dieser Kontroversie entstand keinerlei Streit; ziemlich alle sind einer Meinung.« Dann fährt er fort: »Latro brachte als erste Frage vor: Darf ein Vater wegen einer Heirat seinen Sohn verstoßen, obwohl sich in dieser Angelegenheit jedermann frei entscheiden kann? Gallio fügte hinzu: Wenn er vom Sohne verlangen darf, eine Frau zu nehmen: auch von dem, der schon eine hat? Latro brachte als zweite Frage vor: Wenn der Vater berechtigt ist, seinen Sohn wegen einer Heirat zu verstoßen, war es dann diesem erlaubt zu gehorchen, nachdem er geschworen hatte? Diesen Punkt gliederte er folgendermaßen: ob jemand durch einen erzwungenen Eid gebunden ist; ob der Sohn den Eid erfüllt hat, indem er das Mädchen heiratete; ob er sich, auch wenn er ihn nicht erfüllt hat, vergeht, obwohl er ihm erzwungenermaßen zuwiderhandelt – und der Vater übt ja Zwang auf ihn aus. Wenn er trotz des Eides dem Vater gehorchen darf, ob er's dann auch muß; hier ist Gelegenheit, über die Verdienste des Mädchens zu sprechen und über seinen Charakter.«

Im dritten Teil, bei den *Colores*, argumentieren die von Seneca angeführten Redner meist zugunsten des Vaters. »Latro«, heißt es dort, »bediente sich für den Vater der folgenden Färbung: Das Mädchen habe sich nicht von Mitleid, sondern von seinem Liebesverlangen leiten lassen und deshalb liege keine Wohltat vor. In seiner Beweisführung behandelte er diesen Teil mit Glanz: Auch wenn sie dem Sohn eine Wohltat erwiesen haben sollte, müsse nicht in dem Maße Dank abgestattet werden; außerdem könne als Wohltat nur gelten, was mit Überlegung, nicht aber das, was in Raserei oder krankhafter Leidenschaft erwiesen werde. Romanius Hispo führte mit anderer Färbung aus, das Mädchen sei nicht aus Liebe zu dem jungen Mann, sondern aus Abscheu vor ihrem Vater mitgegangen; er wollte ihr auch die Sympathie entzogen wissen, die ihr ihre Liebe eintrug. Buteo bediente sich einer weit hergeholten Färbung: Er wollte der Sache den Anschein geben, daß der Vater des Mädchens nicht gegen die Ausführung des Ganzen gewesen sei, sondern insgeheim zugestimmt und nur in der Öffentlichkeit seine Absichten verborgen habe; der Vater habe eine ehrenvolle Partie für sie gefunden, die er auf andere Weise nicht hätte finden können; ohne seine Duldung hätten die beiden nicht fliehen können ...«

Nach dieser ausführlichen Probe aus den von Seneca aufgezeichneten Erinnerungsschätzen genügt es wohl, wenn sich die weitere Illustration des römischen Deklamationswesens auf die Fälle selbst beschränkt, die den Rhetoren als Skelett ihrer Stil- und Argumentationskünste dienten. Der Kontroversie 2,2 liegt die Annahme zugrunde, daß Eheleute einander geschworen hatten, wenn dem einen etwas zustoße, dann werde auch der andere den Tod suchen. Der Mann ging auf Reisen und schickte seiner Frau einen Boten mit der Nachricht, er sei gestorben. Die Frau tat einen Sprung aus großer Höhe, um sich das Leben zu nehmen; sie überstand den Sturz. Der Vater befiehlt ihr, sich von ihrem Manne zu trennen; sie weigert sich und wird verstoßen, das heißt enterbt. Die Kontroversie 3,1 hat die fiktive Verwaltungsanordnung zur Voraussetzung, daß ein Blinder eine Unterstützung von tausend Denaren aus der Staatskasse erhalten solle. Zehn junge Leute, die ihr Vermögen durchgebracht hatten, vereinbarten, daß derjenige, den das Los treffe, sich blenden lassen solle, damit man ihm die tausend Denare auszahle. Der vom Los Getroffene läßt sich blenden; er fordert die Unterstützung; sie wird ihm verweigert. In der Kontroversie 4,7 lautet die Annahme, daß der Tyrannenmörder eine Belohnung erhalte. Ein Tyrann überraschte seine Frau in flagranti mit einem Liebhaber; dieser entwand ihm das Schwert, mit dem er hatte bestraft werden sollen, und tötete ihn. Er fordert die Belohnung; sein Ansuchen wird abgelehnt. Unter den weniger komplizierten ›Suasorien‹ hat vor allem die siebte und letzte eine gewisse Berühmtheit erlangt: Cicero geht mit sich zu Rate, ob er seine Schriften vernichten solle, nachdem ihm sein Todfeind Antonius Schonung zugesichert hat, wenn er hierzu bereit sei.

Von all den Rhetoren und Deklamatoren, die Seneca in seinen Schriften aufreiht (ihre Zahl geht über die hundert hinaus), hat sich sonst kaum eine Spur erhalten. Moderne Leser werden desto mehr Mühe haben, die differenzierten Urteile nachzuvollziehen, zu denen Seneca sich imstande sieht: Ihnen erschwert das Typische dieser Kunstwelt, das Gemeinsame ihrer Repräsentanten den Zugang zu den individuellen Merkmalen. Ähnliche Quellen der frühen Kaiserzeit, vornehmlich zwei Sammlungen von Deklamationen, die, wahrscheinlich zu Unrecht, unter dem Namen Quintilians überliefert sind, bestätigen das Bild, das Senecas Aufzeichnungen vermitteln: Man bevölkerte die Übungsfälle nach Möglichkeit mit Randexistenzen der menschlichen Gesellschaft, mit Tyrannen, Räubern und Dirnen, man ließ den Zufall schier unentrinnbare Konfliktsituationen inszenieren, und man schrieb für die rechtliche Prüfung Gesetze vor, die es nicht gab und nicht geben konnte. Die kaiserzeitliche Rhetorenschule hatte in kurzer Frist eine Phantasiewelt hervorgebracht, die kraß vom Alltag abstach – als ob man sich durch die grellen Effekte, nach denen man strebte, darüber hinwegtäuschen wollte, daß die Beredsamkeit ihre wichtigste Funktion, die politische, eingebüßt hatte.

Seneca war sich bewußt, daß die Erinnerungen an seine einstigen Rhetorikstudien eine Wendezeit spiegelten. Die ihm geläufige Art des Deklamierens, das Ausfechten von Kontroversien, das Wort sowohl als auch die Sache, sei erst kürzlich, in nachciceronischer Zeit, aufgekommen: »Deshalb ist es eine Kleinigkeit für mich, eine Sache von der Wiege an zu kennen, die erst nach mir geboren ist«, schreibt er in der Vorrede zum 1. Buch der ›Kontroversien.‹ Schon er hat diese Wende als Dekadenz bewertet: Alles, worin sich die römische Redegewandtheit dem anmaßenden Griechenland gegenüber als gleichwertig oder überlegen erzeigt habe, sei um Cicero erblüht, seither aber gehe es tagtäglich bergab, konstatiert er in der genannten Einleitung. Und er fährt fort: »… sei es wegen der Üppigkeit der Zeiten (denn nichts ist für Begabungen so tödlich wie eine üppige Lebensweise), sei es, daß, nachdem der Lohn der schönsten Sache weggefallen war, sich aller Wetteifer Schändlichem zuwandte, das hoch im Kurs steht und viel einbringt, oder sei es durch ein Schicksalswalten, dessen neidische, stets gültige Regel bei allem darauf hinausläuft, daß das, was seinen Höhepunkt erreicht hat, wieder in die Tiefe, und zwar schneller, als es aufgestiegen war, zurückgleitet: Gelähmt sind die Geistesgaben einer untätigen Jugend, und man wacht nicht mehr im Bemühen um die einzige ehrenvolle Sache …«

»Lohn der schönsten Sache«, »Schändliches, das hoch im Kurs steht«: die Antithese scheint auf den einstigen Wettstreit um die republikanischen Ämter einerseits und auf das Buhlen um die Gunst des Publikums in den Vortragssälen andererseits zu zielen – Seneca registriert die Phänomene, jedoch die Ursache, den Wandel der Staatsform, erwähnt er nicht.

Cassius Severus, ein Mann, der wegen seiner losen Zunge in der Verbannung auf der gefürchteten Zykladeninsel Seriphos endete, stand als Redner zwischen den Zeiten, und so hat Seneca gerade ihm die Rolle auferlegt, sich scharf zum Wechsel von der praktischen Eloquenz zur neuen Schuldeklamation zu äußern. *In scholastica quid non supervacuum est, cum ipsa supervacua sit?* – »Was an der Deklamation ist nicht überflüssig, wo sie doch selbst überflüssig ist?« bemerkt Cassius in geschliffener Sentenz. Auf dem Forum werde gehandelt, das Deklamieren aber komme einem »Sichabmühen im Traume« gleich. Die Schulredner seien unfähig, meint Cassius weiterhin, im Senat oder auf dem Forum aufzutreten – sie wüßten nicht, wie man unter freiem Himmel spreche, wie man Regen und Hitze ertrage. Das Deklamieren, eine *puerilis exercitatio* (»Übung für Kinder«), vermöge keinen Redner heranzubilden: Wie könne man auf einem Fischteich die Fähigkeiten eines Steuermanns erproben? Eine Illustration zu diesen Sätzen läßt sich der Einleitung zum neunten Buch der ›Kontroversien‹ entnehmen: Als

Porcius Latro einmal in einem wirklichen Prozeß einen Verwandten verteidigen sollte, war er so aufgeregt, daß er sein Plädoyer mit einem schweren Sprachschnitzer begann. Er habe einen geschlossenen Raum verlangt und sich nicht eher beruhigen lassen, als bis er erreichte, daß die Verhandlung vom offenen Markt in eine Halle verlegt wurde.

Seneca eröffnet die Reihe der Autoren, die über die Ursachen des Niedergangs der Beredsamkeit nachdachten; ihm folgten Petron, der Verfasser des ›Satyrikon‹, Quintilian, Tacitus und der unbekannte Verfasser der griechischen Schrift ›Vom Erhabenen‹. Petron macht vor allem den schlechten Geschmack des Publikums und das verkehrte Prestigedenken der Eltern für den Abstieg der rhetorischen Bildung verantwortlich. Auch Quintilian, der dem Thema eine eigene Schrift widmete, den nicht erhaltenen, jedoch aus Hinweisen des Hauptwerkes in seinen Umrissen erkennbaren Traktat ›De causis corruptae eloquentiae‹ (›Über die Ursachen des Verfalls der Beredsamkeit‹), beruft sich noch auf der Rhetorik immanente Ursachen, auf die Scheinwelt der Deklamationen sowie auf die gesuchte Schreibart des Zeitalters. Erst die beiden letzten Kritiker des kaiserzeitlichen Rhetorikbetriebes, Tacitus und der Anonymus der Schrift ›Vom Erhabenen‹, blickten tiefer: Sie verwiesen auf den Wechsel der Staatsform, auf den Übergang von der Republik zur Monarchie, von der Freiheit zur Knechtschaft.

Alle diese kritischen Stimmen haben recht, wenn sie einen erheblichen Stilwandel feststellen und auf die Künstlichkeit und Wirklichkeitsferne des neuen Rhetorikbetriebes hinweisen; sie übertreiben jedoch, wenn sie diese Erscheinungen im wesentlichen negativ beurteilen. Das römische Reich erfreute sich in den beiden ersten nachchristlichen Jahrhunderten eines fast ununterbrochenen inneren und äußeren Friedens sowie eines bis dahin kaum bekannten allgemeinen Wohlstandes. Diese Verhältnisse beruhten nicht zuletzt auf einem Heer von Verwaltungsbeamten, in den Gemeinden wie in den Provinzen, auf deren Tüchtigkeit und Redlichkeit, und hierzu wiederum wird die intensive rhetorische Schulung, die ein gut Teil von ihnen genossen hatte, nicht wenig beigetragen haben:

Man wußte überall im Reich mit mindestens einer der beiden Hauptsprachen, dem Lateinischen oder dem Griechischen, sicher und präzise umzugehen. Die Rhetorik war eine pädagogische Provinz, doch ihre Realitätsferne hat offenbar keinen Schaden angerichtet. Ihre seltsamen Wucherungen gehören derselben Epoche an wie die Blüte der römischen Jurisprudenz.

Es kommt hinzu, daß die rhetorische Bildung gleichsam den Goldgrund der frühkaiserzeitlichen Literatur abgegeben hat. Sie prägte den Geschmack und verbreitete einen allgemein verbindlichen, den Autoren und ihrem Publikum gleichermaßen geläufigen Standard der Kennerschaft. Der von ihr propagierte Stil strebte nach größtem Raffinement, er liebte das Aufgeputzte und Zugespitzte und suchte geistreich und preziös zu sein. Die Literatur des 1. Jahrhunderts n. Chr. läßt – als Exponent desselben Geistes einer überreifen Zeit – dieselben Merkmale erkennen wie die von der Rhetorikschule vermittelten Muster: Sie neigte zur Phantastik, sie huldigte dem Manierismus und nicht selten dem Bombast, und sie suchte den Dingen immer neue Seiten, der Sprache immer neue Wendungen abzugewinnen.

Seneca hat die neue Rhetorik, die Nachfolgerin des von ihm einzig bewunderten Cicero, verurteilt und konnte doch nicht von ihr lassen. Dieses gespaltene Verhältnis ihres Chronisten, diese Haßliebe hat ein Fundamentum in re. Die neue Rhetorik war morbide und vital zugleich, und je mehr Seneca und die späteren Kritiker sie anklagten und ihre Schwächen bloßlegten, desto robuster vermochte sie sich in ihrer Unentbehrlichkeit zu behaupten. Es ist auch offensichtlich, daß Seneca durch seine Beschäftigung mit der Rhetorik einen starken Einfluß auf seine drei Söhne ausgeübt hat – er zählt durchaus zu jenen prägenden Vaterfiguren, deren Rom nicht wenige hervorgebracht hat. Das bestätigen seine Schriften ebenso wie der Werdegang der Söhne. Denn der älteste Sohn und der jüngste sind der Rhetorik offenbar stets verbunden geblieben, so verschieden ihr äußeres Leben im übrigen verlief. Beim mittleren aber zeigt jeder Satz seiner Prosa, jeder Vers seiner Dichtungen, wes Geistes Kind er war – des Geistes, den auch sein Vater repräsentierte und der dank seines Vaters in dem Hause zugegen war, in dem er aufwuchs. Er allerdings ließ es bei der bloßen Übernahme alles dessen, was ihm die zeitgenössische Rhetorik gab, nicht sein Bewenden haben: Er schmiedete ein Instrument daraus, das geeignet war, seinen philosophischen Überzeugungen eine eigenwillige Form von größter Eindringlichkeit zu verleihen.

DRITTES KAPITEL

Senecas Lehrjahre – Die Philosophie der Stoa

Die Nachwelt ist über die beiden Hälften von Senecas Leben sehr ungleichmäßig unterrichtet. Man sollte annehmen, daß die staatsmännische Tätigkeit und das literarische Oeuvre eines so bedeutenden Menschen für hinlängliche Kunde auch über die Jahrzehnte gesorgt hätten, in denen die Voraussetzungen für die späteren Leistungen geschaffen wurden. Dies ist jedoch bei Seneca nicht der Fall. Er selbst hat sich nur sporadisch und nur, wenn ein äußerer Anlaß ihn dazu aufforderte, über irgendwelche Details aus seinem Leben mitgeteilt. Autobiographische Schriften hat er nicht verfaßt, nicht einmal eine Skizze des eigenen Werdegangs, wie sie Cicero in seinem Dialog ›Brutus‹ hinterlassen hat. Die biographischen Nachrichten aber, welche die Geschichtsschreiber – Tacitus, Sueton und Cassius Dio – in ihre Werke eingeflochten haben, setzen erst zu der Zeit ein, da Seneca die politische Bühne betritt, unter Kaiser Caligula (37–41 n. Chr.), bei Tacitus gar, bedingt durch die große Lücke in den ›Annalen‹ (zwischen Buch 6 und 11), nicht eher als unter Claudius (41–54 n. Chr.). Dieses Kapitel führt zunächst das wenige vor, das durch Seneca selbst, durch jene sporadischen Hinweise in seinen Schriften, bekannt ist: aus der Zeit, die den frühesten erhaltenen Werken vorausgeht und ebenso den ersten Erwähnungen bei den Historikern.

Er werde sich auch dann nicht für schön halten, schreibt Seneca dem Freunde Lucilius, wenn dieser ihn um ein Porträt von sich bitte. Seneca hat wiederholt Andeutungen über sein Äußeres gemacht – stets in einem wenig schmeichelhaften Sinne. Er sei kleinwüchsig, gibt er einmal zu verstehen, und in der verhältnismäßig

2. Seneca. Bildnis von einer Doppelherme (die andere Seite zeigt Sokrates), 3. Jahrhundert n. Chr., nach einem Original aus der Zeit um 60 n. Chr. Berlin, Museen Preußischer Kulturbesitz

frühen Schrift ›De constantia sapientis‹, ›Von der Unerschütterlichkeit des Weisen‹, wartet er mit folgender Liste »lächerlicher« Merkmale auf: Er habe eine Glatze und schwache Augen, dürre Beine und eine kurze Statur. An anderer Stelle bemerkt er, daß ihn in seinem mittleren Alter ein Leiden bis zu äußerster Magerkeit habe abnehmen lassen, und vom Sterbenden heißt es bei Tacitus, daß sich sein greisenhafter Körper in einem durch karge Lebensweise geschwächten Zustande befunden habe. Ein Teil dieser Angaben paßt wenig zu dem geradezu feisten Kopf, den die bekannte Berliner Doppelherme als Porträt Senecas präsentiert.

Seneca kam als kleines Kind nach Rom: Eine Tante, eine Schwester seiner Mutter, habe ihn, schreibt er, während der Reise auf ihren Armen getragen. Es wird nicht berichtet, ob damals die ganze Familie in die Hauptstadt übergesiedelt ist. Seneca jedenfalls scheint dort aufgewachsen zu sein – so würde sich auch erklären, daß er nie seiner spanischen Heimat gedenkt: Er hatte wohl keinerlei Erinnerung daran. Aus seiner Kindheit hat er auch sonst nichts für mitteilenswert gehalten. Wohl aber hat er in der ›Trostschrift für Helvia‹ das drollige Gebaren seines Neffen Lukan, des nachmaligen Dichters, der damals etwa drei Jahre zählte, geschildert, und so mag denn diese Äußerung über einen Familienangehörigen als Lückenbüßer für das fehlende Zeugnis von seiner eigenen frühesten Jugend dienen: »Wende dich dann deinen Enkeln zu«, empfiehlt er der Mutter, »etwa Marcus, dem köstlichen Kerlchen, bei dessen Anblick keinerlei Traurigkeit standhalten kann. Kein Kummer, so groß, so frisch er sein mag, schneidet dir ins Herz, den er nicht, wenn er um dich herumtollt, beruhigt. Wessen Tränen vermag seine Fröhlichkeit nicht zu trocknen? Wessen von Sorgen zusammengezogene Stirn sein Geschwätz nicht zu lösen? Wen wird seine Ausgelassenheit nicht zu Späßen auffordern? Wen wird das Geplapper, das niemandem Überdruß bereitet, nicht auf sich ziehen und ablenken, wenn ihn schwere Gedanken festhalten?«

Seneca wurde seit früher Jugend und während seines ganzen Lebens von Krankheiten geplagt. Die erwähnte Tante, die ihn liebte wie seine Mutter, berichtet er, habe ihm einmal durch ausdauernde Pflege zur Genesung verholfen: Diese Notiz scheint sich auf seine Kindheit zu beziehen. Später, als junger Mann, hatte er unter schweren, mit Fieber verbundenen Katarrhen zu leiden. Sie setzten ihm derart zu, daß er mit dem Gedanken umging, aus dem Leben zu scheiden – er nahm davon Abstand um des alten Vaters willen. Die Krankheit war wohl nicht von rein physischer Art: Sein Entschluß durchzuhalten, die Philosophie und seine Freunde, schreibt er, hätten erheblich zu seiner Heilung beigetragen. Er hat offenbar eine Krise durchlebt; vielleicht hatte er sich – wie einige Bemerkungen anzudeuten scheinen – mit allzuviel Verve auf die Philosophie geworfen. An anderer Stelle äußert er sich allgemein über seine labile Konstitution: Ihm sei kein Leiden unbekannt, alle physischen Beschwerden und Drangsale habe er durchgemacht. *Einer* Krankheit aber sei er gleichsam ausgeliefert, man könne sie als Atemnot charakterisieren. Die Attacken seien kurz und einem Sturme gleich und gingen innerhalb einer Stunde vorüber.

Die zuletzt genannten Symptome (Seneca verwendet die Ausdrücke *suspirium* und *suffocatio*, »Keuchen« und »Erstickungszustand«) scheinen eher auf Asthma als auf Angina pectoris zu deuten. Die mit Fieber verbundenen Auswürfe hingegen zeigen deutliche Übereinstimmungen mit einem Krankheitsbild, das der Medizinschriftsteller Aulus Cornelius Celsus, ein Zeitgenosse Senecas, als *phthisis* (»Schwindsucht«) bezeichnet; nach heutiger Terminologie würde die Diagnose wohl chronische Bronchitis lauten, eher als (woran man auch denken könnte) Tuberkulose. Sowohl unter dem Asthma als auch unter der Bronchitis scheint Seneca zeit seines Lebens gelitten zu haben.

Seneca hat versucht, die Krankheit zu bekämpfen. Der erwähnte Celsus empfiehlt eine bemerkenswerte Therapie: Man solle eine lange Seereise unternehmen, in ein anderes, kompakteres Klima – von Italien aus begebe man sich am zweckmäßigsten nach Alexandrien. Seneca hat diesen Rat befolgt, wer immer ihn erteilt haben mag. Es traf sich günstig, daß jene Tante, die sich seiner schon, als er noch Kind war, angenommen hatte, mit dem Präfekten von Ägypten (so lautete der Titel dieses unmittelbar dem Kaiser unterstellten Oberbeamten) verheiratet war; der etwa Dreißigjährige wird sich etliche Monate bei ihr aufgehalten haben. Von ihrem Gatten verlautet lediglich, daß er sein Amt sechzehn Jahre innehatte und daß er während der stürmischen Rückreise umkam. Es läßt sich nicht mit Sicherheit bestimmen, wie er geheißen hat; man vermutet jetzt: Gaius Galerius, von dessen Präsenz in Ägypten (unter Tiberius, wahrscheinlich in den Jahren 16 bis 31 n. Chr.) auch Inschriften zeugen. Ein Brief an Lucilius berichtet von einer anderen therapeutischen Maßnahme: Er habe sich in einem Sessel an der Meeresküste entlang tragen lassen, er brauche die Erschütterung, da sich so der Schleim löse, der sich in seiner Kehle festgesetzt habe, oder sich die allzu schwere Luft in der Lunge verdünne.

So spärlich die Nachrichten über Senecas erste Lebenshälfte sind, auf die die Nachwelt sich angewiesen sieht: Von seiner geistigen Entfaltung, von den Lehrmeistern, die ihm dabei zur Seite standen, ist meist hinlängliche Kunde bewahrt geblieben. Daß er nach dem Elementarunterricht den Grammatiker, den Philologen besuchte und bei ihm Dichterlektüre trieb, bedarf keiner Bestätigung. Seneca gibt sie gleichwohl, und zwar mit wegwerfender Gebärde: Er wolle, schreibt er einmal, in seinen Betrachtungen zum Wortschatz des Lateinischen nicht damit prunken, wieviel Zeit er beim Grammatiker verloren habe. Seneca, der Philosoph, hielt eben nichts von philologischen Wortklaubereien, und was ihn daran wohl schon in seiner Jugend nicht zu befriedigen vermochte, hat er im Alter in grandioser Einseitigkeit auf folgende Formeln gebracht: »... welch mächtigen ersten Schwung brächten die Schulanfänger zu allem Guten mit, wenn jemand sie ermunterte, wenn jemand sie antriebe. Doch manches wird durch die Schuld der Lehrenden verdorben, die uns anleiten, wie man diskutiert, nicht, wie man lebt, und manches durch die Schuld der Lernenden, die zu ihren Lehrern mit der Absicht kommen, nicht die Seele zu bilden, sondern den Verstand. So ist das, was einmal Philosophie war, zu Philologie geworden« – *Itaque quae philosophia fuit, facta philologia est.* Seneca wollte alles dem *Einen*, worauf es ihm ankam, der im ethischen Sinne richtigen Lebensführung, untergeordnet wissen, und so hatte er für die rein formal-sprachliche Betrachtungsweise des Grammatikers nichts übrig. Daß er trotzdem seine Zeit dort nicht verloren hat, bekunden seine Schriften allerorten: Er flicht gern Verse ein, und hierfür stehen ihm zumal Vergil und Ovid stets zu Gebote.

Über den Rhetorikunterricht, den er empfing, wahrt er Stillschweigen: Er verrät nicht, bei wem er das übliche Pensum absolvierte, und auch nicht, welche Redner er außerdem noch hörte. Daß er sich jahrelang rhetorischen Studien unterzog, leidet keinen Zweifel: Er sollte und wollte sich ja auf den Advokatenberuf sowie auf die politischen Ämter vorbereiten, wie sein Vater bezeugt, und er hat sich auch wirklich einige Zeit als Advokat betätigt, wie er selbst einmal andeutet. Immerhin greift er die Rhetorik und ihre Repräsentanten nicht an, und in sein Werk ist kein Reflex von dem alten Streit zwischen Philosophie und Rhetorik, den Platon entfesselt hatte, eingegangen. Er übte auch – im Gegensatz zu seinem Vater und anderen, insbesondere zu Quintilian – keine immanente Kritik, das heißt, er rügte nicht einmal die »moderne« Beredsamkeit, die zu Beginn der Kaiserzeit aufgekommen war. Hiermit hätte er sich denn auch zu sich selbst in Widerspruch gesetzt, zu seinen eigenen Stilmitteln, die der zeitgenössischen rhetorischen Praxis stark verpflichtet waren.

Sein Hauptgeschäft war wohl schon in seiner Jugend die Philosophie. Man brauchte, als er studierte, nicht mehr, wie noch zu Zeiten Ciceros, nach Athen zu gehen, wenn man sich mit der höchsten Stufe der damaligen Bildung durch deren tüchtigste Repräsentanten vertraut machen wollte: Athen war nach Rom gekommen; die griechischen Philosophen hatten entdeckt, daß nirgends eine so große Nachfrage nach ihren Lehren herrschte wie in der Hauptstadt. An Möglichkeiten hat es somit dem jungen Seneca nicht gefehlt, und da ihn schwerlich der Vater auf die Philosophen aufmerksam gemacht hat, wird die erste Anregung von der Mutter ausgegangen sein, die sich, wie der Sohn schreibt, »freudiger als eine Frau und inniger als eine Mutter« mit Philosophie befaßte.

Der junge Seneca hat dort offenbar noch weniger als in späterer Zeit metaphysische Erkenntnisse und einen Zugang zum Übersinnlichen gesucht. Es ging um Ethik, um handfeste Regeln für die Lebensführung, für das praktische Verhalten im Alltag. Wahrscheinlich fühlte er sich, kränklich und sensibel, wie er war, durch den Luxus angewidert, der ihn umgab, und er suchte nach Bestätigung für sein Bedürfnis, sich durch Speisetabus und ähnliches von denen abzusondern, die er dem Überfluß verfallen sah. Jedenfalls haben seine Lehrer, Sotion und Attalos, vor allem durch ihre Anleitungen zu asketischer Lebensweise Widerhall bei ihm gefunden. Sie waren beide im Grunde Stoiker; Sotion hat sich auch zu pythagoreischen Glaubenssätzen bekannt. Er berief sich daher für das Verbot des Fleischgenusses auf das Dogma von der Seelenwanderung: Man müsse fürchten, sich eines Verbrechens an Menschen, ja des Verwandtenmordes schuldig zu machen, da man unwissentlich schneidend oder beißend auf die Seele seines Vaters oder eines anderen Angehörigen treffen könne, bemerkte er drastisch. Seneca war hiervon stark beeindruckt: Er enthielt sich jeglicher Fleischspeisen und glaubte, daß dies der Lebhaftigkeit seines Denkens förderlich sei. Nach einem Jahr kehrte er allerdings zur üblichen Kost zurück, auf Drängen des Vaters, der das Verhalten des Sohnes mit den Speisetabus fremder, neuerdings durch ein Dekret des Senats verbotener Religionen in Zusammenhang brachte.

Von Attalos ging eine große Anziehungskraft auf Seneca aus. Der junge Mann war der erste, der sich in dessen Schule einfand, und der letzte, der sie verließ. Auch auf Spaziergängen suchte er Belehrung von ihm zu empfangen. Attalos predigte gegen die Laster, den Reichtum, die Üppigkeit, nicht mit spekulativer Begründung wie Sotion, sondern mit handfester stoischer Moral. Seneca machte sich auch diese Maximen alsbald zu eigen: Er suchte in Armut zu leben und verzichtete auf Vergnügungen. »Hiervon habe ich einiges beibehalten«, schreibt er dem Freunde Lucilius. »Ich war mit großem Anlauf an alles herangegangen; dann, als ich zum Alltag zurückgekehrt war, habe ich von meinen guten Vorsätzen nur weniges gerettet. Seit der Zeit habe ich für mein ganzes Leben auf Austern und Pilze verzichtet ... Seither habe ich für mein ganzes Leben keine Parfums gebraucht, da der beste Körpergeruch der ist, gar keinen zu haben. Seither ist mein Magen des Weines entwöhnt, seither meide ich für mein ganzes Leben das heiße Bad: den Körper weichzukochen und durch Schweiß auszuleeren habe ich als unnütz und zugleich als luxuriös betrachtet. Die übrigen Dinge, auf die ich verzichtete, sind wieder da, doch so, daß ich bei allem, dessen ich mich nicht mehr enthalte, ein Maß beachte, das nahe an Enthaltsamkeit herankommt und vielleicht schwieriger ist als sie, da man auf manches leichter ganz verzichtet als nur in gewissen Grenzen.« Die asketischen Ratschläge, die Attalos dem Lehrling der Philosophie erteilte, machten auch vor der Bettstatt nicht halt: Die Matratze müsse so hart sein, meinte er, daß sie nicht nachgebe, wenn man sich darauf lege – Seneca versichert, daß diese Maxime zu denen gehöre, die er auch im Alter noch befolge.

Die Forderungen, die Attalos stellte, waren rigoros: Man solle sich nicht nur vom Überflüssigen unabhängig machen, sondern auch vom Notwendigen. So ein Stück aus einer Predigt wider den Reichtum, das Seneca – wohl einigermaßen wörtlich – zitiert: Selbst auf Wasser und Gerstenbrei müsse man verzichten können; die Frage, wie das möglich sei, wird mit der Pointe *Famem fames finit*, »Der Hunger beendet den Hunger« beantwortet. »Frei ist nicht«, heißt es noch, »gegen wen das Schicksal wenig, sondern nur, gegen wen es gar nichts vermag.« Attalos scheint auch literarisch auf Seneca gewirkt zu haben. Die Briefe an Lucilius bringen des öfteren Aussprüche von ihm, und kaum zufällig handelt es sich dabei fast stets um drastische Vergleiche. »Hast du schon einmal gesehen«, lautet einer von ihnen, »wie ein Hund mit offenem Maul nach den Stückchen Brot oder Fleisch schnappt, die sein Herr ihm zuwirft? Was er erhascht, verschlingt er unzerkaut, und stets giert er in Erwartung von weiterem. So geht es auch uns. Was immer das Schicksal uns Wartenden vorwirft, wir schlingen es ohne jeden Genuß hinunter und halten sofort gebannt nach der nächsten Beute Ausschau.« Oder, bündig und prägnant: »Bösartigkeit trinkt selbst den größten Teil ihres Gifts.« Attalos verstand sich offenbar darauf, seinen Zuhörern im Stile der damals üblichen Sittenpredigt ins Gewissen zu reden, wobei Vergleiche, Metaphern und Allegorien zu den am häufigsten verwendeten Mitteln gehörten. Senecas sogenannte Dialoge, das heißt seine kleineren philosophischen Abhandlungen, sind dieser stoischen Form der Sittenpredigt, der Diatribe, in hohem Maße verpflichtet, und Attalos wiederum könnte dem jungen Manne die erste Bekanntschaft mit ihr vermittelt und ihm die Wirksamkeit einer derartigen Seelenleitung gezeigt haben.

Zu den Regeln der Lebensführung, die Seneca seinen ersten Lehrern verdankte, gehörte auch die allabendliche Gewissensprüfung. »Ich mache Gebrauch von dieser Möglichkeit«, schreibt er in seinem Werk ›Über den Zorn‹, »und lege jeden Tag vor mir selber Rechenschaft ab. Sobald das Licht aus meinem Gesichtskreis entfernt ist und meine Frau, die meine Gewohnheit kennt, aufgehört hat zu sprechen, mustere ich meinen ganzen Tag und lege meine

Taten und Worte auf die Waage; nichts verstecke ich vor mir, nichts übergehe ich. Denn warum soll ich mich vor einer meiner Fehlhandlungen fürchten, da ich mir doch sagen kann: ›Paß auf, daß du dies nicht noch einmal tust; jetzt verzeihe ich dir ...‹« Seneca erklärt, schon ein gewisser Sextius habe dieses Verfahren der Selbstprüfung praktiziert. Der sei des Abends, vor der Nachtruhe, mit sich zu Rate gegangen: »Welche schlechte Eigenschaft hast du heute kuriert, welchem Laster nicht nachgegeben, worin dich sittlich gebessert?«

Quintus Sextius lebte und wirkte in caesarisch-augusteischer Zeit, etwa eine Generation vor Seneca. Er war Römer, bediente sich jedoch in seinen Schriften des Griechischen. Seneca hat ihn nicht mehr gekannt, wohl aber in seinen Werken gelesen, deren kraftvolle Sprache ihm imponierte. Caesar wollte Sextius die Ämterlaufbahn eröffnen, doch dieser lehnte ab, wie Seneca berichtet – wohl um sich ganz der Philosophie zu widmen. Er war Stoiker, wollte aber nicht dafür gelten: Er gründete eine eigene Schule, die erste und einzige ihrer Art, die römisch war. Sie hatte zunächst auch einigen Erfolg. Da sie jedoch gänzlich auf der Person des Stifters beruhte, ging sie bald nach dessen Tode wieder unter. »Die neue Richtung der Sextier, von römischer Festigkeit, ist, nachdem sie mit großem Schwung begonnen hatte, schon in den Anfängen wieder erloschen.« So Seneca, der bei weitem wichtigste Zeuge. Wenn er nicht auch sonst einiges über die Sextier mitgeteilt hätte, wäre nur überaus spärliche Kunde von ihnen bewahrt geblieben. Sextius war sowenig wie die anderen Philosophen seiner Zeit auf substantielle Originalität bedacht: Er zehrte großenteils von stoischer Überlieferung, nahm jedoch auch Pythagoreisches in seine Lehre auf. Die Pythagoreer waren denn auch die Quelle für jene allabendliche Selbstprüfung, für die sich Seneca auf ihn beruft, und von dort stammt, wie erwähnt, die vegetarische Ernährungsweise, zu der Sotion die Anregung gab. Sotion aber war Schüler des Sextius; durch ihn zuallererst sind somit Seneca die Maximen und Praktiken sei es stoischer, sei es pythagoreischer Provenienz vermittelt worden, die Sextius sich zu eigen gemacht hatte.

Seneca hat allerdings noch einen zweiten Schüler des Sextius gekannt: Papirius Fabianus, eine Persönlichkeit, die deshalb einige Aufmerksamkeit verdient, weil sie Rhetorik und Philosophie zu verbinden suchte. Fabianus begann als Deklamator und betätigte sich auf diesem Felde mit solchem Erfolg, daß der Vater Seneca seinem Stil eine ausführliche Charakteristik widmete und ihn sowohl in den ›Kontroversien‹ als auch in den ›Suasorien‹ gebührend zu Wort kommen ließ. Und mit Genugtuung stellte derselbe Gewährsmann fest, daß Fabianus seine rhetorischen Exerzitien auch dann noch fortsetzte, als er bereits bei Sextius studierte. Der jüngere Seneca hat ihn als Philosophen gehört, wohl ohne besonders von ihm beeindruckt worden zu sein. Immerhin verteidigt er ihn in dem Brief, der dies erwähnt, gegen die Kritik, die Lucilius an seinem Stil geübt hatte. Offensichtlich hatte sich die gewandte Feder des Fabianus um eine einigermaßen schlichte und reine Schreibweise bemüht, die, wie es in dem Brief heißt, nur von Cicero, Asinius Pollio und Livius übertroffen werde. Es nimmt sehr für Seneca ein, daß er diesen ihm selbst und seiner Zeit nicht mehr genügenden, unkünstlichen, nicht auf Pointen erpichten Stil dem Freunde gegenüber zu rechtfertigen suchte: Es sei Fabianus um die Inhalte gegangen, nicht um die Form, und diese kämen in seinem Oeuvre, welches umfänglicher sei als das ciceronische, mit hinlänglicher Klarheit zum Ausdruck. Er wird von Seneca auch sonst fast stets um seines Stiles willen erwähnt. Ein von ihm in der Schrift *›De brevitate vitae‹*, ›Von der Kürze des Lebens‹ zitierter Ausspruch zeigt indes, daß er durchaus die damals übliche Weise der energischen Moralpredigt gepflegt hat: »Fabianus, keiner von diesen Kathederphilosophen, sondern einer von den wahren und alten, sagte immer wieder, gegen die Leidenschaften müsse man mit Ungestüm, nicht mit Scharfsinn kämpfen und ihre Schlachtreihe nicht mit kleinen Verletzungen, sondern mit einem Sturmangriff zurückwerfen.«

Man habe zur Zeit Senecas, wurde behauptet, nicht mehr unbedingt nach Athen gegen müssen, um Philosophie zu studieren. Nunmehr sei hinzugefügt, daß dort damals geradezu eine geistige Öde geherrscht hat: Das 1. Jahrhundert n. Chr. stellt sich in der Geschichte der ehrwürdigen Akademie Platons und des aristotelischen Peripatos geradezu als weißer Fleck dar, und auch außerhalb Athens sind Repräsentanten dieser Schule kaum hervorgetreten (bei Thrasyllos, dem Hofastrologen des Tiberius, der auch die Dialoge Platons ediert hat, weiß man nicht recht, wie seine philosophische Gedankenwelt aussah). Da auch die Schule Epikurs, die während der Wirren der untergehenden römischen Republik viel Zulauf gefunden hatte, zu Beginn der Kaiserzeit schlagartig an Einfluß verlor, hat, als Seneca heranwuchs, lediglich die Stoa in einigem Flor gestanden, wenn man von den die Kultur negierenden Kynikern absieht, die als Bettelphilosophen im Reich umherzogen. Der junge Seneca konnte somit kaum umhin, sich der damals schier alleinherrschenden Richtung anzuschließen. Doch wenn die Lehre, die er dort empfing, nicht auch seiner inneren Einstellung entsprochen hätte, wäre er wohl kaum einer ihrer bedeutendsten Künder geworden.

Die Stoa war die jüngste der vier großen Philosophenschulen, die Athen im 4. Jahrhundert v. Chr. hervorgebracht hat. Sie entstand, weil ihr Gründer, Zenon aus Kition (etwa 334–263 v. Chr.), die – wie er meinte – wahre Lehre des Sokrates wiederherstellen wollte, von der die drei anderen Systeme, die Akademie, der Peripatos und Epikurs »Garten«, abgefallen seien, und weil er sich hiermit durchzusetzen vermochte. Ihren Namen hat sie von der *Stoa poikile*, einer bunt ausgemalten Wandelhalle am Markt in Athen. Dort pflegten Zenon und alle seine Nachfolger ihren Unterricht zu erteilen. Die Schule war etwa ein halbes Jahrtausend lang eine unter den Griechen, dann auch unter den Römern kontinuierlich wirkende geistige Macht: Von ihren Anfängen in frühhellenistischer Zeit (um 300 v. Chr.) bis zu ihrem Verschwinden nach ihrem letzten großen Repräsentanten, dem Kaiser Mark Aurel (um 200 n. Chr.). Die moderne Philosophiegeschichte hat ihre Entwicklung in drei Phasen gegliedert: Sie unterscheidet zwischen »alter«, »mittlerer« und »jüngerer« Stoa.

Zenon und die Schulhäupter nach ihm, insbesondere der als Schriftsteller ungemein fruchtbare Chrysipp (etwa 281–208 v. Chr.),

3. Die Gründer der Stoa: Zenon aus Kition
(etwa 334–263 v. Chr.). Paris, Louvre

legten den Grund für die Weltanschauung, die in den Jahrhunderten darauf einen beträchtlichen Teil der führenden Geister in ihren Bann zog. Die Stoa hatte von Anfang an, seit dem Wirken Chrysipps, ein dezidiert scholastisches Gepräge. Hiervon vermag, da die Schriften der alten Stoiker allesamt untergegangen sind, immerhin noch die Philosophiegeschichte des Diogenes Laertios (2. Jahrhundert n. Chr.) einen Eindruck zu vermitteln. Dort ist das siebte Buch der Stoa gewidmet; die darin zusammengestellten Lehrsätze, die mit der Einteilung der Philosophie beginnen und sodann die Grundlinien der Logik, Ethik und Physik nachzeichnen, gehen nach Inhalt und Form auf Chrysipp und seine unmittelbaren Nachfolger zurück.

Das Kernstück der alten Stoa war die Ethik, und hierbei ist es auch später stets geblieben. Jedem Individuum sollte »Glück«, eine erfüllte Existenz garantiert werden; für dieses Glück aber, lautete die Lehre, komme es überhaupt nicht auf die sogenannten äußeren

4. Die Gründer der Stoa: Chrysippos aus Soloi (etwa 281 – 208 v. Chr.). Rom, Kapitolinisches Museum

Güter, auf Reichtum, Macht, Gesundheit und dergleichen, an, sondern lediglich auf die »Tugend«, auf die aus eigenem Entschluß befolgten Maximen des Handelns, auf die Fähigkeit und Bereitschaft, bei allem Tun und Lassen rigorosen sittlichen Anforderungen zu genügen. Das Leitbild der alten Stoa war der »Weise«, ein Inbegriff der autarken, von keinerlei Umständen abhängigen Person. Nur der Weise sei vernünftig, hieß es, nur er sei – und zwar allein dank seiner Vernunft – frei, reich und glücklich, trotz äußerer Unfreiheit, äußerer Armut und äußerer Mißgeschicke. Sokrates habe, glaubte man, vor allem auf eine unerbittlichen ethischen Grundsätzen gehorchende Lebensführung Wert gelegt, und diese sollte von niemandem so konsequent verwirklicht worden sein wie von dem bedürfnislosen Kyniker Diogenes, dem anekdotenumrankten Bewohner eines Fasses. So verkündete man mit Berufung auf Sokrates und Diogenes, daß einzig die Tugend, der sittliche Wert als Kriterium erfüllten oder verfehlten menschlichen Daseins in Betracht komme, und das Ausmaß, wie weit die Unabhängigkeit dessen reiche, der sich einzig durch seinen inneren Wert und sein Bewußtsein davon bestimmen lasse, suchte man durch Thesen wie »Der Weise lacht auf der Folter« zu illustrieren.

Für heutige Ohren ist diese Botschaft schwerlich gemacht. Und als geradezu paradox muß dem modernen Betrachter die Tatsache erscheinen, daß der sittliche Rigorismus, der Glaube an die Tugend als einzige Quelle des Glücks, der Stoa den stärksten und dauerhaftesten Einfluß verschaffte, den je eine philosophische, von Jenseitsverheißungen und -drohungen absehende Ethik hat erringen können. Man muß jedoch bedenken, daß die Einseitigkeit der stoischen Ethik den, der sich ernsthaft zu ihr bekannte, unangreifbar machte. Wer von sich aus zu allem Distanz hielt, worüber der einzelne keine uneingeschränkte Verfügungsgewalt hat, war gegen alle Wechselfälle des Lebens gefeit: Er hatte sich eine uneinnehmbare innere Rückzugsposition geschaffen und brauchte sich auch dann nicht als um sein Glück gebracht und als gescheitert anzusehen, wenn ihm mißliche Umstände so gut wie alles vorenthielten. Das Bedürfnis nach dieser Art von Autarkie, von »Selbstgenügsamkeit« mußte um so größer sein, je mehr sich der einzelne auf sich selbst, auf seine eigenen geringen Kräfte verwiesen sah und je mehr er sich unberechenbaren Verhältnissen ausgesetzt glaubte – der Tyche, wie die Griechen sagten, dem »Treffenden«, der Personifikation des Zufalls. Und eben dies war im Zeitalter des Hellenismus, da die Bindungen an die Polis, den überschaubaren Stadtstaat, sich gelockert hatten und souveräne Politik nicht mehr vom Bürgertum, sondern vom engen Kreis der Großreiche beherrschenden Dynastien ausgeübt wurde, in viel höherem Maße der Fall als zuvor.

Die Stoa bot wie ihre etwas ältere Schwester, die Schule Epikurs, eine Heilslehre an, in der alles auf das Glück, die Eudämonie, die Erfüllung der von der Natur in jeden Menschen gelegten Möglichkeiten hinauslief. Sie unterschied sich jedoch dadurch auf das bestimmteste von ihr, daß sie nicht Resignation und Rückzug predigte, sondern Tapferkeit und Ausharren. Epikur hatte seine Anhänger von der Pflicht entbunden, sich politisch oder sozial zu engagieren: »Lebe im verborgenen« lautete eine berühmt-berüchtigte Devise seiner extrem individualistischen Ethik. Die Stoa setzte dem ihren Wahlspruch »Der Weise nimmt seine Bürgerpflichten wahr« entgegen: Sie zog aus der Abwertung der äußeren Güter, des Macht- oder Gelderwerbs durch politisches oder sonstiges praktisches Handeln, gerade nicht die Konsequenz, daß man sich auf diese Dinge möglichst wenig einlassen solle – im Gegenteil, sie ermutigte dazu, unter der Voraussetzung allerdings, daß man den Erfolg oder Mißerfolg nicht zum absoluten Maßstab des eigenen Glücks oder, wie man auch sagen könnte, der eigenen Würde erhob. Die stoische Ethik beruhte auf der Spannung, daß sie einerseits zu praktischer Tätigkeit ermutigte und andererseits empfahl, sich nicht ohne inneren Vorbehalt an diese Tätigkeit zu verlieren; sie war in wohlberechneter Weise ebenso welt- wie ichbezogen. Man könnte auch meinen, daß sie, was ihr Verhältnis zur Gemeinschaft angeht, in etwa die Mitte zwischen der platonischen und der epikureischen Lehre einnahm: zwischen dem Versuch, den einzelnen total in ein größeres Ganzes zu integrieren und ihn als Element einer umgreifenden Staats- und Gesellschaftsordnung zu deuten, einerseits und der Bereitschaft, ihn der Bindungen an die Mitwelt soweit wie möglich für los und ledig zu erklären, andererseits.

Die Stoa enthielt sich des spekulativen Ausgreifens in die Transzendenz, in ein wie immer beschaffenes Jenseits. Hiermit ist nicht gesagt, daß ihre Ethik sich verabsolutiert, daß sie auf jeden Rückhalt in einem Weltbild, in einer Kosmologie verzichtet hätte – ihre Bindungen an übermenschliche Instanzen, an die Natur, an die göttliche Vorsehung, waren vielmehr sehr stark, derart, daß ihr Bedürfnis nach Erbauung mitunter auch vor lächerlichen Konsequenzen nicht zurückschreckte. Die stoische Philosophie war von Anfang an monistisch, und sie hat sich in dieser Hinsicht nie zu Konzessionen bereit gefunden, so groß auch die Schwierigkeiten sein mochten, die ihr hieraus erwuchsen – etwa für das Form-Stoff-Problem in der Physik oder für das Verhältnis von sinnlicher Wahrnehmung und Begriff in der Erkenntnistheorie. Ein und dasselbe

Vernunftprinzip (Logos) oder, was hiermit identisch ist, ein und dieselbe Natur (Physis) beherrscht das Weltganze ebenso wie jedes Individuum. Das Individuum aber hat die Aufgabe und die Pflicht, sich den Geboten des Vernunftprinzips zu unterwerfen und im Einklang mit der Natur zu leben. Aus dem stoischen Immanenzdenken, der Folge des monistischen, die Trennung von Materie und Geist, von Diesseits und Jenseits ausschließenden Ansatzes, ergibt sich, daß der Mensch ganz und gar auf das jeweilige Hier und Jetzt verwiesen ist: Dort soll sein Dasein Sinn und Ziel finden, dort sich seine im Handeln verwirklichte Gesinnung bewähren. Die Natur aber hat ihn zum Gemeinschaftswesen bestimmt, hat den Trieb zur Gemeinschaft als den wesenhaftesten Trieb in ihn gelegt; folglich kann er das Gebot, im Einklang mit der Natur zu leben, nicht anders vollziehen als in der Gemeinschaft. In diesem Sinne war die stoische Philosophie nicht nur kraft ihrer Ethik, sondern auch kraft ihrer Kosmologie und Ontologie eine Philosophie des politischen Handelns. Sie war es sogar konsequenter noch als die Lehren der Akademie und des Peripatos, deren dualistische Tendenzen zur Legitimation des *bios theoretikos*, des sich selbst genügenden, reinen Strebens nach Erkenntnis, geführt hatten.

Zwei Gegebenheiten haben bewirkt, daß die Stoa um die Mitte des 2. Jahrhunderts v. Chr. in eine neue Phase eintrat, in die sogenannte mittlere: das Auftreten des Stoikers Panaitios und die Rezeption der stoischen Philosophie durch die Römer, was sich beides wechselseitig bedingt hat. Panaitios, geboren um 185 v. Chr., entstammte einer rhodischen Adelsfamilie. Er studierte in Athen; er schloß sich der Stoa an. Als etwa Vierzigjähriger lernte er, vielleicht durch Vermittlung des Historikers Polybios, den jüngeren Scipio, den Eroberer Karthagos, kennen. Als sich Scipio im Jahre 141 v. Chr. in den Osten begab, um die dortigen komplizierten Verhältnisse zu erkunden, nahm er Panaitios als Sachverständigen unter seine Begleiter auf. Danach lebte und lehrte Panaitios bald in Rom, bald in Athen. Im Jahre 129 v. Chr. wurde ihm die Leitung der Schule übertragen; er starb um das Jahr 110 v. Chr.

Nach altstoischer Lehre waren der Weise und der Tor, das heißt jeder, der nicht ein Weiser war, durch eine unüberbrückbare Kluft voneinander getrennt – der phantasievoll ausgemalte Kontrast sollte die schrankenlose Autarkie des Weisen, der allein dem Sittengesetz verpflichteten Persönlichkeit, illustrieren helfen. Panaitios hat dieses abstrakte Ideal nicht verworfen, wie es überhaupt nicht seine Art war, mit der stoischen Tradition offen zu brechen. Aber er hat es zu mildern, ihm seine Schroffheit zu nehmen versucht. Er deutete den »Weisen«, der dank voller Einsicht in die ethischen Anforderungen nicht den geringsten Fehler begeht, als ein Ziel, dem man sich in zähem Bemühen annähern müsse; außerdem ließ er an die Stelle einer starren Antithese die Vorstellung eines allmählichen Prozesses treten, der dem Lernenden, dem »Fortschreitenden«, auferlegt sei.

Noch durch einen zweiten Gedanken hat er altstoische Härte geschmeidiger gemacht. Er nahm sich des Grundsatzes an, daß der Mensch im Einklang mit der Natur leben müsse. Er lehnte ihn nicht gänzlich ab, interpretierte ihn aber in einer Weise, die dem Individuum, der Persönlichkeit jedes einzelnen mehr Spielraum gewährte: Das im Einklang mit der Natur stehende Leben sei das Leben, das gemäß den einem jeden von der Natur verliehenen Anlagen geführt werde. Der Gesichtspunkt der naturbedingten individuellen Unterschiede erfaßte auch die einzelnen Pflichten: Es kam Panaitios in seiner Ethik weniger auf die abstrakte Kategorie der »vollkommenen Handlung« als darauf an, daß in der Praxis stets Individuen auftreten, die in konkreten Situationen richtig handeln müssen. Er verwendete für dieses Erfordernis den Ausdruck τὸ καθῆκον (to kathēkon), »das Zukommende«, und er gab seiner Pflichtenlehre, seinem wichtigsten Werk, demgemäß den Titel ›Über das Zukommende‹. Dieses Werk ist das einzige, das die Zeiten überdauert hat: in der lateinischen Bearbeitung durch Cicero, in den beiden ersten Büchern von dessen Schrift ›De officiis‹, ›Von den Pflichten‹.

Die Wirksamkeit des Panaitios erhielt ihre epochemachende Bedeutung erst durch Rom, durch die Situation, in der sich die Römer damals befanden: Die Begegnung mit der griechischen Zivilisation, insbesondere mit der griechischen Aufklärung hatte dort eine schwere geistige Krise hervorgerufen. Die bisherigen Bindungen, das fraglos hingenommene Herkommen und die fraglos befolgten überlieferten Verhaltensnormen, kurz die Grundsätze der alten römischen Bauernmoral begannen an verpflichtender Kraft zu verlieren, und es zeigte sich weitblickenden Männern je später desto deutlicher, daß die politisch führende Schicht den Aufgaben nicht mehr gewachsen war, welche die Beherrschung des großen Reiches ihr stellte. Der vom älteren Seneca gern zitierte Cato Censorius (234–149 v. Chr.), eine Gestalt an der Schwelle zweier Zeitalter, zeigt exemplarisch die Problematik: Vergebens versuchte er, dem Einfluß der griechischen Kultur, der sich auf allen Gebieten des Lebens mit Macht hervortat, zu wehren. Der jüngere Scipio, schon von Hause aus gewöhnt, vor griechischer Geistigkeit Respekt zu haben, und die Freunde, die er als Roms berühmtester Mann seiner Zeit um sich versammelt hatte, schlugen einen anderen Weg ein. Sie wollten nicht durch Abweisung, sondern durch Übernahme griechischer Gedanken den durch Erfolge, Machtgewinn und Reichtümer bewirkten Zersetzungsprozeß innerhalb der römischen Aristokratie auffangen; sie waren bestrebt, den überlieferten sittlichen Vorstellungen das Fundament einer mit rationalen Mitteln operierenden Weltanschauung – der Stoa – zu geben. Daß man, wenn man weise sein wolle, seine Bürgerpflichten wahrzunehmen, also Politik zu treiben habe, brauchte man der römischen Herrenkaste nicht umständlich zu demonstrieren. Und auch sonst fielen dort die Prinzipien der Stoa – insbesondere in der abgemilderten Form, die Panaitios ihnen verliehen hatte – auf fruchtbareren Boden als die Lehren der anderen philosophischen Schulen. Der Hauptanziehungspunkt war für Scipio und seine Freunde gewiß die Stringenz eines in sich geschlossenen Weltbildes, das jedem einzelnen einen unverrückbaren Platz innerhalb des Ganzen anwies. Dergleichen hatte man in Rom nicht gekannt, und so konnte man erwarten, daß die philosophische Reflexion mit Hilfe der ihr eigenen Begründungszusammenhänge das unreflektierte römische Herkommen stützen und stärken werde.

Scipios Versuch, die überlieferte römische Moral und Staatsgesinnung durch ihre Einschmelzung in die stoische Doktrin zu retten, hat den unmittelbaren Zweck, für den er unternommen worden war, nicht erreicht. Das Gros der römischen Aristokratie brachte die Kraft nicht auf, Scipio und seinen Freunden auf dem Weg, den sie eingeschlagen hatten, zu folgen. Die Zersetzung schritt fort, und die aus egoistischem Machtstreben eines entfesselten Individualismus geborenen Kämpfe des Revolutionszeitalters führten schließlich die Monarchie herbei. Andererseits aber haben Scipio und sein Freundeskreis der Philosophie in Rom eine bleibende Stätte geschaffen: Ob Republik oder Monarchie, der Anspruch, die sittliche Forderung, die zumal von der stoischen Ethik ausging, stellte sich seither zu jeder Zeit, und ein fester Maßstab, die Praxis zu beurteilen, war auf immer gegeben.

Die Stoa hat während der mittleren Phase ihrer Geschichte noch einen zweiten herausragenden Repräsentanten hervorgebracht, dessen Name hier wenigstens genannt werden muß, obwohl ihm für das Hauptgebiet der Schule, die Ethik, nicht dieselbe Bedeutung zukam wie Panaitios, seinem Lehrer: Poseidonios (etwa 135–50 v. Chr.). Er war ein Forscher universalen Zuschnitts; er betätigte sich unter anderem als Astronom, Geograph und Historiker. Er suchte sich durch ausgedehnte Reisen empirische Daten zu verschaffen und war zugleich bestrebt, die ermittelten Tatsachen in die philosophische Gesamtschau einzufügen, wobei er in stärkerem Maße spekulative, ja mystische Züge hervorkehrte als Panaitios. Das berühmteste Beispiel für diese Art des Vorgehens ist seine Entdeckung, daß die Gezeiten vom Monde abhängig sind – er verwendete sie für seine Theorie von der »Sympathie«, von den Wechselwirkungen, durch die alle Teile des Kosmos miteinander verbunden seien. Von seinen Schriften ist keine auf uns gekommen. Gleichwohl steht fest, daß er großen Einfluß auf Spätere, nicht zuletzt auf Seneca, ausgeübt hat. Aus den erhaltenen Schriften seiner Benutzer hat sich ein gut Teil seiner Lehren zurückgewinnen lassen.

Überhaupt ist aus der Zeit der alten und mittleren Stoa nur ein – allerdings stattlicher – Haufen von Zitaten, Paraphrasen und Referaten überliefert: Erst die Autoren der dritten Phase, allen voran Seneca, sprechen noch unmittelbar aus Werken, die mehr oder minder vollständig bewahrt geblieben sind, zur Nachwelt. Diese Phase, die jüngere Stoa, deckt sich genau mit der ersten Epoche der Kaiserzeit, dem Prinzipat, den beiden ersten Jahrhunderten n. Chr.; sie erstreckt sich, grob gesagt, von den Lehrern Senecas über Epiktet bis zu Mark Aurel. Das Neue, das für sie Charakteristische ist durch den Verfassungswandel bedingt. Die von Augustus geschaffene Monarchie hatte zwar die Struktur der römischen Gesellschaft nicht grundlegend geändert; insbesondere gab es nach wie vor die Senatsaristokratie als die Schicht, aus der sich die höchsten Reichsbeamten, die Provinzialstatthalter und Truppenführer, rekrutierten. Der Senat war indes keine souverän entscheidende Körperschaft von Pairs mehr, sondern unterstand der Kontrolle des Monarchen. Da die aus der Republik überkommenen Ämter und die durch sie vermittelte Zugehörigkeit zum Senat noch stets als erstrebenswerte Ziele, ja als die eigentliche Lebenssphäre des Adels galten, diese Ämter jedoch vom Kaiser vergeben wurden, entstand ein neues Problem: Bis zu welcher Grenze, mußte jeder sich fragen, der in den Senat eintrat, durfte man sich der vom Kaiser verkörperten Staatsgewalt ohne Skrupel unterordnen? Von wo an würde man zwischen gewissenloser Kriecherei und lebensbedrohender Opposition zu wählen haben? In der Zeit der mittleren Stoa war es um Maximen für das eigene, selbstherrliche Handeln des Adels, für dessen Verhalten gegenüber der Bürgerschaft und den Untertanen gegangen. Jetzt hingegen ging es um fremdes Handeln, um kaiserliche Befehle, um Maximen, in welchem Maße man diesen Befehlen gehorchen müsse und unter welchen Voraussetzungen man berechtigt sei, den Gehorsam zu verweigern. Die Stoa, die ihre Funktion als Trägerin der öffentlichen Moral behauptete, ja verstärkt wahrnahm, sah sich nunmehr vor die Aufgabe gestellt, die politische Klasse mit Defensivwaffen auszurüsten; sie entwickelte ein passives, schließlich auch ein aktives Widerstandsrecht.

Das Problem der Autarkie des einzelnen gegenüber der Kaisermacht war allerdings nur für eine kleine Oberschicht von Bedeutung, und die ihm Ausdruck verleihende Doktrin gewann erst allmählich, im Laufe von Senecas Leben, feste Konturen. Daneben existierte nach wie vor das Postulat der Unabhängigkeit gegenüber allem Äußeren, und dieses Postulat nahm angesichts des allgemeinen Wohlstands und seiner Auswüchse die Form massiver Zivilisationskritik an. Zahlreiche Wanderprediger – die vornehmeren Stoiker sowie die derberen, sich von den Stoikern vor allem durch ihre Grobheit unterscheidenden Kyniker – durchzogen das Reich oder hielten sich in der Hauptstadt auf. Sie richteten ihre missionarische Energie vor allem auf den den Luxus, und widmeten sich überdies den durch den Überfluß verursachten Zivilisationsleiden, einem inneren Unbefriedigtsein, das zumal sensiblere Naturen quälte, sowie einer verbreiteten, mit Langeweile und Ekel gepaarten Unrast.

So etwa war das geistige Klima beschaffen, in dem Seneca aufwuchs. Freiheit des Individuums und Kaisermacht: Auf diese Formel läßt sich das Kardinalproblem bringen, das sich für die Angehörigen der Senatsaristokratie stellte. Der Konflikt schwelte lange im verborgenen, bis er während der letzten Jahre der Herrschaft Neros offen ausbrach – von da an gab es bis zum Beginn der Adoptivkaiserzeit eine stoische Opposition gegen die Staatsgewalt. Individuum und Zivilisation: Aus dieser Spannung erwuchs die vornehmste sittliche Aufgabe, vor die sich der wohlhabende Mittelstand gestellt sah. Allerdings traf das Gesagte hier wie dort nur auf nachdenkliche Naturen zu. Für das Gros der Reichsbewohner war wie zu allen Zeiten Anpassung die oberste Lebensregel; man fügte sich in die Umstände und machte sie sich nach bestem Vermögen zunutze. Hiervon legen, was die Senatsaristokratie angeht, die Werke des Tacitus überreichlich Zeugnis ab. Und was die Besitzenden von der philosophischen Sittenpredigt hielten, hat Petron zum Ausdruck gebracht, indem er einen seiner Romanhelden, den Parvenü Trimalchio, sich zu folgender Grabschrift bekennen läßt: »Er hat klein angefangen, hinterließ dreißig Millionen Sesterze und hörte nie einen Philosophen.«

VIERTES KAPITEL

Erste Erfolge auf unsicherem Grund – Die julisch-claudische Dynastie

Über Senecas private Sphäre, seine Familie, seine Besitzungen, seine Freunde, ist so gut wie nichts bekannt, und auch für die Anwaltstätigkeit und das erste Amt, die Quästur, sowie für die Beziehungen zum Kaiserhof stehen nur wenige dürre Angaben zu Gebote. Soviel ist jedoch sicher: Trotz aller Leidenschaft für die Philosophie war Seneca von Anfang an vom Ehrgeiz des Römers erfüllt. Er bereitete sich, wie sein Vater schreibt, auf das *forum* und die *honores*, auf Prozeßtätigkeit und die Bewerbung um Ämter vor, er wollte eine herausragende Position im Staat und in der Gesellschaft erringen. Ein Zwiespalt zwischen philosophischer Meditation und politischer Praxis scheint ihm fremd gewesen zu sein. Er fühlte sich offenbar stark genug, beides gleichermaßen zu betreiben, ja seine philosophischen Studien und ihre Objektivation, das literarische Werk, dienten geradezu dem Zweck, nicht nur anderen, sondern zuallererst ihm, dem Autor, selber den Weg zu weisen.

Doch dieser Weg war gefährlich, wie gleichfalls schon der Vater warnend hervorhebt: Man müsse sich vor eben dem fürchten, wonach man strebe. Hiermit soll wohl nicht nur auf die Risiken hingewiesen werden, denen politische Tätigkeit zu allen Zeiten ausgesetzt ist. Der Vater zielt vielmehr sehr wahrscheinlich auf eine besondere Gefahrenquelle, die neu, die erst seit Augustus in Rom präsent war: auf den Kaiser und seinen Hof. In republikanischer Zeit hatten sich die nach den Ämtern strebenden Adligen untereinander arrangieren müssen, und wer, wie etwa Cicero, sich noch nicht mit einem hinlänglichen Stammbaum ausweisen konnte, der durfte, die nötige Tüchtigkeit vorausgesetzt, auf Erfolg hoffen, wenn er unter eben diesen de facto bevorrechtigten Adligen ausreichend Unterstützung fand. Seit Augustus jedoch gab es eine allen, die sich um Ämter bewarben, übergeordnete Instanz, ob sie nun bereits zur Senatsaristokratie gehörten oder – wie Seneca – noch nicht: Der Kaiser pflegte die Kandidaten auf ihre Würdigkeit hin zu prüfen, wenn er nicht geradezu selber jemanden zur Wahl empfahl. Ob geprüft oder empfohlen: Jeder Kandidat, der die kaiserliche Kontrolle bestanden hatte, erhielt das Amt. Die einst souveräne Volksversammlung war zu einer reinen Formalität geschrumpft. Folglich spielte sich jede Karriere, die dem *forum* und den *honores* galt, im Horizont des Kaiserhofes ab, und die Kandidaten sahen sich mit einer nicht nur unberechenbaren, sondern eben auch gefährlichen Instanz konfrontiert – wer in Ungnade fiel, hatte das Schlimmste zu gewärtigen.

Seneca hat sich, wie begreiflich bei seinem Doppelstudium der Rhetorik und der Philosophie, viel Zeit zur Vorbereitung genommen. Frühestens als Fünfundzwanzigjähriger (also um das Jahr 25 n. Chr., unter Kaiser Tiberius) hat er begonnen, sich als Anwalt zu betätigen. Die Risiken, auf die er sich hiermit einließ, konnten ihm nicht verborgen bleiben: Die leidigen Majestätsprozesse – ein gefürchtetes Instrument zur Unterdrückung auch der leisesten Opposition – hatten längst eingesetzt, und Sejan, der damalige Chef der Gardetruppen, suchte mit immer perfideren Methoden seine Machtstellung auszubauen. Über die Art der Prozeßreden, die Seneca gehalten hat, ist nichts bekannt. Er selbst hat sich später nur einmal über seine forensische Wirksamkeit geäußert: *modo causas agere coepi* – »unlängst habe ich begonnen, in Prozessen aufzutreten«. Seine Ausdrucksweise erlaubt nicht zu unterscheiden, ob es sich hierbei um Zivil- oder Strafsachen gehandelt hat. Immerhin hat er, wie Quintilian bezeugt, Reden veröffentlicht, und Tacitus gibt, allerdings für eine um zwanzig Jahre spätere Zeit, ein bemerkenswertes Urteil über ihn ab: Er habe ein gefälliges, den damaligen Ohren angepaßtes Talent gehabt.

Seneca litt, wie dargetan, an einer schweren chronischen Bronchitis. Es ist sehr wahrscheinlich, daß die Anstrengungen des Anwaltsberufs die Krankheit verschlimmert haben. Er wird also die

Tätigkeit nach einiger Zeit unterbrochen haben und – etwa im dreißigsten Lebensjahr – nach Alexandrien zu seiner Tante gereist sein. Zurückgekehrt, setzte er seine Advokatenpraxis fort. Außerdem bekleidete er damals ein Amt: Er wurde Quästor. Abermals half die Tante: Sie habe, schreibt er lakonisch, ihren Einfluß geltend gemacht und hierbei die Scheu, die ihr eignete, überwunden. Gewiß war es der Hof, wenn nicht der Kaiser selbst, bei dem sie sich für ihren Neffen verwendete: Die Präfektur in Ägypten, die ihr Mann innegehabt hatte, zählte zu den wichtigsten kaiserlichen Vertrauensposten. Und mit ebenso großer Wahrscheinlichkeit darf angenommen werden, daß die Tante die Gunst des Quästorenamtes noch von Tiberius erwirkt hat, von dem Kaiser, unter dessen Herrschaft der Onkel die Präfektur sechzehn Jahre lang verwaltet hatte. Für Senecas Quästur kommt daher zuallererst eines der Jahre 33 bis 35 n. Chr. in Betracht. Alles übrige liegt wieder in undurchdringlichem Dunkel: Es ist nicht überliefert, in welcher Provinz sich Seneca als Gehilfe des dortigen Statthalters aufgehalten hat.

Im Jahre 37 starb Tiberius, und Caligula wurde sein Nachfolger. Den Willkürakten dieses elenden Despoten wäre auch Seneca zum Opfer gefallen, hätte ihn nicht sein schlechter Gesundheitszustand gerettet. Er gehörte seit seiner Quästur dem Senat an: Er beging die Unvorsichtigkeit, dortselbst in Anwesenheit Caligulas ein glänzendes Plädoyer zu halten (dem Senat oblag in der Kaiserzeit auch ein Teil der Kriminalgerichtsbarkeit). Caligula, der sich nicht zu Unrecht für einen ausgezeichneten Redner hielt, wollte nicht dulden, daß jemand versuchte, sich ihm auf diesem Felde überlegen zu zeigen. Er wäre imstande gewesen, Seneca umbringen zu lassen, wenn ihn nicht eine seiner Konkubinen beschwichtigt hätte: Der Mann sei schwindsüchtig und werde bald sterben.

Cassius Dio, der diese Nachricht bewahrt hat, weiß noch von einem verwandten, die irrwitzige Eitelkeit des Kaisers auf andere Weise illustrierenden Fall. Domitius Afer, ein bekannter Ankläger, sei seinerseits von Caligula wegen Majestätsbeleidigung angeklagt worden. Er habe sich, da er die Schwäche des Kaisers kannte, gehütet, mit seinem rednerischen Können aufzutrumpfen; er habe vielmehr so getan, als bewundere er die Wortgewalt seines Anklägers – dieser aber habe ihn daraufhin laufen lassen. Daß der Neid des Tyrannen auch tödliche Folgen haben konnte, zeigt Seneca selbst in einer grausigen Anekdote der Schrift ›De ira‹. Caligula hielt den Sohn eines angesehenen Ritters gefangen, weil ihm sein schmuckes Äußeres und zumal seine gepflegten Haare ein Ärgernis waren (er selbst hatte beinahe eine Glatze). Als der Vater um das Leben des Sohnes bat, ließ er den Sohn umbringen und zwang den Vater, mit heiterer Miene an einem Bankett teilzunehmen.

»Nie habe ich dem Glück getraut, auch wenn es so tat, als sei es friedlich: All das, was es mit größter Gunst auf mich häufte, Geld, Ämter, Ansehen, habe ich dort bewahrt, von wo es sich zurückfordern ließ, ohne daß ich erschüttert worden wäre« – so Seneca aus dem korsischen Exil über die Zeit, die vorausgegangen war. Er versucht, dem stoischen Postulat der Ataraxie, der Seelenruhe trotz widriger äußerer Umstände, zu genügen. Vielleicht erschien ihm die Vergangenheit damals in einem etwas zu rosigen Licht; gleichwohl darf man aus der zitierten Äußerung in der Trostschrift an die Mutter schließen, daß es ihm auch in den Jahren 37 bis 41, unter dem Regime Caligulas, im ganzen nicht schlecht ergangen ist, daß er Erfolg hatte und sein Vermögen wuchs. Der Plural *honores*, »Ämter«, läßt vermuten, daß er nach der Quästur ein weiteres Mal als Magistrat gewirkt hat, wohl eher als Ädil denn als Volkstribun: Die erstgenannte Würde war wenig angesehen, so daß sich bei ihr das Fehlen einer ausdrücklichen Nennung am leichtesten erklärt. Seneca hatte, einige Zeit bevor er in die Verbannung gehen mußte, zum ersten Male geheiratet. Wie die Frau hieß, ist unbekannt. Seneca erwähnt sie in seinen Schriften nur zweimal als seine Gattin (*uxor*): das eine Mal in der zitierten Partie aus der Schrift ›Über den Zorn‹, die von der allabendlichen Rechenschaftsablegung berichtet, das andere Mal in einem Brief an Lucilius. Dort ist von einer Närrin die Rede, die als Erblast der Frau in Senecas Haus zurückgeblieben sei – er selbst verabscheue solche sonderbaren Erscheinungen. Der Ton verrät Distanz; jene »Närrin« (*fatua*) hatte offenbar dem Amüsement der Besitzerin gedient. Diese war also offenbar nicht unvermögend (sie hätte sonst schwerlich ein derartiges Luxusgeschöpf unterhalten). Sie war indes, als der Brief entstand, seit längerem verstorben.

Wer sich im Senat oder als Reichsbeamter hervortat, zog notwendigerweise die Aufmerksamkeit des Kaisers auf sich. Der vierzigjährige Seneca hatte hiervon eine erste Probe zu schmecken bekommen. Sie zeigte bizarre Züge, dem Geisteszustand Caligulas entsprechend – Seneca hätte jedoch auch bei einem weniger abnormen Herrscher ähnliches erleben können, und jedenfalls: unter Claudius und Nero war der kaiserliche Hof die bestimmende Größe seines Lebens; von ihm ging all sein Wohl und Wehe aus; ihm hatte er seinen glanzvollen Aufstieg zu verdanken, und schließlich seinen Untergang. Seine Biographie bleibt unverständlich ohne das fatale Räderwerk des Kaiserhofs; was sich in ihm abspielte, wirkte sich notwendigerweise auf die am intensivsten aus, die ihm am nächsten standen. Ein Blick auf die erste Dynastie des römischen Kaisertums, auf das julisch-claudische Haus, ist daher unabdingbar.

Diese Dynastie, benannt nach den beiden Familien, die sie hauptsächlich getragen haben, bietet im ganzen ein wenig erfreuliches Bild. Von den fünf Herrschern, die ihr angehörten, war nur der Gründer Augustus ein fähiger, weitblickender Staatsmann. Die Nachfolger zeigten Schwächen, obwohl kein einziger von ihnen eine ernsthafte innere oder äußere Krise zu bestehen hatte; sie vermochten im günstigsten Falle der alltäglichen Regierungsroutine zu genügen. Zwei von ihnen, Caligula und Nero, taugten nicht einmal hierzu. Sie hätten, da ihr Wesen allen Anforderungen des Herrscheramts hohn sprach, unter keinen Umständen an die Macht gelangen dürfen. Außer den Personen der Kaiser selbst ist deren Platz im Stammbaum des Hauses geeignet, Verwunderung zu erregen: Die Sukzession kennt nur sonderbare Hakensprünge – nie ist der Thron an einen leiblichen Erben gelangt.

Schließlich die kaiserliche Familie, der kaiserliche Hof: Die väterliche Gewalt, jenes uneingeschränkte Recht des *pater familias*, über Leib und Leben aller Nachkommen zu verfügen, feierte dort traurige Triumphe. Zum Instrumentarium der ständigen Machtkämpfe innerhalb des Palastes gehörten nicht nur gemeinste Intrigen, sondern auch Einsperrungen, Verbannungen und Morde. Zum Abstoßendsten zählt, daß die Familienhändel nicht selten in aller Öffentlichkeit ausgetragen wurden. Tiberius zum Beispiel entblödete sich nicht, brieflich vor dem Senat über das Verhalten von Angehörigen Beschwerde zu führen.

Betrachtet man das Kaiserhaus und dessen Ambiente aus der Perspektive des Reiches, so könnte man geneigt sein, die dortigen Vorgänge für ein – wenn auch grausiges – Possenspiel zu halten. Leidtragende all der Umtriebe, des sei es der Unfähigkeit, sei es dem Wahnwitz der Herrscher entspringenden Geschehens, waren außer den Mitgliedern des Hofes lediglich die Angehörigen der Senatsaristokratie. Schon die gewöhnliche stadtrömische Bevölkerung und erst recht die Bürger und Untertanen im Reich blieben von den Eskapaden und Willkürakten der Kaiser – mochten politische Ängste, Habgier oder sexuelle Gelüste die Triebfeder sein – im wesentlichen verschont, und vor allem: Die Maschinerie der Provinzialverwaltung funktionierte unabhängig davon, wie viel oder wie wenig sich die einzelnen Kaiser um sie kümmerten. Kaisertum und Reichsregiment gingen weithin gesonderte Wege, und das eine brauchte nicht für das andere repräsentativ zu sein, so daß es auch unter einem »schlechten« Kaiser um die Provinzen recht gut stehen konnte. Die Senatsaristokratie, aus der sich die hohen Beamten rekrutierten, handelte eben trotz der Beaufsichtigung durch den Hof weithin in eigener Verantwortung. Kaisergeschichte und Reichsgeschichte sind demzufolge nicht miteinander identisch. Wenn man beides nebeneinanderhält, erweckt der Kontrast alsbald den soeben angedeuteten Eindruck: Der Kaiserhof und seine Umgebung wirken wie eine Bühne, auf der eine Anzahl Darsteller vor einem ruhig zuschauenden Publikum turbulente Stücke aufführt.

Das bedrückende Erscheinungsbild der julisch-claudischen Dynastie ist keineswegs nur durch eine Kette von Zufällen hervorgerufen worden. Es ist vielmehr in erheblichem Maße durch Mängel bedingt, die seit Anbeginn an der römischen Monarchie hafteten: Mit den Geschicken der Dynastie setzte sich eine Problematik fort,

5. Augustus. Bildnis des jugendlichen Kaisers, nach einem Original aus der Zeit vor 27 v. Chr. Rom, Kapitolinisches Museum

deren schon Augustus nicht hatte Herr werden können. Die Schwierigkeiten waren einmal durch bestimmte Strukturmerkmale der neuen Staatsform bedingt, zum anderen beruhten sie auf der Tatsache, daß Augustus ohne Sohn, ohne einen direkten Nachfolger blieb. Rom hatte keine echte, durch sich selbst legitimierte Monarchie erhalten. Dergleichen war dort mit einem unüberwindlichen Odium behaftet, wie das warnende Beispiel Caesars zeigte, der ein absolutes, an hellenistisch-orientalische Muster anknüpfendes Regime hatte einführen wollen. Augustus strebte daher nach einem behutsamen, allerdings nicht unkomplizierten Kompromiß: Er ließ einerseits das republikanische Gebäude mit dem Senat und den Magistraten bestehen, fügte jedoch andererseits die kaiserliche Allmacht in der Weise darin ein, daß sie sich nicht durch *einen* umfassenden Titel, sondern durch eine Reihe von Zuständigkeiten zur Geltung brachte, die republikanischen Funktionen nachgebildet waren, dem Konsulat, der prokonsularischen Gewalt, dem Volkstribunat und so weiter. Da somit die von Augustus begründete Form der Alleinherrschaft das Aussehen einer republikanischen Ausnahmestellung hatte, verbot sich eine allgemeine, mechanisch wirkende Regelung der Thronfolge.

Wenn Augustus verhindern wollte, daß sein Tod Prätendentenkämpfe und Bürgerkriege nach sich zog, dann mußte er versuchen, einem geeignet scheinenden Manne schon zu seinen Lebzeiten eine möglichst starke Position zu verschaffen, die ihm, sobald er selber gestorben sei, zu einer konfliktlosen Sukzession verhelfen würde. Als Anwärter für diese bevorzugte Rolle kamen nach Lage der Dinge sowohl leibliche Erben als auch bewährte Männer aus dem Heer und der Beamtenschaft in Betracht: Es gab den Weg einer blutsmäßig und den einer sachlich begründeten Designation.

Augustus hatte aus einer früheren Ehe die Tochter Julia, und Livia wiederum, seine endgültige Gemahlin, brachte aus ihrer ersten Ehe zwei Söhne mit, Tiberius, den nachmaligen Kaiser, sowie Drusus. Gemeinsame Kinder aber blieben aus, insbesondere der ersehnte Sohn, und so war die zweite der Ursachen gegeben, welche die Geschicke der julisch-claudischen Dynastie von vornherein auf eine ungünstige Bahn lenkten. Augustus war zwar nicht gebunden, er hatte freie Hand in der Bestimmung seines Nachfolgers. Doch eben dieser Umstand bedingte, daß er in der Frage des Thronerben eine eigentümlich unsichere und schwankende Haltung an den Tag legte: Er suchte Blutsverwandtschaft und sachliche Qualifikation miteinander zu vermengen, wobei er je nach Lage der Dinge dem einen oder dem anderen Prinzip größeres Gewicht beimaß. Ein Neffe namens Marcellus, der Sohn der Schwester Octavia, nach dessen frühem Tod der Freund und Kampfgefährte Agrippa, dann zwei Enkel, die aus der Ehe Agrippas mit der Tochter Julia hervorgegangen waren, und schließlich der Stiefsohn Tiberius, der nach dem Tod Agrippas zum Schwieger- und nach dem Tod der beiden

Enkel zum Adoptivsohn aufrückte: So verliefen, in aller Kürze, die von mancherlei Mißgeschick überschatteten Anstrengungen des Augustus, einem geeigneten Nachfolger den Weg zu ebnen. Und als ob hiermit die sachliche Qualifikation zuviel Gewicht erhielte, wurde durch einen weiteren Schritt wieder die Blutsverwandtschaft akzentuiert: Tiberius mußte seinerseits einen Enkel und einen Großneffen des Augustus adoptieren, Agrippa Postumus, einen dritten Sohn Agrippas und der Julia, sowie Germanicus, den Sohn des Drusus und Enkel der Octavia.

Wenn sich Augustus dazu hätte entschließen können, einzig nach dem Qualifikationsprinzip vorzugehen, dann hätte er lediglich Agrippa und Tiberius in Betracht ziehen dürfen, die wirklich als tüchtige Helfer ausgewiesen waren, zumal auf militärischem Gebiet. Bei dem Neffen Marcellus und den Enkeln Gaius und Lucius Caesar konnte Augustus allein auf die Zukunft setzen, und auch Germanicus war, als Tiberius angewiesen wurde, ihn zu adoptieren, noch ein unbeschriebenes Blatt. Vielleicht hätte Rom, wenn der Gründer der Monarchie so vorgegangen wäre, schon damals, nach dessen Tode, ein Adoptivkaisertum erhalten, bei dem sich der jeweilige Vorgänger bemühte, dem jeweils Besten die Nachfolge anzuvertrauen – eine Form der Sukzession, die sich erst nahezu ein Jahrhundert später mit Kaiser Nerva (96 – 98 n. Chr.) durchgesetzt hat.

In Wirklichkeit hat er, indem er der Blutsverwandtschaft das größere Gewicht beimaß, ein ungutes Beispiel gegeben: Nicht nur unter den Familienangehörigen, sondern auch am Hofe und im Senat wurde so die Überzeugung genährt, daß es bei der Thronfolge vor allem auf das verwandtschaftliche Verhältnis zu Augustus ankomme, und hiermit war all den Intrigen, Parteiungen und Machtkämpfen im Kaiserpalast der Boden bereitet. Tiberius aber glaubte sich durch die Adoption des Germanicus gebunden, und zwar auch nach dessen Tode (19 n. Chr.) – er tat nichts für die Bestimmung eines neuen Nachfolgers, wohl deshalb, weil er die Anwartschaft bei den Kindern des Germanicus aufgehoben wissen wollte. Und der Senat optierte denn auch nach dem Tode des Tiberius nicht anders: Er entschied sich für Caligula, den einzigen damals noch lebenden

Sohn des Germanicus. Seneca, der beobachtende Zeitgenosse, hat diesen durch Augustus und sein Prestige bedingten Abstieg in die Katastrophe richtig analysiert, er schreibt: »Warum hat die Vorsehung Caligula zum Herrn des Erdkreises gemacht, einen Menschen, der nach nichts mehr giert als nach Menschenblut …? Du meinst, die Herrschaft sei ihm gegeben worden? Seinem Vater Germanicus ist sie gegeben worden, seinem Großvater Tiberius und seinem Urgroßvater Augustus …«

Tiberius, der erste Nachfolger des Augustus, wird von der modernen Geschichtswissenschaft nicht ungünstig beurteilt: An sich sei er ein fähiger, für sein hohes Amt durchaus geeigneter Herrscher gewesen. Er habe allerdings mancherlei Demütigungen von seiten seines Stiefvaters hinnehmen müssen, so daß er bereits ein gebrochener Mann war, als er im Alter von 55 Jahren den Thron bestieg. Manches Unglück sei auch daraus erwachsen, daß er, der mit peinlicher Sorgfalt alle Regierungsmaximen des Augustus zu befolgen suchte, dem Senat einen zu großen Handlungsspielraum gewährte: Er habe einen Freimut vorausgesetzt, den es nicht mehr gab, und so sei aus Unsicherheit Devotion und aus der Devotion die Geißel der Majestätsprozesse hervorgegangen. In der Reichsverwaltung habe er auf Ordnung gehalten; die Statthalter in den Provinzen seien streng überwacht und den Staatsfinanzen durch Sparsamkeit zu erheblichen Reserven verholfen worden, so daß in Fällen der Not, etwa nach Erdbeben, wirksame Hilfe möglich war.

Auf die römische Mit- und Nachwelt hat Tiberius anders gewirkt. Die Zeitgenossen jubelten, als die Botschaft von seinem Tod eintraf. Die Geschichtsschreibung zeichnete ein überaus düsteres Bild, zumal Tacitus schilderte das Regiment des Tiberius als eine – nach relativ guten Anfängen – stufenweis sich verschlimmernde Tyrannis. Die Gründe für diese Divergenz zwischen dem einstigen und dem jetzigen Urteil liegen auf der Hand. Wer unter der Herrschaft des Tiberius unmittelbar zu leiden hatte, war wenig geneigt, psychologische Gesichtspunkte zur Erklärung und Entschuldigung seines Verhaltens ins Feld zu führen. Vor allem aber sah man die

Dinge aus stadtrömischer Perspektive, insbesondere aus der des am meisten betroffenen Senats; da spielten die in der Reichsverwaltung, der Grenzpolitik und sonstigen Sachbereichen gezeigten Tugenden eine ziemlich geringe Rolle.

Das Urteil Senecas stimmte gewiß im wesentlichen mit der Auffassung seiner Umgebung überein. Ein wichtiger allgemeiner Hinweis findet sich zu Beginn der Schrift ›De clementia‹. Dort verlautet, die Herrschaft Neros habe – wegen ihrer Vollkommenheit – kein Vorbild außerhalb ihrer selbst: Man spreche schon gar nicht mehr von Augustus oder den ersten Zeiten des Tiberius. Der Passus zeigt, daß schon Seneca das Regiment des Tiberius als Folge sich verschlechternder Phasen angesehen hat, etwa im Sinne der taciteischen Formel des *mutati in deterius principatus* – »der sich zum Schlimmeren verändernden Herrschaft«.

Besonderen Abscheu erregten bei den Römern die in tiberianischer Zeit durchgeführten Majestätsprozesse. Als *crimen laesae maiestatis*, »Verbrechen der verletzten Hoheit«, hatten in republikanischer Zeit die – vor allem von Beamten begangenen – Verbrechen gegen den Staat gegolten, insbesondere Hoch- und Landesverrat. Seit Beginn der Kaiserzeit kam dem einschlägigen Gesetz eine ungleich weitere Bedeutung zu: Nunmehr konnte jede Kritik am Kaiser oder an seinem Regime, jede Kränkung seiner Person oder eines Bildnisses von ihm als Majestätsverbrechen verfolgt werden. Unter Augustus geschah dies vereinzelt, unter Tiberius hingegen in erheblichem Umfang. Seneca stimmte vernehmbar in den Chor derer ein, denen die neue politische Justiz ein Greuel war, zumal sie der Spitzelei und dem Denunziantentum Vorschub leistete. Die Schrift ›Über die Wohltaten‹ berichtet von einem geradezu grotesken Fall. Es habe unter dem Kaiser Tiberius, heißt es dort, eine häufige, fast allgemeine Raserei des Anklagens gegeben, die schlimmer als jeder Bürgerkrieg die friedliche Bevölkerung aufrieb – »man fing auf, was Betrunkene sagten und womit Spaßvögel ein Witzchen machten; nichts war sicher; jede Gelegenheit zum Wüten war recht, und man wartete gar nicht mehr auf die Folgen für die Angeklagten, da es nur eine einzige gab.« Ein ehemaliger Prätor namens Paulus, fährt Seneca fort, habe bei einem Gastmahl einen mit einer Kamee besetzten Ring getragen, der das Bild des Tiberius zeigte. Als er sich des Nachtgeschirrs bedienen mußte, sei er sowohl von einem bekannten Denunzianten als auch von seinem Sklaven beobachtet worden. Der Sklave habe dem Betrunkenen noch rechtzeitig den Ring abgenommen: Als der Denunziant die übrigen Gäste zu Zeugen anrief, das Bildnis des Kaisers sei mit unanständigen Körperteilen in Berührung gekommen, und schon die Anklageschrift abfassen wollte, da habe der Sklave dargetan, daß sich der Ring in seiner Hand befand.

Seneca hat sich über Tiberius nicht nur ungünstig geäußert. Die ›Trostschrift an Marcia‹ enthält zweifaches Lob: Tiberius habe Livia, seine Mutter, liebevoll getröstet, als sein jüngerer Bruder Drusus gestorben war; er habe außerdem, ohne die Fassung zu verlieren, die Leichenrede auf seinen Sohn Drusus gehalten. Daß Seneca gerade dieses Werk benutzt, den zweiten römischen Kaiser mit freundlichen Bemerkungen zu bedenken, verdient besondere Aufmerksamkeit. Es entstand zur Zeit Caligulas, so daß Seneca keinerlei Rücksicht mehr auf Tiberius zu nehmen brauchte. Und Marcia, die Adressatin, die wegen des Verlustes eines ihrer Söhne getröstet wird, war die Tochter des Aulus Cremutius Cordus. Sie habe, schreibt Seneca gleich zu Beginn, zunächst den Tod ihres Vaters zu verhindern gesucht; erst als ihr klar wurde, daß es für ihn keine andere Möglichkeit gab, den Spießgesellen Sejans zu entgehen, habe auch sie sich ins Unvermeidliche geschickt. Seneca kommt später ausführlich auf den Fall zurück: Cremutius Cordus nahm sich, wobei er zu Anfang die Tochter über seine wahre Absicht täuschte, durch Hungern das Leben – auch in diesem Zusammenhang wird Sejan als der Urheber bezeichnet.

Cremutius Cordus war ein republikanisch gesinnter Geschichtsschreiber der augusteisch-tiberianischen Zeit. Er behandelte in seinem Werk die Bürgerkriege (wahrscheinlich vom Tod Caesars an) und jedenfalls auch die Anfänge der Herrschaft des Augustus. Er machte aus seiner Einstellung kein Hehl, pries die Caesarmörder und nannte einen von ihnen, Gaius Cassius, den letzten Römer.

6. Tiberius. Sitzstatue mit idealisiertem Porträt, aus dem Theater von Caere (Cerveteri). Rom, Lateranmuseum

Lange hatte man seine freimütigen Äußerungen geduldet, bis er das Mißfallen Sejans erregte und – im Jahre 25 n. Chr. – wegen Hochverrats angeklagt wurde. Er suchte, wie erwähnt, den Freitod; sein Werk fiel auf Beschluß des Senats der Vernichtung anheim. Von diesem Vorgang will Seneca den Kaiser entlastet wissen: Er macht –

im wesentlichen zu Recht – den Gardepräfekten Sejan dafür verantwortlich. Dieser von Haus aus tüchtige Verwaltungsbeamte hatte sich nicht zuletzt dank der Passivität des Tiberius zu einer immer mächtigeren Stellung emporgearbeitet. Er soll schon Drusus, den Sohn des Tiberius, ermordet haben (23 n. Chr.). Später verstand er es, die Familie des Germanicus beiseite zu drängen, um sich so den Zugang zum Kaisertum zu ebnen. Erst in letzter Stunde kam er zu Fall und wurde mitsamt seinen Kindern hingerichtet (31 n. Chr.).

So deutlich Seneca bestrebt ist, den Fall des Cremutius Cordus dem Sejan zuzuschreiben, sowenig verkennt er, daß sich in ihm nichtsdestoweniger eine der größten Gefahren der Monarchie bekundet: die Unterdrückung nicht nur der freien Tat, sondern auch des freien Wortes. Eine erste Bücherverbrennung hatte wohl schon unter Augustus stattgefunden: Die Schriften des Redners Titus Labienus, darunter ein gegenüber der Monarchie wenig freundliches Geschichtswerk, wurden auf diese Weise beseitigt – »eine neue, unerhörte Sache, an Geisteswerken die Hinrichtung zu vollziehen«, bemerkt hierzu Seneca der Vater. Bei Labienus, bei Cremutius Cordus und auch sonst verfehlten die Autodafés ihren Zweck: Es gelang meist, Exemplare der verbotenen Schriften insgeheim zu bewahren. So konnte denn Marcia, sobald Caligula, wohl um sich als milder Herrscher zu empfehlen, die Verdikte des Vorgängers aufgehoben hatte, das Werk ihres Vaters aufs neue der Öffentlichkeit zugänglich machen. »Als eine Wende der Verhältnisse eine Gelegenheit hierzu gab«, schreibt Seneca der Tochter, »hast du die Leistung deines Vaters, die man verurteilt hatte, in den Gebrauch der Leute zurückgeführt und ihn selber dem eigentlichen Tode entrissen.«

Das Werk des Cremutius Cordus eröffnete die Reihe der die Monarchie grundsätzlich ablehnenden Geschichtsdarstellungen, die während des 1. Jahrhunderts n. Chr. aus senatorischen Kreisen hervorgingen. Es ist bis auf ganz geringe Reste untergegangen, wie auch alles, was folgte – nur der grandiose Schlußpunkt, das Oeuvre des Tacitus, blieb großenteils erhalten. Nun hebt Seneca rühmend hervor, die Tochter des Cremutius Cordus habe durch ihre Neuausgabe des väterlichen Werkes die *incorrupta rerum fides*, »die unverfälschte geschichtliche Wahrheit«, an die Nachwelt gelangen lassen; sie habe zwei herrliche Dinge, *eloquentia et libertas*, »die Wortgewandtheit und Redefreiheit«, dem Vergessen entzogen. Die beiden zitierten Wendungen kehren in der programmatischen Einleitung zum ersten großen Geschichtswerk des Tacitus, zu den ›Historien‹, wieder: Man habe einst, in republikanischer Zeit, mit gleicher *eloquentia* und *libertas* die Taten des römischen Volkes aufgezeichnet; er, Tacitus, bekenne sich nach mancherlei Fehlentwicklungen wieder zur *incorrupta fides*. Sowohl Seneca als auch Tacitus haben die beiden prägnanten Formeln offensichtlich dem Werk des Cremutius Cordus entnommen. Für Cremutius Cordus folgt hieraus, daß er der römischen Historiographie des 1. Jahrhunderts n. Chr. den Weg gewiesen hat, und für Seneca, daß die dort sich bekundende, einem Übermaß kaiserlicher Machtausübung widerstrebende Haltung auch die seine war.

Eine »Wende der Verhältnisse« (*mutatio temporum*) habe die Tat Marcias, die Neuausgabe des väterlichen Geschichtswerkes, ermöglicht, schrieb Seneca: Die kühle Formulierung deutet auf Distanz zum neuen Herrscher, zu Caligula. Tacitus hat einen anderen Wechsel, den nach dem Tod Domitians, ganz anders gewürdigt – er sprach von einem *beatissimum saeculum*, der *felicitas temporum* – »einer segensreichen Epoche«, »dem Glück der Gegenwart«. Seneca wußte wohl bereits, daß die Neuerungen nach dem Tod des Tiberius, die Wiederherstellung einer gewissen Liberalität, nicht von Dauer sein würden, oder er ahnte es. Caligula hatte den Purpur erlangt, weil weder Tiberius noch dem Senat etwas Besseres einfiel als ein Anknüpfen an die Verfügungen des Augustus. Da die beiden älteren Söhne des Germanicus, Nero und Drusus, dem Wüten Sejans zum Opfer gefallen waren, konnte man nur noch auf den jüngsten, Gaius, genannt Caligula (»Stiefelchen«, ein ihm von seinen Soldaten verliehener Spitzname), zurückgreifen. Der anfängliche Jubel verflog rasch; bald mußte man erkennen, daß man sich kaum schlimmer hätte täuschen können. Caligula machte das Kaisertum in kürzester Zeit zu einer grausigen Farce. Er sonnte sich in der Rolle eines hemmungslosen Despoten, der an nichts dachte als an blanke, allen Einfällen und Launen nachgebende Willkür.

Im Falle dieses aus der Art geschlagenen Urenkels des Augustus gibt es zwischen Einst und Jetzt keinen Unterschied des Urteils, und anders als bei Tiberius läßt sich bei ihm nichts ins Feld führen, was Verständnis für seine Schwächen erwecken könnte. Die moderne Geschichtswissenschaft hebt stark das gewissermaßen Institutionelle seines Regimes hervor: daß er an die Pharaonen und Ptolemäer, überhaupt an orientalische Vorstellungen von Herrschertum anknüpfte, indem er zum Beispiel eine Art Geschwisterehe führte, und zumal, indem er göttliche Ehren für sich beanspruchte, und zwar nicht nur im Osten des Reiches, wo man dergleichen gewohnt war, sondern auch in Rom.

Für die Zeitgenossen an Ort und Stelle stand gewiß anderes im Vordergrund. Das Ansinnen, als Gott zu erscheinen – und Caligula zauderte nicht, als Inkarnation einer Reihe von Gottheiten des Pantheons, auch von weiblichen, öffentlich aufzutreten –, ließ sich noch als Ausdruck verrückten Größenwahns hinnehmen. Die Drangsalierungen hingegen, denen die Senatoren ausgesetzt waren, gingen ans Vermögen und an Leib und Leben. Seneca jedenfalls gedenkt nur einmal der Überheblichkeit des Kaisers: Dieser habe, erzürnt, weil Donner und Blitz sein Gelage mitsamt pantomimischen Darbietungen störten, Jupiter zum Kampf herausgefordert, indem er das Homerwort zitierte: »Hebe du mich oder ich dich!« Welch Aberwitz, fügt Seneca hinzu: Caligula glaubte, daß Jupiter ihm nicht, oder gar, daß er Jupiter schaden könne.

An Gaius Caesar (an Caligula), heißt es in der Trostschrift für die Mutter, habe die Natur demonstrieren wollen, was größte Charakterfehler in Verbindung mit größten Glücksumständen zu vollbringen vermöchten. Seneca tut diesen pointierten Ausspruch, um den Tafelluxus des Kaisers zu geißeln, im übrigen aber stellt er Kränkungen an den Pranger, und vor allem grausame Willkürakte. Einem ehemaligen Konsul wurde das Leben »geschenkt«, das heißt nicht genommen; als er sich bedanken wollte, hielt ihm der Kaiser seinen linken Fuß zum Kusse hin. *Persica servitus*, »persische Unterwürfigkeit« statt der Sitten einer freien Bürgerschaft, lautet Senecas Kommentar hierzu. Valerius Asiaticus, ebenfalls ein ehemaliger Konsul, zählte zu Caligulas intimsten Freunden – gleichwohl habe dieser während eines Gelages, in aller Öffentlichkeit also, mit lauter Stimme geschildert, wie die Frau des Asiaticus beim Beischlaf gewesen sei. Nach Tacitus war kein anderer als Asiaticus der Hauptanstifter von Caligulas Ermordung.

Von der Behandlung, die der Kaiser nach Senecas Aussage dem Ritter Pastor angedeihen ließ, war bereits die Rede. Pastor, fügt Seneca hinzu, nahm an dem Bankett teil, als ob er die Begnadigung seines Sohnes erwirkt hätte – und warum? Er hatte noch einen zweiten. Das dritte Buch des Traktates ›De ira‹ bringt eine lange Reihe von Beispielen für Zorneswüten; hier erhält Caligula neben persischen und anderen Despoten den ihm gebührenden Platz. Er habe, schreibt Seneca, an *einem* Tag eine Reihe von Senatoren und Rittern zu peitschen und zu foltern befohlen, nicht zu Untersuchungszwecken, sondern aus Launenhaftigkeit; er sei nicht imstande gewesen, das Vergnügen der Hinrichtung, nach dem seine Grausamkeit lechzte, aufzuschieben, und habe daher einige von seinen Opfern in den Gärten seiner Mutter, nachts bei Lampenschein, während Damen sowie andere Senatoren ihm Gesellschaft leisteten, enthaupten lassen. Allen, die exekutiert werden sollten, stopfte man auf Geheiß Caligulas einen Schwamm in den Mund, so daß sie nicht zu schreien vermochten; wenn keine Schwämme zur Hand waren, nahm man Stoffstreifen, die man von den Kleidern der Unglücklichen abgerissen hatte. Seneca verschweigt, daß Caligula mit der nächtlichen Aktion gegen eine angebliche Verschwörung vorging, doch das Szenarium bleibt makaber genug, selbst wenn dieses oder jenes Detail hinzuerfunden worden sein sollte. Einen reichen Verwandten namens Pompeius, berichtet Seneca an anderer Stelle, habe Caligula in seinem Palast verhungern lassen, um sich seines Vermögens zu bemächtigen. Während sich dieser Fall durch keinerlei Parallelüberlieferung des näheren erläutern läßt, steht für Julius Graecinus, ein anderes Opfer Caligulas, auch Tacitus zu Gebote: Er habe sterben müssen, schreibt Seneca, »weil er ein besserer Mann war, als einem Tyrannen dienlich ist«. Tacitus bringt hierzu gleichsam den Kommentar bei: Julius Graecinus, der Vater seines Schwiegervaters Agricola, sei getötet worden, weil er dem kaiserlichen Befehl nicht Folge geleistet hatte, gegen einen vermeintlichen Hochverräter Anklage zu erheben. Zum Schluß sei das Schicksal eines zweiten Mannes erwähnt, dessen allein Seneca gedacht hat: »Julius Canus … hatte sich lange mit Caligula gestritten. Als er fortgehen wollte, sagte der neue Phalaris zu ihm: ›Schmeichle dir nicht mit törichten Hoffnungen: ich habe befohlen, daß du hingerichtet wirst.‹ ›Ich danke dir, bester Kaiser‹, antwortete Canus.«

Die Hauptstadt Rom war unter den Nachfolgern des Augustus gewiß das gefährlichste Pflaster im ganzen Römerreich, insbesondere für diejenigen, die als Prozeßredner auftraten und dem Senat angehörten. Man begreift daher gut, daß Seneca – wie dies mancherlei Geschehnisse bezeugen, von denen er in seinen Schriften berichtet – das Regime der Kaiser Tiberius und Caligula mit wachem Mißtrauen beobachtet hat. Ob er daraus Konsequenzen gezogen und sich mindestens seit der erwähnten Begegnung mit Caligula etwas Zurückhaltung auferlegt hat, ist unbekannt. Dieser Kaiser machte auch sonst kein Hehl daraus, daß ihm Seneca zuwider war. Zwei Aussprüche sind von ihm überliefert, durch die er sich von den Erzeugnissen seines vermeintlichen Konkurrenten distanzierte: Seneca verfasse reine Prunkreden und sei wie Sand ohne Kalk (*Senecam … commissiones meras componere et harenam esse sine calce*). Sueton, der Gewährsmann für diese ebenso geistreichen wie einseitigen Urteile, schickt voraus, daß Caligula ungemein brillant, schlagfertig und temperamentvoll zu sprechen verstanden und daß er eine mildere und zierlichere Redeweise wie die des damals überaus beliebten Seneca entschieden abgelehnt habe. Das erste der beiden Bonmots scheint Seneca den Schuldeklamatoren zuzuweisen, wie sie der Vater in seinen Schriften hatte Revue passieren lassen. Von dem zweiten soll offenbar Mangel an Kohärenz gerügt werden – wohl nicht ganz zu Unrecht, da Seneca auch in den erhal-

7. Caligula. Venedig, Archäologisches Museum

tenen Werken (seine Reden sind gänzlich untergegangen) oft auf manierierte Weise kurze, sentenzartige Sätze verbindungslos aneinanderreiht.

Seneca hat wohl schon unter Tiberius begonnen, auch anderes zu verfassen als Reden. Servius, ein Philologe der Spätantike (um 400 n. Chr.), hat einen ausführlichen Kommentar zu den Werken Vergils hinterlassen; dort – und nur dort – werden die Titel zweier ethnographischer Schriften genannt, von denen sich plausibel vermuten läßt, daß Seneca sie in ziemlich früher Zeit hergestellt hat: ›De situ et de sacris Aegyptiorum‹ (›Über die geographische Beschaffenheit und die Götterdienste Ägyptens‹), ›De situ Indiae‹ (›Über die geographische Beschaffenheit Indiens‹). Die Anregung zum Traktat über Ägypten gab sicherlich der Aufenthalt in Alexandrien: Seneca, für Religiöses empfänglich und um asketische

Lebensregeln bemüht, wird die Tempel und Kulte der Ägypter nicht ohne Anteilnahme betrachtet haben. Bei der Ausarbeitung konnte er sich unter anderem auf das zweite Buch der Geschichte Herodots, die er sehr gut kannte, stützen. Der Titel mag übrigens De ritu (»Über die Zeremonien«) et de sacris Aegyptiorum gelautet haben; dann hätte die Schrift lediglich die Religion, nicht auch die Geographie Ägyptens behandelt. Der Indien-Traktat hingegen hatte wohl (auch nach Ausweis der Erwähnungen: Außer bei Servius wird er beim älteren Plinius einmal angeführt) im wesentlichen geographischen Inhalt. Von einem dritten Sachbuch weiß man nur durch den Autor selbst: Er habe als junger Mann einen Band ›Über Erdbeben‹ (›De motu terrarum‹) herausgegeben, bemerkt Seneca in den ›Naturales quaestiones‹. Die Biographie des Vaters, ›De vita patris‹, wurde bereits erwähnt; diese ebenfalls nicht erhaltene Schrift kann erst nach dem Tode des Porträtierten, also wohl unter Caligula, entstanden sein.

Noch ein zweiter Autor der Spätantike hat Kunde von einem wahrscheinlich frühen Werk Senecas bewahrt, das sonst gänzlich verschollen wäre: der Kirchenvater Hieronymus. Der konnte nicht umhin, sich gegen einen gewissen Jovinian zu wenden, von dem höchst anfechtbare Thesen in Umlauf gebracht worden waren, darunter die, daß der Jungfernschaft nicht mehr Verdienst zukomme als der Witwenschaft und der Ehe. Diesem Angriff auf die asketischen Ideale der damaligen Christenheit glaubte Hieronymus Paroli bieten zu müssen. Er tat dies mit großer Gründlichkeit im ersten Buch des Traktates ›Adversus Iovinianum‹. Dort aber nahm er sich, nachdem er ausgiebig Bibelexegese getrieben hatte, auch der heidnischen Tradition an (ab Kap. 41), und in diesem Zusammenhang nannte er zunächst eine Schrift Theophrasts und bemerkt sodann: »Es schrieben Aristoteles, Plutarch und unser Seneca Bücher über die Ehe, aus denen einiges von dem Obigen stammt und auch das, was jetzt folgt.« Seneca hat also ein Werk ›Über die Ehe‹ verfaßt; bedauerlicherweise läßt sich jedoch nicht mit Sicherheit ausmachen, welche Partien des hieronymianischen Textes von ihm stammen. Am ehesten kommen Beispiele von Römerinnen in Betracht, die sich sei es durch Keuschheit, sei es durch das Gegenteil davon hervortaten. Seneca mag diese Abhandlung seiner ersten Frau gewidmet, er mag sie überdies verfaßt haben, um mit sich selber hinsichtlich eines Problems der praktischen Ethik ins reine zu kommen. Jedenfalls kann er, der zweimal Verheiratete, sich die triviale, hausbackene Topik gegen die Ehe nicht zu eigen gemacht haben, die Hieronymus zwei Philosophen, Epikur und Theophrast, zuweist: Er hat gewiß für die Ehe plädiert und sich hierbei auf die stoische Lehre vom Menschen als Gemeinschaftswesen gestützt.

Von den erhaltenen Schriften aus der Zeit vor der Verbannung, von der ›Consolatio ad Marciam‹ und den beiden ersten Büchern ›De ira‹, wird im übernächsten Kapitel die Rede sein.

FÜNFTES KAPITEL

Sturz und Verbannung – Seneca auf Korsika

Schon im Jahre 39 n. Chr. war ein Versuch unternommen worden, Caligula zu beseitigen. Das Komplott scheiterte; die Anstifter, insbesondere Lentulus Gaetulicus, der Befehlshaber der obergermanischen Truppen, mußten sterben. Auch Marcus Aemilius Lepidus, ein Urenkel des Augustus, wurde als Teilnehmer an der Verschwörung hingerichtet. Dieser war mit Drusilla, Caligulas Lieblingsschwester und offizieller »Gemahlin«, verheiratet gewesen und hatte nach deren Tod Beziehungen zu den beiden noch lebenden Schwestern des Kaisers, zu Agrippina der Jüngeren und Julia Livilla, angeknüpft. Die beiden Prinzessinnen schienen daher ebenfalls in die Verschwörung verwickelt. Sie wurden auf die Pontischen Inseln (vor der tyrrhenischen Küste, etwa halbwegs zwischen Rom und Neapel) verbannt, dem Buchstaben nach wegen Ehebruchs mit Aemilius Lepidus.

Die nächste Verschwörung fand im Januar 41 n. Chr. statt. Sie gelang, und Seneca hat es sich nicht nehmen lassen, die Umstände der Ermordung Caligulas ziemlich detailliert zu schildern. Diesmal entschieden die Gardetruppen die Frage der Nachfolge: Während der Senat noch debattierte, ob man die Republik wiederherstellen oder wenigstens einen Herrscher aus einem anderen Hause nehmen solle, riefen sie den nahezu fünfzigjährigen Claudius, einen Onkel Caligulas, zum Kaiser aus, so daß dem Senat nur übrigblieb, ihm ebenfalls den Thron zuzusprechen.

So war abermals der Zufall der eigentliche Herr der Stunde. Eine bewußte, wohlüberlegte Wahl hatte nicht stattgefunden. Der häßliche, kränkliche Claudius, Sohn des Drusus und somit Neffe des Tiberius und jüngerer Bruder des Germanicus, war im Jahre

10 v. Chr. in Lugdunum (Lyon), der Residenz Galliens, zur Welt gekommen, während der Vater gegen die Chatten im südlichen Hessen zu Felde zog. Seine Angehörigen hatten für ihn nichts als Spott und Verachtung übrig. Die eigene Mutter, Antonia die Jüngere, nannte ihn einen Graus von einem Menschen und pflegte einen extremen Grad von Trotteligkeit durch die Worte zu kennzeichnen: »Er ist noch dümmer als mein Sohn Claudius.« Man betrachtete ihn als ungeeignet für öffentliche Ämter und erst recht für den Kaiserthron; bei Hofe spielte er die Rolle eines Sonderlings und oblag allerlei gelehrten, insbesondere historischen Studien. Er hatte unter anderem ein aus 41 Büchern bestehendes Geschichtswerk verfaßt, das mit der Wiederherstellung des Bürgerfriedens, also mit dem Jahre 27 v. Chr., dem offiziellen Ende der Militärdiktatur, einsetzte – vielleicht hat er darin die seitherige Herrschaft des Augustus, die 41 Jahre dauerte, dargestellt.

Erstaunlicherweise erwies er sich als ziemlich tüchtig, als fleißiger, gewissenhafter Verwalter des Reiches. Er vollzog bisher vernachlässigte Notwendigkeiten, indem er den kaiserlichen Beamtenapparat erweiterte und insbesondere am Hofe eine Anzahl von Ressorts einrichtete, die ihm unmittelbar verantwortlich waren. Diese Ressorts – *a rationibus* (für die Finanzen), *a libellis* (für Bittschriften und Beschwerden), *ab epistulis* (für den kaiserlichen Briefverkehr), *a studiis* (für wissenschaftliche Angelegenheiten) – pflegten Freigelassenen zu unterstehen, die zwar im allgemeinen recht fähig waren, andererseits aber einen erheblichen Einfluß auf den Kaiser ausübten und daher eine große Macht innehatten.

Dieser Umstand barg deswegen nicht geringe Gefahren, weil es Claudius gänzlich an Mut und Entschlossenheit fehlte, seine Ehefrauen in die Schranken zu weisen. Als er den Thron bestieg, war er – nach zwei aufgelösten Verlobungen und zwei geschiedenen Ehen – mit Messalina verheiratet, einer um mindestens dreißig Jahre jüngeren Frau, die sowohl väterlicher- als auch mütterlicherseits von Octavia, der Schwester des Augustus, abstammte, und zwar als deren Urenkelin. Sie war auf nichts so erpicht wie auf die Befriedigung ihrer Sinnlichkeit, der sie, da sie sich ihren Gatten gänzlich

8. Claudius als Jupiter. Rom, Vatikanische Museen

hörig gemacht hatte, in hemmungsloser Freizügigkeit nachgehen konnte. Zur Durchsetzung ihrer Gelüste verbündete sie sich mit den Freigelassenen, die Hofämter verwalteten, eine Konstellation, die denen leicht zum Verhängnis werden konnte, die sich ihren Wünschen nicht fügten (ihr Stiefvater Gaius Appius Silanus zum Beispiel bezahlte die Ablehnung des Liebesverkehrs mit dem Leben) oder die – als Frauen – ihren Neid und ihre Eifersucht erregten.

Dies traf auf Julia Livilla zu. Der Thronwechsel hatte ihr ebenso wie ihrer Schwester Agrippina zur Rückkehr aus der Verbannung verholfen. Da sie indes sehr schön war und daher die Aufmerksamkeit des Kaisers auf sich zog, suchte Messalina nach einem Vorwand, sie wieder vom Hofe zu entfernen, und den bot ihr Seneca. Von diesem darf angenommen werden, daß er damals, im Jahre 41 n. Chr., längst Zugang zu Mitgliedern der kaiserlichen Familie gefunden hatte und so notwendigerweise in die dort herrschenden Parteiungen und Machtkämpfe einbezogen war: Warum sonst hätte sich jene Konkubine schützend vor ihn stellen sollen, als Caligula ihn wegen seiner unerwünschten Eloquenz umbringen wollte? Sicherlich hat er zumal mit Agrippina, seiner nachmaligen Protektorin, ein gutes Verhältnis herzustellen vermocht, und daraus ergab sich wie von selbst, daß er auch Bekanntschaft mit Julia Livilla machte. Hieran knüpfte Messalina an: Sie erreichte, daß Julia Livilla noch im selben Jahre abermals in die Verbannung gehen mußte, da sie sich des Ehebruchs mit Seneca schuldig gemacht habe. Sie wurde bald darauf getötet, ohne Gelegenheit erhalten zu haben, sich zu verteidigen. Seneca, ihr angeblicher Galan, mußte sich – als Senator – vor dem Senat verantworten. Dort wollte man, wie er selbst berichtet, die Todesstrafe über ihn verhängen; kein Geringerer als Kaiser Claudius selber habe sich für ihn verwendet und erreicht, daß die Strafe lediglich auf Verbannung lautete.

Wahrscheinlich sah schon das Recht der Republik die staatliche Verfolgung des Ehebruchs vor; wie sie beschaffen war, ist unbekannt. Die Praxis der Kaiserzeit beruhte auf einem Gesetz, das Augustus im Jahre 18 v. Chr. erlassen hatte (*lex Iulia de adulteriis*). Es war Teil der von ihm angestrebten Sittenreform und stellte sowohl den Umgang mit einer unverheirateten als auch den außerehelichen Umgang mit einer verheirateten Frau unter Strafe; die Prozesse fanden vor einem eigens hierfür eingerichteten Geschworenengerichtshof statt. Die Sanktion traf den Mann ebenso wie die Frau und bestand in der Relegation, das heißt in der milderen Form der Verbannung, welche den Personenstand unangetastet ließ, sowie in erheblichen Kürzungen des Vermögens (der Hälfte beim Mann und bei der unverheirateten Frau, eines Drittels sowie der Hälfte der Mitgift bei der verheirateten Frau). Der Ehebruch einer gewaltunterworfenen Person (eines Haussohnes, einer Haustochter) konnte nach wie vor vom Hausvater, vom *pater familias*, nach uneingeschränktem Ermessen geahndet werden – Augustus und seine Nachfolger haben von dieser Möglichkeit bei den weiblichen Familienangehörigen des öfteren Gebrauch gemacht. Die mitschuldigen Liebhaber unterstanden nicht der hausväterlichen Disziplinargewalt; hier ging schon Augustus in der Weise über das Strafmaß des von ihm erlassenen Gesetzes hinaus, daß er den außerehelichen Umgang mit einer Prinzessin als Religionsfrevel und Majestätsdelikt aufgefaßt wissen wollte.

Die Art des Vorgehens, deren prominentestes Opfer Seneca wurde, war keineswegs neu. Dem Vorwurf haftete angesichts der sexuellen Freizügigkeit, wie sie seit der späten Republik in den gehobenen Gesellschaftsschichten und von Anfang an im kaiserlichen Hause herrschte oder jedenfalls möglich war, etwas Zynisches an, so daß es sich nahezu erübrigt zu fragen, ob denn ein Ehebruch stattgefunden habe oder nicht. Es lag wohl im Wesen des Delikts, daß ein Gesetz, das ursprünglich einem ernsthaften Zweck, der Wiederherstellung altrömischer Sittenstrenge, hatte dienen sollen, leicht als bloßes Machtinstrument mißbraucht werden konnte. Im Jahre 8 n. Chr. mußte Decimus Iunius Silanus, der angebliche Galan der Augustus-Enkelin Julia, Rom verlassen, ohne daß der Fall vor den Senat gekommen wäre – es handelt sich um die Affäre, in die möglicherweise auch Ovid verwickelt war. Hier, beim ersten Kaiser, hat wohl noch gerechter Zorn mitgespielt. Aus dem Munde eines Caligula jedoch mußte der Vorwurf, die Schwestern Agrippina und

Julia Livilla hätten Ehebruch begangen, wie blanker Hohn klingen: Es ist nicht unglaubwürdig überliefert, daß Caligula nicht nur zu Drusilla, sondern auch zu seinen anderen Schwestern inzestuöse Beziehungen unterhielt.

Daß Seneca seinen Prozeß der Kaiserin Messalina zu verdanken hatte, deutet er selbst in verschlüsselter Form an, indem er seinen Freund Lucilius stolz von sich sagen läßt: »Auch haben nicht anderen Personen gegenüber, die zu schätzen gefährlich war, Messalina und Narcissus ... meine Haltung ins Wanken bringen können.« Mit den »anderen Personen« meint Seneca sich selbst. Narcissus war einer der unter Claudius allmächtigen Freigelassenen – ihm unterstand das Ressort *ab epistulis*. Der Name Messalina ist nicht zweifelsfrei überliefert, doch macht es wenig aus, ob man sich für die Lesart Messala entscheidet: Dann hätte Marcus Valerius Messala Barbatus, Messalinas Vater, mitgewirkt, das heißt wohl als Ankläger Senecas fungiert.

Senecas Behauptung, der Kaiser habe durch seine Fürbitte die vom Senat angesteuerte Todesstrafe von ihm abgewendet, könnte angesichts des vom Gesetz vorgesehenen Strafmaßes Bedenken erregen. Man hat sich den Hergang wohl so vorzustellen, daß irgendein eminent liebedienerischer Senator die Todesstrafe vorschlug (was das Gesetz bestimmte, war in der Kaiserzeit nicht unbedingt bindend), worauf Claudius erwidert haben wird, die gesetzliche Strafe reiche aus. Die Art, wie Seneca die Sache darstellt – *Deprecatus est pro me senatum et vitam mihi non tantum dedit, sed etiam petiit* (»Er hat Fürbitte beim Senat für mich eingelegt und mir das Leben nicht nur zugestanden, sondern auch erfleht«) – mag eine kräftige Dosis Schmeichelei enthalten. In Wahrheit war er gewiß entschieden der Meinung, daß ihm auch mit der Verbannung Unrecht geschehe. Dies bezeugt Tacitus als Auffassung derer, die ihn kannten. Das Gegenteil läßt sich nicht daraus ableiten, daß er selber in der Trostschrift für den ihm gewogenen Freigelassenen Polybius den Kaiser alternativ um Gerechtigkeit oder um Gnade bittet, je nachdem, wie er, der Kaiser, seinen Fall einschätze. Es wäre unklug und der Situation wenig angemessen gewesen, wenn Seneca dem

Kaiser seine Sicht – daß er Gerechtigkeit, das heißt die Aufhebung des Senatsurteils, weil es ungerecht war, erwarten dürfe – hätte aufnötigen wollen.

Die Strafe lautete auf Verbannung. Die Kaiserzeit kannte zwei Grundtypen dieses Sühnemittels, das im wesentlichen den Standespersonen, den *honestiores* vorbehalten war (als Äquivalent für die einfachen Leute, die *tenuiores* oder *humiliores*, diente die Zwangsarbeit, besonders im Bergwerk): die Deportation und die Relegation. Der mit Deportation Bestrafte verlor sein Bürgerrecht und büßte sein Vermögen ein, er mußte sich gewöhnlich an einem bestimmten Ort aufhalten und konnte nur durch einen kaiserlichen Gnadenakt von der grundsätzlich auf Lebenszeit verhängten Strafe entbunden werden. Die Relegation hingegen brachte, wie schon erwähnt, keine Veränderung des Personenstandes mit sich, und im allgemeinen durfte der Relegierte sein Vermögen behalten. Die Strafe konnte darin bestehen, daß lediglich der Aufenthalt an bestimmten Orten untersagt war, meist jedoch wurde, wie bei der Deportation, der Ort – oft eine Insel, weil sich so die Einhaltung des Gebots am leichtesten überwachen ließ – im Urteil festgesetzt. Auf Relegation pflegten die Gerichte sowohl befristet als auch unbefristet, also auf Lebenszeit, zu erkennen.

Die Strafe, die der Senat im Jahre 41 n. Chr. über Seneca verhängte, war offenbar die Relegation an einen bestimmten Ort, die Ausweisung nach Korsika. Sie lief allem Anschein nach auf eine lebenslängliche Verbannung hinaus. Man muß sich so vorsichtig ausdrücken, da weder Seneca selbst noch die historischen Quellen Genaueres mitteilen. Dies gilt auch für die Behandlung des Vermögens: Wurde es eingezogen oder nicht? Seneca schreibt in der ›Consolatio ad Helviam‹: *intellego me non opes, sed occupationes perdidisse* – »ich begreife, daß ich nicht meine Existenzmittel« (möglich ist auch: »meine Reichtümer«), »sondern meine Beschäftigungen« (im Sinne von »Abhaltungen«) »eingebüßt habe«. Ein hintergründiger Satz, den man nicht zu rasch wörtlich nehmen darf. Es heißt nämlich weiterhin, daß die leiblichen Bedürfnisse des Menschen gering seien, daß man nicht die ganze Welt durchsuchen müsse, um allerlei Leckerbissen herbeizuschaffen und so weiter. Der Satz besagt also nicht unbedingt, daß Seneca seinen ganzen Besitz behalten durfte, er läßt auch die Auslegung zu, daß ein Teil davon konfisziert wurde: Für des Leibes Notdurft ist gesorgt; folglich hat Seneca, genügsam wie er ist, seine *opes* nicht verloren.

»Es ist möglich und üblich, daß den Ausgewiesenen (Relegierten) vom Vorsitzenden des Gerichts der Tag der Abreise vorgeschrieben wird; man pflegt sich nämlich wie folgt auszudrücken: ›Ich weise den und den aus dem und dem Gebiet und den zugehörigen Inseln aus, und er hat innerhalb der und der Frist abzureisen‹.« So ähnlich wie das hier mitgeteilte Formular (es stammt aus dem Werk ›Über die Amtspflichten des Provinzstatthalters‹ des Juristen Ulpian) hat wohl auch der Ausweisungsbefehl gelautet, den Seneca erhielt: Er mußte in kürzester Zeit Rom verlassen. Die Tücke des Schicksals hatte hierfür einen überaus schmerzlichen Zeitpunkt ausersehen. Knapp zwanzig Tage zuvor war Seneca ein kleiner Sohn verstorben (in den Armen und unter den Küssen der Helvia, fügt er hinzu), und zwei Tage vor dem Eintreffen des Verbannungsdekrets hatte Helvia die Rückreise von Rom nach Corduba angetreten, so daß sie ihrem bedrängten Sohn keinerlei Beistand leisten konnte.

Ciceros Route an den Ort seines Exils ist dank zahlreicher Briefe genau bekannt, und von der Reise Ovids, des zweiten berühmten Römers, den das harte Los der Verbannung traf, zeugt das erste Buch der ›Trauerlieder‹ (›Tristia‹). Im Fall Senecas ist einzig und allein gesichert, daß er auf Korsika leben mußte. Über den Weg dorthin sowie über den Ort des Aufenthalts verlautet nichts, weder bei ihm selbst noch sonstwo. So bleibt nur zu vermuten, daß er sich zunächst auf dem Lande nach Populonium, einer etruskischen Hafenstadt, begeben hat; hierfür benutzte man am zweckmäßigsten die Via Aurelia, die längs der tyrrhenischen Küste in nordwestlicher Richtung verlief. Den Rest der Reise mußte der Verbannte zu Schiff zurücklegen: an Ilva (heute Elba) vorbei zur korsischen Ostküste. Als Landeplatz diente wahrscheinlich Mariana, eine von Marius gegründete Kolonie (etwas südlich des heutigen Bastia). Dort oder im weiter südlich gelegenen Aleria mag Seneca Quartier genommen haben.

Korsika war ein ziemlich ungewöhnlicher Verbannungsort; man weiß von niemandem, der sich – außer Seneca – dort hätte aufhalten müssen. Den Namen der Insel sucht man in dem stattlichen erhaltenen Oeuvre dessen, der acht Jahre (man könnte fast sagen, die besten seines Lebens) auf ihr verbracht hat, vergebens. Er findet sich auch in den beiden Trostschriften nicht, die mit Sicherheit dort entstanden sind: *hoc saxum*, *haec insula*, *haec terra* – »dieser Felsklotz, diese Insel, dieses Stück Land« lauten die wegwerfenden Bezeichnungen, mit denen Seneca seinem Mißbehagen Ausdruck verliehen hat. Immerhin äußert sich die Trostschrift für die Mutter über die geographische Beschaffenheit und über die Geschichte Korsikas. Diese Partien sind es wert, zitiert zu werden, zumal sie auch Schlüsse auf die äußeren und inneren Befindlichkeiten dessen zulassen, der sie verfaßt hat.

Seneca meint, überall, auch in den tristesten Verbannungsorten, gebe es Leute, die sich, wiewohl fremd, aus freien Stücken dort aufhielten. Er fährt fort: »Läßt sich etwas ausfindig machen, das so kahl, das auf allen Seiten so abschüssig wäre wie dieser Felsklotz? Was ist an Produkten dürftiger, was wegen seiner Bewohner unkultivierter? Was durch den Charakter der Landschaft abstoßender, was durch sein Klima ungesünder? Trotzdem leben hier mehr Fremde als Einheimische.« Etwas später wird dieses düstere Bild durch genauere Auskünfte über die Unergiebigkeit der Insel ergänzt: »Dieses Stück Land bringt keine fruchttragenden und üppig gedeihenden Bäume hervor; es wird nicht von großen schiffbaren Flußläufen bewässert; es erzeugt nichts, was andere Völker bei sich einzuführen wünschen; es läßt kaum so viel wachsen, daß die Bewohner davon leben können; es gibt hier keine wertvollen Steine zu gewinnen und keine Gold- und Silberminen auszubeuten.« Diesen Schilderungen vermochte wohl auch ein nüchternerer, weniger voreingenommener Betrachter kaum Günstigeres entgegenzusetzen. Die Insel war und ist ein von tiefen Tälern zerfurchtes, unwegsames Gebirgsland, dessen höchste Gipfel sich bis über 2600 Meter erheben, mit steilen Abhängen im Westen und sumpfigen, einst malariagefährdeten Niederungen im Osten. Sie lieferte in der Antike Schiffsbauholz, die östlichen Küstenebenen brachten etwas Getreide hervor, und im westlichen, bergigen Teil wurden Viehherden gehalten.

Senecas Überblick über die damals noch nicht sehr lange Geschichte Korsikas hat folgenden Wortlaut: »Diese Insel hat schon oft die Bewohner gewechselt. Um weiter Zurückliegendes, das durch Alter verdunkelt ist, zu übergehen: Aus Phokis stammende Griechen, die jetzt in Massilia angesiedelt sind, hatten sich zuvor auf dieser Insel festgesetzt; was sie aber von dort vertrieben hat, ist ungewiß – das ungesunde Klima oder die Nähe des übermächtigen Italien oder die Eigenschaften der hafenlosen Küste; denn daß die Wildheit der Ureinwohner nicht der Grund dafür war, läßt sich daraus ersehen, daß sie sich gerade damals zwischen die rauhen und unkultivierten Völkerschaften Galliens drängten. Dann setzten Ligurer auf die Insel über, dann auch Spanier, wie aus der Ähnlichkeit gewisser Gepflogenheiten ersichtlich ist. Denn sie tragen dieselbe Art von Kopfbedeckung und dasselbe Schuhzeug wie die Kantabrer und haben manche Ausdrücke mit ihnen gemeinsam (denn im ganzen hat sich ihre Sprache infolge des Umgangs mit Griechen und Ligurern vom Ursprung entfernt). Dann wurden noch zwei Kolonien mit römischen Bürgern eingerichtet, die eine von Marius, die andere von Sulla. So oft hat die Bevölkerung dieses dürren und dornigen Felsklotzes gewechselt!«

Dieser Text verrät den geübten Ethnographen: Seneca hatte ja damals bereits Schriften über Ägypten und Indien verfaßt. Es kommt ihm vor allem auf die Geschichte der Besiedelung an. Da ist es weniger verwunderlich, daß er Phokis in Mittelgriechenland mit Phokaia an der kleinasiatischen Küste verwechselt – von dort stammten nämlich in Wahrheit die Kolonisten, die Alalia/Aleria auf Korsika und Massilia (Marseille) gründeten. Eher ruft Erstaunen hervor, daß die Etrusker und Karthager ungenannt bleiben: Sie waren es nämlich, die die Griechen aus Alalia vertrieben. Im ganzen wird Senecas Porträt der unwirtlichen Insel von den geographischen

9. Korsika, Cap de la Parata am Golf von Ajaccio. Photographie, um 1930

Quellen, insbesondere von Strabon (etwa 64 v. Chr. bis 25 n. Chr.), bestätigt. Weder die griechiche noch die römische Zivilisation hat sich dort mit einiger Intensität festsetzen und ausbreiten können – ein anschaulicher Beweis hierfür ist die sehr geringe Anzahl lateinischer Inschriften, die bislang zum Vorschein gekommen sind.

Die sogenannte ›Anthologia Latina‹, eine spätantike Sammlung lateinischer Gedichte, die, wenn auch unvollständig, die Zeiten überdauert hat, enthält Erzeugnisse verschiedener Autoren vom 1. bis zum 6. Jahrhundert n. Chr., Epigrammatisches und andere poetische Kleinigkeiten. Darin finden sich drei Stücke, die Seneca namentlich zugewiesen sind. Ferner wartet ein Teil der Handschriften mit etwa siebzig Epigrammen auf, die dort zwar nicht als von Seneca verfaßt erscheinen, die ihm jedoch auf Grund inhaltlicher Indizien von modernen Forschern teilweise oder insgesamt zugeschrieben werden. Von den drei Stücken, für die schon die handschriftliche Überlieferung Seneca als Autor namhaft macht, haben zwei die Insel Korsika als einen von der Natur nicht eben begünstigten Verbannungsort zum Gegenstand. Dort wird Korsika namentlich genannt, in dem ersten Gedicht sogar viermal; dort gilt auch Phokaia, nicht Phokis als Heimat der griechischen Siedler. Die Schlußpointe des ersten Gedichts ist gesucht, um nicht zu sagen verkrampft:

Parce religatis, hoc est, iam parce solutis:
Vivorum cineri sit tua terra levis.
Schone die Losgebundenen, das heißt schone jetzt die Befreiten:
Der Asche der Lebenden sei deine Erde leicht.

Angeredet ist Korsika; es soll den als Verbannten lebendig Begrabenen (die sich innerlich von allem gelöst haben) gnädig sein. Das Wort *religatis* spielt auf die *relegati*, die Ausgewiesenen, die Verbannten an, weshalb denn auch eine andere, offenbar sekundäre Lesart *relegatis* lautet. Die beiden Gedichte bestehen großenteils aus witzlosen, mitunter gröblich übertreibenden Aufzählungen; sie stammen schwerlich von Seneca und somit sehr wahrscheinlich von einem seiner Bewunderer, der sich in seine bedauernswerte Lage zu versetzen suchte. Die zitierten Korsika-Passagen aus der ›Trostschrift für Helvia‹ sind vom Leben geschrieben, die beiden Korsika-Epigramme hingegen von der Schule.

Der moderne Betrachter ist geneigt zu vermuten, daß Seneca von seiner Frau in die Verbannung begleitet wurde. Dergleichen war erlaubt und kam auch vor. Doch weder Cicero noch Ovid, noch – allem Anschein nach – Seneca gingen mit ihren Gattinnen ins Exil: Es mußte jemand bleiben, der den Besitz hütete und die Rückberufung betrieb. Im Falle Senecas sieht man sich allerdings wieder einmal auf Vermutungen angewiesen: Während es für Cicero und Ovid an ausdrücklichen Zeugnissen nicht fehlt, hat Seneca auch in diesem Punkte Schweigen gewahrt. Er scheint nach dem Verlust des kleinen Sohnes ohne Kinder gewesen zu sein; der drollige Marcus, von dem die ›Trostschrift für Helvia‹ so reizvoll zu berichten weiß, war ein Neffe, der spätere Dichter Lukan, und folglich handelt es sich bei dessen kurz danach erwähnter Mutter um Senecas Schwägerin, nicht um die Gattin. Somit scheidet die einzige Stelle aus, die man als Beweis für das Zurückbleiben der Frau ins Feld geführt hat.

Immerhin konnte auch ein Freund das Opfer bringen, mitzugehen und dem Verbannten mindestens in der ersten Zeit Gesellschaft zu leisten. Ein gewisser Caesonius (oder Caesennius) Maximus, später – um 65 n. Chr. – Konsul, scheint Seneca diesen Dienst erwiesen zu haben – ein Martialgedicht, das hierauf anspielt, wäre ziemlich salzlos, wenn man es anders deuten wollte. Caesonius war also wohl Senecas Reisegefährte, und dann, nach seiner Rückkehr – wie aus einem zweiten Martialgedicht hervorgeht –, Senecas eifriger Korrespondent. Im übrigen mußten gewiß ein oder mehrere Sklaven ihrem Herrn nach Korsika folgen. In dem Gepäck hat sich ein stattliches Quantum Bücher befunden: Die Studien, von denen Seneca spricht, und die Schriften, die er während des Exils verfaßt hat, wären undenkbar, wenn ihm nicht eine kleine Bibliothek zu Gebote gestanden hätte. Über seine pekuniären Verhältnisse endlich äußert er sich in der ›Consolatio ad Helviam‹: Er schäme sich, nach Trostgründen für seine angebliche Armut zu fragen: Der Luxus sei so weit fortgeschritten, daß das Kostgeld der Verbannten jetzt üppiger sei als einst der Besitz der Großen.

»Vernimm, wie du dir mich vorstellen sollst: fröhlich und heiter, wie in sehr guten Umständen. Sie sind nämlich sehr gut, da mein Geist, von jeder Abhaltung entbunden, Zeit hat für seine wahren Aufgaben und sich bald in einfacherer Tätigkeit erholt, bald aber, nach Wahrheit dürstend, sich erhebt, seine eigene Natur und die des Universums zu untersuchen.« So läßt sich Seneca am Schluß der Trostschrift für die Mutter vernehmen, und er fügt noch hinzu, daß er die Länder und ihre Lage sowie das Meer und seine Gezeiten, daß er weiterhin alle meteorologischen Erscheinungen betrachten und schließlich das Schauspiel der göttlichen Dinge genießen wolle. Seneca teilt dies alles mit, als wäre es Wirklichkeit – tatsächlich aber war es seine Absicht, sein Programm. Innere Ausgeglichenheit sowie einerseits ethische, andererseits naturwissenschaftliche Studien: Man sieht sofort, daß sich Seneca mit aller Kraft bemühte, die Ausnahmesituation der Verbannung als Stoiker zu bestehen. Jetzt war sozusagen der Ernstfall für die Maxime eingetreten, daß das »Glück«, eine unverkürzte menschliche Existenz, von den äußeren Gütern unabhängig sei, daß es einzig und allein auf den inneren Wert, auf die »Tugend« eines jeden ankomme. Wenn irgendwo, dann hatte sich Seneca hier, auf Korsika, als »Weiser« zu bewähren, als autarke Persönlichkeit. Er befand sich als überzeugter Stoiker in einer anderen Lage als Cicero und Ovid, die sich keiner bestimmten Doktrin verschrieben hatten: Die starre Ethik, die er sich zu eigen gemacht hatte, die hohen Ansprüche, die diese Ethik an ihn stellte, nötigten ihn, alles Leid und alle Schwierigkeiten gelassen, ja vergnügt zu ertragen – der Behauptung gemäß, daß der Weise auch auf der Folter zu lachen vermöge. Er konnte sich also nicht, ohne vor sich selbst unglaubwürdig zu werden, der Klage und dem Jammer hingeben, wie Cicero und Ovid dies, jeder auf seine Weise, getan hatten. Die stoische Lehre gab ihm Halt, sie erschwerte ihm jedoch andererseits die Möglichkeit, sich durch Tränen Entlastung vom Druck der Verhältnisse zu verschaffen.

Die Verbannung entsprach im antiken Staat der modernen Gefängnis- oder Zuchthaushaft; sie wurde als mindestens ebensoschwer empfunden und kam beinahe ebensooft vor. Zur Zeit Senecas hatte man seit Jahrhunderten Gelegenheit gehabt, über das Wesen und die Wirkungen dieses Strafübels, das nicht nur Verbrechen ahndete, sondern auch im politischen Kampf eine große Rolle spielte, nachzudenken, und so war denn eine üppige Literatur darüber entstanden, an der sich sowohl die Philosophen als auch die Rhetoren – also etwa: die Journalisten und Essayisten – beteiligt hatten. Diese Literatur erörterte die Verbannung einzig und allein vom Standpunkte dessen aus, der sie erleiden mußte: Sie suchte ihm darzutun, daß ihm nichts Schlimmes widerfahren sei, sie suchte gewissermaßen das Unglück, das den Verbannten getroffen hatte, hinwegzudisputieren. Seneca kannte sie, ja er war so gründlich mit ihr vertraut, daß er in seiner ›Trostschrift für Helvia‹ lauter Motive aufgreifen konnte, die er in der einschlägigen Tradition vorgefunden hatte – wobei er ihnen eine Form von einmaliger Brillanz zu geben wußte.

Er hat sich noch in einem anderen Werk mit der Verbannung befaßt, dort jedoch nur kurz und nur vom Gesichtspunkt der Ortsveränderung aus. Es ist ›De remediis fortuitorum‹ – ›Über Heilmittel gegen Unglücksfälle‹ betitelt. »Du mußt in der Verbannung leben«, sagt dort der Laie, der wie die Menge Denkende. »Du irrst«, antwortet der Philosoph, »was immer ich tue, die Grenzen des Vaterlandes kann ich nicht überschreiten – es ist für alle eines und dasselbe. Niemand kann daraus entfernt werden.« Das Argument sucht vom Standpunkt der Stoa aus den Verlust der Heimat, eine der schlimmsten Folgen der Verbannung, als Schein zu erweisen: Der Stoiker ist Kosmopolit, und er hat nur *eine* Heimat, *ein* Vaterland: die ganze Welt.

Die Trostschrift für die Mutter Helvia zeigt einen hochgemuten, ganz den stoischen Anforderungen genügenden Seneca; sie entstand in der ersten Zeit des Exils, wohl im Jahre 42 n. Chr. Die Verbannung, heißt es dort, sei eine *loci commutatio*, eine »Veränderung des Aufenthaltsortes«, die zwei vermeintliche Unbequemlichkeiten zur Folge habe: *paupertas* und *ignominia*, »Armut« und »Schande«. Seneca sucht zu zeigen, daß weder die eine noch die andere Folge ein Übel sei. Der moderne Leser könnte geneigt sein, zumal die Argumente, welche die Schande hinwegräsonieren sollen, für mager zu halten: Hier wird zuwenig auf die Isolierung, der der Verbannte ausgesetzt war, auf den Verlust nahezu aller sozialen Bande eingegangen. Den Scheinübeln stehen jedoch positive Aspekte gegenüber, und die kommen in Senecas Darstellung keineswegs zu kurz. »Zwei Dinge, die kostbarsten, die es gibt, begleiten uns, wohin wir uns auch begeben: die allen gemeinsame Welt und die eigene Geisteskraft ... Das Beste, das der Mensch besitzt, ist dem menschlichen Zugriff entzogen: Es kann weder gegeben noch genommen werden. Dieser Kosmos, das Größte und Schönste, das die Natur hervorgebracht hat, sowie unser Geist, der Betrachter und Bewunderer des Kosmos und dessen herrlichster Teil, sind uns zu eigen gegeben, gehören uns immer und verbleiben so lange bei uns, wie wir selbst hier verbleiben.« Es ist offenkundig, daß sich in dieser Partie das Programm vorbereitet, das der zitierte Satz aus dem Schlußkapitel ankündigt: Seneca sei damit beschäftigt, »seine eigene Natur und die des Universums zu untersuchen«. *Mundus* und *animus, sua universique natura*: Mit Recht hat man festgestellt, daß diese Zweiheit der berühmten Formel aus Kants ›Kritik der praktischen Vernunft‹ entspricht, wonach zwei Dinge das Gemüt mit Bewunderung und Ehrfurcht erfüllen: »der bestirnte Himmel über mir und das moralische Gesetz in mir«.

Seneca mußte seine nach üblicher Auffassung elende Lage nach Kräften ignorieren, um sein stolzes Programm in die Tat umsetzen zu können. Er hat die starke Spannung, der er hierdurch unterworfen war, nicht gleichmäßig durchzuhalten vermocht. Vielleicht hat er zunächst erwartet, daß er bald zurückkehren dürfe: Er hatte Agrippina, er hatte Freunde, von deren Fürsprache er sich etwas erhoffen konnte. Doch Monat um Monat verging, ohne daß etwas geschah. Da schien sich ihm eine Gelegenheit darzubieten: Der schon erwähnte Freigelassene Polybius, einer der Mächtigen am Hofe des Claudius (ihm waren die Ämter *a libellis* und *a studiis*, für Bittschriften und für wissenschaftliche Angelegenheiten, unterstellt), hatte einen Bruder verloren. Seneca, der gerade zwei *Consolationes* verfaßt hatte, setzte eilends eine dritte auf, die er an Polybius richtete. Er flocht lobende Worte auf den Adressaten ein und vor allem auf dessen Herrn, den Kaiser Claudius, und hiermit nicht genug, flehte er fast unverhüllt um Begnadigung: »Er (Claudius) möge Germanien befrieden, Britannien erschließen, er möge Triumphe feiern sowohl wie sein Vater (Drusus) als auch aus neuem Anlaß! Daß auch ich als Zuschauer dabeisein werde, verbürgt seine Milde, die unter seinen Tugenden die erste Stelle einnimmt. Er hat mich nicht so gestürzt, daß er mich nicht hätte wieder erheben wollen – vielmehr: er hat mich nicht einmal gestürzt, sondern den vom Unglück Getroffenen und Fallenden aufgehalten und den auf den Abgrund Zueilenden sanft – wobei er von der Mäßigung seiner göttlichen Hand Gebrauch machte – in Verwahrung getan.«

Die Trostschrift in fremder Sache, die in Wahrheit eine Bittschrift in eigener Sache war, ist ein bis zwei Jahre nach der Trostschrift für die Mutter entstanden, wahrscheinlich 43 n. Chr. Die Nachwelt hat Seneca diesen Kotau, das Erzeugnis einer Depression, ziemlich übelgenommen. Sein Tun habe aufs schärfste seinen philosophischen Lehren widersprochen, schreibt Cassius Dio, und unter den Sünden, die er daraufhin nennt, führt er ein Buch ins Feld: Dort habe sich Seneca in würdeloser Weise zu Schmeicheleien auf Messalina und die Freigelassenen des Claudius bereit gefunden; später habe er das Produkt aus Scham unterdrückt. Wenn mit dieser Bemerkung, wie wahrscheinlich, die ›Consolatio ad Polybium‹ gemeint ist, dann bleibt als mögliche Erklärung, daß sich die im erhaltenen Text fehlenden Lobesergüsse auf Messalina und Freigelassene außer Polybius in dem verlorenen Anfang befunden haben; näher liegt wohl die Annahme, daß Cassius Dio eine diffamierende Steigerung des an sich schon peinlichen Befundes bezeugt. Wer Seneca von diesem Makel reinwaschen zu müssen glaubte, konnte behaupten, die ›Trostschrift für Polybius‹ sei eine Fälschung – so allen voran Diderot im ›Essai sur la vie de Sénèque‹ etc., Paris 1779, hernach veröffentlicht unter dem Titel ›Essai sur les règnes de Claude et de Néron‹, London 1782.

Senecas Demarche blieb ohne Folgen, sei es, daß Polybius nichts für ihn unternahm, sei es, daß er es vergebens tat. Messalinas Position am Hof war einstweilen unangreifbar, und wenn sich Polybius allzu nachdrücklich für Seneca einsetzte, brachte er sich selbst in Gefahr. Daß dies keine eitle Vermutung ist, beweist sein Ende: Er wurde im Jahre 47 oder 48 n. Chr. auf Betreiben Messalinas umgebracht. Seneca scheint keinen weiteren Versuch gewagt zu haben, die Begnadigung zu erlangen; er harrte aus. Daß er einigermaßen gefaßt ausharrte, lassen die Werke vermuten, die er während des Exils zustande brachte, und vor allem der Zustand, in dem er sich bei seiner Rückkehr befunden haben muß: Seine Tatkraft war ungebrochen, und nichts weist darauf, daß er Mühe gehabt hätte, sich in die alten und nach achtjähriger Abwesenheit zugleich neuen Verhältnisse wiedereinzuleben. Seneca konnte sich sagen, daß er die Probe, die ihm durch die Verbannung auferlegt worden war, zwar nicht mit Glanz, wohl aber mit einigem Anstand hinter sich gebracht hatte – wenn auch Schmäher und Sittenrichter gern den Sündenfall der Polybius-Schrift für das Gegenteil ins Feld führten.

Daß er nicht immer so »fröhlich und heiter« war, wie er der Mutter gegenüber zu sein vorgab, sollte man ihm auch dann nicht allzusehr verargen, wenn ein in einer etwas larmoyanten Tonart verfaßtes Gedicht, das die ›Anthologia Latina‹ bewahrt hat, wirklich von ihm stammen sollte. Angeredet wird dort ein Crispus – es handelt sich um Gaius Sallustius Crispus Passienus, so geheißen, weil ein Großneffe des berühmten Geschichtsschreibers ihn adoptiert hatte. Passienus war seit den Tagen des Tiberius als Redner hervorgetreten; im Jahre 44 n. Chr. heiratete er in zweiter Ehe Agrippina. Mit ihm scheint Seneca freundschaftlich verbunden gewesen zu sein; das erwähnte Gedicht und mehr noch ein zweites, des toten Passienus gedenkendes verleihen dem überschwenglich Ausdruck. *Crispe, meae vires lassarumque ancora rerum* – »Crispus, meine Kraft und Anker meiner erschlafften Verhältnisse«, hebt das Gedicht mit einem etwas barocken Bilde an. Der Freund sei das Ufer und das sichere Land für seinen Schiffbruch, versichert der Autor weiterhin; er sei die einzige Ruhe für sein niedergeschlagenes Gemüt, verlautet sodann ohne Metaphorik. Und schließlich scheint der Verfasser auf ein mythisches Vorbild, auf den an den Kaukasus angeschmiedeten Heros Prometheus zu verweisen: *incultae iaceo saxis telluris adhaerens* – »haftend liege ich da am Fels unbebauten Landes.« Das Gedicht, bisweilen ungeschickt im Ausdruck und die Motive willkürlich reihend, ist kein Meisterwerk, so daß es schwerfällt, an seine Authentizität zu glauben. Das zweite, den Tod des Freundes beklagende Stück gedenkt mit keinem Wort der Ursache des Todes: Passienus war im Jahre 48 n. Chr. auf Betreiben seiner Gattin Agrippina ermordet worden. Diesmal sah sich Seneca durch die ihm gewogene Seite der Hofkoterien eines Rückhalts beraubt.

Senecas Schriften ermangeln – im Gegensatz zu denen Ciceros – persönlicher Vorreden, und auch sonst geizen sie sehr mit Hinweisen, die eine exakte Bestimmung ihrer Entstehungszeit gestatten.

10. Korsika, Ola. Photographie, um 1900

Innere Kriterien, die eine relative Chronologie der Werke nahelegen würden, pflegen ebenfalls zu fehlen: Seneca trat als »fertiger« Schriftsteller vor sein Publikum; weder sein Stil noch seine Überzeugungen lassen eine Entwicklung erkennen. Die Forschung hat das Unergründliche zu ergründen und für die Teile von Senecas Oeuvre mehr oder minder genaue Daten zu fixieren versucht – ohne hinlänglich große Überzeugungskraft, so daß der Nachfolger in aller Regel zu widerlegen vermochte, was der Vorgänger mit viel Aufwand an Scharfsinn dargetan hatte. Wegen dieser Crux ist es auch unmöglich, den acht Jahren des Exils, in denen Seneca doch, wie er selbst sagt, frei von Abhaltungen war, eine befriedigende Anzahl von Schriften mit Sicherheit zuzuweisen. Wieder einmal muß es mit Mutmaßungen sein Bewenden haben. Fest steht lediglich, daß er die Trostschriften für die Mutter und für Polybius während der ersten Jahre der Verbannung verfaßt hat. Mit vernünftigen Gründen nicht widerlegbar ist weiterhin die Annahme, daß er sich auch sonst auf Korsika als Autor betätigt hat. Von den erhaltenen Werken könnten am ehesten das dritte Buch der Abhandlung ›De ira‹ sowie der inhaltlich eng mit ›De ira‹ zusammenhängende Traktat ›De constantia sapientis‹ – ›Von der Unerschütterlichkeit des Weisen‹ dort entstanden sein. Die Schrift ›De brevitate vitae‹ – ›Von der Kürze des Lebens‹ entstammt höchstwahrscheinlich der letzten Zeit des Exils.

Von Senecas umfänglichem Oeuvre ist manches verlorengegangen. Zumal seine naturwissenschaftlichen Abhandlungen haben Einbußen erlitten: Auf diesem Felde ist lediglich das Hauptwerk, die ›Naturales quaestiones‹, erhalten geblieben; weitere einschlägige Schriften sind allein durch vereinzelte Erwähnungen belegt. Die – zum Teil erschlossenen – Titel lauteten: ›De lapidum natura‹, ›De piscium natura‹ – ›De forma mundi‹ (›Von der Natur der Steine‹, ›Von der Natur der Fische‹, ›Über die Gestalt der Welt‹). Die an erster Stelle genannte Schrift wird vom älteren Plinius als Quelle für das sechsunddreißigste Buch der ›Naturalis historia‹ angeführt; Gegenstand sind dort vor allem die Steine und Erden, die als Baumaterialien Verwendung fanden. Vielleicht hat die korsische Umgebung Seneca auf dieses Thema gebracht; daß Mineralien seine Aufmerksamkeit erregten, deutet seine kritische Bemerkung zur physischen Geographie Korsikas an: »Es gibt hier keine wertvollen Steine zu gewinnen.« Daß er auch über Fische gehandelt hat, ergibt sich ebenfalls aus dem Quellenverzeichnis zur ›Naturalis historia‹, in diesem Falle zum neunten Buch. Die dritte der genannten Schriften (hier ist der Titel authentisch) hatte wohl die stoische Kosmologie zum Thema; mit der auf Platon zurückgehenden, von der Stoa übernommenen Hypothese, daß das Weltall kugelgestaltig sei, hatte sich neben anderen Poseidonios befaßt.

Am Schluß der Trostschrift für die Mutter hatte Seneca erklärt, daß ihn die Natur in ihren Bann ziehe. Die soeben erwähnten Schriften und vielleicht noch andere, gänzlich verschollene lassen sich als Bestätigung dafür deuten, obwohl die in der Trostschrift aufgezählten Themen und die der drei Abhandlungen voneinander abweichen. Was die Trostschrift nennt, klingt eher nach einer noch unbestimmten Absicht, der Geographie, Meteorologie und Kosmologie Aufmerksamkeit zu schenken. Dafür, daß Seneca während des korsischen Exils naturwissenschaftlichen Studien oblag, steht noch ein weiteres, recht eigenartiges Zeugnis zu Gebote: die auf einem historischen Stoff beruhende Tragödie, welche die Claudius-Tochter und erste Gemahlin Neros, Octavia, zur Titelheldin hat. Sie ist unter Senecas Namen überliefert, kann aber nicht von ihm verfaßt sein. Der unbekannte Autor, gründlich mit Seneca und seinen Werken vertraut, läßt ihn in der ›Octavia‹ auftreten und folgendes sagen (das Stück spielt im Jahre 62 n. Chr., kurz vor Senecas Rückzug):

Besser lebte ich im verborgenen, weit entfernt von den
    Bosheiten des Neides,
verbannt inmitten der Felsen des korsischen Meeres,
wo der Geist frei und eigenen Rechts mir
stets Zeit ließ, meinen Forschungen zu obliegen.
Welche Freude war es, das Größte, das die Mutter
Natur geschaffen hat, die Erbauerin eines
    unermeßlichen Werks,
den Himmel zu betrachten und der Sonne heiligen Wagen
und die Bewegungen des Alls, den Wechsel von Tag und
    Nacht
und den Kreis des Mondes, den die Wandelsterne umgeben,
und die weithin leuchtende Zier des großen Äthers.

Der Rest ist ein bloßes Spiel mit Möglichkeiten. Etliche der in der ›Anthologia Latina‹ überlieferten Epigramme scheinen Senecas Exil vorauszusetzen, was denen, die sie für authentisch halten, als Beweis dient, daß sie dortselbst von keinem anderen als von Seneca verfaßt sind. Ihre geringe Qualität legt indes die Annahme nahe, daß es sich um Etüden handelt, hergestellt von Freunden, Kennern oder Bewunderern, die sich nach bekannter, in der Rhetorikschule geübter Manier in die Lage des Verbannten zu versetzen suchten. Schließlich sei noch ein letzter Ausweg berührt, die Jahre des Exils mit Schriften zu bedenken: Nicht nur naturwissenschaftliche, sondern auch ethische Traktate sind bis auf geringe Spuren untergegangen – auch von denen könnte der eine oder andere auf Korsika verfaßt worden sein.

SECHSTES KAPITEL

Tröstungen und Kampf gegen den Zorn

Wenn die spärlichen Anzeichen nicht trügen, hat sich Seneca über die Zäsur der Verbannung hinweg mit zwei Themenkreisen beschäftigt, mit der philosophischen Tröstung sowie mit der Analyse und Bekämpfung eines gefährlichen Affekts, des Zornes. In beiden Fällen gehen die Anfänge auf die Zeit vor dem Exil zurück: Damals sind offenbar sowohl die erste Trostschrift, die ›Consolatio ad Marciam‹, als auch die Bücher 1 und 2 des Werkes ›De ira‹ entstanden. Und in beiden Fällen hat Seneca Werktyp und Thematik auf Korsika beibehalten: Die beiden anderen Trostschriften, ferner das dritte Buch ›De ira‹ sowie der zugehörige Traktat ›De constantia sapientis‹, ›Von der Unerschütterlichkeit des Weisen‹, entstammen den ersten Jahren des Exils. Beim Typus Trostschrift zeitigte die Verbannung den überraschenden Effekt, daß er nun auf einmal zum Gefäß persönlicher Nöte wurde – in den ›Consolationes ad Helviam‹ und ›ad Polybium‹ geht es nicht nur um das Leid der Adressaten, sondern fast mehr noch um Senecas eigenes Leid. Auf die Bekämpfung des Zornes hingegen hatte das Exil keinen Einfluß, weder auf die Form noch auf den Inhalt; hier brachte Seneca Begonnenes zum Abschluß, als ob nichts geschehen wäre.

Von keinem antiken Schriftsteller ist ein so umfänglicher Beitrag zur Trostliteratur erhalten wie von Seneca: Außer den drei *Consolationes* gehören ihr einige Stücke der ›Epistulae morales‹ sowie die nur in spärlichen Resten noch greifbaren Traktate ›De remediis fortuitorum‹ – ›Über Heilmittel gegen Unglücksfälle‹ und ›De immatura morte‹ – ›Vom vorzeitigen Tod‹ an. Was für den besonderen Fall der Verbannung festgestellt wurde, gilt für die Konsolationsliteratur allgemein: Wie andere Überbleibsel dieser seit hellenistischer Zeit von Philosophen und Rhetoren mit Eifer gepflegten Spezies zeigen, stand Seneca, als er seine Trostschriften aufzeichnete, in einer längst verfestigten Tradition – man tut ihm schwerlich Unrecht, wenn man behauptet, daß seine Beiträge hierzu keinen einzigen neuen Gedanken enthalten. Seine Leistung beruht ganz und gar auf der Form: auf der Auswahl und Anordnung der Argumente, auf deren Adaptierung an den jeweils gegebenen Fall sowie auf der stilistischen Einkleidung. Originalität im Stofflichen war nicht gefragt, und Seneca hat sie sowenig erstrebt wie die zahlreichen Tröster, die ihm vorangingen und folgten.

Nur wer diese Voraussetzung anerkennt, vermag die Trostschriften Senecas richtig einzuschätzen; nur dann wird deutlich, daß jedenfalls die beiden ersten Specimina zuallererst als Produkte hoher Kunst gewürdigt sein wollen. Wie der Durchschnitt der zumal während der Kaiserzeit in Massen produzierten Trostliteratur beschaffen war, lehrt ein Traktat, der bei den Werken Plutarchs Unterschlupf gefunden hat, die ›Trostschrift für Apollonius‹. Der unbekannte Autor hat sich, wie ein Blick auf den Inhalt zeigt, kein wichtiges Motiv der Trostliteratur entgehen lassen. Solange das Leid noch frisch war, habe er sich dem von dem frühen Tode seines Sohnes schwer getroffenen Apollonius nicht nahen wollen. Doch jetzt sei es Zeit, der Trauer, dem schlimmsten aller Leiden, mit tröstendem Zuspruch zu begegnen (1–2). Die völlige Apathie sei naturwidrig, aber ebenso auch ein Übermaß des Schmerzes (3); man müsse Glück und Unglück mit gleicher Gelassenheit hinnehmen; das Leben sei ständigem Wechsel unterworfen, und das beste Mittel gegen das Leid bestehe darin, sich auf jederlei Geschick einzurichten (4–5); alle Menschen unterstünden denselben Gesetzen und der Tod sei die Bedingung des Lebens (7–10); das Totsein verdiene den Vorzug vor dem Leben (11); der Tod sei entweder eine Art Schlaf oder das Ende, in keinem Falle jedoch ein Übel (12–15) und so weiter. Die hier aufgereihte Topik ist identisch mit der stofflichen Substanz der Trostschriften Senecas. Drei Unterschiede treten um so schärfer hervor: Der pseudoplutarchische Traktat trägt seine Argumente in einem schwunglosen, gleichförmigen Lehrton vor; ein Punkt folgt dem anderen, ohne daß ein Plan, eine sinnvolle Reihenfolge erkennbar würde (dies trifft allerdings auch auf Senecas dritte und schwächste *Consolatio* zu); besondere Umstände, die den Fall erschweren oder erleichtern, sind nicht berücksichtigt – die Schrift erschöpft sich in Gemeinplätzen.

Die anspruchsvolle, literaturfähige Trostrede und Trostschrift, zur Linderung eines Trauerfalls oder sonstiger Widrigkeiten, ist ein Erzeugnis des griechischen Logos, des griechischen Glaubens an die Überzeugungskraft von vernünftigen Gründen und wohlgesetzten Worten auch im Bereich der Willenshaltung und der Affekte. Zur bewußten Theorie hat diese den Griechen von jeher eigentümliche Vorstellung die Sophistik, insbesondere Gorgias von Leontinoi, der Begründer der künstlerisch geformten Prosa (etwa 480–380 v. Chr.), erhoben; er pries den Logos als unwiderstehliche Kraft, die die Leidenschaften zu erregen und zu beruhigen vermöge. Um diese Wirkungen zu erzielen, bediente er sich sowohl einer strengen Beweisführung als auch des Zaubers seiner Wortkunst, der auf klanglichen und rhythmischen Effekten beruhte – er verwendete also teils rationale, teils irrationale Mittel. Vom vagen, sehr allgemeinen Logos-Programm des Gorgias bis zum speziellen Typus der *Consolatio* war allerdings noch ein weiter Weg: Er führte zur Seelsorge der Philosophen und zu den Grabreden der Rhetoren. Hier hatten indes die beiden von Gorgias gewiesenen Möglichkeiten der Wirkung nicht immer dasselbe Gewicht. Die Philosophen, zumal die Stoiker als entschiedene Rationalisten, haben sich gewiß oft einzig auf die Argumentation verlassen und darauf verzichtet, ihr Publikum auch durch eine wohllautende Stilform zu beeindrucken.

Die Trostgründe mußten sich für die Philosophen ursprünglich allein aus den jeweiligen Voraussetzungen ihres Systems ergeben: Ein Stoiker, der seine Lehre ernst nahm, durfte sich nur auf bestimmte Argumente stützen, ein Peripatetiker nur auf bestimmte andere und so weiter. Für die Rhetoren hingegen, die sich nicht einer bis ins Detail festgelegten Weltanschauung verpflichtet fühlten, war die Beschaffung der Trostgründe von Anfang an ein Problem der *inventio* (»Stoffauffindung«), das heißt sie stellten zusammen, was immer sich ihnen darbot, ohne auf Konsequenz zu achten und ohne um Widersprüche besorgt zu sein. Nun näherten sich die philosophischen Schulen im Laufe der Zeit einander an, und auch der einst, im 4. Jahrhundert v. Chr., so unversöhnliche Gegensatz zwischen Philosophie und Rhetorik schwächte sich je länger desto mehr ab – mit der Folge, daß die bisher je speziellen Argumente für Schriftsteller jeglicher Observanz verfügbar wurden. Deren Herkunft war jetzt also ziemlich gleichgültig: Gerade bei der *Consolatio* sind die Unterschiede zwischen den Schulen einigermaßen verblaßt. Seneca bezeugt diese letzte Phase der Entwicklung: Seine Trostschriften sind der Teil seines erhaltenen Prosawerks, der am wenigsten stoisches Profil zeigt.

In der Stoa war es zunächst auf therapeutische Maßnahmen gegen die Trauer, den Kummer, die Betrübnis wenig angekommen. Die Selbstgewißheit des anfänglichen Rigorismus, der schroffe Grundsatz der Apathie ließ konsolatorische Bemühungen als nebensächlich erscheinen. Die Diagnose war das Wichtigste: Die Trauer ist ein Affekt, verursacht durch die Einbildung eines gegenwärtigen großen Übels; sie ist demnach nichts als die Folge falscher Wertvorstellungen – es gibt ja nur *ein* wirkliches Übel, das sittlich Verwerfliche. Panaitios brach mit diesem stolzen Intellektualismus. Er behauptete nicht mehr schlankweg, daß seelischer Kummer eine Art Wahnvorstellung sei, und empfahl zu dessen Bekämpfung die Lektüre einer Schrift mit dem Titel ›Über das Leid‹, die Krantor, ein Platoniker, verfaßt hatte – dort aber konnte man lesen, daß man den Affekten innerhalb gewisser Grenzen durchaus freien Lauf lassen dürfe. Seither beteiligten sich auch die Stoiker eifrig an der Therapie seelischer Schmerzen; hierbei traten die theoretischen Zusammenhänge, die Dogmen der Schule, je intensiver man sich bemühte, auf individuelle Nöte einzugehen und die Besonderheiten eines jeden Falles zu berücksichtigen, um so mehr in den Hintergrund.

Die ›Trostschrift für Marcia‹ (von der Person der Adressatin, der Tochter des Senators und Geschichtsschreibers Cremutius Cordus, war bereits die Rede) repräsentiert ihrer Thematik nach am reinsten das in der Gattung Übliche. Sie sucht den durch einen konkreten Trauerfall, durch den Tod eines nahen Angehörigen verursachten Schmerz zu beseitigen oder zu lindern. Marcia hatte ihren zweiten Sohn namens Metilius verloren, ihr Kummer darüber hielt bereits über drei Jahre unvermindert an. Die beiden anderen *Consolationes* Senecas entfernen sich von diesem Grundtypus: die Trostschrift für die Mutter Helvia ist nicht durch einen Verstorbenen, sondern durch einen Verbannten veranlaßt, und Seneca als die Person, deren Schicksal den Schmerz verursacht, fungiert zugleich als Tröster. Die dritte *Consolatio* endlich, die an Polybius, den Freigelassenen des Kaisers Claudius, dient, wie schon dargetan, in Wahrheit einem anderen Zweck als dem, den sie vorgibt: Sie ist ein kaum verhülltes Gnadengesuch.

Die Art des Trostes müsse sich nach dem Adressaten richten, beginnt Seneca: Marcia habe einerseits beim Tode des Vaters und bei der Neuausgabe seines Werkes *virtus* (»Mannhaftigkeit«) bewiesen, sei also nicht der Schwäche ihres Geschlechts verhaftet, andererseits aber härme sie sich nun schon allzulange wegen des Todes ihres Sohnes ab. Seneca dürfe also nicht versuchen, den Schmerz einzulullen, er müsse gegen ihn kämpfen und ihn zerbrechen. Meist fange man mit Vorschriften an und ende mit Beispielen. Doch wenn sich jemand mehr durch das Ansehen (*auctoritas*) berühmter Namen als durch Gründe (*ratio*) bestimmen lasse, dann empfehle sich die umgekehrte Reihenfolge. Seneca beginnt also mit Beispielen, mit einem negativen und einem positiven unter den weiblichen Mitgliedern des Kaiserhauses: Octavia, die Schwester des Augustus, fand in der Trauer um ihren Sohn Marcellus kein Ende, Livia hingegen, dessen Gattin, überwand den Schmerz über den Verlust ihres Sohnes Drusus mit Hilfe des Zuspruchs, den der Philosoph Areios Didymos ihr zuteil werden ließ – es folgt dessen Rede, eine *Consolatio* in der *Consolatio* (1 – 5).

Nunmehr bringt Seneca Trostargumente. Er hat es hierbei so angelegt, daß sich der Ton seiner Rede allmählich steigert: bis zur Schilderung der Tücke der Fortuna, der Widerruflichkeit aller Glücksgüter, der Verfallenheit und Schwäche des Menschen (6 – 11).

Dieser Ablauf wiederholt sich noch zweimal. Mit nüchterner Dialektik setzt Seneca erneut ein; er läßt Beispiele von Vätern und Müttern folgen, die gefaßt den Verlust ihrer Kinder ertragen (sie entstammen vornehmlich dem Kaiserhaus), und erhebt sich sodann zu einer Parabel, einer der herausragenden Partien der Schrift: Das Leben des Menschen wird mit einem Besuch der Stadt Syrakus und dessen Reizen und Fährnissen verglichen (12–18). Noch ein drittes Mal beginnt Seneca gleichsam von vorn, mit trockenen Räsonnements, und wieder bricht er die Form des Disputs auf und erhöht er das Pathos. Zunächst stimmt er einen dithyrambischen Preis des Todes an, als des Nichts, das allem irdischen Leid ein sicheres Ende bereitet – *caram te, vita, beneficio mortis habeo* – »Teuer bist du mir, Leben, um der Wohltat des Todes willen!« Dann folgt am Schluß – nach einer ruhigeren Partie, in der es um das Problem der *immatura mors*, des allzu frühen Todes geht – mit einer feierlichen Rede des Cremutius Cordus und der Seligpreisung des verstorbenen, nunmehr bei seinem Großvater weilenden Sohnes ein zweiter Gipfel innerhalb des dritten, vom Schlichten zum Erhabenen fortschreitenden Ablaufs (19–26).

Der vielfältige Wechsel – von Vorschrift und Beispiel, von Mahnung und Betrachtung, von nüchternem Argumentieren und kühner Spekulation, von schulmeisterlicher Trockenheit und schwungvollem Pathos – ist offensichtlich kalkuliert: Er steht im Dienste eines psychotherapeutischen Konzepts. Seneca, der Philosoph und Dichter, hat den gesamten Logos (im Sinne des Gorgias) mobilisiert, um Marcia, und nicht nur ihr, sondern auch vielen anderen Lesern, für die das Werk von Anfang an ebenfalls bestimmt war, ein Übermaß von Trauer auszutreiben: Er wollte den ganzen Menschen ergreifen, er suchte sowohl an den Verstand als auch an das Gefühl zu appellieren, und so entschied er sich für eine Art Wechselbad, das bald auf die eine, bald auf die andere Komponente der Seele einwirkt. Die Komposition der Trostschrift für Marcia ist nicht scholastisch, sie folgt nicht den Regeln, nach denen Lernstoff vermittelt wird, sie ist vielmehr durch die Absicht bedingt, psychische Prozesse auszulösen. Hinter dem Ganzen, aber überlagert und fast unsichtbar gemacht von dem beschriebenen dreimaligen Ablauf, steht ein zweigliedriges Schema, das der Logik der Sache gehorcht und den Stoff nach dem Kriterium der Einprägsamkeit ordnet: Der erste Teil stellt die Trauernde (2–19,3), der zweite den Betrauerten in den Mittelpunkt (19,4–26). Dieses Schema war wohl konventionell: Seneca erwähnte es beiläufig in der Trostschrift für Marcia (12,1) und legte es in etwas abgewandelter Form der Trostschrift für Helvia zugrunde.

Cicero hatte versucht, eines schweren Leids, der Trauer über den Verlust der Tochter Tullia, dadurch Herr zu werden, daß er für sich selbst eine Trostschrift verfaßte. Er sei der erste, schrieb er dem Freunde Atticus, der ein solches Wagnis unternommen habe. Auch Seneca beanspruchte für sein ähnliches Experiment Originalität: Sosehr er sich auch in der Trostliteratur umgesehen habe, versichert er zu Beginn der ›Consolatio ad Helviam‹, nirgends sei ihm jemand begegnet, der die Seinen getröstet habe, während er selbst von ihnen beklagt wurde. Wegen dieser Identität des Trösters mit dem Anlaß der Tröstung ist es nicht abwegig, Seneca mit Cicero zu vergleichen und seiner *Consolatio* für die Mutter ihn selber als zweiten Adressaten zuzuordnen. Die ganze Schrift läßt spüren, daß es ihm auch darum geht, seinen eigenen Kummer zu beschwichtigen. Und einmal spricht er es sogar kaum verhüllt aus: Wenn er andere nicht überzeugen könne, dann werde er selbst um so mehr Gefallen an sich finden, weil er in Verhältnissen glücklich sein werde, die andere meist unglücklich machten.

Die ›Consolatio ad Helviam‹ gilt als Senecas beste Trostschrift. Dies trifft zu, wenn Einheitlichkeit in Aufbau und Stil hierfür das wichtigste Kriterium ist. Die Schrift hat eine durchsichtige, einzig an den Verstand sich wendende Struktur, der Stil fließt in ruhigem Gleichmaß dahin. Demgegenüber fehlen die grandiosen Szenen, die pathetischen Ergüsse, und ebenso fehlt das Auf und Ab des Tones, der Wechsel der Stimmungen, kurz, ein erheblicher Teil dessen, was den besonderen Reiz der ›Consolatio ad Marciam‹ ausmacht.

Er wolle zeigen, schreibt Seneca nach den einleitenden Worten, daß erstens ihm nichts widerfahre, weshalb man Grund habe, ihn für unglücklich zu halten, und daß zweitens auch die Adressatin, die

Mutter, kein schweres Schicksal erdulden müsse. Das Exil sei eine Ortsveränderung, heißt es sodann, die angeblich Armut und Schande mit sich bringe: Dies dient als Leitfaden für den ersten Teil, der sich mit dem Los des Verbannten befaßt; Seneca sucht im Sinne der stoischen Werteordnung die eine wie die andere Begleiterscheinung als nur vermeintliches Übel zu erweisen (4–13). Erst der zweite, dem Leid der Mutter geltende Teil enthält die für die *Consolatio* typischen Motive: »Entweder grämt dich«, beginnt die diese Partie strukturierende Gliederung, »daß du überzeugt bist, einen Beistand eingebüßt zu haben, oder, daß du die Sehnsucht als solche nicht ertragen kannst.« Der erste mögliche Grund wird rasch abgetan, da Helvia ihren Sohn nicht aus Utilitätsrücksichten, sondern um seiner selbst willen liebt – gegen die Sehnsucht muß Seneca die ganze Kraft seines Trostes ankämpfen lassen (14–19). Hier gibt er der Mutter den Rat, ihren Kummer durch *liberalia studia*, durch Geistesbildung zu lindern, hier bricht er mit der sonst von ihm geübten Zurückhaltung, läßt er die Familienangehörigen, seine Brüder und deren Kinder sowie seine Tante, Helvias Schwester, Revue passieren.

Die ›Consolatio ad Polybium‹ zeigt Seneca in einer schwachen Stunde; literarisch ist sie von geringem Wert. Sie besteht aus einem monotonen Katalog von Trostgründen: »Auch das wird dir nicht wenig helfen«, »auch dieser Umstand kann dich an allzu heftiger Trauer hindern« – man ersieht schon aus diesen stereotypen Überleitungsformeln, wie sehr Senecas Schwingen erlahmt waren, als er sich entschlossen hatte, mit Hilfe vorgetäuschter Anteilnahme um einen Gnadenerlaß zu bitten. Die neungliedrige Aufzählung wartet durchweg mit Allerweltstopik auf: Alles ist vergänglich, Fortuna waltet unerbittlich und so weiter. Auch bei seinen eigenen Trostschriften hat Seneca manches geborgt, und Übernahmen bis in den Wortlaut häufen sich gegen Ende. Der Schluß wartet mit einer Trostrede auf, die kein Geringerer als Kaiser Claudius an Polybius richtet, sowie mit dem Eingeständnis: »Dies habe ich, so gut ich konnte, zusammengestellt, obwohl mein Geist durch lange Untätigkeit verkümmert und abgestumpft ist. Wenn es deinem hohen Sinn nicht recht entsprechen und deinen Kummer nicht recht heilen sollte: bedenke, wie wenig der für den Trost eines anderen aufzubringen vermag, den das eigene Unglück niederdrückt, und wie mühsam jemand nach lateinischen Ausdrücken sucht, den der Barbaren plumpes und auch für zivilisiertere Barbaren lästiges Gebrumm umtönt.«

Die Trostschrift hat sich auch nach Seneca eines nicht geringen Ansehens erfreut. Sie wurde von den Christen übernommen und den Lehren der christlichen Religion gemäß verändert: Man bediente sich der üblichen heidnischen Argumente und überbot sie durch die Verheißung der Auferstehung. Der berühmteste spätantike Repräsentant der Gattung ist der ›Trost der Philosophie‹ (›Consolatio philosophiae‹), das Werk, das Boethius (etwa 480–524), als er, zum Tode verurteilt, auf seine Hinrichtung wartete, für sich selbst verfaßt hat. Dort dokumentiert sich zum letzten Mal die Zweiseitigkeit des griechischen Logos: Prosa und Verse, strenge Beweisführung und künstlerische Form wirken zusammen, den ganzen Menschen, seinen Verstand ebenso wie sein Gemüt, zu ergreifen und zu überzeugen. Während des Mittelalters und der frühen Neuzeit hat die Trostschrift fortexistiert, mit Höhepunkten in der Mystik und der Reformation. Seit der Aufklärung ist der Strom versiegt, und man übt sich nur noch im privaten Kondolenzbrief in der Weitergabe der überkommenen Argumente. Die Gegenwart scheint die rationalen Trostmittel der Antike für zu vordergründig zu halten, während ihr die metaphysische Dimension des Christentums weithin verschlossen ist. Die Bedürfnisse, welchen sowohl die heidnische als auch die christliche Konsolationsliteratur zu genügen suchte, werden jetzt offenbar weithin auf andere Weise gestillt: durch Psychotherapie und Psychopharmaka.

Das umfängliche Werk ›De ira‹ und sein Annex, die Abhandlung ›De constantia sapientis‹, beruhen auf Voraussetzungen, die insbesondere der Peripatos und die Stoa geschaffen hatten. Gerade der Zorn stellte sich dort als ein schwieriges, kontroverses Phänomen dar. Daß es sich bei ihm um einen seelischen Erregungszustand, einen Affekt handele, darin war man sich einig. Auch die Definition bereitete kein besonderes Kopfzerbrechen: Der Zorn galt allgemein als Reaktion auf ein wirkliches oder vermeintliches Unrecht, mit dem Ziel, dem Urheber des Unrechts Schaden zuzufügen. Die Schwierigkeiten erwuchsen vielmehr daraus, daß man zweifelte, wie man ihn einschätzen solle, ob er etwas Gutes oder etwas Schlechtes, etwas Anerkennenswertes oder etwas Verwerfliches sei. Aristoteles suchte zu differenzieren: Ihm kam es auf den Grad der Heftigkeit an sowie darauf, ob der Affekt durch rationale Erwägungen gesteuert werde oder nicht. Die Stoa hingegen lehnte den Zorn rigoros und ohne Einschränkung ab; das Ideal der Apathie, der Leidenschaftslosigkeit, schien unerbittlich zu gebieten, daß er unter allen Umständen und in allen Erscheinungsformen eine Untugend sei. Schon hier muß indes angemerkt werden, daß Seneca diese Auffassung nur dadurch zu retten vermochte, daß er bestimmte Modalitäten vom Begriff des Zornes ausschloß.

Die Problematik war wohl durch den sprachlichen Befund bereits vorgezeichnet. Das Griechische besaß für alle Grade und Beschaffenheiten des Zornes nur *ein* Wort: ὀργή (orgē̂); ϑυμός (thymós), ein Begriff, der von Aristoteles mitunter als Synonym für ὀργή verwendet wird, hat eigentlich eine viel weitere Bedeutung (etwa: »Erregung«, »Leidenschaft«). Die griechische Sprache konnte nicht zwischen »Zorn« und »Wut« unterscheiden, und so lag den Betrachtungen des Aristoteles im wesentlichen der »Zorn« zugrunde, das heißt eine Reaktion auf Beeinträchtigungen, die eine rationale, ethische Komponente enthält. Die Stoa hingegen setzte offenbar mehr die »Wut« voraus, eine besonders aggressive Reaktion, die nicht abwägt, ob und in welchem Maße die Kränkung durch ein Verschulden des Kränkenden bedingt ist. Die Römer wiederum, die sprachlich den »Zorn« (*ira*) von der »Wut« (*rabies*) hätten trennen können, übernahmen einfach die Positionen der griechischen Debatte.

Für Aristoteles ist der Zorn nicht anders beschaffen als andere Tugenden oder Tauglichkeiten auch: Er kann auf zweierlei Weise zur Schlechtigkeit tendieren, durch ein Zuviel und durch ein Zuwenig – durch Jähzorn und durch Phlegma. Das richtige Maß, der angemessene Zorn befindet sich demnach in der Mitte zwischen diesen beiden Extremen, ebenso wie zum Beispiel die Tapferkeit zwischen Verwegenheit und Angst, die Großzügigkeit zwischen Verschwendungssucht und Geiz angesiedelt ist. Das Zuviel, die heftige Erregbarkeit tritt in vielerlei Formen auf: Man kann »über Menschen und über Anlässe« in Zorn geraten, »bei denen kein Grund dafür besteht, oder hemmungsloser, als angemessen wäre, und rascher und längere Zeit.« Die Zornlosigkeit wiederum, das Phlegma erscheint als ein Defizit an Erregbarkeit; wer darunter leidet, gilt als Tropf, der sich nicht zu wehren weiß – »hinzunehmen, daß man in den Staub gezogen wird, und für Angehörige nicht einzutreten, verrät Sklavenmentalität«. Was das Verhältnis des Zornes zur Tapferkeit angeht, so möchte Aristoteles von einer allzu großen Annäherung der beiden seelischen Befindlichkeiten nichts wissen. Er räumt indes ein, daß Tapferkeit aus Zorn dann echte Tapferkeit sei, wenn ein klarer Entschluß und ein wohlbedachter Zweck hinzukämen. Diese normativen Setzungen der ›Nikomachischen Ethik‹ lassen sich durch die üppige Phänomenologie des Zornes ergänzen, die ein langes Kapitel der ›Rhetorik‹ vor dem Leser ausbreitet; dort wird mit Hilfe zahlreicher Beispiele dargetan, auf Grund welcher Voraussetzungen, wem gegenüber und warum die Menschen gemeinhin in Zorn geraten.

Für die stoische Lehre von den Affekten (πάθη, *affectus*) ist das vierte Buch von Ciceros ›Gesprächen in Tusculum‹ die ansehnlichste Quelle. Dort wird unter anderem vorgeführt, auf welche Weise die Stoiker Ordnung in das Vielerlei der Affekte zu bringen suchten: Man unterschied sie nach dem Kriterium »vermeintliches Gut – vermeintliches Übel« und gliederte sie außerdem nach den zeitlichen Dimensionen »Gegenwart – Zukunft«. Auf diese Weise erhielt man ein System von vier Grundaffekten:

	Gut	Übel
Gegenwart	*laetitia*/Vergnügen	*aegritudo*/Kummer
Zukunft	*libido*/Begierde	*metus*/Furcht

Den Zorn betrachtete man als Spezies der Begierde: *cupiditas*, lautete eine Definition, *puniendi eius a quo te inique putes laesum* – (»der Zorn ist) die Begierde, den zu strafen, von dem man sich zu Unrecht verletzt glaubt«. Im übrigen gab es einen stoischen Hausstreit über die Frage, wie man sich das Zustandekommen der Affekte vorstellen solle, wie man sich hierbei das Verhältnis von Trieb und Vernunft zu denken habe. Zenon, der Gründer der Schule, rechnete mit verschiedenen Funktionen der Seele, von denen die eine oder die andere die Oberhand gewinnen könne; der Affekt erhalte die Erlaubnis, sich zu entfalten, wenn die Triebfunktion die Zustimmung der bewertenden Funktion erlange. Für Chrysipp hingegen war die Seele eine Einheit, und demzufolge nahm er an, daß beim Aufkommen des Affekts ein seelischer Verwandlungsprozeß stattfinde, daß sich die Seele qualitativ verändere. Wichtiger als derlei Konstrukte, an denen sich auch Poseidonios beteiligte, war die Lehre von der προπάθεια (propátheia), dem »Vorstadium der Affekte«. Es ging darum, unbestreitbaren Erfahrungstatsachen Rechnung zu tragen: den unwillkürlichen Impulsen, den spontan und reflexartig sich einstellenden Reaktionen. Sie wurden von den eigentlichen Affekten abgesondert: So suchte man das Dogma zu retten, daß der Affekt von der Vernunft abhänge und demgemäß von ihr verhindert werden könne.

Ein gut Teil des ersten Buches von Senecas Schrift ›De ira‹ befaßt sich mit der Frage, wie man den Zorn bewerten solle: *an ira secundum naturam sit et an utilis atque ex aliqua parte retinenda* – »ob der Zorn etwas Natürliches sei und ob von Nutzen und in gewissem Umfange bewahrenswert«. Beides ergibt sich aus der Doktrin des Aristoteles, und beides wird von Seneca entschieden bestritten: Der Zorn ist für ihn ein mit der Menschennatur nicht zu vereinbarendes Phänomen, und er ist immer schädlich. Die Polemik des ersten ›Ira‹-Buches richtet sich noch gegen eine weitere These. Da heißt es: »›Der Zorn‹, sagt Aristoteles, ›ist notwendig, und nichts kann man erreichen, wenn er nicht die Seele erfüllt und das Herz entflammt; man muß ihn jedoch nicht als Anführer verwenden, sondern als Soldaten.‹« Entsprechend verlautet später, Aristoteles habe bestimmte Affekte, wenn sie richtig gebraucht würden, für Waffen erklärt, und im dritten Buch kommt Seneca nochmals auf diese Ansicht zurück: »Aristoteles wirft sich zum Verteidiger des Zornes auf und duldet nicht, daß wir ihn verwünschen; er sei ein Sporn der Tüchtigkeit, und die Seele werde wehrlos, wenn er fehle, und träge und unfähig zu großen Unternehmungen.« Hiernach wäre der mäßige, gezügelte Zorn nicht nur ein willkommener, sondern auch ein unentbehrlicher Begleiter der Tapferkeit, ein unabdingbarer Stimulus für herausragende Leistungen. So große Konzessionen hat indes Aristoteles dem Zorne nie gemacht, jedenfalls nicht in den erhaltenen Werken. Die Lehre entstammt somit entweder einer verlorenen Schrift, oder – was wahrscheinlicher ist – Seneca hat sich geirrt und dem Schulgründer zugeschrieben, was in Wahrheit einem seiner Nachfolger, etwa Theophrast, gehört.

Seneca gibt sich große Mühe, die stoische Lehre allen Einwänden der Peripatetiker zum Trotz als richtig zu erweisen. Seine Auffassung von der Menschennatur, welche den Zorn ausschließe, beruht offensichtlich auf einem normativen, aus einer Idealvorstellung abgeleiteten Maßstab; die Empirie lehrt, wie ihm selber sehr wohl bekannt war, entschieden das Gegenteil. Ebenso unmißverständlich wird die Erfahrung in der entsprechenden Partie verabschiedet, die jeden Gedanken an einen eventuellen Nutzen des Zornes für abwegig erklärt: »Wenn der Zorn auf die Vernunft hört und dorthin folgt, wohin er geführt wird, dann ist er gar kein Zorn mehr, zu dessen Wesen der Trotz gehört ... Wenn er also duldet, daß ihm ein Maß auferlegt wird, dann muß man ihm einen anderen Namen geben; er hat aufgehört, Zorn zu sein, den ich für zügellos und unzähmbar halte.«

Hier geht es nicht mehr um die Frage, ob die von den Peripatetikern behaupteten Phänomene – etwa daß Zorn die Tapferkeit beflügeln könne – richtig beobachtet seien oder nicht; hier wird vielmehr einfach jeder Einwand gegen die stoische Position durch eine einengende Begriffsbestimmung abgeschnitten. Was die zitierten Sätze als »Zorn« auszugeben suchen, ist in Wahrheit nur noch eine Spezies des Zornes, die »Wut«. So deutlich sich Seneca von den Theorien des Peripatos abgrenzt, sowenig geht er auf die innerstoische Debatte über die Entstehung der Affekte ein. »Affekt und Vernunft haben nicht abgesonderte und voneinander getrennte Sitze, vielmehr sind Affekt und Vernunft Veränderungen der Seele zum Schlechteren oder Besseren hin.« Hier wird rundheraus der Standpunkt Chrysipps referiert. Viel später, im 92. Brief an Lucilius, bekennt sich Seneca ebenso anstandslos zur von Poseidonios modifizierten Lehre Zenons.

Bei den Trostschriften liegt plan zutage, aus welchen Anlässen Seneca sie verfaßt, warum er sich des Themas »Konsolation« in je verschiedener Weise angenommen hat: Sowohl die Personen der Adressaten als auch der jeweilige Inhalt lassen hierauf hinlänglich sichere Schlüsse zu. Bei den Abhandlungen ›De ira‹ und ›De constantia sapientis‹ scheint es sich anders zu verhalten. Das Werk über den Zorn ist dem älteren Bruder gewidmet, der damals noch Novatus hieß; Seneca behauptet, der Bruder habe ihn aufgefordert darzustellen, wie sich Zorn lindern lasse; mit Recht fürchte er gerade diesen Affekt, der besonders abstoßend und unbändig sei. Einen Hinweis darauf, daß der Bruder zornanfällig gewesen sei und Seneca sich deshalb dieser Materie angenommen habe, wird man daraus nicht ableiten wollen. Auch bei Seneca selbst möchte man keinerlei Neigung zu leichter Erregbarkeit und jähen Aufwallungen vermuten, schon gar nicht in der öden Gleichförmigkeit des Exils.

Die Schrift ›Über die Unerschütterlichkeit des Weisen‹ hat der Autor dem Freunde Annaeus Serenus zugeeignet, wie später noch die Abhandlungen ›Von der Seelenruhe‹ und ›Von der Zurückgezogenheit‹. Serenus war, wie der Gentilname vermuten läßt, möglicherweise mit Seneca verwandt; ihm ist zu Beginn der Schrift ›Von der Seelenruhe‹ eine Selbstdiagnose psychischen Unwohlseins in den Mund gelegt, die höchste Aufmerksamkeit verdient. Während man annehmen darf, daß die dort geschilderte Labilität dem nicht fremd war, der unter ihr zu leiden erklärt, weist bei dem Essay ›De constantia sapientis‹ nichts auf eine besondere Affinität des Adressaten zum Thema. Die mit den beiden zusammengehörigen Werken ›De ira‹ und ›De constantia sapientis‹ Bewidmeten scheiden also als Anlaß für die Wahl des Stoffes aus, und auch die Person des Autors selber scheint kein Motiv dafür herzugeben.

So bleibt der Inhalt. Er gibt in der Tat einen Fingerzeig. Seneca schrieb auch die beiden ersten Bücher ›De ira‹, die noch vor dem Exil entstanden sind, nach der Ermordung Caligulas; hierfür sind die Erwähnungen ein untrügliches Indiz. Der Themenkreis Zorn-Wut-Grausamkeit genoß damals höchste Aktualität, und Seneca ermangelte nicht, sich diesen Umstand zunutze zu machen. Reflexe von der kurzen Schreckensherrschaft Caligulas finden sich auch in den ›Consolationes‹ für die Mutter und für Polybius, doch mit besonderer Intensität hat sich Seneca ihrer in den ›Ira‹-Schriften angenommen: jeweils einmal ausführlich in jedem Buch.

Die erste Erwähnung ist Teil der Polemik gegen Aristoteles; Caligula dient dort als Exempel dafür, daß Zorn und Seelengröße nichts miteinander gemein haben. Es folgt im zweiten Buch ›De ira‹ die Geschichte des unglücklichen Pastor: Er mußte um seines zweiten Sohnes willen das Unrecht klaglos hinnehmen, das der Kaiser ihm durch die Tötung des ersten Sohnes angetan hatte. Das Motiv verweist auf die Schrift ›De constantia sapientis‹. Im dritten Buch ist Caligula ein Glied in einer langen Kette von Beispielen für das Zorneswüten Mächtiger, und in der Schrift ›De constantia sapientis‹ endlich wird seine Schmähsucht, sein Vergnügen an Ehrverletzungen vor Augen geführt.

Die Wahl des Themas war also wohl vor allem durch Gegebenheiten der Zeitgeschichte bedingt. Man hatte gerade ein gut Teil von dem erlebt, was Seneca unter Aufbietung einer nicht geringen philosophischen Tradition zu bekämpfen suchte. Vielleicht haben diese Umstände daran mitgewirkt, daß Senecas Zornesbegriff so sehr in die Nähe der Wut geriet, daß die Duldsamkeit und Weite des Aristoteles keinerlei Verständnis bei ihm fand: Die Proben, die Caligula gegeben hatte, waren zu heftig gewesen, als daß man noch die Möglichkeit »gerechten Zornes« hätte in Betracht ziehen wollen.

Die Aktualität der Schriften ›De ira‹ und ›De constantia sapientis‹ beruhte wohl nicht zuletzt auf der Kategorie, die ihnen gemeinsam ist: auf dem Begriff *iniuria.* In dem größeren Werk fungiert *iniuria* als die wirkliche oder vermeintliche Ursache des Zornes, in dem kleineren wird dargetan, wie sich der Weise ihr gegenüber verhält. *Iniuria* war ein komplexer Terminus des Straf- und Zivilrechts; er bezeichnete sowohl die objektiv widerrechtliche als auch die vom Verursacher verschuldete, von ihm zu vertretende Handlung. Für Seneca und seine zeitgenössischen Leser aber hatte gewiß eine dritte Dimension des Wortes das größte Gewicht: Als *iniuria* galt nicht nur die Schadenszufügung schlechthin, sondern vor allem – in einem spezielleren Sinne – die Verletzung einer Person. *Iniuria* war also nicht nur ein notwendiges Element jeder unerlaubten Handlung, sondern auch – neben Diebstahl, Raub, Sachbeschädigung und anderen – die Bezeichnung eines deliktischen Tatbestandes: der Körperverletzung ebenso wie der Beleidigung.

Diese *iniuria*, die nicht einfach Schaden zufügte, sondern auf Menschen zielte, Menschen schändete und kränkte, war ein Merkmal des Regimes gewesen, das soeben erst ein gewaltsames Ende gefunden hatte, als Seneca die beiden um sie kreisenden Abhandlungen verfaßte. Die Schrift ›De ira‹ stellt den Zornigen als den in den Mittelpunkt, der falsch auf eine *iniuria* reagiert; sie schildert sein Gebaren und sucht therapeutisch auf ihn einzuwirken. Der Traktat ›De constantia sapientis‹ hingegen hat die richtige Reaktion auf ein wirkliches oder vermeintliches Unrecht zum Gegenstand; dort wird das Ideal des Weisen vorgeführt, der sich durch Hinnahme, durch Erdulden dem Kränkenden gegenüber unerreichbar macht.

»Da wir die Fragen, die mit dem Zorn zusammenhängen, erörtert haben, wollen wir uns nunmehr den Heilmitteln gegen ihn zuwenden« – so Seneca genau in der Mitte des Werkes ›De ira‹. Die erste Hälfte erörtert somit die theoretischen Voraussetzungen, und die zweite bringt die hieraus resultierenden praktischen Anweisungen – der Autor hat sich im wesentlichen an diese Disposition gehalten. Der Anfang des ersten Buches spiegelt besonders deutlich die scholastische Tradition philosophischer Schriftstellerei, die Seneca von Jugend auf vertraut war und der auch er, der Literat und

Essayist, sich nicht gänzlich entziehen mochte: Eine zur Sache hinführende Einleitung beschreibt das Äußere des Zornigen und die furchtbaren Wirkungen des Zornes, und sodann beginnt das eigentliche Traktament, mit einer Definition des Gegenstandes an der Spitze. Zwar ist gerade diese Partie, der Übergang von der Einleitung zum Hauptteil, in der handschriftlichen Überlieferung verlorengegangen, der Wortlaut der Definition hat sich indes durch ein Zitat des Kirchenvaters Laktanz erhalten. Der weitere Inhalt des ersten Buches ist schon bekannt: Es geht um das Wesen des Zornes. Seneca verteidigt die stoische Apathie gegen die aristotelische Metriopathie, das heißt er sucht darzutun, daß jedwede Zornesregung verwerflich sei und daher unterdrückt werden müsse, daß es nicht auch, wie Aristoteles meinte, billigenswerte, nützliche Erscheinungsweisen des Zornes gebe. Seitenblicke und Abschweifungen vermeidet er dabei sowenig wie sonst in seinen Schriften. Besondere Hervorhebung verdient das elfte Kapitel, worin er bestreitet, daß zum Kampf gegen Feinde Zorn vonnöten sei – die blindwütig anstürmenden Barbaren dienen als Kontrastfolie für das disziplinierte römische Heer und die stets bedachtsam operierenden römischen Feldherren. Hervorhebung verdienen weiterhin Senecas Beiträge zur Theorie vom Strafzweck: Man solle bessern, nicht vergelten, wobei neben der Spezial- auch die Generalprävention, das Ziel der abschreckenden Wirkung bei anderen, bedacht wird.

Die erste Hälfte des zweiten Buches (1–17) gilt noch – mit erneuter Polemik gegen den Peripatos – dem Wesen des Zornes. Zu Beginn werden die bloßen Reflexe, wie Gänsehaut oder Erröten, vom eigentlichen Zorn abgesondert; Seneca leitet hieraus seine subtile Lehre von den drei Phasen ab, die sich, wie er glaubt, bei der Entstehung des Zornes unterscheiden lassen (1–4). Am Anfang der zweiten Hälfte wendet er sich, wie erwähnt, den praktischen Anweisungen zu: Mit Berufung auf die analogen Gepflogenheiten der Medizin kündigt er an, daß er zunächst von der Prophylaxe, dann von der Therapie handeln wolle. Der Rest des zweiten Buches hat die Prophylaxe zum Gegenstand, aber auch manches andere; Hervorhebung verdient ein Abschnitt mit Ratschlägen zur Erziehung, die auch heutzutage noch beherzigenswert sind (21). Das rhetorische Glanzstück dieser Partie, die detaillierte Beschreibung eines Zornigen (35), wird im folgenden Kapitel einer eingehenden Betrachtung unterzogen.

Buch 3 enthält schließlich die Therapie: wie man den Zorn vermeide, wie man sich von ihm befreie und wie man ihn bei anderen beschwichtige – so die Ankündigung im fünften Kapitel. Seneca unterbricht indes dieses Programm durch eine lange erzählende Partie (14–23): Vor allem böse, aber auch einige gute Exempel aus der persischen, griechischen und römischen Geschichte führen den entfesselten und den beherrschten Zorn vor Augen. Das folgende Kapitel wird anhand einer ausgewählten Episode darlegen, wie Seneca den historischen Stoff für seine ethischen Zwecke umgeformt hat.

In den Handschriften lautet der Titel der dem Freunde Serenus gewidmeten Abhandlung nicht ›De constantia sapientis‹, sondern ›Nec iniuriam nec contumeliam accipere sapientem‹ – ›Daß dem Weisen kein Unrecht und keine Beleidigung zustoßen kann‹ – womit der Inhalt umständlicher, aber auch präziser angegeben ist. Das Werk zeichnet sich durch Kürze und eine einigermaßen straffe Gedankenführung aus. Gegen Ende allerdings gestattet sich Seneca, wie oft, etwas freier zu schweifen. Die Einleitung (1–4) gibt vor, an ein Gespräch anzuknüpfen: Serenus habe sich entrüstet, wie schmählich Cato (gemeint ist der jüngere, der als Freiheitsheld der untergehenden Republik verehrt wurde) behandelt worden sei. Darauf habe der Autor geantwortet *sapientem nec iniuriam accipere nec contumeliam posse* – also das, was die Handschriften auch als Titel bringen.

Der Hauptteil, das Traktament, beginnt mit der Abgrenzung der beiden genannten Begriffe: Die *iniuria* sei ihrem Wesen nach schwerer, die *contumelia* (von *contemnere*, »verachten«) leichter und schwer nur für Empfindliche – durch sie würden die Menschen nicht geschädigt, sondern nur gekränkt (5). Auch die römischen Juristen hantierten mit diesem Paar, und auch sie verstanden sich nicht zu einer genaueren Unterscheidung: Die *contumelia* sei eine

Spezies der *iniuria*, jene, welche die Griechen ὕβρις (hybris, »Überheblichkeit«) nannten, meinte der Rechtsgelehrte Paulus. Im ersten Abschnitt (5–9) wird durch abstrakte Deduktionen, aber auch durch ein Beispiel, das Verhalten des Philosophen Stilpon, dargetan, daß die Kategorien »Weiser« und »Unrecht« gleichsam unvereinbar sind, daß sie einander schon vom Begriff her ausschließen. Auch von dieser Argumentationsweise – einer stark von der Logik her geprägten – wird das folgende Kapitel eine Probe vorführen. Der zweite Abschnitt des Hauptteils (10–19) befaßt sich erwartungsgemäß mit der *contumelia*, der Beleidigung, gelegentlich wider Erwarten auch mit der *iniuria*. Und schließlich vergißt Seneca, daß er das Ideal des Weisen darstellen wollte, er begibt sich in die moralische Alltagspraxis und erteilt Ratschläge für jedermann: wie man auf Beleidigungen reagieren, was man tun solle, um sich nicht von ihnen beeindrucken zu lassen.

Man hat vermutet, daß kein Geringerer als Kaiser Claudius sich von Senecas Schrift ›De ira‹ habe beeindrucken lassen. Er war sich bewußt, zu Zorn und zu Jähzorn zu neigen, und entschuldigte sich deswegen in einem Erlaß: Der Jähzorn sei kurz und unschädlich, der Zorn nicht ungerecht. Die Unterscheidung von *ira* und *iracundia* findet sich auch bei Seneca, und von dort soll sie der Kaiser entlehnt haben.

Wie dem auch sei: Das Werk über den Zorn fand mancherlei Resonanz, vor allem in der christlichen Tradition. Martinus von Bracara (6. Jahrhundert), ein Bischof, der eine Reihe moralphilosophischer Themen behandelt hat, verfertigte einen Auszug, eine Art Mosaik aus Elementen der Vorlage. Wichtiger ist, daß der Zwiespalt in der Bewertung des Zornes, den die antike Philosophie hinterlassen hatte, bei den Christen andauerte, oder richtiger, daß er sich dort als menschlicher und göttlicher Zorn fortsetzte. Für die Menschenwelt wurde anerkannt, was die Stoa gepredigt hatte: Der Zorn galt als verwerflich und war Bestandteil von Katalogen der Haupt- oder Todsünden – so seit Johannes Cassianus (erste Hälfte des 5. Jahrhunderts) und Papst Gregor dem Großen (etwa 540–604). Für Gott galt die Aussage der Bibel, daß der Zorn zu seinem Wesen gehöre. Man versuchte zunächst, nicht ohne hierbei von der stoischen Lehre beeinflußt zu sein, das Skandalon einer affektischen Haltung Gottes dadurch zu vermeiden, daß man die Rede vom Zorn Gottes für uneigentlich erklärte – so Philon von Alexandrien, Clemens und Origenes. Erst die lateinischen Kirchenväter setzten die Auffassung durch, daß Gott wahrhaft zürnen könne; hierfür trat nach Tertullian vor allem Laktanz ein, der dem Problem eine eigene Schrift – ›De ira dei‹, ›Vom Zorn Gottes‹ – widmete. Der göttliche Zorn, lehrte er dort, sei frei von allen durch die menschliche Psyche bedingten Merkmalen, er sei das unentbehrliche Korrelat des göttlichen Erbarmens, und bei dem einen wie dem anderen handele es sich um Erscheinungsweisen der göttlichen Gerechtigkeit.

SIEBENTES KAPITEL

Senecas Prosakunst: Drei Arten von Texten

Seneca hat als Stilist Epoche gemacht. Schon für die Generation nach ihm galt er als Antipode Ciceros. Was der eine in der späten Republik bedeutet hatte, durfte der andere in der frühen Kaiserzeit für sich beanspruchen: Maßstab auch für diejenigen zu sein, die sich an ihm rieben, die sich in ihrer eigenen schriftstellerischen Praxis von ihm zu distanzieren suchten. Wie einst Cicero die lateinische Prosa zu klassischer Höhe emporgeführt hatte – durch Behutsamkeit in der Wahl der Ausdrücke, durch Glätte der Wortfolge, durch Ausgewogenheit der Satzgliederung und durch Übersichtlichkeit des Aufbaus –, so brachte ein knappes Jahrhundert später Seneca eine nachklassische, manierierte, barocke Schreibweise zu voller Entfaltung, die sich durch grelle Bilder, zerhackte Sätze und eine eigenwillige Kompositionsweise auf das bestimmteste von den Gepflogenheiten der vorausgehenden Epoche unterschied.

Das auffälligste Merkmal des neuen Stils, sein oberstes Prinzip ist die Pointe, der Effekt. Die Form hat über den Inhalt gesiegt, sie strebt nach äußerstem Raffinement, sie sucht sich preziös und bravourös zur Geltung zu bringen. In Senecas Diktion triumphiert das Pathos; es herrscht dort in verschieden starker Intensität; es fluktuiert in ständigen Crescendi und Decrescendi. Die Effekte und die besonders pathetischen Partien bedürfen eines Hintergrundes, von dem sie sich abheben – sonst würde der Hörer (Senecas Prosa war zuallererst für den Vortrag, die Rezitation bestimmt) oder Leser überreizt, abgestumpft und ermüdet. Das Gebot der Ökonomie, der Rücknahme nach der Steigerung wirkt sich unter anderem darin aus, daß sich in Senecas Prosa drei einander ablösende und durchdringende Texttypen oder Stilarten unterscheiden lassen: die argumentierende Partie, die Erzählung und die pathetische Schilderung. Diese drei Stilarten wirken zusammen, sie dienen gemeinsam ein und demselben Ziel: Alle psychischen Kräfte, der Verstand ebenso wie das Anschauungsvermögen und die Emotionen, sollen mobilisiert werden, auf daß sie übereinstimmend das *eine* verwirklichen, auf das es ankommt, das den Erkenntnissen der Philosophie gemäß geführte Leben. Von diesen Instrumenten der Seelenführungskunst Senecas sei nunmehr je ein Beispiel vorgeführt, und zwar an erster Stelle eine Partie, in der die auf Syllogismen sich gründende Argumentation das bestimmende Ingrediens ist.

Erster Texttyp: die Argumentation

1 *Dividamus, si tibi videtur, Serene, iniuriam a contumelia. Prior illa natura gravior est, haec levior et tantum delicatis gravis, qua non laeduntur homines, sed offenduntur. Tanta est tamen animorum dissolutio et vanitas, ut quidam nihil acerbius putent; sic invenies servum qui flagellis quam colaphis caedi malit et qui mortem ac verbera tolerabiliora credat quam comtumeliosa verba.*

Unterscheiden wir, wenn es dir recht ist, Serenus, das Unrecht von der Beleidigung. Das erstere ist seinem Wesen nach schwerer, die letztere leichter und nur für Empfindliche schwer – durch sie werden die Menschen nicht geschädigt, sondern nur gekränkt. Trotzdem ist die Schwäche und Eitelkeit der Leute so groß, daß manch einer nichts für ärger hält; so kann man Sklaven finden, die lieber ausgepeitscht als geohrfeigt werden wollen und den Tod unter Schlägen für erträglicher halten als beleidigende Worte.

2 *Ad tantas ineptias ventum est, ut non dolore tantum, sed doloris opinione vexemur more puerorum, quibus metum incutit umbra et personarum deformitas et depravata facies, lacrimas vero evocant nomina parum grata auribus et digitorum motus et alia, quae impetu quodam erroris improvidi refugiunt.*

So weit ist es mit unserer Torheit gekommen, daß uns nicht nur der Schmerz, sondern schon die bloße Vorstellung eines Schmerzes quälen kann, Knaben gleich, denen ein Schatten Furcht einflößt und die Häßlichkeit von Masken und ein abstoßendes Gesicht, denen gar dem Ohr wenig angenehme Worte und drohende Finger und anderes, wovor sie, von einer falschen Annahme verleitet, in ihrer Naivität zurückschaudern, Tränen entlocken.

3 *Iniuria propositum hoc habet aliquem malo afficere; malo autem sapientia non relinquit locum – unum enim illi malum est turpitudo, quae intrare eo ubi iam virtus honestumque est non potest – : ergo, si iniuria sine malo nulla est, malum nisi turpe nullum est, turpe autem ad honestis occupatum pervenire non potest, iniuria ad sapientem non pervenit. Nam si iniuria alicuius mali patientia est, sapiens autem nullius mali est patiens, nulla ad sapientem iniuria pertinet.*

Das Unrecht hat das Ziel, jemandem Übles anzutun; dem Übel aber läßt die Weisheit keinen Raum – denn das einzige Übel ist für sie die Schändlichkeit, die dort, wo sich bereits die Tugend und das Ehrenhafte befinden, nicht eindringen kann – : folglich, wenn es kein Unrecht ohne Übel und wenn es kein Übel außer dem Schändlichen gibt, das Schändliche aber zu dem, der sich dem Ehrenhaften ergeben hat, nicht gelangen kann, dann gelangt kein Unrecht zum Weisen. Denn wenn das Unrecht das Erleiden von etwas Üblem ist, der Weise aber nichts Übles erleidet, dann kann kein Unrecht den Weisen treffen.

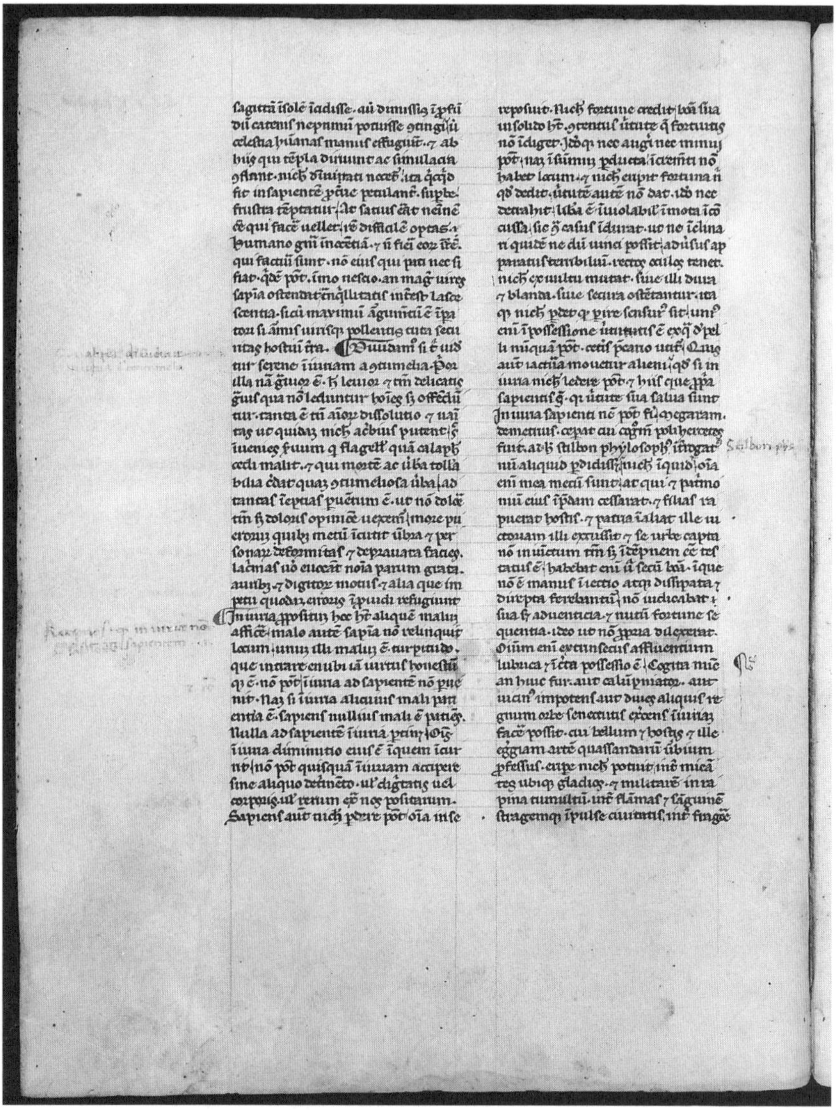

11. Aus einem spätmitteralterlichen Seneca-Codex. Der Abschnitt *Dividamus* bis *non potest fieri* beginnt in Zeile 15 der linken und endet in Zeile 19 der rechten Kolumne. Berlin, Staatsbibliothek

4 *Omnis iniuria deminutio eius est, in quem incurrit, nec potest quisquam iniuriam accipere sine aliquo detrimento vel dignitatis vel corporis vel rerum extra nos positarum. Sapiens autem nihil perdere potest; omnia in se reposuit, nihil fortunae credit, bona sua in solido habet contentus virtute, quae fortuitis non indiget ideoque nec augeri nec minui potest – nam et in summum perducta incrementi non habent locum et nihil eripit fortuna nisi quod dedit; virtutem autem non dat, ideo nec detrahit – libera est, inviolabilis, immota, inconcussa, sic contra casus indurat, ut ne inclinari quidem, nedum vinci possit; adversus adparatus terribilium rectos oculos tenet, nihil ex vultu mutat, sive illi dura sive secunda ostentantur.*

Jedes Unrecht ist eine Minderung dessen, dem es widerfährt, und niemandem kann Unrecht zustoßen ohne irgendeinen Schaden an seinem Ansehen oder an seinem Körper oder an äußerem Besitz. Der Weise kann aber nichts verlieren; er hat alles in sich selbst geborgen, nichts dem Glück anvertraut; er hat all sein Gut in Sicherheit, da er sich mit der Tugend begnügt, die keiner Glücksgaben bedarf und daher weder gemehrt noch gemindert werden kann – denn was sein Höchstmaß erreicht hat, gibt keiner weiteren Zunahme Raum und nichts nimmt das Glück, was es nicht gegeben hat; die Tugend aber gibt es nicht, und daher entzieht es sie auch nicht – die Tugend ist frei, unverletzlich, unbeweglich, unerschütterlich; sie ist derart gegen Mißgeschicke abgehärtet, daß sie sich nicht einmal beugen, geschweige denn besiegen läßt; den Zurüstungen des Furchtbaren blickt sie fest entgegen, sie verzieht keine Miene, ob ihr nun Schlimmes oder Glückliches in Aussicht gestellt wird.

5 *Itaque nihil perdet quod perire sensurus sit; unius enim in possessione virtutis est, ex qua*

Der Weise kann daher nichts verlieren, dessen Verlust er empfinden würde; sein einziger

depelli numquam potest; ceteris precario utitur: quis autem iactura movetur alieni? Quodsi iniuria nihil laedere potest ex his quae propria sapientis sunt, quia virtute salva sua salva sunt, iniuria sapienti non potest fieri.	Besitz ist ja die Tugend, aus der er niemals verjagt werden kann; alles andere gebraucht er als Leihgabe: Wer aber regt sich über den Verlust fremden Gutes auf? Wenn nun das Unrecht nichts von dem beeinträchtigen kann, was dem Weisen eigen ist, weil ja, wenn seine Tugend unbeschädigt ist, all das Seine unbeschädigt ist, dann kann ihm kein Unrecht geschehen.

Mit diesem Text beginnt der Hauptteil der Schrift ›De constantia sapientis‹. Seneca zeigt sich darin von seiner scholastischen Seite. Schon das erste Wort – *dividere*, »einteilen, unterscheiden« – mit dem charakteristischen Adhortativ »Laßt uns (unterscheiden)« evoziert den philosophischen Unterricht und allgemein die in der Fachliteratur übliche Ausdrucksweise. *Dividere* und das zugehörige Substantiv *divisio* sind Termini dieser Literatur, zumal einführender Lehrbücher. Sie bezeichnen vor allem die Distinktion, das Verfahren und sein Ergebnis, das heißt die Zerlegung eines Oberbegriffs in mehrere Unterbegriffe, einer Gattung in mehrere Arten; mit Hilfe der Distinktion lassen sich, indem man sie mehrfach, in hierarchischer Über- und Unterordnung, anwendet, beliebig große Systeme herstellen. *Dividere/divisio* können außerdem als Fachausdrücke der Rhetorik verwendet werden: für einen Teil der Rede, für die Gliederung, die Disposition, die dem Publikum mitteilt, welche Punkte behandelt werden sollen. Im Seneca-Text hat *dividere* offensichtlich beide Bedeutungen. Das Wort signalisiert, daß eine Distinktion vorgenommen wird, und diese Distinktion dient zugleich als Gliederungsprinzip für den ganzen Traktat: Seneca befaßt sich, wie schon dargetan, zunächst mit der *iniuria* (5–9), dann mit der *contumelia* (10–19). Die Distinktion enthält hier nur zwei Arten, und die übergeordnete Gattung bleibt ungenannt – solche Leerstellen finden sich auch in der modernen juristischen Sprache; man kann sich dann mit den Zusätzen »im weiteren, im engeren Sinne« behelfen. Hier, im Seneca-Text, wird ja offensichtlich aus der Unrechtshandlung im allgemeinen die leichtere Injurie ausgegrenzt.

Der Einschub »wenn es dir recht ist, Serenus« mildert den strengen Lehrton, und der Leser wird gleichsam zum Zeugen eines Zwiegesprächs zwischen dem Autor und dem Adressaten gemacht. Der zweite Satz enthält zwei Antithesen, die dem Inhalt nach einander entsprechen: »schwerer – leichter«, »geschädigt – gekränkt«. Seneca hat es indes vermieden, den inhaltlichen Parallelismus auch formal in Erscheinung treten zu lassen. Er schreibt nicht: *Prior illa natura gravior est, haec levior …; illa laeduntur homines, hac offenduntur* (»Das erstere ist seinem Wesen nach schwerer, die letztere leichter …; durch das erstere werden die Menschen geschädigt, durch die letztere gekränkt«) – er läßt vielmehr die zweite Unterscheidung durch Negation und Position von der *contumelia* abhängen. Der Ton ist von gewollter Schlichtheit, leise Klangeffekte (*gravior/levior, laeduntur/offenduntur*) scheinen sich, da durch die Sache bedingt, ungesucht einzustellen.

Mit den Worten »und nur für Empfindliche schwer« bereitet Seneca einen kleinen Einschub vor: Er will sich in einem Seitengedanken über die paradoxe Wirkung, welche die *contumelia* bei manchen Menschen erzielt, äußern. Von »Trotzdem ist die Schwäche« an führt er sein Vorhaben aus – die Worte »Schwäche« und »Eitelkeit« knüpfen an den Begriff »Empfindliche« an. Er hat also das Abbiegen seiner Darlegungen mit großer Sorgfalt und für den Leser kaum spürbar bewerkstelligt. Er verweilt bis zum Beginn des dritten Abschnitts auf dem Seitenpfad, die Worte »Das Unrecht hat das Ziel …« kehren brüsk zum Hauptgedanken zurück. Der Stil bleibt zunächst leger, ungezwungen: Der Parallelismus, der sich in dem Relativsatz *qui – qui* durch genaue Übereinstimmung der Satzglieder hätte herstellen lassen, ist vermieden, und auch das Wortspiel *verbera – verba* erzielt, da nicht originell, keinen besonderen Effekt. Der nächste Satz macht allerdings dem rhetorischen Stil größere Konzessionen, und zwar schon dadurch, daß er überhaupt vorhanden ist: als steigernde Wiederholung des vorangehenden Satzes »Trotzdem ist die Schwäche – beleidigende Worte«. Die Strukturen stimmen überein: Auf eine Konsekutivperiode »so – daß« folgen jeweils Veranschaulichungen, die in Relativsätzen angehängt sind; als Scharniere dienen hier »so kann man Sklaven finden« und dort »Knaben gleich«. Außerdem führt Seneca diesmal einen exakten Parallelismus vor:

quibus metum incutit umbra et personarum deformitas et …
– lacrimas vero evocant nomina parum grata auribus et … et …

»Das Unrecht hat das Ziel …«: Seneca definiert die *iniuria* durch Angabe ihres Zwecks; nachdem sich im Vorausgehenden die Anschauung mehr und mehr vorgedrängt hatte (durch das Beispiel des Sklaven und den Knaben-Vergleich), beschränkt er sich nunmehr wieder auf reine Verstandesoperationen. Er bringt schulgerechte logische Schlüsse. Der erste Hauptschluß besteht aus den Gliedern: »Das Unrecht hat das Ziel, jemandem Übles anzutun« – »Die Weisheit (der Weise) läßt dem Übel keinen Raum« – »(Folglich) gelangt kein Unrecht zu dem Weisen«. Der erste dieser Sätze heißt in der Logik Obersatz (*Propositio maior*), der zweite Untersatz (*Propositio minor*) und der dritte Schluß (im engeren Sinne; *Conclusio*). Seneca hat den zitierten Syllogismus zwischen Untersatz und *Conclusio* zweifach erweitert: durch einen Hilfsschluß, der die Richtigkeit des Untersatzes dartun soll, und durch rekapitulierende Wiederholungen. Der Hilfsschluß besteht aus dem Obersatz »Das einzige Übel ist (für den Weisen) die Schändlichkeit« und dem Untersatz »Schändlichkeit und das Ehrenhafte (als die den Weisen konstituierende Eigenschaft) sind unvereinbar«. Die *Conclusio* ist fortgelassen, da sie mit dem Untersatz des Hauptschlusses (»Die Weisheit läßt dem Übel keinen Raum«) übereinstimmt. Die Rekapitulation besteht aus dem Obersatz des Hauptschlusses (in etwas abgewandelter Form: »Es gibt kein Unrecht ohne Übel«) sowie aus dem Ober- und Untersatz des Hilfsschlusses (»Das einzige Übel ist die Schändlichkeit«; »Schändlichkeit und das Ehrenhafte sind unvereinbar«).

Der Hauptschluß läßt sich wie folgt auf seine logische Struktur reduzieren (das Zeichen ≠ bedeutet »ist nicht, fällt nicht unter, ist unvereinbar mit«):

Propositio maior:	*iniuria* = Zufügung eines *malum*
Propositio minor:	*sapiens* ≠ *malum*
Conclusio:	*sapiens* ≠ *iniuria*

Der zwischen Obersatz und Schluß vermittelnde Begriff (*Terminus medius*) ist *malum*. Sogenannter Außenbegriff des Obersatzes ist *iniuria*, Außenbegriff des Untersatzes *sapiens/sapientia*. In einem korrekten Syllogismus kehrt der Außenbegriff des Obersatzes (*Terminus maior*) in der *Conclusio* als Prädikat wieder, und der Außenbegriff des Untersatzes fungiert dort als das Subjekt. Hieraus ergibt sich für den Hauptschluß des Seneca-Textes das Schema (S = Subjekt der *Conclusio* = Außenbegriff des Untersatzes; P = Prädikat der *Conclusio* = Außenbegriff des Obersatzes; M = *Terminus medius*):

iniuria – malum	P – M
sapiens – malum	S – M
sapiens – iniuria	S – P

Die Stellung der Außenbegriffe und des *Terminus medius* kann in Ober- und Untersatz variieren. Der bekannte Syllogismus »Alle Menschen sind sterblich – Sokrates ist ein Mensch – Also ist Sokrates sterblich« hat zum Beispiel die Struktur M P – S M – S P (»Mensch« ist *Terminus medius*, »sterblich« ist Prädikat der *Conclusio*). Aristoteles hat auf Grund dieser Variationsmöglichkeiten sogenannte (Schluß-)Figuren unterschieden; das soeben zitierte Beispiel mit Sokrates entspricht der ersten, der Hauptschluß des Seneca-Textes der zweiten aristotelischen Figur. Angedeutet sei noch, daß man weiterhin nach den Formen klassifizieren kann, welche sich in den einzelnen Sätzen eines Syllogismus fnden – möglich sind deren vier:

1. Alle A = B
2. Alle A ≠ B
3. Einige A = B
4. Einige A ≠ B

Bei Seneca hat der Obersatz die erste Form (A = *iniuria*, B = *malum*), der Untersatz die zweite (A = *sapiens*, B = *malum*); hieraus resultiert für die *Conclusio* ebenfalls die zweite Form. Nach dem üblichen Arrangement hat Seneca für seinen Syllogismus den zweiten Modus der zweiten Figur verwendet.

Die Triftigkeit des Schlusses wird dadurch eingeschränkt, daß der *Terminus medius malum* eine je verschiedene Bedeutung zu haben scheint – womit eine sogenannte *Quaternio terminorum* (»Vervierfachung der Begriffe«) vorläge. Der Obersatz zielt auf *malum* im allgemeinen Sinne, gemeint sind Übel schlechthin. Der Untersatz indessen engt diese Bedeutung stillschweigend ein – hier kann nur noch, wie der Hilfsschluß zeigt, ein sittliches Übel, etwas in sittlicher Hinsicht Schlechtes gemeint sein. Oder man nimmt an, daß das *malum* sich innerhalb des Hauptschlusses gleichbleibe; dann wird die Beweiskraft des Hilfsschlusses fragwürdig. Am glattesten liest sich die Wiederholung, die Rekapitulation am Schluß (die eben, wie sich nunmehr herausstellt, keine bloße Wiederholung ist): Die *iniuria*, die ja eine Aktiv- und eine Passivseite hat – man tut Unrecht, und man erleidet es –, wird hier von Anfang an auf die Passivseite eingeschränkt. »(Erleiden von) Unrecht ist Erleiden von etwas Üblem« und so weiter: Dieser Syllogismus bereitet keinerlei Schwierigkeiten mehr.

Die beiden letzten Abschnitte (4 und 5) sind eine steigernde Wiederholung des dritten. Wie dort geht die Argumentation von einer Begriffsbestimmung der *iniuria* aus: »Jedes Unrecht ist eine Minderung …« Und wie dort, so enden auch hier die Darlegungen mit der *Conclusio* des Ganzen: »Also kann dem Weisen kein Unrecht geschehen.« Die Begriffsbestimmung, der Obersatz, wird durch eine variierende Wiederholung erweitert: »und niemandem kann Unrecht zustoßen …« Zwischen den Untersatz (»Der Weise kann nichts verlieren«) und die *Conclusio* ganz am Ende hat Seneca wie im dritten Abschnitt logisch Untergeordnetes eingeschoben, und zwar diesmal mehrere Hilfsschlüsse, ferner deskriptive und schließlich rekapitulierende Elemente. Der erste Hilfsschluß, der den Untersatz des Hauptschlusses beweisen soll, reicht von »er hat alles in sich selbst geborgen« bis »weder gemehrt noch gemindert werden kann«. Er ist unvollständig; er entfaltet lediglich den Satz, daß der Weise nicht äußerer Güter bedarf; der Leser soll ergänzen, daß man nur äußere Güter verlieren kann. Diesem Hilfsschluß sind wiederum zwei Hilfsschlüsse zweiten Grades beigegeben, welche die Unmöglichkeit des *augeri* und des *minui*, des Gemehrt- und Gemindertwerdens dartun. Der erste dieser Hilfsschlüsse ist verkürzt (um den Satz, daß die vollkommene Tugend etwas Höchstes ist), der zweite hingegen vollständig.

Danach öffnet sich die Beweisführung zu einem hymnischen Preis der sittlichen Vollkommenheit, der *virtus*. Hier, jenseits der strengen Syllogismen, machen sich klangliche Mittel deutlich bemerkbar, vor allem das fünffache *in-*. Gegen Ende, bei den zusammenfassenden Wiederholungen bisheriger Schlußelemente (auch hierin ähneln die Abschnitte 4 und 5 dem dritten), nimmt die rhetorische Stilisierung wieder ab – es folgt eine erzählende Partie, das Beispiel des Philosophen Stilpon.

Zweiter Texttyp: die Erzählung

1	*Sic rex Persarum totius populi nares recidit in Syria, unde Rhinocolura loco nomen est. Percisse illum iudicas, quod non tota capita praecidit? Novo genere poenae delectatus est.*	So ließ der Perserkönig einem ganzen Volk in Syrien die Nasen abschneiden; davon hat der Ort den Namen Rhinocolura. Glaubst du, er sei milde gewesen, weil er ihnen nicht den ganzen Kopf abschlug? An der neuartigen Strafe ergötzte er sich!
2	*Tale aliquid passi forent et Aethiopes, qui ob longissimum vitae spatium Macrobioe appellantur; in hoc enim, quia non supinis manibus exceperant servitutem missisque legatis libera*	So etwas hätte auch den Äthiopiern zustoßen können, die wegen ihrer sehr langen Lebensdauer Makrobier heißen; denn gegen sie, weil sie nicht mit erhobenen Händen die Knecht-

responsa dederant, quae contumeliosa reges vocant, Cambyses fremebat et non provisis commeatibus, non exploratis itineribus, per invia, per arentia, trahebat omnem bello utilem turbam. Cui intra primum iter deerant necessaria, nec quicquam subministrabat sterilis et inculta humanoque ignota vestigio regio:

schaft angenommen und seinen Gesandten freimütige Antworten gegeben hatten, die die Könige beleidigend nennen, schnaubte Kambyses vor Wut, und ohne für Verpflegung zu sorgen, ohne die Route zu erkunden, schleppte er durch weglose, durch ausgedörrte Gebiete den ganzen für den Krieg erforderlichen Haufen. Dem fehlte es schon zu Beginn des Marsches an Notwendigem, und nichts lieferte die unfruchtbare und unkultivierte und nie von eines Menschen Fuß betretene Gegend:

3 *sustinebant famem primo tenerrima frondium et cacumina arborum, tum coria igne mollita et quicquid necessitas cibum fecerat; postquam inter harenas radices quoque et herbae defecerant apparuitque inops etiam animalium solitudo, decimum quemque sortiti alimentum habuerunt fame saevius.*

Es hielten den Hunger zunächst zartestes Laub und Baumspitzen hin, dann Leder, durch Feuer erweicht, und was die Not zur Speise machte; als in den Sandmassen auch Wurzeln und Gräser ausgingen und eine Wüste, die auch ohne Tiere war, sich auftat, verschafften sie sich, indem sie jeden Zehnten durch das Los bestimmten, eine Nahrung gräßlicher als Hunger.

4 *Agebat adhuc regem ira praecipitem, cum partem exercitus amisisset, partem comedisset, donec timuit, ne et ipse vocaretur ad sortem: tum demum signum*

Es trieb noch stets den König der Zorn blindwütig dahin, obwohl er einen Teil seines Heeres verloren, einen Teil aufgegessen hatte, bis ihn Furcht ergriff, auch

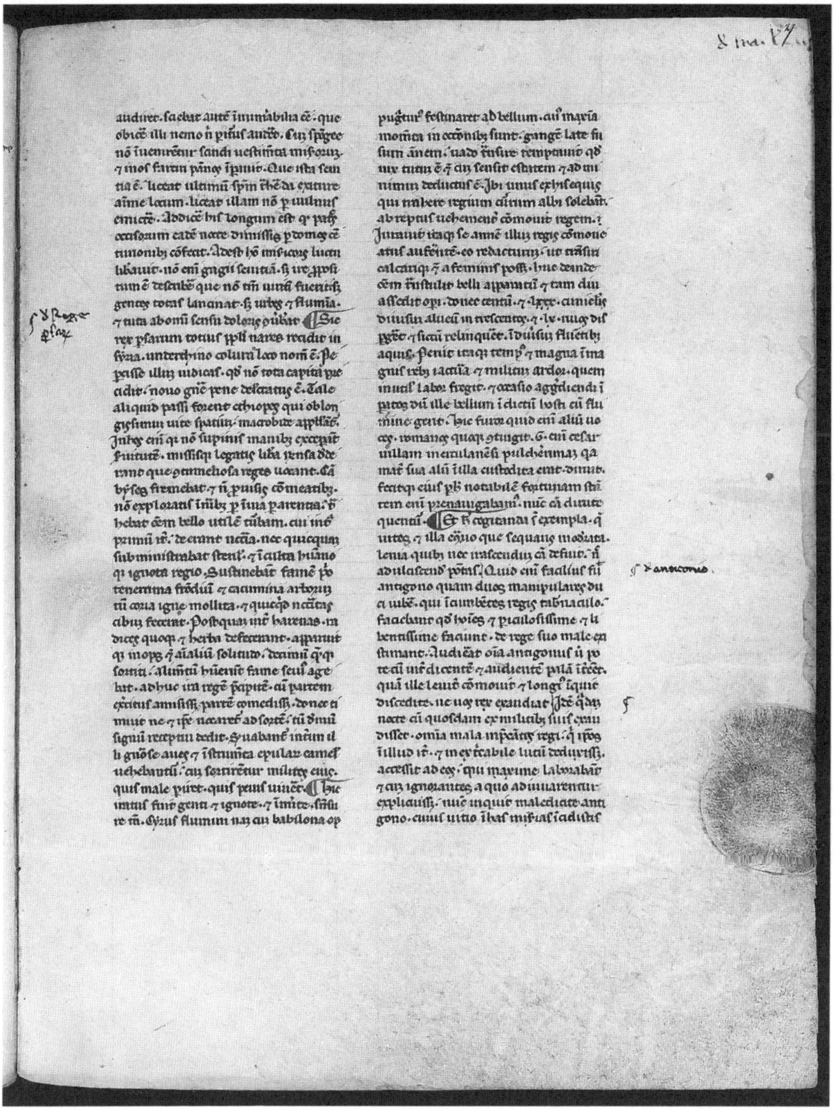

12. Aus demselben Codex wie 11. Der Abschnitt *Sic rex Persarum* bis *viveret* beginnt in Zeile 13 und endet in der drittletzten Zeile der linken Kolumne.

receptui dedit. Servabantur interim generosae illi aves et instrumenta epularum camelis vehebantur, cum sortirentur milites eius, quis male periret, quis peius viveret.

er werde zum Los gerufen: Da gab er das Zeichen zum Rückzug. Man bewahrte ihm unterdessen edles Geflügel, und das Tafelgeschirr wurde auf Kamelen mitgeführt, während seine Soldaten durch das Los entschieden, wer elend zugrunde gehen und wer elender noch überleben sollte.

Dieser Text entstammt der langen Beispielreihe, die im dritten Buch der Schrift ›De ira‹ die therapeutischen Anweisungen unterbricht (14–23). Seneca bringt darin drei Arten von Exempeln. Die erste Kategorie der Geschichten zeigt, wie Zorn unterdrückt wurde, da größere Furcht ihm entgegenstand (14–15). Die zweite, am reichlichsten bedachte, schildert das ungehemmte Zorneswüten Mächtiger (16–21), und zum Schluß führt Seneca noch einige positive Beispiele an: von Herrschern, die ihrem wohlbegründeten Zorn nicht nachgaben (22–23). Die Erzählungen sind disparaten Epochen entnommen: Die Reihe besteht aus persischen, mazedonisch-hellenistischen und römischen Exempeln, wobei Rom nur durch die späte Republik und die Zeit Senecas repräsentiert ist – es fehlen also die eigentliche griechische sowie die gesamte römische Geschichte vor dem 1. Jahrhundert v. Chr. Als wichtigste, am häufigsten benutzte Quelle hat Herodot gedient; auf sein Werk gehen alle persischen Beispiele zurück (14–16; 20–21). Da diese Vorlage erhalten ist, eignen sich die nach ihr gemodelten Erzählungen für einen Vergleich: Die Änderungen, die Seneca vorgenommen hat, zeigen, welche Absichten ihn leiteten. Für die römischen Beispiele griff er teils auf Sallust, teils wohl auf eigene Kenntnisse oder mündliche Tradition zurück, und die mazedonisch-hellenistischen Geschichten sind einer verlorenen, nicht mehr bestimmbaren Quelle entnommen, die auch Plutarch in seinem Dialog ›Von der Zähmung des Zorns‹ benutzt hat. Auffällig ist, daß Livius nicht zu Rate gezogen wurde. Wenn, wie wahrscheinlich, das dritte Buch ›De ira‹ im

Exil entstanden ist, dann liegt die Annahme nahe, daß Seneca dieses monumentale Werk nicht nach Korsika hatte mitnehmen können.

Das Exempel bekundet wie keine andere Art von Texten ein bestimmtes Verhältnis zur Geschichte. Es stellt eine überschaubare, in sich geschlossene Handlung dar, die sich für ein moralisches Wert- oder Unwerturteil eignet. Es setzt voraus, daß die aus dem historischen Zusammenhang herausgenommene Situation in ähnlicher Weise wiederkehren kann, und will den Leser darüber belehren, wie man sich, wenn sie abermals eintritt, verhalten oder nicht verhalten solle. Die Geschichte – dieses Weltbild steht hinter dem Exempel – verläuft zyklisch, sie ist nichts als die ewige Wiederkehr des Gleichen, und auch das System sittlicher Normen, nach dem alle Handlungen beurteilt werden, bleibt sich gleich. Aus dieser Sicht ist gerade der Philosoph berufen, sich der Geschichte anzunehmen; er verfügt über die hierfür geeigneten Kriterien und kann mit deren Hilfe gewissermaßen Ordnung in das schier chaotische Vielerlei der Ereignisse bringen. Seit der Historismus zutage gefördert hat, wie unterschiedlich die Bedingungen menschlichen Handelns im Lauf der Zeiten gewesen sind, ist das Exempel als legitime Darstellungsform geschichtlicher Vorgänge in Verruf geraten. Man übertriebe jedoch, wenn man ihm jeglichen Erkenntniswert absprechen wollte: Die Geschichte enthält trotz fundamentaler Veränderungen als etwas vom Menschen Hervorgebrachtes immer auch Gleichbleibendes. Und jedenfalls entbehrt es nicht eines gewissen Reizes zu beobachten, wie der Philosoph Seneca den historischen Stoff um seiner moralischen, menschheitsfördernden Zwecke willen ge- und auch verformt hat.

Nun pflegt der historische Stoff, wie er wirklich beschaffen war, unbekannt zu sein. Man muß sich daher mit einer älteren Darstellung als Kontrastfolie begnügen, mit einer Darstellung, von der man annehmen darf, daß sie den Stoff getreulicher, in weniger von philosophishen Absichten bestimmter Form bewahrt hat. Mit dieser notwendigen Reserve sei nunmehr das Kapitel aus dem Geschichtsswerk Herodots vorgeführt, das Seneca seinem Exempel zugrunde gelegt hat:

1 Als die Kundschafter das alles betrachtet hatten, kehrten sie (nach
Ägypten) zurück. Als sie Bericht erstatteten, geriet Kambyses so-
fort in Zorn und zog gegen die Äthiopier zu Felde, ohne die Be-
schaffung von Proviant anzuordnen und ohne zu bedenken, daß
2 er einen Feldzug bis ans Ende der Welt vorhatte. Wie ein Rasen-
der und als ob er nicht bei Verstande wäre, zog er, sobald er die
»Fischesser« (die als Kundschafter verwendeten Grenzbewoh-
ner) gehört hatte, zu Felde, wobei er den anwesenden Griechen
befahl zurückzubleiben, das ganze Fußvolk aber mit sich führte.
3 Als er auf seinem Zuge Theben erreichte, sonderte er 50 000
Mann von dem Heere ab und beauftragte sie, die Ammonier zu
versklaven und das Zeusorakel einzuäschern; er selbst zog mit
4 dem übrigen Heer gegen die Äthiopier. Bevor das Heer ein Fünf-
tel des Weges zurückgelegt hatte, war bereits alles, was es an Pro-
viant gab, ausgegangen; nach dem Proviant gingen auch die Zug-
5 tiere aus, da man sie aufaß. Wäre nun Kambyses, als er dies sah,
andern Sinnes geworden und hätte er sein Heer zurückgeführt,
dann hätte er nach dem anfänglichen Fehler als weiser Mann ge-
handelt; doch er kehrte sich nicht daran und zog immer weiter
6 vorwärts. Solange die Soldaten noch etwas auf dem Boden finden
konnten, fristeten sie mit Grünzeug ihr Leben; als sie jedoch in
die Sandwüste gelangten, taten einige von ihnen etwas Schreckli-
ches: Je zehn Leute aßen einen auf, den sie durch das Los bestimmt
7 hatten. Als Kambyses das erfuhr, fürchtete er, sie würden sich alle
gegenseitig aufessen; er gab den Zug gegen die Äthiopier auf
und kehrte um, und er gelangte nach Theben, nachdem er einen
großen Teil seines Heeres verloren hatte. Von Theben begab er
sich hinab nach Memphis und ließ die Griechen heimkehren.

Seneca hat sich zuvor ausführlich mit der Willkür und Grausamkeit Caligulas befaßt. Nunmehr will er schildern, wie der Zorn nicht nur einzelne, sondern ganze Völker zu zerfleischen vermag. Dann folgt das erste Beispiel, der anonyme Perserkönig, der die Nasen abschneiden ließ: Seneca wollte offensichtlich zunächst etwas bringen, was genau zur Ankündigung paßte – in der Kambyses-Geschichte sollte ja der Zorn sein Ziel, die Äthiopier, gar nicht erreichen. Der »Perserkönig« hat seine vermittelnde Funktion rasch erfüllt, er tritt ab, und mit den anknüpfenden Worten »so etwas hätte ... zustoßen können« beginnt die eigentliche Erzählung, die Ereignisse nach der Eroberung Ägyptens durch Kambyses II. (529–522 v. Chr.) zum Gegenstand hat.

Seneca flicht ein ausmalendes Detail ein, die Langlebigkeit der Äthiopier, und nimmt sogleich, in der Exposition, eine Änderung vor. Nach Herodot sandte Kambyses von Ägypten aus Leute zu den Äthiopiern, die unter dem Vorwand, einen Freundschaftsvertrag anzutragen, spionieren sollten; diese erhielten auch wirklich, da die Äthiopier den wahren Zweck der Aktion erkannten, »freimütige Antworten«. Die Gesandten hatten also nicht den Auftrag, wie später die des Dareios I. (521–485 v. Chr.) in Griechenland, Erde und Wasser als Zeichen der Unterwerfung zu fordern, im Gegensatz zu dem Sinn, den die Worte »weil sie nicht mit erhobenen Händen die Knechtschaft angenommen hatten« suggerieren sollen. Seneca hat somit einen verschärfenden Zug hinzugefügt, der – was die theoretischen Darlegungen hervorzuheben nicht müde werden – die Unsinnigkeit und Maßlosigkeit des Zornes auch im historischen Exempel kraß hervortreten läßt. Bei Herodot hat Kambyses noch einigen Grund, sich zu erregen, da seine wenn auch nicht aufrichtig gemeinte Gesandtschaft beleidigt worden war, bei Seneca hingegen erscheint der Zorn des Großkönigs geradezu paradox. Die Stilisierung zum Exempel hat den historischen Zusammenhang abgeschnitten; das Demonstrandum macht sich von Anfang an als umprägende Tendenz bemerkbar.

»Kambyses schnaubte vor Wut« (nachdem die allgemeine Bemerkung »die die Könige beleidigend nennen« auf den Hochmut als typische Ursache des Zornes hingewiesen hat): Geschickt hat Seneca es einzurichten gewußt, daß erst hier der Name fällt; die unmittelbare Folge von Subjekt und Prädikat – *Cambyses fremebat* – ist nach dem vorausgeschickten unsinnigen Grund von überraschender Wucht. Ebenso effektvoll schließt sich an »schnaubte vor Wut« sofort »und ohne für Verpflegung zu sorgen« an: Die Erzählweise bildet die Impulsivität des Zornes ab, der sich nicht die Zeit nimmt, erst noch von der Absicht eines Krieges gegen die Äthiopier zu reden – im Unterschied zu Herodot: »und zog gegen die Äthiopier zu Felde.« Kambyses tobt, und schon ist der Heereszug unterwegs, wobei jede Vorsicht außer acht gelassen wird: ein von Seneca immer wieder hervorgehobenes Charakteristikum des Zornes. »Den ganzen für den Krieg erforderlichen Haufen« – *omnem bello utilem turbam*: Hier, am Ende der langen Periode, in einer Nebenbestimmung, erfährt man, daß in einen Krieg gezogen wird. Abermals imitiert der Satzbau den Zorn, der unfähig ist, planmäßig zu handeln.

Nunmehr überspringt Seneca einige Angaben Herodots: daß Kambyses »wie ein Rasender ...« handelte, daß er den griechischen Hilfstruppen befahl, in Memphis zu bleiben, und daß er einen Teil seines Heeres detachierte, das Heiligtum des Zeus Ammon zu vernichten. Die Gründe für diese Kürzungen liegen auf der Hand. Seneca wollte nur indirekt charakterisieren, nur durch anschaubares Geschehen – daher störte ihn Herodots direkt charakterisierender Vergleich mit einem Wahnsinnigen. Und er wollte die Haupthandlung des herodoteischen Berichts so drastisch und plastisch wie möglich hervortreten lassen – daher strich er alles Nebensächliche mitsamt der Ortsangabe »Theben«. Der Leser soll ein faßliches, einprägsames Bild erhalten; um dieses Zweckes willen wird die Darstellung der Vorlage aufs äußerste zugespitzt.

Sowohl Herodot als auch Seneca führen sodann eine dreistufige Klimax der Not vor, jedoch mit charakteristischen Unterschieden. Nach Herodot verzehren die Perser zunächst die Tiere des Trosses, dann suchen sie sich von Kräutern zu ernähren, und schließlich essen sie ihre Kameraden auf, je einen von zehn, der durch das Los bestimmt ist; außerdem reflektiert Herodot nach der ersten Stufe über Kambyses. Seneca läßt die Reflexion weg, aus demselben Grund wie den Passus »Wie ein Rasender ...«, und ändert die Stufen: Die erste Stufe Herodots fällt fort, und die zweite rückt an ihre Stelle. Als zweite Stufe bringt Seneca ein Produkt seiner Phantasie, und erst in der dritten stimmt er mit seiner Vorlage überein – sie ließ sich durch keinen noch so kühnen Einfall überbieten. Im Detail malt Seneca aus, er schwelgt in Synonymen für den Mangel und die durch ihn erzwungenen Surrogate.

»Es trieb noch stets den König der Zorn ...« – *Agebat adhuc regem ira ...*: Seneca möchte auch jetzt noch steigern und nimmt hierbei zweierlei in Kauf: daß er sich in Widerspruch zu seiner Vorlage setzt, deren Version die Wahrscheinlichkeit auf ihrer Seite hat, und daß er nunmehr direkt charakterisieren muß: »Den König trieb der Zorn, bis ihn Furcht ergriff« – ein äußeres Ereignis, das die Wende hätte herbeiführen können, stand ja jetzt nicht mehr zu Gebote. So erklärt sich wohl auch das hinzuerfundene Motiv vom Geflügel und Tafelgeschirr. Seneca wollte den Leser mit einem anschaulichen Zug entlassen.

Senecas Beispiel-Erzählung, in stilistischer Hinsicht eine Verbindung von historischem Bericht und rhetorischer Schilderung, läßt, wie der Vergleich mit der Vorlage lehrt, folgende Tendenzen erkennen: Sie konzentriert das Geschehen, sie reduziert es auf das Demonstrandum – jedes Detail soll hierzu beitragen, in diesem Falle also das Wüten des Zornes und dessen Folgen vorführen. Außerdem sucht die Beispiel-Erzählung möglichst intensiv abzubilden, was veranschaulicht werden soll: durch die Syntax und andere Stilmittel, durch indirektes Charakterisieren. Und schließlich ist sie bestrebt, die Wirkung auch dadurch zu steigern, daß sie das Geschehen zuspitzt und die Situation grell ausmalt. Die Beispiel-Erzählung Senecas nähert sich in dem Maße, wie sie sich vom historischen Sachverhalt entfernt, der Allegorie.

Dritter Texttyp: die pathetische Schilderung

1 *Nihil tamen aeque profuerit quam primum intueri deformitatem rei, deinde periculum. Non est ullius affectus facies turbatior: pulcherrima ora foedavit, torvos vultus ex tranquillissimis reddit; linquit decor omnis ira-*

Doch nichts ist ebenso nützlich, wie sich erstens die Häßlichkeit, zweitens die Gefährlichkeit der Sache vor Augen zu halten. Keiner Leidenschaft Antlitz ist verstörter: Die schönsten Gesichter hat sie entstellt; finstere Mienen

tos, et sive amictus illis compositus est ad legem, trahent vestem omnemque curam sui effundent, sive capillorum natura vel arte iacentium non informis habitus, cum animo inhorrescunt;

macht sie aus den gelassensten; jeder Anstand verläßt die Zornigen, und mag auch ihr Gewand gehörig in Falten liegen, sie lassen das Kleid nachschleppen und geben alles Achten auf ihr Äußeres preis, oder mag auch ihrer Haare Erscheinung, von Natur oder durch Kunst geordnet, nicht unansehnlich sein, sie sträuben sich mitsamt der Seele;

2 *tumescunt venae; concutietur crebro spiritu pectus, rabida vocis eruptio colla distendet; tum artus trepidi, inquietae manus, totius corporis fluctuatio.*

die Adern schwellen; von schnellem Atem erbebt die Brust; die wütend hervorgepreßte Stimme spannt den Hals; dann zittern die Glieder, unruhig sind die Hände, der ganze Körper ist in Aufregung.

3 *Qualem intus putas esse animum, cuius extra imago tam foeda est? Quanto illi intra pectus terribilior vultus est, acrior spiritus, intentior impetus, rupturus se nisi eruperit!*

Wie, meinst du, sieht drinnen die Seele dessen aus, der äußerlich ein so häßliches Bild darbietet? Um wieviel schrecklicher ist drinnen in der Brust seine Miene, heftiger sein Atem, die Spannung stärker, an sich selbst zerbrechend, wenn sie nicht ausbricht!

4 *Quales sunt hostium vel ferarum caede madentium aut ad caedem euntium aspectus, qualia poetae inferna monstra finxerunt succincta serpentibus et igneo flatu, quales ad bella excitanda discordiamque in populos dividendam pacemque lacerandam deterrimae inferum exeunt:*

Wie der Anblick der Feinde wirkt oder der wilder Tiere, die von Mord triefen oder Mord im Sinn haben, wie sich die Dichter die Ungeheuer der Hölle vorstellten, mit Schlangen umgürtet und feurig schnaubend, wie, um Kriege anzuzetteln und Zwietracht unter den Völkern zu säen und den Frieden zu beseitigen, die schlimmsten Göttinnen der Unterwelt sich auf den Weg machen:

5 *talem nobis iram figuremus, flamma lumina ardentia, sibilo mugituque et gemitu et stridore et si qua his invisior vox est perstrepentem, tela manu utraque quatientem (neque enim illi se tegere curae est), torvam cruentamque et cicatricosam et verberibus suis lividam, incessus vesani, offusam multa caligine, incursitantem, vastantem fugantemque et omnium odio laborantem, sui maxime, si aliter nocere non possit, terras, maria, caelum ruere cupientem, infestam pariter invisamque.*

So wollen wir uns den Zorn denken, von Flammen brennend die Augen, mit Pfeifen und Brüllen und Stöhnen und Zischen und mit womöglich noch scheußlicheren Lauten einherlärmend, Spieße in beiden Händen schwingend (denn um Deckung kümmert er sich nicht), grimmig und blutig und narbenbedeckt und bläulich von den eigenen Schlägen, irren Schrittes, in dichten Rauch gehüllt, einherstürmend, Öde und Flucht verbreitend und vom allgemeinen Haß verfolgt, vom eigenen am meisten, willens, wenn er sonst nicht schaden kann, Länder, Meere, den Himmel einzureißen, ebenso feindlich gesinnt wie verabscheut.

6 *Vel, si videtur, sit, qualis apud vates nostros est: »Sanguineum quatiens dextra Bellona flagellum, aut scissa gaudens vadit Discordia palla«, aut si qua magis dira facies excogitari diri affectus potest.*

Oder er sei, wenn es recht ist, wie bei unseren Dichtern: »Blutig schwingt in der Rechten Bellona die Geißel, oder in zerfetztem Gewand schreitet froh die Zwietracht einher«, oder welch noch scheußlicheres Antlitz man sich für diese scheußliche Leidenschaft ausdenken kann.

Zunächst gibt Seneca eine Anweisung: »Doch nichts ist ebenso nützlich« – man befindet sich im therapeutischen Teil des zweiten Buches. Er empfiehlt zweierlei: Man achte auf die Häßlichkeit und ebenso auf die Gefährlichkeit – die Schilderung soll offensichtlich vor allem den ersten Punkt erläutern. Sie beginnt mit dem zweiten Satz: »Keiner Leidenschaft Antlitz ist verstörter.« Seneca beschreibt, welche Entstellungen im Physischen der Zorn verursacht. Danach schließt er von diesem physischen Befund auf die Psyche des Zornes (3); diese wird durch einen dreifachen Vergleich ausgemalt (4), und sodann folgt die grandiose Allegorie des Zornes (5–6).

Auch das Detail ist innerhalb dieses kunstvoll aufgebauten Gebildes überaus sorgsam arrangiert. Der Leser kann allerorten wohlbedachte Entsprechungen, aber auch ebenso wohlbedachte Variationen des Sinnes wie des Klanges entdecken. Der Ton ist zunächst ruhig und sachlich, er steigert sich innerhalb der Partie, die der Physis und der Psyche des Zornigen gewidmet ist, und verweilt dann bis zu den frei zitierten Vergilversen in äußerster Höhenlage. Erst mit dem letzten Passus kehrt Seneca abrupt zur nüchtern-lehrhaften Diktion zurück.

Die Schilderung der physischen Häßlichkeit des Zornes läßt zunächt die zweimalige Verwendung desselben Schemas erkennen: Ein umfassender Begriff wird in Teile zerlegt. So zunächst *facies*, »Antlitz«: Seneca bringt an erster Stelle, was konstant daran ist, *ora*, »die Gesichtszüge«, und dann das Wechselnde, je Momentane, *vultus*, »die Mienen«. Dasselbe Verfahren wird sogleich noch einmal praktiziert: Dem Globalausdruck *decor*, »Anstand«, folgen die Details, an denen sich die Verstöße gegen den Anstand ablesen lassen, *amictus/vestis*, »die Kleidung«, sowie *capilli*, »die Haare«. Die zweite Sequenz ist zugleich ein eindrucksvolles Beispiel für die rhetorische Regel der wachsenden Glieder:

linquit decor omnis iratos,
et sive amictus illis compositus est ad legem,
trahent vestem omnemque curam sui effundent,
sive capillorum natura vel arte iacentium non informis habitus,

bis auf das letzte Glied, das das kürzeste ist:

cum animo inhorrescunt,

da es zum rascheren Tempo der anschließenden Teilsätze überleiten soll. Hier aber trifft der Leser abermals auf zwei Gruppen von je drei Einzelzügen – gemeinsam ist diesen Elementen zunächst das Zornsymptom des Anschwellens, dann das fahriger, zitternder Bewegungen. Anders als im Vorausgehenden werden dabei nicht mehr umfassende Kategorien in Einzelaspekte aufgeteilt, sondern schlicht gleichrangige Details nebeneinandergestellt. Seneca hat hiermit die anfängliche distanziertere Betrachtungsweise zugunsten größerer Bildhaftigkeit aufgegeben.

»Wie, meinst du, sieht drinnen die Seele dessen aus …«: Mit dem Analogieschluß auf die psychische Verfassung tritt zunächst, nach Art eines retardierenden Moments, eine gewisse Beruhigung ein, trotz der rhetorischen Frage. Mit den Worten »ein so häßliches Bild«, *imago tam foeda* faßt Seneca das Bisherige zusammen; vorübergehend kehrt er zur abstrahierenden Distanz des Anfangs zurück. Die folgenden Elemente wählen aus dem Vorangehenden das am ehesten Geeignete aus: Die »Miene« (*vultus*) verweist auf die erste Gruppe, der »Atem« (*spiritus*) auf die dritte, die »stärkere Spannung« (*intentior impetus*) endlich läßt sich sowohl auf das Anschwellen als auch auf die aufgeregten Bewegungen beziehen. Daß die zweite Gruppe von physischen Zornesmerkmalen übergangen und nicht wie die anderen auf die Seele appliziert wird, darf nicht wundernehmen: Seneca sah mit Recht keine Möglichkeit, Kleidung und Haare in dieser Weise nutzbar zu machen. Die Reihe *terribilior vultus, acrior spiritus, intentior impetus* und die Worte *rupturus se nisi eruperit* suchen durch Lautwiederholungen, durch klangliche Effekte auf den Leser einzuwirken – zum ersten Male in der ganzen Schilderung: Bisher hatte sich Seneca mit Sinnstrukturen, mit einer Organisation der Sätze begnügt, die lediglich an den Inhalten orientiert war.

Quales …, qualia …, quales …: Die Klangmittel werden aufdringlicher, und die Anapher macht den dreifachen Vergleich kenntlich, dessen Strahlen durch *talem* zu Beginn des folgenden Abschnitts gleichsam aufgefangen werden. Der erste Vergleich, ausgezeichnet durch die kühne Sperrung *quales … aspectus*, durch Endsilbenreime und das Polyptoton *caede-caedem*, verweilt noch in der Wirklichkeit; die beiden folgenden hingegen entlehnen ihre Bilder der Unterwelt, dem Mythos, sie begeben sich ins Reich der Phantasie. Im zweiten Vergleich fällt das Zeugma auf: *succincta*, »umgürtet«, regiert auch *igneo flatu*, »mit feurigem Hauch«. Der dritte, worin wohl ebenfalls die Furien umschrieben werden, erzeugt durch schwere Reime zusätzliches Pathos.

»So wollen wir uns den Zorn denken« – *Talem nobis iram figuremus:* Nach diesem Scharnier zwischen Vergleich und Verglichenem öffnet Senecas expressiv erregte Rhetorik alle Schleusen. Die Darstellung ist vom sinnlich Wahrgenommenen, noch durch den Verstand Geordneten (1) zum nur noch sinnlich Wahrgenommenen (2) und zum Mythisch-Phantastischen (4) fortgeschritten: Sie erreicht jetzt ihr Ziel, die von Seneca ersonnene Allegorie. Die Eindrücke überstürzen sich so sehr, daß zunächst die Syntax in die Brüche geht: Der Ausdruck *flamma lumina ardentia* (»von Flammen brennend die Augen«) steht außerhalb der Satzkonstruktion. In gewollter Disproportionalität werden der Blick, die Stimme, die Attribute und das Äußere im ganzen gekennzeichnet, und zwar so:

1 Glied	*flamma lumina ardentia*
5 Glieder	*sibilo mugituque et gemitu et stridore et … perstrepentem*
1 Glied	*tela manu utraque quatientem*
4 Glieder	*torvam cruentamque et cicatricosam et verberibus suis lividam.*

Dann folgen Bewegung (*incessus vesani*, »irren Schrittes«), eine Begleiterscheinung (*offusam multa caligine*, »in dichten Rauch gehüllt«) und dann nur noch Bewegung, durch den stampfenden Rhythmus der Reime markiert: *incursitantem – vastantem fugantemque – laborantem* (mit welch letzterem Wort der Reim über die Bewegung hinausschießt). Aus dem Bild ist Handlung geworden, wobei die Sprache wie im Kambyses-Exempel das Geschehen imitiert. Der Zorn hat, nachdem durch sein Wüten alles zerstört und in die Flucht gejagt ist, sein Ziel erreicht. Er hat kein Objekt mehr, er ist ganz bei sich selbst und kann sich nur noch gegen sich selbst richten (die Worte »Wenn er sonst nicht schaden kann« lassen sich auch auf »vom eigenen am meisten«, *sui maxime* beziehen).

Im letzten, wieder ruhigen, von Klangeffekten freien Satz schließen sich zwei Bögen. Der eine Bogen begann im Abschnitt 4: »Wie sich die Dichter die Ungeheuer der Hölle vorstellten.« Hiermit korrespondiert jetzt »Wie bei unseren Dichtern«: Seneca spielt, souverän variierend, auf zwei Verse der vergilischen ›Äneis‹ an. Er sucht sein Phantasiegemälde durch die poetische Tradition zu legitimieren, sowohl zu Anfang als auch am Schluß: zu Anfang durch »Ungeheuer der Hölle« im allgemeinen, am Schluß, in dem er der neuen Allegorie zwei altvertraute zur Seite stellt. Der andere Bogen nimmt die beiden Begriffe auf, mit denen der Text begonnen hatte: *facies*, »Antlitz«, und *affectus*, »Leidenschaft«; die Schlußfloskel rekapituliert die Worte, mit denen Seneca die Schilderung angekündigt hatte.

ACHTES KAPITEL

Seneca am Kaiserhof: Der Lehrmeister Neros

Der Gedanke, daß auch einmal eine Frau offiziell das Regiment führen könne, war und blieb den Römern fremd, sosehr sonst Vorstellungen aus dem Orient auf das Cäsarentum einwirkten; eine Gestalt wie Kleopatra, die berühmteste unter den hellenistischen Königinnen, wird auch in der Zeit nach Augustus eher Furcht und Abscheu hervorgerufen haben. Immerhin fehlt nicht viel, daß man die Zeit von der Thronerhebung des Claudius bis zu den Anfängen Neros als Periode faktischer Frauenherrschaft bezeichnen könnte: In den Jahren von 41 bis 48 übte Messalina eine fast unbeschränkte Macht aus, und vom Jahre 49 an gebot Agrippina noch viel unverhüllter über den Kaiser und den Hof. Bei alledem behält indes das schon erwähnte Charakteristikum der julisch-claudischen Epoche Gültigkeit: Kaisertum und Reichsregiment gingen weithin auf je verschiedenen Bahnen, und der Hof mitsamt seinem Ambiente schien einer Bühne zu gleichen, auf der vor einem schaudernden Publikum schreckliche Possenspiele aufgeführt wurden. Die Beteiligung der Kaiserinnen vergrößerte die Kluft: Es ging kaum um politische Fragen und um so mehr um persönliche Affären. Einzelne, die von Recht und Sitte dispensiert waren, suchten sich unter Ausnutzung aller Möglichkeiten in radikalstem Sinne auszuleben. So stellt sich der claudisch-neronische Hof, das Milieu, in dem Seneca agierte, als ein grell koloriertes Szenario dar, das wie kaum ein anderes von jeher die Phantasie von Literaten in Tätigkeit gesetzt hat.

Messalina, die von ihrem unersättlichen Sexualtrieb Gezeichnete, hatte als Vierzehn- oder Fünfzehnjährige Claudius geheiratet, etwa im Jahre 39 n. Chr., zu einer Zeit, da der Gedanke an die

13. Porträt einer römischen Dame aus der Zeit Neros, auch als Bildnis Messalinas gedeutet. Rom, Kapitolinisches Museum

Thronerhebung ihres Gatten als bare Phantasterei erschienen wäre. Sie brachte in kurzem Abstand zwei Kinder zur Welt: die Tochter Octavia und – wohl nachdem Claudius die Herrschaft angetreten hatte – den Sohn Britannicus, so benannt dank der väterlichen Erfolge in Britannien. Die kaiserliche Macht und Würde, die ihr ohne eigenes Zutun in den Schoß gefallen war, benutzte sie hauptsächlich dazu, Personen, die ihr nicht gefügig oder sonstwie unbequem waren, aus dem Wege zu räumen. Die Reihe ihrer Morde begann, wie schon erwähnt, mit ihrem Stiefvater Gaius Appius Silanus und mit Julia Livilla, der Germanicus-Tochter, um derentwillen Seneca in die Verbannung gehen mußte. Ihr folgte als nächstes Opfer eine andere Angehörige des Kaiserhauses, Julia, die Tochter des Drusus und Enkelin des Tiberius. Außerdem beseitigte Messalina den

Gardepräfekten Catonius Justus, wohl weil sie befürchtete, er könne ihrem Gatten von ihren Ausschweifungen berichten. Valerius Asiaticus, ein Mann von hohem Ansehen, besaß zu seinem Unglück die Gärten des Lucullus, er wurde – wegen angeblichen Hochverrats – durch einen von Messalina inszenierten Prozeß zu Fall gebracht. So ging es fort – der letzte, den die inzwischen etwa zweiundzwanzigjährige Kaiserin töten ließ, war Polybius, eben jener Freigelassene, dem Seneca nicht allzu lange Zeit zuvor eine Trostschrift gewidmet hatte.

Ins Verderben führten nicht die Morde, sondern die sexuelle Hemmungslosigkeit. Man werde ins Reich der Fabel verweisen, was er jetzt berichte, schreibt Tacitus, der doch seinen Lesern schon einiges hat zumuten müssen, zu dieser Affäre. Messalina war in heftiger Leidenschaft zu einem schönen jungen Manne namens Gaius Silius entbrannt. Sie nötigte ihn nicht nur, sich von seiner Frau zu trennen, sie besuchte ihn nicht nur mit großem Gefolge in seinem Hause und hängte sich an ihn, wenn er es verließ: Sie bestand darauf, daß er mit ihr die Ehe schloß. »Sie begehrte die offizielle Heirat«, bemerkt Tacitus hierzu, »wegen des Ausmaßes an Schändlichkeit.« Bigamie war in Rom unbekannt; eine Eheschließung bei bestehender Ehe zeitigte keine rechtlichen Folgen, oder man nahm an, daß die zweite Ehe die Scheidung der ersten impliziere. Diese Maxime beruhte darauf, daß Ehen in der Regel durch eine einseitige Erklärung des Mannes oder der Frau aufgehoben werden konnten; es gab kein Scheidungsrecht und kein richterliches Scheidungsurteil. Messalinas Tat war daher nicht aus eherechtlichen Gründen ungeheuerlich, sondern deshalb, weil sie den Kaiser beleidigte und überdies in Gefahr zu bringen schien: Silius konnte sich mit der Frau auch den Thron zu eigen machen wollen. Trotz allem zögerte Claudius. Zwar wurden Silius und seine Helfer hingerichtet, doch Messalina wäre möglicherweise der Strafe entgangen, wenn nicht der Freigelassene Narcissus die Initiative ergriffen und die Tötung der gefährlichen Frau befohlen hätte (48 n. Chr.).

Für den Kaiser und seinen Hof änderte sich hiermit wenig: Agrippina trat an die Stelle Messalinas; skrupellose Triebhaftigkeit wurde von ebenso skrupelloser Herrschsucht abgelöst. Agrippina, im Jahre 41 n. Chr. aus der Verbannung zurückgerufen, die ihr Bruder Caligula über sie verhängt hatte, war gewiß von Anfang an bestrebt gewesen, ihrem kaiserlichen Onkel Claudius nahezukommen. Messalina indes gab acht und stellte der möglichen Nebenbuhlerin ingrimmig nach – so erfolgreich, daß diese, wie erwähnt, mit dem Redner Crispus Passienus, dem Freunde Senecas, um ihrer Sicherheit willen die Ehe schloß (44 n. Chr.). Es war dies bereits der zweite Ehegatte der damals etwa Achtundzwanzigjährigen. Ihren ersten, namens Gnaeus Domitius Ahenobarbus, hatte sie kurz vor der Verbannung durch Krankheit verloren. Ein Kind war aus diesem Bund hervorgegangen: der Sohn Lucius Domitius, der nachmalige Kaiser Nero.

Der Untergang Messalinas öffnete Agrippina den Weg zur Ehe mit Claudius, zur heiß von ihr begehrten Macht. Ihr derzeitiger Mann Crispus Passienus mußte sterben (es war dies ihr erster Gattenmord), nachdem er sie zur Erbin seines stattlichen Vermögens gemacht hatte. Auch das Ehehindernis der Blutsverwandtschaft wurde alsbald beseitigt: »Die Tochter des Bruders zu heiraten ist erlaubt«, stellt der Jurist Gaius in seinem Lehrbuch fest, »und dies kam auf, als der göttliche Claudius Agrippina, die Tochter seines Bruders, ehelichte; die Tochter der Schwester zu heiraten ist jedoch nicht erlaubt.« Erst im Jahre 342 wurde diese eigens für das kaiserliche Paar erlassene Ausnahmeregelung wieder aufgehoben. Der Freigelassene Pallas, der Finanzminister des Claudius, leistete bei der Anbahnung der Ehe wertvolle Hilfe. Agrippina belohnte ihn durch ihre Gunst, denn, wie Tacitus sich ausdrückt, *nihil domi impudicum, nisi dominationi expediret* – »in ihrem Hause fand nichts Unsittliches statt, außer wenn es ihrer Macht diente«.

Sie hatte von Anfang an einen Plan, den sie zäh und konsequent zu verwirklichen suchte: Sie wollte, da sie nicht selber regieren konnte, ihrem Sohn aus der ersten Ehe zum Kaiserthron verhelfen, um durch ihn die Macht in Händen zu halten. Sie mußte daher zugleich bestrebt sein, ihren Stiefsohn Britannicus aus seiner erheblich günstigeren Position zu verdrängen. Zur Ausführung dieses

14. Claudius und Messalina. Sardonyx-Kameo, 1. Jahrhundert n. Chr. Paris, Nationalbibliothek

Planes gehörte, daß sie, sobald ihre Ehe mit Claudius geschlossen war, die Rückberufung Senecas erwirkte (49 n. Chr.). Der junge Lucius Domitius sollte durch erlesenen Unterricht auf seinen künftigen Beruf vorbereitet werden, und hierbei war Seneca die Rolle des Lehrmeisters zugedacht. Sie setzte außerdem durch, daß der aus dem Exil Heimgekehrte alsbald eine Prätur erhielt; sie hoffte, ihn auf diese Weise um so fester an ihre Person zu binden. Denn dafür hatte sie gute Gründe: anzunehmen, daß sich Seneca zu Dankbarkeit verpflichtet fühlen, ja daß er sich als zu ihrer Anhängerschaft gehörig glauben würde. Cicero war einst aus der Verbannung zurückgerufen worden, weil die allmächtigen Triumvirn Caesar, Pompeius und Crassus es so beschlossen hatten. Hinfort fühlte er sich innerlich gebunden und sah sich daher genötigt, selbst gegen seine politische Überzeugung für die Belange der Triumvirn, insbesondere Caesars, einzutreten.

Der Vergleich mit dem berühmten Vorgänger macht auch auf einen Gegensatz aufmerksam. Die Geschichte von Ciceros Rückkehr mitsamt den Senatsverhandlungen und der Volksversammlung, die sie ermöglichten, ist genauestens dokumentiert, vor allem durch ihn selber, aber auch durch die historiographischen Quellen. Für Seneca kann die Aufhebung des Banns kaum geringeres Gewicht gehabt haben als für Cicero; gleichwohl ist von ihm keinerlei Kunde darüber an die Nachwelt gelangt, und unter den Geschichtsschreibern hat sich lediglich Tacitus zu dem Ereignis geäußert. Es ist das erste Mal, daß die Überreste der ›Annalen‹ Seneca erwähnen: nach der großen Lücke, welcher die Jahre 37 bis 47 zum Opfer gefallen sind. Die Partie hat folgenden Wortlaut:

> Doch Agrippina erbittet – um nicht nur durch schlechte Taten bekannt zu werden – die Begnadigung von der Verbannung und zugleich eine Prätur für Annaeus Seneca; sie meinte, das werde wegen der Berühmtheit seiner wissenschaftlichen Betätigungen erfreulich auf die Öffentlichkeit wirken; auch sollte die Jugend des Domitius unter einem solchen Lehrmeister heranreifen, und zugleich wollte man sich in der Aussicht auf die Herrschaft der Ratschläge dieses Mannes bedienen. Denn von Seneca wurde angenommen, er werde in Erinnerung an die Wohltat treu zu Agrippina halten und Claudius aus Schmerz über das Unrecht, das ihm widerfahren war, hassen.

»Um nicht nur durch schlechte Taten bekannt zu werden«: diese einleitenden Worte spielen auf die skandalöse Weise an, in der Agrippina schon vor der Hochzeit mit Claudius erste Schritte unternommen hatte, ihrem Sohne Domitius die Nachfolge auf dem Kaiserthron zu sichern. Octavia, die Tochter des Claudius und der

15. Agrippina die Jüngere. Zeitgenössisches Porträt. Kopenhagen, Ny Carlsberg Glyptothek

Messalina, war schon im Jahre 41 n. Chr. als zweijähriges Kind mit Lucius Junius Silanus, einem vielversprechenden jungen Mann, verlobt worden. Agrippina jedoch gedachte ihrem Sohn die Hand der Octavia zu verschaffen, und so ließ sie, um das bestehende Verlöbnis aus dem Weg zu räumen, gegen Silanus die verleumderische Anklage erheben, er pflege unerlaubten Umgang mit seiner Schwester Junia Calvina. Silanus mußte sein Prätorenamt niederlegen und wurde aus dem Senat gestoßen. Am Tag der Hochzeit von Claudius und Agrippina nahm er sich das Leben.

So gewiß Seneca das Dekret als Erlösung empfunden haben wird, das seinen Aufenthalt auf dem öden Korsika beendete, sowenig besteht Grund zu der Annahme, daß ihn die weiteren Maßnahmen Agrippinas – die Berufung zum Lehrer des Domitius, die Verleihung der Prätur – mit gleicher Freude erfüllten. Wenn gewisse Anzeichen nicht trügen, hatte er sich sein Leben nach der Rückkehr zunächst ganz anders vorgestellt: als Leben in Zurückgezogenheit, als Muße für die Philosophie, für Studien und für schriftstellerische Tätigkeit. Ein aus sieben Distichen bestehendes Epigramm ist als Gebet an Apoll stilisiert: Der Autor bittet um *otia*, um äußere und innere Ruhe, ohne Reichtum und Ruhm, Ämter und Macht. Das Gedicht erwähnt Umstände, die exakt auf Seneca zutreffen – die Prätur, zwei Brüder –, so daß es, wenn es nicht von ihm selber stammt, von einer ihm nahestehenden Person verfaßt sein muß.

Schwerer wiegt das Zeugnis der Schrift ›De brevitate vitae‹, ›Von der Kürze des Lebens‹. Dieser Essay ist offensichtlich vor dem Jahre 50 n. Chr. entstanden. Denn Seneca erwähnt in einer Partie, worin er sich über allerlei unnütze Gelehrsamkeit mokiert, daß das Pomerium, die sakrale Stadtgrenze Roms, damals den Aventin noch nicht eingeschlossen habe – dies traf nicht mehr zu, nachdem Claudius im Jahre 49 n. Chr. eine Erweiterung vorgenommen hatte. Die Schrift mag in der letzten Zeit des Exils begonnen worden sein, sie spiegelt indes wohl auch Überlegungen, denen Seneca sich hingab, als er von Korsika zurückkehrte oder bereits zurückgekehrt war. Der Inhalt widerlegt den Titel: Das menschliche Leben ist gar nicht kurz; die Menschen machen es kurz, indem sie es für vielerlei wert- und sinnlose Beschäftigungen drangeben; es wäre hinreichend lang, wenn die vorhandene Zeit gut genutzt würde: für philosophische Studien. Genußsucht, Habgier, Ehrgeiz, Machtstreben verleiten die Leute zu Tätigkeiten, die sie von sich selbst, von der inneren Freiheit für das jeweilige Hier und Jetzt, ablenken.

Senecas Kritik macht auch vor dem Dienst am Staate nicht halt. Cicero hat sich eines Weisen unwürdig verhalten, als er gestehen mußte, daß er sich wegen der politischen Lage in halber Knechtschaft befand, und Augustus sehnte sich ständig nach Ruhe und Freiheit von den Pflichten, welche die Regierung ihm auferlegte. Der Höhepunkt der Schrift, die gelegentlich, bei der Schilderung von allerlei Freizeitbetätigungen, die Züge einer Satire annimmt, ist der geradezu hymnische Preis der einzigen menschenwürdigen Bemühung, des Strebens nach Weisheit. »Ganz allein diejenigen haben Muße«, schreibt Seneca, »die ihre Zeit der Philosophie widmen. Sie allein leben. Denn sie machen nicht nur von ihrer eigenen Lebenszeit richtig Gebrauch; sie fügen die ganze Ewigkeit hinzu. Alle die Jahre, die vergangen sind, bevor sie zur Welt kamen, gehören ihnen. Wenn wir nicht ganz undankbar sein wollen, dann sind die berühmten Stifter heiliger Lehren für uns geboren; sie haben unserem Leben den Weg bereitet. Wir werden durch fremde Mühe zu den schönsten Dingen geleitet, die aus dem Dunkel ans Licht geholt wurden.«

So geht es fort: Seneca schildert, wie man, wenn man es richtig anfängt, an der gesamten philosophischen Tradition, an Sokrates, an Epikur, an den Stoikern, teilhaben kann. Wer so schreibt, ist schwerlich von großer Sehnsucht nach dem Treiben am Kaiserhofe erfüllt, nach den Intrigen und mörderischen Machtkämpfen, mit denen man dort das Leben zu verkürzen pflegte. Der Traktat ›De brevitate vitae‹ ist einem Paulinus gewidmet, der damals als *praefectus annonae* das römische Getreidewesen zu beaufsichtigen hatte. Er wird *carissime*, »teuerster Freund« angeredet und nachdrücklich ermahnt, seinem mühevollen Amt zu entsagen und sich in Ruhe und Sicherheit wichtigeren Fragen zuzuwenden: was es mit Gott auf sich habe, was der menschlichen Seele bevorstehe, wenn sie sich vom Leibe trenne, woher die Schwerkraft komme und was die Gestirne auf ihren Bahnen lenke. Diese Mahnung galt gewiß nicht allein dem Freund, der wohl mit Pompeia Paulina, der zweiten Gemahlin Senecas, verwandt war. Sie galt auch dem Autor selber, der sich somit in ganz unnötiger Weise heuchlerisch zur Vita contemplativa, zur stillen Philosophenexistenz bekannt hätte, wenn er damals, als er die Schrift ›Von der Kürze des Lebens‹ verfaßte, bereits entschlossen gewesen wäre, das Amt eines Prätors zu übernehmen und am Hof als Lehrer des Prinzen Domitius zu fungieren.

Was Tacitus in einem einzigen ausladenden Satze berichtet – von Senecas Begnadigung bis zu Empfehlungen für die Anwartschaft auf den Thron, die man von ihm erwartet –, mag in Wirklichkeit Monate, vielleicht ein Jahr oder mehr, beansprucht haben. Durch eine versprengte Notiz ist überliefert, daß sich Seneca damals von

Athen angezogen gefühlt habe – Agrippina hat offenbar einige Überredungskunst aufbieten müssen, ihn zu halten und an den Hof zu ziehen. Er war ja auch für die ihm zugedachte Aufgabe ausgewiesen wie kaum ein anderer, nicht nur als der überragende Gelehrte und Philosoph seiner Zeit, sondern auch als Pädagoge, der sich in einer vorzüglichen Partie der Schrift ›Über den Zorn‹ aus überlegener Sicht zum heiklen Geschäft des Erziehens geäußert hatte. Die Wahl Agrippinas ist also sehr gut begreiflich; um so schwieriger scheint es, die Entscheidung Senecas zu verstehen. Dafür, daß er sich in der Rolle des Aristoteles – als des Lehrers von Alexander – gesehen, daß er eine Mission darin erblickt hätte, den eventuellen Thronfolger heranzubilden, fehlt es gänzlich an Hinweisen. Er hat wohl eher gefürchtet, ein Fiasko zu erleiden: Im Gespräch unter Freunden soll er geäußert haben, er traue dem reißenden Löwen Domitius nicht: Wenn der einmal Menschenblut geleckt habe, dann werde sich seine angeborene Wildheit wieder einstellen. Und eine andere Quelle läßt Seneca als typischen, von warnenden Vorzeichen heimgesuchten Römer erscheinen: Ihm habe in der Nacht, die auf den Beginn des Unterrichts folgte, geträumt, sein Schüler sei Caligula. So bleibt lediglich die Erklärung, daß er sich den Wünschen der Retterin Agrippina nicht verschließen konnte, daß er sich somit den sozialen Zwängen beugte, die mit dem römischen Klientelwesen verbunden waren.

Lucius Domitius, geboren am 15. Dezember 37 n. Chr. zu Antium (südlich von Rom), hat gewiß keine glückliche Jugend gehabt. Den Vater Gnaeus Domitius Ahenobarbus verlor er mit drei Jahren, und die Mutter mußte bald darauf in die Verbannung gehen. Das verwaiste, fast mittellose Kind gelangte in das Haus der Domitia Lepida, einer Tante väterlicherseits, aus deren Ehe mit Valerius Messalla Barbatus das Scheusal Messalina hervorgegangen war; es wurde von zwei Individuen beaufsichtigt, von denen das eine ein Tänzer, das andere ein Friseur gewesen sein soll. Mit dem Thronwechsel besserten sich die Verhältnisse: Claudius begnadigte seine Nichte Agrippina, und Domitius erhielt das väterliche Erbe zurück, dessen Caligula sich bemächtigt hatte.

Im Jahre 47 n. Chr. beging Rom einmal wieder eine Säkularfeier, die dem darauf folgenden Jahrhundert Wohlstand und Segen verbürgen sollte: Sowohl Domitius als auch Britannicus nahmen an einer der Darbietungen teil, am sogenannten *Ludus Troiae*, einem Reiterspiel von Kindern und Halbwüchsigen aus vornehmen Familien. Hierbei erntete Domitius, der sich als einziger noch lebender männlicher Nachkomme des einst überaus populären Germanicus größerer Beliebtheit erfreute, mehr Beifall als der Sohn des Kaisers. Man begann für ihn zu fürchten: Es hieß, daß Messalina Leute ausgesandt habe, die ihn, den Rivalen des Britannicus, erwürgen sollten; er sei durch eine Schlange gerettet worden, die aus dem Kissen hervorkroch, als die Attentäter ans Werk gehen wollten.

Die Mutter blieb, nachdem sie Kaiserin geworden war, nicht untätig, ihrem Sohn eine sichere Position in der Dynastie und schließlich gleichen Rang mit Britannicus zu verschaffen, und sie erreichte bei der Indolenz ihres Gatten ohne große Mühe jedes ihrer Ziele. Zunächst wurde, noch im Jahre 49 n. Chr., die schon angebahnte Verlobung des Domitius mit Octavia vollzogen. Der Senat half bei der Staatsaktion – es ist indes nicht bekannt, ob Seneca bei dieser Gelegenheit das Wort ergriff, sich für das Heiratsprojekt auszusprechen. Der nächste Schritt folgte zu Beginn des Jahres 50 n. Chr.: Durch einen altertümlichen Rechtsakt wurde Domitius von Claudius adoptiert. Er war jetzt Mitglied des claudischen Hauses und nannte sich von nun an Nero Claudius Caesar Drusus Germanicus, kurz Nero – hiermit erlangte er Britannicus gegenüber die Stellung eines (um drei Jahre älteren) Bruders. Bald darauf erhielt er, noch vor Vollendung des vierzehnten Lebensjahres, die Männertoga, wodurch er für mündig erklärt wurde.

Während Agrippina damit beschäftigt war, den Sohn Schritt für Schritt dem Throne näherzubringen, erteilte Seneca bereits seinen Unterricht. Es fehlte ihm bei diesem Geschäft nicht an Vorgängern und Helfern. Die Überlieferung weiß zunächst von einem gewissen Beryllus sowie von Anicetus, zwei Freigelassenen griechischer Herkunft. Während von Beryllus lediglich bekannt ist, daß er am Hofe für die griechische Korrespondenz zuständig war, verlautet vom späteren Wirken des Anicetus kaum Überbietbares: Er führte als Befehlshaber der Flotte in Misenum (bei Neapel) den Muttermord Neros aus und wirkte durch gemeine Verleumdungen bei der Beseitigung Octavias mit. Man darf annehmen, daß es sich bei diesen beiden – schwerlich mit Sorgfalt ausgewählten – »Erziehern« lediglich um Aufsichtspersonen gehandelt hat.

Sehr viel seriöser klingen zwei weitere Namen, so daß man bei ihnen, wie bei Seneca selbst, die mit Bedacht zupackende Regie Agrippinas vermuten möchte: Alexander von Aigai sowie Chairemon. Der Erstgenannte, ein Peripatetiker, reiht sich würdig in die Schar der gelehrten Aristoteles-Erklärer ein; er schrieb einen Kommentar zu den ›Kategorien‹. Der Stoiker Chairemon wiederum zeichnete sich durch Spannweite und Vielseitigkeit aus: Er verfaßte eine stark von religiösen Tendenzen geprägte ägyptische Geschichte sowie grammatische Untersuchungen und ein astrologisches Werk. Wie die Rollen zwischen Seneca und den anderen verteilt waren, ist nicht überliefert. Nun fand in Rom aller höherer Unterricht zweisprachig statt, das heißt aller Stoff wurde sowohl auf Lateinisch als auch auf Griechisch vermittelt. Seneca, der gewiß die Oberaufsicht führte, hat also wohl den beiden griechischen Philosophen den griechischen Part zugewiesen: die Lektüre griechischer Autoren und vielleicht auch rhetorische Übungen in griechischer Sprache.

Womit Seneca den jungen Nero beschäftigt, was er ihm beizubringen versucht hat, ist nur umrißhaft überliefert und muß durch Mutmaßungen ergänzt werden. Die wichtigste Ressource, die hierfür zu Gebote steht, ist die griechisch-römische Bildungstradition: Kaiserliche Prinzen empfingen keinen wesentlich anderen Unterricht als generell die Söhne aus den höheren Gesellschaftsschichten. Von dem dreistufigen Aufbau der schulischen Unterweisung, wie sie sich in hellenistischer Zeit durchgesetzt hatte und bis zum Ende der Spätantike ohne erhebliche Veränderungen maßgeblich blieb, war bereits die Rede, insbesondere von der dritten Stufe, die gewöhnlich den Bildungsgang abschloß, von der Rhetorik. Hier sei noch hinzugefügt, daß sich der Unterricht beim Grammatiker, beim Philologen, auf eine Reihe von *artes*, von Künsten oder Wissenschaften erstrecken konnte, von jenen *artes*, die Teil der *enkyklios paideia*, der »allgemein verbreiteten Bildung« ausmachten und bei den Römern oft als *artes liberales*, als »Künste des freien Mannes« gekennzeichnet wurden. Ihre Siebenzahl hat sich zwar erst in der Spätantike verfestigt: zu einem Ensemble von Fächern, das aus dem sprachlichen Trivium (Grammatik, Rhetorik, Logik) sowie aus dem mathematischen Quadrivium (Geometrie, Arithmetik, Musiktheorie und Astronomie) bestand. Indes, ein variierender Inbegriff von Wissenschaften, die im Jugendunterricht vermittelt wurden, läßt sich bis auf Platon und bis auf die Sophistik, die griechische Bildungsbewegung des 5. und 4. Jahrhunderts v. Chr., zurückverfolgen; in Rom hatte vor allem der Universalgelehrte Marcus Terentius Varro (116–27 v. Chr.) durch seine ›Disciplinarum libri‹ zur Verbreitung der *artes liberales* beigetragen. Der Umkreis vermittlungswürdigen Wissens und Könnens, den der Prinzenerzieher Seneca vorfand, setzte sich somit zusammen aus Dichterlektüre, dem traditionellen Hauptgeschäft des Grammatikers, aus Elementarkenntnissen im Bereich der *artes liberales*, aus rhetorischem Training und einer Einführung in die Philosophie: Hiermit ist im wesentlichen das Repertoire umschrieben, auf welches das Studienprogramm für Nero zurückgreifen, woraus es eine geeignete Auswahl treffen konnte.

Es fragt sich, wie die Beteiligten dazu standen, in welche Richtung Neigungen oder Überzeugungen sie wiesen. Nero war vielseitig begabt, jedoch vor allem in künstlerischer Hinsicht. Er soll sich schon als Knabe mit nahezu allen *artes liberales*, wenn auch oberflächlich, beschäftigt haben. Außerdem aber malte und bildhauerte er gern, und mit besonderem Eifer übte er sich im Gesang. Seine Lieblingsbeschäftigung war indes das Dichten; die Versform bereitete ihm keine große Mühe. Sueton sah noch Schreibtafeln, die Entwürfe von seiner Hand mit allerlei Korrekturen enthielten. Seneca zitiert einmal einen Hexameter aus einem seiner poetischen Erzeugnisse:

Colla Cytheriacae splendent agitata columbae.
Der Hals der Taube der Venus schillert bei jeder Bewegung.

16. Der junge Nero. Vorderseite eines Aureus der Jahre 51–54 n. Chr. Die Aufschrift lautet: Nero Claud(ius) Caes(ar) Drusus Germ(anicus) Princ(eps) Iuvent(utis). Mit dem Ehrentitel princeps iuventutis, »Haupt der (adligen) Jugend«, wurde Nero der Öffentlichkeit als der künftige Kaiser empfohlen.

Nero hat zeit seines Lebens gedichtet. Hauptsächlich aber war es ihm darum zu tun, mit seinen Produkten aufzutreten und als Rezitator oder Sänger vor dem Publikum zu brillieren, und hierbei wollte er nicht als Dilettant betrachtet, sondern als professioneller Künstler anerkannt werden. Seneca hat nicht ermangelt, auch das darstellerische Können seines Zöglings zu würdigen: In einem Gedicht, das unmittelbar nach dem Tod des Claudius entstanden ist, rühmt er ihn als dem Apoll gleich »im Gesang und in der Stimmgewalt«. Man muß ihm hierbei zugute halten, daß Neros Bedürfnis, sich zur Schau darzubieten, damals bei weitem noch nicht so groteske Ausmaße angenommen hatte wie während der letzten Jahre seiner Regierung. Außer von musischen Betätigungen fühlte sich der junge Prinz vom Wagenrennen angezogen. Hierbei begnügte er sich zunächst mit der Rolle des Zuschauers, doch später drängte es ihn, auch auf diesem Felde durch öffentliches Auftreten Lorbeeren einzuheimsen.

Was Seneca von den Erklärungskünsten wortklaubender Philologen hielt, wurde bereits am Beispiel eines hierfür einschlägigen Briefes vorgeführt. Nunmehr besteht Anlaß, jene Betrachtung durch den Hinweis auf ein Stück von ähnlicher Thematik zu ergänzen. Dort geht es um sämtliche *artes liberales:* Seneca nennt außer der Grammatik die Geometrie, die Musik und die Astronomie und wendet sich sodann noch den bildenden Künsten und anderem zu. »Warum unterrichten wir unsere Söhne in diesen Fächern?« fragt er, und seine Antwort lautet: »Nicht weil sie zur Sittlichkeit anleiten können, sondern weil sie den Geist darauf vorbereiten, sich Sittlichkeit zu eigen zu machen.« Die *artes liberales* schulen den Intellekt, und eben deshalb haben sie eine propädeutische Funktion für das einzige Studienfach, auf das es ernstlich ankommt, für die Philosophie. Von diesem nützlichen Dienst möchte Seneca allerdings die bildenden Künste ausgenommen wissen: »Ich kann mich nicht dazu bereit finden, die Malerei in die Zahl der *artes liberales* aufzunehmen, ebensowenig wie die Bildhauerkunst und andere Dienerinnen des Luxus.«

Seneca wird versucht haben, in seinem Studienprogramm sowohl seinen eigenen Überzeugungen als auch den Neigungen Neros soweit wie möglich Rechnung zu tragen, was denn wohl auf einen Kompromiß zwischen strengem, zur Philosophie führendem Unterricht und musischer Betätigung hinauslief. Hierzu eignete sich vor allem das Feld der Grammatik, der Philologie: die literarische Tradition, insbesondere die Dichtung. Mit ihr brauchte man sich ja nicht so zu befassen, wie es der von Seneca heftig kritisierte Schulbetrieb zu tun pflegte, es gab von jeher auch einen ernsthaften, ethischen Zugang zur Poesie. Seneca hat in dem erwähnten, das Grundsätzliche erörternden 108. Brief an Beispielen gezeigt, wie er sich den Unterschied zwischen der philosophischen, auf das Wesentliche zielenden und der philologischen, am Nebensächlichen haftenden Interpretationsweise vorstellte. »Wer als künftiger Grammatiker Vergil untersucht«, heißt es dort, »der liest das herrliche Wort ›Es flieht die unwiederbringliche Zeit‹ nicht, indem er es so auffaßt« (das wäre der philosophische Zugang): »Wir müssen wach sein; wenn wir uns nicht beeilen, dann geraten wir in Rückstand; es treibt uns der flüchtige Tag, und er wird selbst getrieben; ohne dessen gewärtig zu sein, werden wir fortgerissen; alles verschieben wir auf die Zukunft, und inmitten der dahineilenden Zeit sind wir langsam – nein, sondern um die Beobachtung zu machen« (dies ist die Einsicht, die der Philologe aus dem Text gewinnt), »daß Vergil, sooft er von der Schnelligkeit der Zeit spricht, das Wort ›fliehen‹ verwendet.« Seneca hat nicht bezweifelt, daß die Dichtung ein geeignetes, ja unersetzliches Medium der Jugendbildung sei. Er hat lediglich darauf bestanden, daß die Deutung deren wahre Intentionen (oder was er dafür hielt) zum Vorschein bringe.

Nichts hindert also anzunehmen, daß er mit dem elf- bis vierzehnjährigen Knaben, wie es bei dieser Altersstufe üblich war, intensiv Dichterlektüre betrieb, wobei sicherlich Vergil und Ovid an erster Stelle standen. Außerdem wird er dafür gesorgt haben, daß sich sein Zögling mit den Anfangsgründen der *artes liberales* vertraut machte. Dessen Drang zu musischen Betätigungen hingegen hat er gewiß zwar nicht zu unterdrücken, wohl aber einzudämmen versucht – mit einer Ausnahme: dem Anfertigen von Dichtung. Auf diesem Felde waren die beiden einander geistesverwandt, so daß Seneca nicht umhinkonnte, vom philosophischen Rigorismus etwas abzulassen: Er lobte die Erzeugnisse seines Schülers und führte ihm die eigenen vor. Für das zuletzt genannte Faktum fehlt es nicht an einem ausdrücklichen Zeugnis: Seneca mache häufiger Gedichte, läßt Tacitus dessen Feinde versichern, seitdem Nero Gefallen an ihnen gefunden habe.

Auf den Grammatik- folgte der Rhetorikunterricht. Daß Seneca hier ebenso souverän über den Stoff verfügte wie bei der nach philosophischen Maximen betriebenen Dichterlektüre, ist wohl nur deshalb nicht überliefert, weil es sich von selbst verstand. Sueton weiß allerdings zu berichten, Seneca habe seinen Zögling daran gehindert, Bekanntschaft mit den alten Rednern zu machen, um ihn desto länger in der Bewunderung für sich selbst zu erhalten. Der Rhetorikunterricht pflegte einige Beschäftigung mit großen Vorbildern der Vergangenheit einzuschließen; hier soll Seneca aus Eitelkeit das Repertoire beschnitten haben. In Wirklichkeit hat er wohl, wie es zu seiner Zeit allgemein üblich war, eher naiv und unbefangen als aus Berechnung seinen eigenen Geschmack absolut gesetzt. Als Sueton lebte, hatte sich die klassizistisch-archaistische Strömung verbreitet, welche den »modernen« Stil Senecas und anderer ablehnte und statt dessen nicht nur den »klassischen« Cicero, sondern auch die Anfänge der römischen Beredsamkeit auf den Schild erhob. Suetons Urteil ist somit nicht ganz unparteiisch, und man darf annehmen, daß Nero den zu seiner Zeit denkbar besten Rhetorikunterricht erhalten hat.

Das Ergebnis scheint den Erwartungen nicht ganz entsprochen zu haben. Am Tage der Bestattung des Claudius hielt der junge Kaiser Nero die Leichenrede, die von Seneca aufgesetzt war. Tacitus bemerkt hierzu, ältere Leute hätten festgestellt, Nero habe unter denen, die an die Macht gekommen seien, als erster fremder Eloquenz bedurft: Der Diktator Caesar vermochte mit den bedeutendsten Rednern zu wetteifern, auch Augustus besaß eine gefällige und fließende Sprachfertigkeit, wie sie einem Kaiser wohl anstand, und so weiter. Nero hingegen habe seinen Geist schon in jugendlichen Jahren in eine andere Richtung gelenkt – nunmehr folgen die schon genannten Betätigungen wie Malen, Bildhauern, Singen, Dichten. Seneca hat sich in der Tat auch später noch als Ghostwriter Neros betätigt, wofür Tacitus ihm nicht ganz lautere Motive unterstellt: »... in zahlreichen Reden, die Seneca, um zu bekunden, wie ehrbar seine Lehren seien, oder um sein Talent vorzuführen, durch den Mund des Kaisers verbreitete.« An einer anderen Stelle vermitteln die ›Annalen‹ von den rhetorischen Lehrerfolgen Senecas ein günstigeres Bild. Dort erklärt Nero dem einstigen Lehrer, der darum gebeten hatte, sich aus dem Hofleben zurückziehen zu dürfen, folgendes: »Daß ich deiner vorbereiteten Rede auf der Stelle entgegentreten kann, ist das erste, was ich als Geschenk von dir besitze: du hast mich nicht nur das zuvor schon Bekannte, sondern auch Unerwartetes zu erörtern gelehrt.«

Seneca hat schwerlich versucht, die Philosophie als gesonderten Lehrgegenstand in eigens dafür vorgesehenen Unterrichtsstunden zu behandeln. Von Agrippina verlautet, sie habe den Sohn davon ferngehalten, indem sie daran erinnerte, daß dergleichen für einen künftigen Herrscher untauglich sei. Hiermit kann sie nicht jede Art von Philosophie verboten haben – was hätte sie sonst damit bezweckt, Seneca und zwei namhafte griechische Philosophen als Lehrer ihres Sohnes zu bestellen? Ihre Warnung galt sicherlich nur einem Zuviel, etwa einer Philosophenexistenz, die dem tätigen Leben entsagte; sie wird sich von dem altüberlieferten römischen Vorbehalt haben leiten lassen. Es lag wohl vor allem an Nero selbst, daß Seneca ihn an dem Besten, das er hatte, nicht teilnehmen lassen konnte: Nero hat zeit seines Lebens nichts mit Philosophie, weder mit ethischen noch mit naturwissenschaftlichen Fragen, anzufangen gewußt, so daß es ein kühnes Unterfangen von Seneca war, ihm den staatstheoretischen Traktat ›De clementia‹, ›Über die Milde‹, zu widmen. Während der Jahre der schulmäßigen Unterweisung wird Seneca sich im allgemeinen damit begnügt haben, Philosophisches, insbesondere ethische Maximen, in die Erklärung der Dichtwerke und in die Erörterung der rednerischen Themen einfließen zu lassen. Die Philosophie war somit in die übrigen, die eigentlichen Lehrgegenstände integriert.

Während Seneca sich bemühte, seinen Zögling nach bestem Vermögen auf einen öffentlichen Wirkungskreis, wie immer der beschaffen sein würde, vorzubereiten, nahmen die von Agrippina konsequent inszenierten Ereignisse ihren unaufhaltsamen Verlauf. Die Verleihung der Männertoga im Jahre 51 n. Chr. wurde von Ehrenbekundungen und Festlichkeiten begleitet: Nero sollte dem Senat und Volk von Rom als gleich-, ja vorrangig gegenüber Britannicus, dem um drei Jahre jüngeren Sohne des Claudius, empfohlen werden. Besonders sinnfällig kam dies bei Zirkusspielen, die damals stattfanden, zum Ausdruck: Nero durfte sich der Menge im Triumphgewand zeigen, während Britannicus noch das Knabenkleid trug. Auch im Jahre 52 n. Chr. hatte Nero Gelegenheit zu allerlei Schaustellungen, und im Jahre darauf schloß der noch nicht Sechzehnjährige die Ehe mit der dreizehnjährigen Octavia, so daß er nunmehr nicht nur Adoptiv-, sondern auch Schwiegersohn des Kaisers war. Noch im selben Jahr trat er im Senat auf, um sich für Gemeinden zu verwenden, die in finanzielle Bedrängnisse geraten waren; er hielt seine Reden teils in griechischer, teils in lateinischer Sprache.

17. Das Kind Octavia. Zeitgenössische Statue. Baia, Archäologisches Museum

Im Jahre 54 n. Chr., ehe auch Britannicus die Volljährigkeit erreichte, holte Agrippina zum entscheidenden Schlag aus. Zunächst wurde eine Konkurrentin in der Gunst bei Nero beseitigt, Domitia Lepida, jene Tante, die dem verlassenen Neffen einst Zuflucht gewährt hatte: Eine falsche Anklage brachte ihr die Todesstrafe ein. Dann benutzte Agrippina eine Reise des Narcissus, der sonst über jeden Schritt des Kaisers seine schützende Hand hielt, zur Ausführung ihres zweiten Gattenmords. Am Mittag des 13. Oktober erfuhr Rom, daß Claudius verstorben sei, und als der neue Herrscher wurde Nero präsentiert. Burrus, der Befehlshaber der Gardetruppen, forderte die Palastwache auf, den jungen Mann als Kaiser zu begrüßen; dann ging es in die Kaserne, wo ebenfalls anstandslos akklamiert wurde, und schließlich sprach auch der Senat seine Anerkennung aus. Agrippina hatte ihr Ziel erreicht. Der Nachfolger des Claudius hieß Nero, nicht Britannicus.

Seneca wurde, wie sich bald herausstellen sollte, durch dieses Ereignis zu einem der mächtigsten Männer im römischen Reiche emporgehoben. Hierzu hatte er selbst, nach allem, was überliefert ist, nicht das geringste getan: Die neue Stellung fiel ihm zu, ohne daß man sagen könnte, ob er sie sich auch nur gewünscht hat. Er hatte eine Prätur inne und war Mitglied des Senats. Von seiner Prätur ist nichts bekannt, so daß man geneigt ist anzunehmen, es habe sich um einen bloßen Titel, um ein Amt ohne Ressort gehandelt, und im Senat scheint er nie hervorgetreten zu sein. Überhaupt läßt sich für die Zeit von seiner Rückkehr aus dem Exil bis zum Regierungsantritt Neros kein einziges Lebensdatum namhaft machen, und es sieht so aus, als habe er während der fünf Jahre, da er als *praeceptor Neronis* fungierte, mit eiserner Konsequenz die epikureische Devise »Lebe im verborgenen!« befolgt. Er tat, wozu ihn Agrippina an den Hof geholt hatte, und hielt sich im übrigen zurück. Wahrscheinlich durchschaute er bald, worauf die Machenschaften seiner Protektorin zielten. Da er indes mit dem Schlimmsten, dem Mord, nicht rechnen mußte und im übrigen keinen Grund hatte, sich für die Belange des Claudius einzusetzen, wahrte er, wenn die Anzeichen nicht trügen, im Intrigenspiel des Palastes strikte Neutralität.

NEUNTES KAPITEL

Der neue Kaiser – Die Milde: Eine Staatstheorie für die Monarchie

Trajan soll behauptet haben, das sogenannte Quinquennium, die ersten fünf Jahre der Herrschaft Neros (von 54 bis 59 n. Chr.), sei die beste Zeit innerhalb der damaligen römischen Monarchie gewesen. Dieses hohe Lob gebührt nicht an erster Stelle dem jungen Kaiser selbst. Es ist vielmehr vor allem durch das Verdienst derer bedingt, die damals de facto regierten: des Seneca sowie des Sextus Afranius Burrus, des Befehlshabers der kaiserlichen Garde. Das Zusammenwirken dieser beiden Männer wird von Tacitus wie folgt geschildert:

> Sie, die Lenker der kaiserlichen Jugend, waren sich, was selten ist bei der Gemeinsamkeit einer Machtstellung, einig und übten mit verschiedenen Mitteln gleichermaßen Einfluß aus, Burrus durch soldatische Pflichterfüllung und durch Sittenstrenge, Seneca mit seinem Rhetorik-Unterricht sowie mit seiner auf Anstand bedachten Umgänglichkeit, sie unterstützten sich gegenseitig, um desto besser das gefährdete Alter des Kaisers, wenn es der Sittlichkeit abgeneigt sein sollte, durch erlaubte Vergnügungen in Schranken zu halten. Sie hatten beide denselben Kampf gegen die Unbezähmbarkeit Agrippinas zu führen, die ganz und gar von Begierde nach böser Herrschaft entbrannt war.

Die Dinge nahmen also, kaum daß Nero im Herbst 54 n. Chr. den Thron bestiegen hatte, einen gänzlich anderen Verlauf, als von Agrippina, der Konstrukteurin der Entwicklung, beabsichtigt war. Sie hatte Seneca aus dem Exil befreit und bald darauf durchgesetzt, daß Burrus als alleiniger Gardepräfekt an die Stelle zweier der Messalina gewogener Offiziere trat; hierbei hatte sie sich von der Überlegung leiten lassen, daß sie in den beiden Männern dankbare, ihren Wünschen gefügige Helfer haben würde. Bis zum Regierungswechsel ging auch alles ihren Absichten gemäß vonstatten: Ohne die Mitwirkung des Burrus hätte sich Neros Herrschaftsantritt nicht so glatt vollziehen können, und daß Seneca sich zurückhielt, ließ sich, wenn es überhaupt bemerkt wurde, auf verschiedene Weise deuten. Doch jetzt, als der noch nicht siebzehnjährige den Purpur trug, brach der Konflikt aus: Agrippina suchte weiterhin ihren Eigensinn durchzusetzen, Seneca und Burrus machten Gebrauch von ihrem Sachverstand und waren bestrebt, mit Hilfe des jungen Kaisers ein den besten Traditionen des römischen Staates gehorchendes Reichsregiment ins Werk zu setzen.

Zunächst galt es, den ermordeten Vorgänger unter die Erde zu bringen. Er war ja offiziell eines normalen Todes gestorben, niemand nahm Anlaß, an dieser Version zu rütteln, und der Senat beschloß ein feierliches Leichenbegängnis sowie die übliche Erhebung zum Gott. Nero trug die von Seneca verfaßte Grabrede, die sogenannte *laudatio funebris*, vor – der Text war Senecas erste politische Handlung nach den stillen Jahren der Prinzenerziehung. Die Rede sei im ganzen gut aufgenommen worden, berichtet Tacitus: Man habe sich gefallen lassen, daß sie das hohe Alter der Familie erwähnte sowie die zahlreichen Konsulate und Triumphe der Vorfahren; auch daran nahm man nicht Anstoß, daß sie der wissenschaftlichen Tätigkeiten des Verstorbenen gedachte sowie der Tatsache, daß dem Staat während seiner Herrschaft von auswärtigen Feinden keinerlei Schaden zugefügt worden sei. »Als Nero sich jedoch der Voraussicht und Weisheit des Claudius zuwandte«, fährt Tacitus fort, »konnte sich niemand das Lachen verbeißen, obwohl die von Seneca aufgesetzte Rede in einem sehr gepflegten Stil abgefaßt war«.

Voraussicht und Weisheit bei einem Kaiser, der sich durch seine Abhängigkeit von Freigelassenen und Frauen ruiniert hatte: Dies war offenbar selbst für die Ohren von Höflingen, zu deren Lebensluft die Doppelbödigkeit von Reden gehörte, zuviel der Heuchelei. Ganz anders wurde indes die zweite, ebenfalls von Seneca verfaßte

18. Claudius und das römische Gerichtswesen: Zeitgenössische Papyri aus Ägypten, mit Fragmenten aus Senatsvorträgen des Claudius, über das zum Richteramt erforderliche Mindestalter und über den Strafprozeß. Berlin, Museen Preußischer Kulturbesitz

Rede aufgenommen, die der junge Herrscher hielt – eine Rede, die dem Senat das Programm des neuen Regiments verkündete.

Claudius hatte, wie schon erwähnt, einer notwendigen Entwicklung dadurch stattgegeben, daß er den kaiserlichen Beamtenapparat vergrößerte, und die neuen, zum Hof gehörigen Ressorts hatten das römische Reich einem vom Kaiser zentralistisch regierten Verwaltungsstaat erheblich näher gebracht. Insbesondere aber hatte Claudius sich des Gerichtswesens angenommen. Von ihm an gab es in Rom nicht nur die an das Gesetz gebundenen Geschworenengerichte, die der späten Republik entstammten, und nicht nur das von Augustus geschaffene Senatsgericht, das nach freiem Ermessen urteilte, sondern auch die Institution des kaiserlichen Gerichts mit umfassender, weder in personaler noch in sachlicher Hinsicht beschränkter Kompetenz. Der Kaiser konnte nunmehr jeden Bewohner des Reichs vor seinen Richterstuhl zitieren, und sein Urteil war nicht an die Tatbestände und Strafen der Gesetze gebunden. Den

Zeitgenossen blieben diese Neuerungen, die eine erhebliche Reduktion der einstigen Bürgerfreiheit mit sich brachten, nicht verborgen, und so knüpften sich an die Thronbesteigung des jungen, begabten Kaisers Nero große Erwartungen.

Seneca wiederum machte sich diese Erwartungen zu eigen, und er setzte für Nero eine verheißungsvolle Ansprache auf, welche in eine Reform der Monarchie umzumünzen suchte, was als Palastrevolte begonnen hatte. Nero entwarf, wie Tacitus sich ausdrückt, die *forma futuri principatus*, die »Form des künftigen Kaisertums«: Er wolle die von Augustus geschaffene Ordnung des gemeinsamen Regiments von Kaiser und Senat respektieren; die kaiserliche Rechtsprechung solle eingeschränkt werden und nicht mehr von dem Einfluß einiger Günstlinge abhängen. Diese Rede versprach offensichtlich zuviel, da sie unvermeidliche Entwicklungen und vermeidbare Mißbräuche in einen Topf warf. Ihre Zusicherungen hätten also auch von einem anderen Herrscher schwerlich ganz erfüllt werden können.

Claudius hatte sich trotz mancher kluger Maßnahmen in den knapp vierzehn Jahren seiner Herrschaft kaum Freunde gemacht. Sein skurriles Wesen, seine Zerstreutheit und auch seine Gelehrsamkeit standen seiner kaiserlichen Autorität im Wege, und zumal am Hof sah man in ihm, wenn man ihn nicht geradezu verabscheute, gern eine Witzfigur. So ist es kein Zufall, daß sich gerade auf ihn – als einzigen römischen Kaiser – eine erbarmungslose Schmähschrift, eine böse Satire erhalten hat. Erstaunen ruft eher der Umstand hervor, daß kein anderer als Seneca, der Verfasser der beschönigenden Grabrede, das ebenso giftige wie geistvolle Pamphlet ersonnen hat. Man hat zu seiner Entschuldigung darauf verwiesen, daß er zu den Opfern der Willkürhandlungen des Claudius zählte; man kann noch hinzufügen, daß die Satire von Hause aus gewiß nur für einen engen Kreis von Hofangehörigen bestimmt war und daß nur die oft unerforschlichen Wege der Überlieferung auch die Nachwelt zum Zeugen einer literarischen Hinrichtung gemacht haben. Schließlich sei an den psychischen Druck erinnert, dem höfische Protokolle und Zeremonien die Beteiligten auszusetzen pflegen. Hier sind Ventile gefragt, und dazu zählen nicht nur Feste und Mummenschanz, sondern manchmal auch derbe, die sonst gültigen Hierarchien mißachtende Späße.

Die Satire heißt in den meisten Handschriften ›Ludus Senecae de morte Claudii Neronis‹, ›Senecas Belustigung über den Tod des Claudius Nero‹. Der Historiker Cassius Dio hingegen nennt sie Ἀποκολοκύντωσις (›Apokolokyntosis‹) von κολοκύνθη, *cucurbita*, »Kürbis«, so daß dieser sonst nirgends begegnende Ausdruck durch »Verkürbissung« wiedergegeben werden kann. Die modernen Ausgaben bevorzugen den letzteren Titel: Claudius wird zwar in der Schrift nicht in einen Kürbis verwandelt, doch die Konsekration, die Erhöhung zum Gott, mißlingt, und eben diesen Umstand, die scheiternde Ἀποθέωσις (Apothéosis), kann man in dem sonderbaren Wort angedeutet finden. Seneca hat dem Pamphlet die Form einer menippeischen Satire gegeben. Deren Schöpfer, Menippos von Gadara (in Phönizien, 3. Jahrhundert v. Chr.), lebt nur noch in dieser Bezeichnung fort; ihr Wesen besteht darin, daß sie in reizvoll-witziger Weise Prosa- und Verspartien einander ablösen läßt. Der schon erwähnte Polyhistor Varro hatte diese Gattung in Rom eingeführt. Seine Satiren sind allerdings ebenfalls bis auf dürftige Reste untergegangen, so daß die Gelegenheitsschrift Senecas das früheste erhaltene Beispiel und – wenn man trotz einiger Verseinlagen zögert, Petrons ›Satyrikon‹ einzubeziehen – auch das einzige aus der Antike ist, das von der Erfindung Menipps einige Anschauung vermittelt.

Claudius – so beginnt die Satire, nachdem der Autor in der Einleitung die Unparteilichkeit eines Historikers für sich beansprucht hat – liegt im Sterben. Die Parze Klotho reißt, von Merkur gedrängt, »die Tage des törichten Herrscherlebens« ab, und alle drei Schwestern ziehen nunmehr den goldenen Faden Neros mächtig in die Länge, während Apoll ihre Arbeit mit einem Gesang auf die glückseligen Zeiten begleitet, die der neue Kaiser heraufführen wird. Claudius starb unterdessen – *animam ebulliit, et ex eo desiit vivere videri*, »er sprudelte seine Seele aus und hörte nunmehr auf, seine Scheinexistenz zu führen.« Er trifft, indem er immerzu den

Kopf schüttelt, als wolle er drohen, und das rechte Bein nachzieht, im Himmel ein. Da man ihn dort wegen seiner undeutlichen Aussprache nicht verstehen kann, wird der weitgereiste Herkules beauftragt zu ergründen, wer er sei. Die Frage nach der Herkunft führt zu einem Disput: Während Claudius beansprucht, aus Troja zu stammen, dem mythischen Ursprung der Römer, nennt Febris, die Fiebergöttin, seinen wahren Geburtsort Lugdunum. Es folgt eine ergötzliche Verhandlung im Himmelssenat: Auf Befragen Jupiters votiert Janus gegen und der Unterweltsgott Diespiter für die Aufnahme; die empörte Rede des Augustus gibt den Ausschlag. *Hunc nunc deum facere vultis? Videte corpus eius dis iratis natum! Ad summam, tria verba cito dicat, et servum me ducat. Hunc deum quis colet? Quis credet?* – »Den wollt ihr jetzt zum Gott machen? Seht sein Äußeres, von den Göttern im Zorn erschaffen! Kurz und gut, drei Worte sage er rasch auf – dann darf er mich als seinen Sklaven mitnehmen. Wer wird den als Gott verehren? Wer an ihn glauben?«

Der wegen seiner Mordtaten Abgewiesene wird von Merkur gepackt. Auf dem Weg in die Unterwelt überqueren die beiden die Heilige Straße in Rom, wo gerade die Trauerfeierlichkeiten zu Ehren des Claudius stattfinden – es ertönt ein höhnischer Klagegesang, worin unter anderem die Richtwut des Kaisers, seine Leidenschaft, in eigener Person Prozesse zu entscheiden, gegeißelt wird:

Deflete virum, quo non alius
potuit citius discere causas,
una tantum parte audita,
saepe et neutra. Quis nunc iudex
toto lites audiet anno?
Beweinet den Mann, der wie keiner so rasch
zu führen verstand der Prozesse Gang,
wenn er nur gehört die eine Partei,
oft nicht einmal die. Wer wird zu Gericht
im ganzen Jahr jetzt schlichten den Streit?

Der Verstorbene, in der Unterwelt von seinen zahlreichen Opfern empfangen, wird vor das Tribunal des Richters Aeacus geschleppt.

Der Schuldspruch läßt nicht auf sich warten, und die Strafe soll darin bestehen, daß der Delinquent auf ewig mit einem Becher ohne Boden würfeln muß. Schließlich wird ihm das Amt eines Gerichtsdieners zugewiesen.

Das phantasievolle Pamphlet, ein Potpourri der Stile, ist auch literarisch von hohem Wert. Umgangssprachliches, wie man es sonst nur bei Petron antrifft, wechselt mit erhabener epischer Diktion, und das Lied Apolls auf Nero ist der Panegyrik, dem Herrscherpreis verpflichtet. Die Schrift entstand, nachdem der Senat den verstorbenen Kaiser zum Gott erklärt hatte; auch weilt der Freigelassene Narcissus, der nach der Ermordung des Claudius von Agrippina in den Tod Getriebene, bereits in der Unterwelt. Es fällt auf, daß Messalina nur als Mordopfer des Claudius und Agrippina überhaupt nicht erwähnt wird. Einzig und allein der verstorbene Kaiser trägt die Schuld an den Verbrechen, die während seiner Regierung vorgefallen sind. Agrippina ist der bemerkenswerteste blinde Fleck. Seneca schont sie und schiebt sie zugleich beiseite – weil sich der Kampf um den Einfluß auf Nero gegen sie richtet.

Mochte die Programmrede vor dem Senat zu weit gehen, indem sie die politischen Grundsätze des Augustus zur Richtschnur des neuen Regimes erklärte: Vielversprechende Anfänge blieben gleichwohl nicht aus, so daß sich die Öffentlichkeit weithin in ein glücklicheres Zeitalter versetzt glaubte. Der Senat schaffte alsbald gegen den Widerstand Agrippinas einige lästige Bestimmungen des Claudius ab; der junge Herrscher wies Ehrungen zurück, die man ihm antrug, und wollte von Anklagen wegen verletzter Majestät nichts wissen. Am 1. Januar 55 n. Chr., als er gemeinsam mit dem Senator Lucius Antistius Vetus das Konsulat antrat, bekundete er seinen Respekt vor der Würde der republikanischen Ämter, indem er nicht zuließ, daß sein Kollege sich ihm durch den üblichen Eid auf die kaiserlichen Handlungen unterordnete. Es kam hinzu, daß der auf seine Ratgeber hörende Kaiser in der Orientpolitik eine glückliche Hand hatte: Kluge Maßnahmen und günstige Umstände bewirkten, daß das von den Parthern bedrohte Armenien dem römischen Einfluß erhalten blieb.

Einen weit weniger erfreulichen Verlauf nahm das Geschehen im Kaiserpalast. Nero war keineswegs geneigt, in der Erfüllung seiner Herrscherpflichten aufzugehen – Seneca und Burrus sahen sich zu immer größeren Zugeständnissen in dem Bereich genötigt, für den Tacitus die Formel »erlaubte Vergnügungen« (*voluptates concessae*) verwendet. Nero rief einen berühmten Zitherspieler und Sänger namens Terpnos an seinen Hof; von ihm ließ er sich bis tief in die Nacht hinein vortragen und zu eigenem Gesang anleiten. Auch fesselte eine Freigelassene namens Acte seine Sinne (von seiner Gemahlin Octavia hatte er seit Anbeginn nichts wissen wollen). Seneca und Burrus duldeten das Verhältnis, und der Freund Annaeus Serenus, dem, wie erwähnt, Seneca insgesamt drei Schriften gewidmet hat, spielte vor der Außenwelt den Liebhaber Actes, um den jungen Kaiser zu decken. Im Jahre 56 n. Chr. setzten Ausschweifungen ein, die sich nicht mehr unter die Kategorie der »erlaubten Vergnügungen« subsumieren ließen: Nero fand Gefallen daran, mit hinlänglicher Begleitung durch die nächtlichen Straßen Roms zu ziehen, Bordelle und Kneipen aufzusuchen und unterwegs üble Pöbeleien zu begehen; ein Senator, der sich wehrte, mußte dafür mit dem Tode büßen. Auch an den Streitigkeiten um Bühnengrößen beteiligte sich der Herrscher in eigener Person. Die Prügeleien hörten erst auf, als man die Schauspieler aus Italien ausgewiesen hatte.

Die Unreife Neros war der eine, die Herrschsucht Agrippinas der andere, drängendere Grund für die beiden Reichsverweser, besorgt und auf Mäßigung bedacht zu sein. Schon bald nach dem Thronwechsel spielte sich eine Szene ab, die berühmt geworden ist: Als armenische Gesandte vor Nero ihre Sache führen wollten, schickte Agrippina sich an, an der Seite ihres Sohnes die Verhandlung zu leiten. Nero aber eilte auf einen Wink Senecas hin der herankommenden Mutter entgegen, und so wurde unter dem Schein kindlicher Ehrfurcht ein Eklat vermieden. Der Kaiser distanzierte sich unter der Einwirkung von Seneca und Burrus mehr und mehr von Agrippina, ein Prozeß, der durch sein Verhältnis zu Acte erheblich beschleunigt wurde. Da drohte die empörte Agrippina mit Bri-

19. Nero und Agrippina, Vorderseite eines Aureus des Jahres 55 n. Chr. Die Aufschrift lautet: Nero Claud(ii) Divi F(ilius) Caes(ar) Aug(ustus) Germ(anicus) Imp(erator) Tr(ibunus) P(lebis) Co(n)s(ul).

tannicus: Der sei jetzt herangewachsen und als der echte Nachkomme würdig, die Herrschaft seines Vaters zu übernehmen, die ein untergeschobener Adoptivsohn, nicht ohne seiner Mutter Kränkungen zuzufügen, ausübe. Nero ließ daraufhin den Stiefbruder vergiften (Anfang 55 n. Chr.) – die offizielle Version lautete, daß der Prinz an einem epileptischen Anfall gestorben sei. Daraufhin habe der Kaiser – berichtet Tacitus, ohne dabei Namen zu nennen – seine bedeutendsten Freunde mit Häusern und Gütern beschenkt: Einige hätten diesen Männern, die doch Sittenstrenge für sich beanspruchten, Vorwürfe gemacht, andere aber auf den Druck verwiesen, den der Kaiser ausgeübt habe. Agrippina indessen ließ nicht nach; sie nahm Verbindung mit Octavia auf und suchte Offiziere für sich zu gewinnen. Nero wiederum entzog ihr, als er von diesen Machenschaften hörte, die Leibwache und verwies sie aus dem Kaiserpalast. In der überhitzten Atmosphäre des Hofes wäre es beinahe schon jetzt zu ihrer Ermordung gekommen. Sie wurde spät abends eines

Komplotts gegen Nero bezichtigt, und Burrus konnte nur mit großer Mühe erreichen, daß die Untersuchung des Falles erst am Tage darauf stattfand. Es zeigte sich, daß Agrippina gänzlich unschuldig war. Gleichwohl blieb ihre Macht gebrochen.

So etwa war der Stand der Dinge, als Seneca seinem Zögling eine Schrift überreichte: ›Ad Neronem Caesarem de clementia‹, ›Für Kaiser Nero, über die Milde‹. Das Werk ist bedauerlicherweise unvollständig erhalten; ursprünglich hat es aus drei Büchern bestanden. Der überlieferte Text bricht nach den sieben Anfangskapiteln des zweiten Buches ab. Die Schrift enthält Staatsphilosophie. Sie ist stärker als etwa Ciceros Werk ›De re publica‹ einer bestimmten historisch-politischen Wirklichkeit verhaftet. Die Staatsordnung selbst, die Frage nach der besten Verfassung und dergleichen fundamentale Probleme, wie sie seit Platon und Aristoteles in der antiken Reflexion über Staatlichkeit verhandelt zu werden pflegten, stehen nicht zur Debatte. Seneca setzt die von Augustus begründete Form der Alleinherrschaft, den Prinzipat, als unabänderlich gegeben voraus. Er setzt weiterhin voraus, daß die Macht des Kaisers absolut ist; er nimmt auch in dieser Hinsicht die faktischen Verhältnisse seiner Zeit als gegeben hin und reflektiert nicht über die staatsrechtlichen Grundlagen der römischen Monarchie.

Senecas Argumentation zielt unter Anerkennung dieser Prämissen auf ein möglichst vollkommenes Regiment. Es ist nicht leicht, das Prinzip zu benennen, auf dessen Verwirklichung es hierbei vornehmlich ankommen soll. Der Titel des Werkes deutet auf Milde und Menschlichkeit, auf eine zu Versöhnlichkeit geneigte humanitäre Haltung als Regulativ allen politischen Handelns, und zahlreiche Partien der Schrift bestätigen diese Vermutung. Andererseits ist unverkennbar, daß sich Senecas Traktat auch mit dem Fundament aller Staatsphilosophie, mit der Gerechtigkeit befaßt. Die Problematik springt in die Augen: Wie sollen sich Milde und Gerechtigkeit zueinander verhalten? Seneca scheint weder eine radikale Trennung der beiden Kategorien noch ihre völlige Kongruenz zu befürworten. Seine Schrift will zwar der Gerechtigkeit dienen, jedoch in einer Brechung oder Färbung, die durch die Umstände, die uneingeschränkte Herrschaftsgewalt des Kaisers, diktiert ist. Seine Ratschläge an die Adresse Neros gründen sich auf eine bestimmte Vorstellung von den Bedingungen, denen die Gerechtigkeit in einer absoluten Monarchie unterworfen ist. Das hieraus resultierende mögliche Defizit an Gerechtigkeit suchen sie durch humanitäre Ethik auszugleichen, ohne sofort alle Unterschiede zu verwischen.

Die Einleitung zu dieser von humanitärer Ethik durchsetzten Gerechtigkeitsphilosophie beginnt mit einem Preis der Herrschaft Neros (1,1). Zunächst hält der Kaiser einen Monolog; hierin konfrontiert er seine uneingeschränkte Herrschaftsgewalt mit den Schranken, die er selbst sich bei deren Ausübung auferlegt. Er habe sich niemals durch unsachliche Motive, durch Zorn, jugendliche Leidenschaft oder ähnliches beeinflussen lassen, er handele so, als sei er den Gesetzen Rechenschaft schuldig, die er selbst aus dem Dunkel der Vergessenheit ans Tageslicht zurückgerufen habe – ein deutlicher Hinweis auf die Programmrede des Jahres 54 n. Chr. Seneca stimmt alsbald im eigenen Namen den Worten zu, die er den Kaiser hat aussprechen lassen, und nennt die Segnungen der neronischen Ära: Wohlstand, Sicherheit, Recht, Freiheit und Milde. Man könnte hieran Anstoß nehmen: Seneca hätte sich, möchte man meinen, nach der Ermordung des Britannicus nicht zu einer solchen Verherrlichung des neronischen Regimes bereit finden sollen. Dieser Vorwurf wäre unbegründet. Wenn Seneca auf die Möglichkeit, Nero durch sein mahnendes Wort zu beeinflussen, nicht von vornherein verzichten wollte, dann mußte er so tun, als ob er der offiziellen Version Glauben schenke, wonach Britannicus eines natürlichen Todes gestorben war.

Der zweite, kürzere Teil der Einleitung enthält nüchterne Polemik (1,2). Er ist für das Verständnis des Werkes im ganzen von erheblicher Bedeutung. Seneca nimmt hier vorweg, was die erhaltenen Kapitel des zweiten Buches in größerem Zusammenhang wiederaufnehmen: Er sucht den Anwendungsbereich der *clementia*, der »Milde«, zu begrenzen. Er widerspricht der Auffassung, Milde sei unangebracht, da sie nur Verbrechern zugute komme, und legt dar, daß Fehlhandlungen mancherlei Ursache haben könnten, zum Beispiel den unglücklichen Zufall – dann aber sei Hilfe durch Milde vertretbar, ja angemessen. Gewiß dürfe man nicht willkürlich Verzeihung gewähren; damit würde man nur bewirken, daß die Zahl der Missetaten explosiv zunähme. Man müsse erziehbare und unverbesserliche Delinquenten zu unterscheiden wissen. War Neros Monolog auf dem Gegensatz von unbeschränkter Macht und milder Ausübung aufgebaut, so weist der zweite Abschnitt in die Sphäre des Rechts: Es geht um Kriterien, nach denen sich die sachgemäße Anwendung der Milde bemißt.

Das erste Buch hat die Milde als Herrschertugend zum Gegenstand. Seneca sucht die Notwendigkeit ihrer Existenz zu erweisen (3,2 – 13) und ihren Inhalt zu bestimmen (14 – 24). Der erste Hauptteil bringt zunächst eine idealistische Begründung der Milde, eine Begründung, die sich vornehmlich auf unableitbare Setzungen stützt (3,2 – 8,5). Herrscher und Volk sind wechselseitig aufeinander angewiesen, und ihr Zusammenwirken, ihre Einheit, kurz, die Monarchie erscheint als etwas von Natur Gegebenes und – im Fall Roms – durch die Geschichte Bedingtes. In diesem System aber ist die Milde die Herrschertugend par excellence, weil sie wegen der unbegrenzten Macht des Herrschers die größten Auswirkungen hat. Dem Herrscher ziemt Hochherzigkeit, wie den Göttern. Alle Menschen begehen Fehlhandlungen, und je weniger man sich unerbittlich strafende Götter wünscht, in desto höherem Maße darf man von dem Menschen, der über Menschen herrscht, Milde erwarten. Wie die Götter, so ist auch der Herrscher an seine Größe gebunden; Größe verpflichtet und darf sich nie untreu werden. Alles dies wird von Seneca stoischer Lehre gemäß aus einer axiomatischen Begriffsbestimmung des Menschen abgeleitet: Der Mensch sei ein *sociale animal communi bono genitum*, ein »Gemeinschaftswesen, zur Förderung des Gemeinwohls bestimmt«.

Der erste Hauptteil bringt an zweiter Stelle eine empirisch-utilitaristische Begründung der Milde (8,6 – 13). Hier steht nicht mehr die aus absoluten Prämissen abgeleitete Milde zur Debatte, wie sie sich aus bestimmten idealtypischen Vorstellungen vom Menschen, von der Alleinherrschaft und vom Herrscher ergibt. Vielmehr geht es Seneca nunmehr um das Verhältnis der Milde zur Sicherheit (*securitas*), und hier beruft er sich auf die geschichtliche Erfahrung – dem Ideal folgt die Empirie. Seneca beginnt mit einem Beispiel, mit Augustus, der von der Grausamkeit zur Milde fand, und führt dem Leser so gleichermaßen die Schädlichkeit oder Nutzlosigkeit der Grausamkeit und den Nutzen der Milde vor Augen. Die folgenden Kapitel setzen diese Thematik fort, sie sind beherrscht von dem Kontrast zwischen dem König und dem Tyrannen: Seneca schildert die sichere Existenz des Königs und die tödliche Gefahr, die den verhaßten Tyrannen in jedem Augenblick bedroht.

Der zweite Hauptteil handelt, wie gesagt, vom Inhalt der Milde als vornehmster Herrschertugend. Um die Pflichten zu bestimmen, die dem Herrscher aus seiner Rolle erwachsen, beruft sich Seneca auf einen Bereich, in dem seit unvordenklicher Zeit Machtvollkommenheit regierte, der zwar durch die Sitte, nicht aber von Gesetzes wegen Grenzen auferlegt waren: auf die Ordnung des römischen Hauses, auf die Analogie der rechtlich nicht beschränkten und sich selbst beschränkenden Stellung des Hausvaters, des *pater familias* (14 – 16,1). Hier sei Mäßigung gefordert: Man müsse sorgsam abwägen, daß die Ahndung der Tat entspreche. Man müsse strafen, um zu erziehen, solange noch Aussicht auf Besserung bestehe, man sei sich der abstumpfenden Wirkung von allzu großer Härte bewußt. Seneca exemplifiziert seine Maximen durch einen skandalösen und einen lobenswerten Fall väterlicher Gewaltausübung und verallgemeinert sodann die Basis des Vergleichs (16,2 – 18). Mit der Machtvollkommenheit des Kaisers steht es ebenso wie mit sämtlichen Gewaltverhältnissen der römischen Lebensordnung: Der Kaiser verhält sich zu den Bürgern wie der Vater zu den Kindern, der Lehrer zu den Schülern, der Hauptmann zu den Soldaten; selbst bei Tieren, die man dressiert, und bei Sklaven müsse man seine Herrschaftsgewalt maßvoll ausüben. So verbindet Seneca das Kaisertum, eine verhältnismäßig junge Einrichtung, mit der altüberkommenen Zuchtgewalt, einem Bereich, in dem von jeher Sitte und Verantwortungsbewußtsein die Ausübung umfassender, das Recht über Leben und Tod einschließender Herrschaftsmacht regulieren. Der Kaiser kann sich also die Gepflogenheiten dieses Bereiches zunutze machen, und die Monarchie verliert ihre für alle Beteiligten in gleicher Weise gefährliche Unbestimmtheit. Die Analogie des römischen Hauses unterwirft den Herrscher, den *pater patriae*, den Grundsätzen, die das Regiment des *pater familias* schon immer befolgt hat.

Seneca hat sich bislang mit der Milde als unentbehrlichem Regulativ bei der Ausübung diskretionärer Zuchtgewalt befaßt. Nunmehr erörtert er in der zweiten Hälfte des zweiten Hauptteils ihr Verhältnis zur Strafgerichtsbarkeit (20–24). Der Kaiser, heißt es hier, bestrafe entweder Unrecht, das ihm selbst widerfuhr, also innere und äußere Staatsfeinde, oder fremdes Unrecht, das heißt die gewöhnliche Kriminalität. Als Richter in eigener Sache müsse er Gnade vor Recht gehen lassen, soweit die Sicherheit das gestatte; als Richter in fremder Sache sei er sich der Strafzwecke (des Besserungs-, des Abschreckungszwecks) bewußt sowie der abstumpfenden Wirkung harter Strafen. Der Schluß des ersten Buches hat die Grausamkeit zum Thema. Seneca schildert sowohl ihre Unmenschlichkeit als auch ihre Gefährlichkeit; er wendet mithin die beiden im ersten Hauptteil erprobten Beweisformen, die idealistische und die utilitaristische, auf das Gegenteil der Milde an (25–26).

Die panegyrische Einleitung des zweiten Buches beginnt mit einer Anekdote: Nero habe, als die Bestrafung zweier Räuber einen schriftlichen Bescheid erforderlich machte, ausgerufen: *Vellem litteras nescirem* – »Ich wünschte, ich könnte nicht schreiben!« Senecas Interpretation dieses Ereignisses leitet über zum Symbol des Goldenen Zeitalters, eines Zeitalters der Frömmigkeit, Lauterkeit, Treue und Mäßigung; es wird jedoch nicht, wie meist in der typisch höfischen Panegyrik, als Wirklichkeit, sondern nur als Möglichkeit, als Aufgabe hingestellt (1–2).

Im Hauptteil (ab 3) unterwirft Seneca sich den strengen Formen der Schulphilosophie. Die Milde wird vierfach definiert, als ihr Gegenteil die Strenge (*severitas*) ermittelt; die Strenge wird von der Grausamkeit (*crudelitas*), diese wiederum von der Wildheit (*feritas*) abgegrenzt. Die Systematik weitet sich aus: Wie der Strenge die Grausamkeit, so steht der Milde das Mitleid (*misericordia*) gegenüber. Zu Unrecht, meint Seneca, werde den Stoikern, die das Mitleid als ein *vitium*, ein Laster, ablehnen, Härte und Unmenschlichkeit vorgeworfen; das Mitleid sei ein Affekt, von dem der Weise sich freihalten müsse; im übrigen dürfe und solle er alles tun, was der Mitleidige tue. Nicht Verzeihung, der grundlose Erlaß einer verdienten Strafe, sei Sache des Weisen, sondern Milde – der Text bricht ab mit dem Vergleich des seine Bäume beschneidenden Bauern, womit offenbar der Erziehungszweck der Strafe veranschaulicht werden soll.

Die beiden Bücher der Schrift, das vollständig erhaltene erste und das nur fragmentarisch vorliegende zweite, weichen in der Bestimmung der beiden leitenden Begriffe, der Milde und der Gerechtigkeit, voneinander ab. Sie unterscheiden sich bereits durch ihre Terminologie. Im ersten Buch bedeuten *clementia*, *misericordia*, *venia* und *ignoscere* (»Milde, Mitleid, Gnade, verzeihen«) ungefähr dasselbe, haben also sämtlich einen positiven Sinn. Ihnen stehen *severitas* und *crudelitas* (»Strenge, Grausamkeit«) als negative Eigenschaften unterschiedlichen Grades gegenüber. Im zweiten Buch gibt sich Seneca als orthodoxer Stoiker, dort erhält das Mitleid (und mit ihm die Gnade und die Verzeihung) negativen, die Strenge hingegen positiven Sinn. Im Grundsätzlichen indes stimmen die beiden Bücher überein: in der Ablehnung eines Übermaßes von Strenge und in der Forderung, nicht schrankenlos Milde walten zu lassen.

Blickt man nun zunächst auf das zweite Buch, dann zeigt sich, daß Seneca zwei positive Größen, die Milde und die Strenge, von ihren negativen Pendants, vom Mitleid und von der Grausamkeit, abgegrenzt wissen will. Das unterscheidende Merkmal ist das Maß, genauer die Proportionalität von Tat und Strafe: Strenge und Milde bemühen sich, das Maß zu achten, Grausamkeit und Mitleid hingegen nicht. Der Neigung, ohne Maß zu strafen oder ohne Maß Strafe zu erlassen, steht eine Haltung gegenüber, die in beiderlei Hinsicht richtig urteilt. Der Unterschied zwischen Strenge und Milde wiederum, das Kriterium für ihre jeweilige Anwendbarkeit ergibt sich vor allem aus dem bereits ausführlich erwähnten Kapitel 1,2, insbesondere aus dem Satz, daß die Delinquenten teils erziehbar, teils unverbesserlich seien. Seneca rechnete offenbar sowohl mit strafmildernden als auch mit strafschärfenden Umständen (die Unverbesserlichkeit hielt er für strafschärfend), und die beiden Prinzipien, Milde und Strenge, galten ihm als die einander ergänzenden Seiten des Gebots, daß die Strafe der Tat proportional sein müsse. Der die Anwendbarkeit von Strenge und Milde regulierende Maßbegriff wiederum ist nichts als ein Exponent der Gerechtigkeit; Strenge und Milde bezeichnen die Endpunkte einer Skala, innerhalb deren sich Gerechtigkeit jeweils verwirklichen läßt.

Die Funktion der Milde wird im zweiten Buch, gegen Ende der erhaltenen Partie, wie folgt beschrieben:

> (Der Weise, der Milde übt,) wird sich manchmal mit einem mündlichen Verweis begnügen und nicht strafen, indem er das der Besserung fähige Alter (des Delinquenten) berücksichtigt; manchen, dessen ungünstige Position offensichtlich durch die von dem Verbrechen hervorgerufenen Emotionen bedingt ist, läßt er straffrei ausgehen, weil er getäuscht wurde oder im Zustande der Trunkenheit fehlte … Die Milde ist zu freiem Ermessen befugt; sie urteilt nicht nach strenger Formel, sondern nach Maßgabe dessen, was recht und billig ist; sie darf sowohl freisprechen als auch den Streitwert so hoch einschätzen, wie sie will. Von alledem aber tut sie nichts in der Absicht, das Recht zu verkürzen; sie ist vielmehr bestrebt, mit ihrer Entscheidung die gerechteste Lösung zu finden.

Hiernach will Seneca die Milde nicht als Gegensatz der Gerechtigkeit aufgefaßt wissen, sondern gerade als das Mittel, das die Gerechtigkeit am besten verwirklicht. Sie berücksichtigt mildernde Umstände und wendet hierbei objektive Maßstäbe an, die ihr eine jeweils besondere Einschätzung einer jeden Tat erlauben, und vermag so die gesetzlich vorgeschriebene Strafe zu ermäßigen oder zu erlassen. Seneca fordert also eine individualisierende Strafjustiz. Der Begriff Milde leitet dazu an, daß man in einem für den Täter günstigen Sinne auf die Besonderheiten eines jeden Falles achte, er steht der Billigkeit in rein juristischem Sinne nahe. Demgegenüber

20. Front des »der Milde Caesars« geweihten Tempels. Vorderseite eines Denars des Jahres 44 v. Chr. Die Aufschrift lautet: Clementiae Caesaris. Der Tempel war kurz vor Caesars Ermordung an einem unbekannten Ort in Rom errichtet worden.

führen die Gnade und das Mitleid zum »Erlaß einer nach Recht und Gesetz verwirkten Strafe«; sie fragen nicht nach Gründen; ihre Entscheidungen sind nach rechtlichen Maßstäben bare Willkür.

So stellen sich die Dinge im zweiten Buch dar. Das erste hingegen ergibt ein etwas anderes Bild. Hier ist die Milde ein ambivalenter Begriff: Bald bezeichnet sie die juristische »Billigkeit«, bald tendiert sie zu den Bedeutungen »Schonung«, »Gnade«. So heißt es schon im Monolog Neros: »Bei dem einen lasse ich mich durch Jugendlichkeit, bei dem anderen durch hohes Alter zu Milde stimmen.« Hier liegen objektive Gründe vor, »Milde« ist Synonym von »Billigkeit«. Nero fährt jedoch fort: »Sooft ich keinen Grund für Mitleid fand, schonte ich mich selbst«, das heißt, Nero hat seinem der Verzeihung zugeneigten Wesen nicht Gewalt antun wollen, er ließ Gnade vor Recht ergehen. Später wird die Milde als ein »Bewahren gegen das Gesetz« (*servare contra legem*) charakterisiert, und bald darauf heißt es vom König, er handele seiner Machtstellung gemäß, wenn er demjenigen das Leben und die bürgerlichen Ehrenrechte schenke, der diese Güter eigentlich verwirkt habe. So geht es fort bis zum zwanzigsten Kapitel, wo Seneca Strafmilderung oder -erlaß auch bei handgreiflichen Verbrechen verlangt, sofern der Kaiser in eigener Sache richtet: Dort stehen sich Gerechtigkeit und Milde, *iustitia* und *clementia*, als Kategorien verschiedener Art gegenüber; dort kommt *clementia* der Gnade gleich, die sich der Schranken des Rechts überhebt.

Den Schlüssel zur Erklärung dieses Widerspruchs, den Grund für diese Spannung zwischen den Theorien der beiden Bücher findet der Leser im letzten Satz der Einleitung: »Wir müssen Maß halten« – dürfen also nicht willkürlich Milde walten lassen –, »aber weil es schwierig ist, das richtige Maß zu treffen, deshalb neige sich, was über die Billigkeit hinausgeht, zur menschlicheren Seite« (*in partem humaniorem*). Dieser Satz erläutert den ambivalenten Milde-Begriff: Theorie und Praxis lassen sich nicht immer in Übereinstimmung bringen. Das zweite Kapitel des ersten Buches sowie das zweite Buch haben gleichsam die reine Theorie zum Gegenstand, das Erfordernis einer maßvollen, durch Gründe legitimierten Anwendung von Milde. Im Hauptteil des ersten Buches hingegen berücksichtigt Seneca die praktischen Schwierigkeiten, die sich diesem Erfordernis entgegenstellen können, etwa Befangenheit beim Richten in eigener Sache. Er verlangt daher einen Ausgleich, eine Neigung *in partem humaniorem*. Die Milde hat im ersten Buch nicht schlechtweg eine andere Funktion als im zweiten, ihr ist dort lediglich ein etwas größerer Bereich zugewiesen: Sie strebt zwar über Recht und Billigkeit hinaus, gibt sich aber im allgemeinen nicht offen als »Gnade« zu erkennen. Nur sporadisch bezeichnet sie eindeutig einen Wert, der sich jenseits der Grenzen des Rechts verwirklicht: wenn der Kaiser in eigener Sache richtet.

In Senecas Theorie von der Milde haben sich Römisches und Griechisches zu einer neuen Einheit verbunden. Römischen Ursprungs ist die Bezeichnung *clementia*, sie entstammt der politisch-ethischen

Dimension. Sie hatte zunächst nur dort eine Funktion, wo keinerlei Rechtsbeziehungen bestanden: innerhalb des römischen Hauses und gegenüber dem besiegten Feind. In der *res publica* jedoch, in der Rechtsgemeinschaft der Bürger, bestand kein Anlaß, *clementia* zu üben. Erst als die Bürgerkriege der späten Republik die altüberkommene Rechtsgemeinschaft aufhoben, bemächtigte sich die Kategorie auch der Innenpolitik: Caesar war der erste, der seinen Mitbürgern *clementia* verhieß und gewährte. Cicero, der sich in den Reden der Jahre 46 und 45 v. Chr. das Schlagwort der caesarischen Versöhnungspolitik zunutze machte, nahm hierbei manches Motiv der Schrift Senecas vorweg. Er war insbesondere bestrebt, der *clementia* ein rationales Fundament zu geben und sie vom Rechtsprinzip der Gleichheit abhängen zu lassen, und schließlich wußte er an Caesars Gnadenerweisen zu rühmen, daß sie auf Gründe achteten.

Seneca hat ein übriges getan, die *clementia* dem Recht anzunähern. Hierbei konnte er sich eines griechischen Modells bedienen, der ἐπιείκεια (epieíkeia). Das Wort bezeichnete im attischen Sprachgebrauch vor allem die Milde und Schonung unter Gleichgestellten. Aristoteles gab dem Ausdruck eine juristische Komponente: Er verwendete ihn im Sinne von »Billigkeit« – für ein Verhalten, das nicht immer auf der buchstäblichen Anwendung der jeweils einschlägigen Norm bestehe, das Kulanz und Nachgiebigkeit zu zeigen bereit sei. Ἐπιείκεια hatte seither eine ambivalente, sowohl ethische als auch juristische Bedeutung und bezeichnete somit ungefähr denselben Bereich, den Seneca der *clementia*, einem ursprünglich ebenfalls rein ethischen Begriff, zuwies.

Mit der Schrift ›De clementia‹ gab Seneca seinem Zögling einen Fürstenspiegel in die Hand, der möglichst genau auf dessen besondere Verhältnisse einzugehen suchte. Während das zweite Buch die mit der Gerechtigkeit zusammenhängenden Probleme vorführt, wie sie objektiv beschaffen waren, enthält das erste Buch Maximen, die im Grunde auf dasselbe zielen, hierbei jedoch das Subjekt des Monarchen als eines unvermeidlichen Risikofaktors berücksichtigen. Der junge Kaiser erhielt ein Lehrgebäude, das zweischichtig war wie das Staatswesen, dessen Lenkung ihm oblag: Die monarchische Theorie des ersten Buches ruht auf der republikanischen Basis von Buch 2, und zwischen den beiden Bereichen besteht ein heikles, spannungsvolles Verhältnis.

Die Monarchie ist unkontrollierbar, die hieraus sich ergebenden Defizite können allein durch den Monarchen selbst ausgeglichen werden: Diese wohldurchdachte Doktrin Senecas vermochte nur jemanden zu beeindrucken, der zur Selbstreflexion fähig und von der Erfahrung der eigenen, eingeschränkten Subjektivität durchdrungen war. Es ist nicht bekannt, wie – und ob überhaupt – Nero auf die staatstheoretischen Bemühungen seines Lehrers reagiert hat. Man geht kaum fehl in der Annahme, daß die subtilen Leitsätze der Schrift für den unreifen, ganz seinem egozentrischen, bizarren »Künstlertum« ergebenen Nero zu fein gesponnen waren – in dem Maße, daß man nicht umhinkann, sich über Seneca zu wundern. Er muß doch seinen Schüler gut gekannt haben, besser als jeder andere: Hat er im Ernst geglaubt, ihn mit seiner Gerechtigkeitsphilosophie beeindrucken und zu einem verantwortungsbewußten Regenten erziehen zu können? Es mag sein, daß ein schier unverwüstlicher pädagogischer Eros ihn immer noch hoffen ließ, Nero werde sich läutern und die Erwartungen zu erfüllen suchen, welche die Abhandlung ›De clementia‹ implizit an ihn stellte. Zugleich aber muß man sich fragen, ob sich Seneca nicht auch an die Außenwelt gewandt hat: ob er mit der Schrift nicht bekunden wollte, was er aus dem Prinzen und jungen Herrscher nur allzugern gemacht hätte, ob sie nicht den Erzieher rechtfertigen sollte, falls der Zögling auf der Bahn fortschritte, die er mit der Ermordung des Britannicus und den Ausschweifungen im nächtlichen Rom betreten hatte. Daß man Seneca ein derartiges Maß an Vorsicht – um nicht zu sagen: Berechnung – zutrauen darf, legt eine bereits erwähnte Bemerkung des Tacitus auch dann nahe, wenn sie ein wenig zu boshaft ausgefallen sein sollte: Nero habe jemanden begnadigt, der wegen Ehebruchs mit Messalina seines Sitzes im Senat verlustig gegangen war; damals habe er seine Milde in zahlreichen Reden verbürgt, »die Seneca, um zu bekunden, wie ehrbar seine Lehren seien, … durch den Mund des Kaisers verbreitete«.

21. Statue eines römischen Prinzen, aus claudischer Zeit, vielleicht des Britannicus. Rom, Vatikanische Museen

Zunächst jedoch geschah nichts, was der stolzen Programmrede des Jahres 54 n. Chr. hohngesprochen, was die Gerechtigkeitsphilosophie der Schrift ›De clementia‹ als blanke Utopie entlarvt hätte: Auch die zweite Hälfte des neronischen Quinquenniums, die Zeit von 56 bis 58 n. Chr., verlief ohne ernstliche, dem Ruf der offiziellen Herrschaft Neros abträgliche Zwischenfälle. Es gab Dispute um die Amtsgewalt der Tribunen, es gab Prozesse gegen Statthalter, die Erpressungen begangen haben sollten, und sonstige Verwaltungsroutine; im Kampf um Armenien war der römische Feldherr Corbulo erfolgreich. Alles dies aber verdankten Rom und das Reich wohl kaum den Lehren, die Seneca dem jungen Kaiser sei es schriftlich, sei es mündlich mitzuteilen suchte, sondern zuallererst der Tatsache, daß dieser die Staatsgeschäfte seinen Ratgebern zu überlassen pflegte. Cassius Dio beschreibt den Schwebezustand, der damals geherrscht hat, so:

> (Seneca und Burrus) nahmen die gesamte Regierung selbst in die Hand und übten sie aus, so gut und so gerecht sie konnten … Denn Nero war durchaus nicht arbeitsam und frönte gern dem Müßiggang. Daher hatte er sich zuvor der Mutter gebeugt und gab sich jetzt damit zufrieden, seinen Vergnügungen nachzugehen, während die Regierungsgeschäfte nichtsdestoweniger wahrgenommen wurden … Sie duldeten, daß Nero ein üppiges Leben führte, in der Meinung, er werde sich ändern, wenn er seiner Begierden, ohne daß der Staat ernstlich Schaden erlitte, überdrüssig geworden sei. Als ob sie nicht gewußt hätten, daß eine junge, egoistische Seele, wenn sie in uneingeschränkter Schwelgerei und vollständiger Freiheit heranwächst, nicht im mindesten genug davon bekommt, vielmehr eben hierdurch erst recht verdorben wird. Und wirklich zeigte sich Nero zuerst noch maßvoll: bei den Schmäusen und Lustbarkeiten, den Zechereien und Liebschaften; dann aber, als niemand ihn tadelte und die Staatsgeschäfte deshalb nicht schlechter erledigt wurden, glaubte er, daß sein Verhalten in Ordnung sei und daß er sich noch mehr gehen lassen dürfe …

ZEHNTES KAPITEL

Die Tragödien: Ein stoisches Weltgemälde

Etwa dreißig Jahre nach dem Tode Senecas bringt Quintilian in seinem großen Rhetorik-Handbuch einen Überblick über die wichtigsten, der Bildung des angehenden Redners förderlichsten Autoren der griechischen und römischen Literatur. Sie sind nach den Abteilungen Dichtung – Geschichtsschreibung – Redekunst – Philosophie geordnet. Seneca wird an letzter Stelle gewürdigt, eingehend und nicht ohne Kritik; Quintilian gedenkt dort anerkennend seiner Vielseitigkeit. *Tractavit etiam omnem fere studiorum materiam*, stellt er fest; *nam et orationes eius et poemata et epistulae et dialogi feruntur* – »Er nahm sich ja fast aller Bereiche der Literatur an, denn von ihm sind Reden und Dichtwerke, Briefe und Dialoge vorhanden.« Die Reden haben nicht überdauert; mit den Episteln meint Quintilian die Lucilius-Briefe und mit den Dialogen die übrigen philosophischen Schriften; für die *poemata* bleiben die Tragödien und vielleicht die Epigramme – kaum ein Gelegenheitswerk wie die ›Apocolocyntosis‹.

Wer bereit ist, diese Identifikation gutzuheißen, der vermag in dem zitierten Quintilian-Passus ein erstes aus zeitlicher Nachbarschaft stammendes Zeugnis für die Existenz der Tragödien Senecas zu erblicken. Das zweite und beinahe schon letzte dieser Zeugnisse ist bereits erwähnt worden: *carmina crebrius factitare, postquam Neroni amor eorum venisset* – »(Seneca) mache häufiger Gedichte, seit Nero Gefallen an ihnen gefunden habe«, läßt Tacitus die Feinde Senecas kritisch bemerken. Auch hier muß man ein wenig nachhelfen, muß anerkennen, daß mit dem Begriff *carmina* zuallererst die Tragödien gemeint sind. Wenn man nun noch ein einsames Zitat bei Quintilian hinzufügt, einen Vers aus der ›Medea‹ als Beispiel für eine rhetorische Frage, dann sind alle Belege für die Resonanz genannt, welche das einzige erhaltene Corpus römischer Tragödien in der Antike gefunden hat. Seneca selbst hat die größte Enthaltsamkeit geübt: In seinem übrigen Oeuvre findet sich kein einziger Hinweis auf die Tragödien, kein einziges Zitat daraus.

Der Besuch von Schauspielen war auch den Angehörigen der höchsten Stände erlaubt: Senatoren und Ritter nahmen in den Theatern auf besonderen, ihnen vorbehaltenen Sitzreihen Platz. Doch die Mitwirkung bei Darbietungen auf öffentlicher Bühne galt als schwerer Schimpf, und wer sich von Berufs wegen als Schauspieler, Sänger oder Pantomime betätigte, lebte im Status bürgerlicher Ehrlosigkeit. Und von Hause aus war offenbar auch das Herstellen von Bühnenwerken keine Tätigkeit, der man sich als Aristokrat unterzog: Die berühmten Theaterdichter der Republik, von Livius Andronicus bis Accius, entstammten sämtlich den unteren Schichten; wenn Persönlichkeiten wie Julius Caesar Strabo, der Großonkel des Diktators, oder Ciceros Bruder Quintus Tragödien schrieben, dann war das nichts als dilettantisches Amüsement.

Diese Einstellung lockerte sich in augusteischer Zeit, als Varius Rufus einen ›Thyestes‹ und Ovid eine ›Medea‹ verfaßten. Gleichwohl scheint in den Kreisen, denen Seneca, Tacitus und Quintilian angehörten, der Bühnenkunst gegenüber eine gewisse Reserve fortbestanden zu haben, und so mag sich erklären, daß von Senecas Tragödien sehr wenig Aufhebens gemacht wurde, daß man sogar den eigentlichen Gattungsnamen vermied und statt dessen allgemein von *carmina* oder *poemata* sprach.

Römische Strenge hat also bewirkt, daß schon der Autor selbst und ebenso seine antiken Kritiker das Tragödien-Corpus als Nebenwerk, fast könnte man sagen als Spiel, aufgefaßt wissen wollten. Ein Umstand ist immerhin überliefert, und er ist glaubwürdig, weil ihm ein hohes Maß an Wahrscheinlichkeit eignet: daß Seneca vor allem um Neros willen Tragödien verfaßt habe. Der Zögling fand Gefallen an den Stücken, und der Lehrer weigerte sich nicht; während es dem einen auf das Künstlerische ankam, auf Gelegenheiten, Rollen zu studieren und pathetische Texte vorzutragen, mag

22. Tragödienmasken. Detail von einem römischen Mamorsarkophag, Kaiserzeit. Rom, Nationalmuseum

der andere gehofft haben, daß von den Sujets und ihrer poetischen Form auch moralische Wirkungen ausgehen würden. Im übrigen aber tappt die Nachwelt im dunkeln. Man weiß nicht, wann die Tragödien entstanden sind und in welcher Reihenfolge. Seneca hat sich jede deutliche Anspielung auf Zeitereignisse, jeden Hinweis von späteren auf frühere Stücke versagt. Man kann lediglich vermuten, daß der größte Teil des Corpus in den Jahren verfaßt worden ist, da Seneca als Erzieher auf den Prinzen einzuwirken suchte, sowie während der Anfänge von dessen Regierung. Daher bleibt dem heutigen Betrachter nur übrig, die neun Stücke en bloc zu würdigen, wobei die Reihenfolge so ziemlich dem Belieben anheimgestellt ist.

Außerdem lassen die mythischen Stoffe mancherlei Auslegungen zu. Da es an authentischen Hinweisen fehlt, ist es zwar immer noch möglich zu ermitteln, wie man die Tragödien hat deuten können, nicht aber, wie man sie damals, zur Zeit ihrer Entstehung, de facto gedeutet hat. Einen Fingerzeig gibt immerhin das pädagogische Ambiente, aus dem die Stücke hervorgegangen sind. Ein wesentlicher Zweck der Tragödienproduktion muß aus dem Auftrag abgeleitet werden, einen Prinzen für sein Herrscheramt heranzubilden. Hieraus wiederum folgt, daß Seneca bestrebt gewesen sein wird, das Exemplarische der Hauptfiguren – im abschreckenden wie im anfeuernden Sinne – herauszuarbeiten, wozu ihm sowohl die stoische Ethik als auch die politische, tyrannenfeindliche Tradition Griechenlands und Roms die Farben liehen. Ein weiterer Hinweis, wie man die Tragödien Senecas hat auffassen können, läßt sich einigen Nachrichten entnehmen, die zeitgenössische Reaktionen auf Stücke anderer registrieren; daraus geht hervor, daß man aus den alten Mythen gern eine regimefeindliche Tendenz heraushörte. Schließlich noch ein Drittes: Es ist nicht überliefert, daß Senecas Tragödien aufgeführt worden sind. So zweifelt man denn auch hier: Teils faßt man die Stücke als Lese- oder Rezitationsdramen auf, teils rechnet man mit Inszenierungen, sei es auf privaten, sei es auf öffentlichen Bühnen.

Das Corpus der Tragödien Senecas besteht, wie erwähnt, aus neun Stücken, bei denen es sich durchweg um Bearbeitungen griechischer Mythen handelt. Als zehntes kommt ein Historiendrama hinzu, das nach Octavia, der Tochter des Claudius und Gattin Neros, betitelt ist – in diesem Falle aber wird wohl mit Recht an der Autorschaft Senecas gezweifelt. Die Mythenstücke gehen in letzter Instanz auf Werke der drei attischen Klassiker Aischylos, Sophokles und Euripides zurück, auf Werke, die glücklicherweise fast sämtlich erhalten sind. Seneca hat diese Modelle gekannt und sich mehr oder weniger stark an sie angelehnt. Daher entsprechen einander als Vor- und Abbilder die Stücke:

Hercules furens (Der rasende Herkules)	–	Euripides, Herakles
Troades (Die Troerinnen)	–	Euripides, Hekabe/Troerinnen

Phoenissae (Die Phönissen)	–	Sophokles, Ödipus auf Kolonos Euripides, Die Phönikerinnen
Medea	–	Euripides, Medea
Phaedra (Phädra)	–	Euripides, Hippolytos I/II
Oedipus (Ödipus)	–	Sophokles, König Ödipus
Agamemno (Agamemnon)	–	Aischylos, Agamemnon
Thyestes	–	—
Hercules Oetaeus (Herkules auf dem Öta)	–	Sophokles, Die Trachinierinnen

Diese Gegenüberstellung springt über ein halbes Jahrtausend dramatischer Produktion hinweg. Sie verknüpft den Höhepunkt der Tragödie im Athen des 5. Jahrhunderts v. Chr. mit dem Ende der Gattung im kaiserlichen Rom und läßt die Zwischenglieder außer acht, die es unterdessen gegeben hat: griechische in hellenistischer Zeit und lateinische während der römischen Republik. Von alledem ist kein einziges Stück erhalten geblieben; immerhin lassen die überlieferten Namen, Titel und Zitate einige mehr oder minder sichere Annahmen zu.

Schon die drei großen Tragiker des 5. Jahrhunderts v. Chr. und ihre Zeitgenossen haben sich oft derselben Stoffe angenommen: Man variierte den feststehenden Ablauf des Geschehens, indem man die Motive, die Charaktere und sonstige Details änderte. Ein Vergleich der drei erhaltenen Elektra-Stücke (von Aischylos unter dem Titel ›Choephoren‹, von Sophokles und Euripides unter dem Titel ›Elektra‹) gibt Einblick in die Vielfalt der Techniken, die hierbei möglich waren. Dieser Brauch setzte sich im 4. Jahrhundert v. Chr. und während des Hellenismus ohne erkennbare Abschwächung fort, obwohl damals auch die Tendenz bestand, entlegene, unverbrauchte Mythen auf die Bühne zu bringen. Der Ödipus-Stoff scheint der Spitzenreiter gewesen zu sein: Er kommt unter den überlieferten Titeln elfmal vor; sechs der Bearbeiter gehörten dem 5. Jahrhundert, die übrigen fünf der folgenden Zeit an. Der Titel Thyestes ist achtmal bezeugt, je zur Hälfte aus der klassischen und der hellenistischen

23. Tragödienszene: Medea vor dem Kindermord. Wandmalerei der Zeit Neros aus dem Haus der Dioskuren in Pompeji. Neapel, Archäologisches Nationalmuseum

Epoche, und die dritte Stelle nimmt mit sieben Repräsentanten der Medea-Stoff ein, dem offenbar Euripides zu seiner großen Beliebtheit verholfen hat. So geht es fort: Das Studium der knapp vierhundert Titel griechischer Stücke bringt fünf-, vier-, drei- und zweimal verwendete Titel in Fülle an den Tag. Entsprechendes gilt für die römische Tragödie, die ja ein Abklatsch der griechischen war: Auch ihre Autoren scheuten sich nicht, schon in einer lateinischen Version vorhandene Sujets erneut zu bearbeiten. Besonderer Beliebtheit haben sich auch dort Thyest- und Medea-Stücke erfreut, während eigenartigerweise Senecas ›Ödipus‹ nur in einem Versuch des Knaben Caesar einen römischen Vorläufer gehabt zu haben scheint.

Aus alledem folgt nun aber für Seneca, daß er, dem gewiß ein erheblicher Teil der hellenistischen und altrömischen Produktion zu Gebote stand, nicht an den klassischen Mustern Genüge finden mußte, daß er vielmehr auch auf spätere Versionen desselben Stoffes zurückgreifen konnte, und manches spricht dafür, daß er des öfteren von dieser Möglichkeit Gebrauch gemacht hat. Alle die Differenzen, die zwischen seinen Stücken und den Vorbildern aus dem 5. Jahrhundert v. Chr. bestehen, gehen somit nicht notwendigerweise auf ihn selbst zurück; er kann sie einer zweiten, aus späterer Zeit stammenden Vorlage entnommen haben. Wegen des großen Hiats, der in der Überlieferung klafft, lassen sich die Schichten, die in Senecas Stücke eingegangen sind, nicht mehr trennen. Man riskiert also, daß man Senecas individuellem Kunstwollen zuschreibt, was in Wirklichkeit bereits in republikanischer, ja in hellenistischer Zeit modifizierend auf die klassischen Vorlagen eingewirkt hat.

In *einem* Punkte hat sich Seneca offensichtlich von einer Tradition leiten lassen, die seit langem bestand: in der Bevorzugung des Euripides. Für fünf, vielleicht sogar für sechs Stücke (weder der euripideische noch sonst ein Thyestes sind erhalten, so daß eine Zuweisung unmöglich ist) hat *der* Dichter als Vorlage gedient, den schon die ›Poetik‹ des Aristoteles als den tragischsten bezeichnet und der vom 4. Jahrhundert v. Chr. an weit mehr gewirkt hat als Aischylos und Sophokles, und zwar sowohl durch die Aufführungspraxis als auch dadurch, daß er von anderen Bühnenautoren nachgeahmt wurde. Er war der unumstrittene Favorit des hellenistischen Theaters und beherrschte die Produktion der römischen Bearbeiter, allen voran des Ennius.

Dieser postume Sieg des zu seinen Lebzeiten wenig anerkannten Dramatikers überrascht nicht, wenn man auf die allgemeinen geistigen Entwicklungen blickt, die sich damals und im Jahrhundert darauf vollzogen. In den Stücken des Aischylos und Sophokles hatten die mythischen Stoffe noch einmal als Träger unbedingter religiöser Aussage Götternähe bekundet: In ihnen ging es um die Grenze von Gott und Mensch, von Schuld und Verhängnis, von eigener Verantwortung und auferlegter Verstrickung. Mit Euripides jedoch schlugen Mythos und Religion getrennte Wege ein. Das Handeln der Götter wurde kritisierbar vor dem Richterstuhl menschlicher Vernunft, und die Heroen mußten sich mit den Dimensionen gewöhnlicher Sterblicher begnügen. Von Euripides an konnten Frauengestalten – allen voran Medea und Phädra – zu Hauptfiguren aufsteigen und selbst Personen aus niederen Gesellschaftsschichten am tragischen Geschehen teilhaben. Seither galt der Mensch als autonom, er war verantwortlich für sein Tun im Guten wie im Schlechten und mußte sich selber um Auswege aus seinen Nöten und Verstrickungen bemühen. Nicht Götter stürzten ihn ins Unglück, sondern seine eigene Unfähigkeit, Schein und Sein, Trug und Wahrheit zu sondern, sowie seine Schwäche, durch die er, statt von seiner Vernunft Gebrauch zu machen, zum Spielball seiner Begierden und Leidenschaften wurde. Die Tragödien des Euripides sind von Aufklärung imprägniert, ohne aufgeklärt zu sein, das heißt ohne die Symbolhaftigkeit des Dichterischen preiszugeben. Sie repräsentierten eine »moderne« Stufe tragischer Weltsicht und erwiesen sich eben deshalb in hellenistischer und römischer Zeit als eminent wirkungsmächtig.

Das euripideische Oeuvre hatte Rückwirkungen auf das Verständnis der beiden anderen Tragiker. Die ›Poetik‹ des Aristoteles, geschrieben aus der Distanz eines Jahrhunderts, zeigt, wie man nunmehr die Hinterlassenschaft der großen Drei und ihrer Zeitgenossen insgesamt auffaßte. Die Götter wurden nicht mehr sehr ernst genommen, und die mythischen Verwicklungen galten als geschichtliche Ereignisse mit Protagonisten, deren gehobene soziale Stellung dazu diente, den tragischen Effekt zu steigern. Nur so waren die uralten Stoffe für das bürgerliche Ambiente des Hellenismus und der römischen Republik kommensurabel, nur so ließen sie sich von den damaligen Zuschauern als Modelle oder Parabeln für die eigene Existenz begreifen. Die römischen Bearbeiter des 3. und 2. Jahrhunderts v. Chr. taten ein übriges, das klassische Repertoire ihrem Publikum nahezubringen. Sie suchten euripideischem Geist – seiner dramatischen Technik, seinem Moralismus und Rationalismus – auch dann Eingang zu verschaffen, wenn sie eine Tragödie des Aischylos oder Sophokles zur Vorlage nahmen.

In Rom war den Wegbereitern Livius Andronicus und Naevius (3. Jahrhundert v. Chr.) das bedeutendere Dreigestirn Ennius (239–169 v. Chr.), Pacuvius (etwa 220–130 v. Chr.) und Accius (etwa 170–85 v. Chr.) gefolgt; nach dem Tode des Accius, des mit etwa fünfzig Stücken fruchtbarsten römischen Tragikers, brach die Reihe der vorklassischen Bühnenautoren ab und riß das Band echter Kontinuität – es gab nur noch Unbedeutendes und Dilettantisches oder auch erratisch Für-sich-Stehendes, wie die erwähnten Einzelstücke des Varius und des Ovid. Die Kaiserzeit brachte einen neuen Impuls, oder, richtiger, sie erschloß der Produktion von Tragödien einen Bereich, der ihr so unmittelbar im 5. Jahrhundert v. Chr. kaum offengestanden hatte: den politischen. Vor der Folie der julisch-claudischen Dynastie mit ihrer Verruchtheit, ihren hemmungslosen Gelüsten und ihren niederträchtigen Verwandtenmorden gewannen die altersgrauen Geschichten aus Mykene und Theben plötzlich eine geradezu bestürzende Aktualität, und die längst als Metaphern kursierenden Stoffe ließen sich beinahe im Wortverstande auf die Gegenwart beziehen. Die Tragödie geriet unversehens in einen anderen Kontext, so sehr, daß sich in tödliche Gefahr bringen konnte, wer sich ihrer anzunehmen wagte.

Derartige Fälle ereigneten sich unter Tiberius. Der Senator Mamercus Aemilius Scaurus, ein anerkannter Redner, dichtete einen

›Atreus‹; er nahm sich also desselben grauenhaften Stoffes an wie Seneca im ›Thyestes‹. Der Kaiser, der hiervon unterrichtet wurde, schöpfte den Verdacht, daß die Titelfigur auf ihn gemünzt sei, und zwang den Autor zum Selbstmord, mit dem zynischen Bemerken, er mache aus ihm einen Ajas. Einem Ungenannten wurde als Majestätsbeleidigung angerechnet, daß er einer Tragödienfigur Beschimpfungen des mythischen Königs Agamemnon in den Mund gelegt hatte; der Text fiel der Vernichtung anheim. Später, unter Claudius, wurden Stücke des namhaften Politikers Publius Pomponius Secundus aufgeführt: Der Kaiser nahm keinerlei Anstoß, ja er schritt mit strengen Erlassen ein, als das Publikum Schmähungen ausstieß. Von den Titeln und Inhalten seiner Tragödien haben sich nur ganz unsichere Spuren erhalten, obwohl ihn Quintilian für den weitaus besten zeitgenössischen Dramatiker erklärt und Tacitus behauptet, daß sein literarischer Ruhm den militärischen übertreffe. So läßt sich nicht mehr entscheiden, ob seine eigene Vorsicht oder die Liberalität des Kaisers bewirkt hat, daß ihm Drangsalierungen erspart blieben. Der Redner und Dichter Curiatius Maternus schließlich, einer der Gesprächsteilnehmer im taciteischen ›Dialogus de oratoribus‹, schrieb sowohl historische Dramen, einen ›Cato‹ und einen ›Domitius‹, als auch Mythenstücke, wobei er Stoffe wählte, deren sich auch Seneca annahm: ›Medea‹, ›Thyestes‹. Die Schrift des Tacitus gibt deutliche Hinweise auf die politische Brisanz beider Arten von Tragödien, ohne allerdings den Kaiser – in diesem Falle Vespasian – als den eigentlichen Urheber der Gefahr zu nennen. Curiatius Maternus, verlautet dort, habe durch den Vortrag des ›Cato‹ – mit jenem republikanischen Freiheitshelden als Titelfigur, der sich angesichts der Diktatur Caesars das Leben genommen hatte – »Anstoß bei den Mächtigen erregt«. Als ein Freund ihm riet, das Stück zu bearbeiten und »eine zwar nicht bessere, wohl aber sicherere Fassung« herzustellen, erwiderte er stolz: »Du wirst lesen, was Maternus sich schuldig war, und wiederfinden, was du gehört hast. Wenn aber der ›Cato‹ etwas zu sagen übrigließ, dann wird das in der nächsten Lesung der ›Thyestes‹ aussprechen.« Maternus gedenkt also die versteckte Opposition des ›Cato‹ unter der Maske eines mythischen Sujets fortzusetzen; die Mythenstücke konnten ebenso als gegen das bestehende Regime gerichtet aufgefaßt werden wie Historiendramen. Domitian ließ im Jahre 91 n. Chr. einen Maternus hinrichten, der bei Redeübungen ein In tyrannos riskiert hatte: Wahrscheinlich handelte es sich um denselben Mann, der laut Tacitus nur »Anstoß bei den Mächtigen« hervorgerufen hatte.

So etwa war das geistige Umfeld beschaffen, innerhalb dessen Seneca sein tragisches Werk hervorbrachte. Man muß daraus wohl nicht sogleich folgern, daß er sich ebenfalls Gefahren ausgesetzt hätte. Sein pädagogischer Auftrag oder, was auf dasselbe hinausläuft, Agrippina deckte ihn; er durfte sich ad usum Delphini unbesorgt seinem poetischen Elan hingeben. Hingegen ist es sicherlich erlaubt, aus der zeitgenössischen Produktion und der Resonanz, die sie fand, den Schluß zu ziehen, daß die griechischen Geschlechtermythen damals, zur Zeit der julisch-claudischen Dynastie, gleichsam transparent waren, daß man also keine Scheu hatte, aus mehr oder minder weit entfernten Ähnlichkeiten aktuelle Pointen und verhüllte Anspielungen auf Gegenwärtiges herauszuhören.

Die Neigung, das mythische Einst mit dem realen Jetzt zu vergleichen, verlief auch in der entgegengesetzten Richtung. Die Ermordung des Britannicus, schreibt Tacitus, sei von vielen Leuten nachsichtig beurteilt worden; sie hätten »altüberlieferten Bruderzwist und die Unteilbarkeit des Thrones« in Betracht gezogen. *Antiquae fratrum discordiae*: Die Formulierung deutet an, daß man nicht nur an Romulus und Remus, das feindliche römische Brüderpaar, sondern auch an Atreus und Thyestes, an Eteokles und Polyneikes gedacht hat – also an die Sujets zweier Seneca-Tragödien, des ›Thyestes‹ und der ›Phönissen‹. Das Ineinanderfließen von Mythos und Wirklichkeit bekundet auch Seneca selbst. Die furchtbare Geschichte vom Ritter Pastor, der, nachdem der eine seiner beiden Söhne hingerichtet worden war, mit heiterer Miene am Gelage Caligulas teilnehmen mußte, wurde bereits erwähnt. Dort heißt es: »Der Kaiser trank ihm zu und ließ ihn dabei überwachen: Der Unglückliche zeigte sich beherrscht, als ob er seines Sohnes Blut tränke« – der Vergleich evoziert mit Bedacht das Mahl des Thyestes.

Auch aus den Tragödien Senecas werden somit die Zeitgenossen gebrochene Hinweise auf Ereignisse und Zustände am Kaiserhof herausgehört haben. Die Nachwelt aber vermag infolge ihrer größeren Distanz mehr zu erkennen: Für sie spiegelt sich in diesen Stücken das ganze Zeitalter, die ganze Kultur. Hierfür sind nicht nur die Stoffe selbst verantwortlich, sondern vor allem die Zubereitung, die Seneca ihnen zuteil werden ließ – ihm hat als sensiblem Künstler stets auch die Epoche den Griffel geführt. So erscheint bei ihm die überkommene Götterwelt, die noch in augusteischer Zeit ernsthafte Symbolgehalte hatte ausdrücken können, als Staffage, als Draperie, als Maskerade. »Wozu läßt die blutige Mänade kopfüber in Liebesrasen sich hinreißen?« heißt es von Medea: Der Dionysoskult ist zur Metapher degradiert, der heilige Wahn der Dienerinnen bezeichnet nur noch einen profanen pathologischen Zustand. Umgekehrt aber lieh sich die profane Welt des Hofes von der Mythologie, vom Kult Glanz und Erhabenheit: Messalina inszenierte ihre frevelhafte Vermählung mit Silius als dionysische Hochzeit. Die poetische Götterwelt und das Treiben am Hofe bewegten sich aufeinander zu und verschmolzen miteinander. Den Tragödien Senecas dienten die Götter als Façon de parler, als von den Inhalten ablösbares Ornament; der Hof wiederum, allen voran der Kaiser, suchten sich durch mythologische Kostüme ins Göttliche hinaufzustilisieren. Von den diesbezüglichen Aspirationen Caligulas war bereits die Rede. Nero wiederum nahm in Anspruch, im Gesang Apollo, im Wagenlenker den Sonnengott zu erreichen – da er auch die Arbeiten des Herkules nachahmen wollte, habe man bereits, hieß es, einen Löwen abgerichtet, den er im Amphitheater vor den Augen des Volkes nackt mit einer Keule oder durch Umschlingen mit den Armen töten wollte. Daß Nero unsterblich sei, daß er dem Aussehen nach Mars und Apollo gleiche, wußte auch der Bukoliker Calpurnius Siculus: Die Götter, welche die Stücke Senecas bevölkern, waren keine entrückten Wesenheiten, sondern gegenwärtige, durch den allzu großen Anspruch der höfischen Nutznießer stark diskreditierte Mächte.

Ein anderer Bereich, in dem die Tragödien Senecas und die zeitgenössische Wirklichkeit einander begegneten und durchdrangen, in dem die Theaterhelden spiegelten, was im damaligen Rom allzuoft praktiziert wurde, war der Tod, das heroische Sterben. *Ave, imperator, morituri te salutant* – »Heil dir, Kaiser, die dem Tode Geweihten grüßen dich«: Der Beruf und das gewöhnliche Ende des Gladiators waren schon für Seneca Chiffren der menschlichen Existenz schlechthin, und so stellte er in seinen Prosaschriften den Daseinskampf wiederholt im Bilde dessen dar, der verdammt war, mit trotzigem Mut zu töten und getötet zu werden. »Das Leben ist wie in einer Gladiatiorenkaserne, … ein Verein von Bestien«, verlautet in der Schrift ›De ira‹, und ein Brief vergleicht den Ängstling, der im Angesicht des Todes mutig wird, mit typischem Gladiatorenverhalten.

Heroisches Sterben war aber nicht nur in der Arena gefordert, von den Verbrechern, Kriegsgefangenen und Sklaven, die sich dort einem grauenhaften Vergnügen opfern mußten, sondern auch von den Angehörigen der Oberschicht, von den Rittern und zumal den Senatoren. Die kaiserliche Willkür konnte zupacken wie das Schicksal in der Tragödie; man stand ihr ohnmächtig gegenüber, und die einzige Waffe war oft der selbstgesuchte rasche Tod. Die ständigen Spannungen zwischen dem Kaiser und dem Senat, die sich immer wieder in Majestätsprozessen, Hinrichtungen und Morden entluden, erzeugten auf seiten der Aristokratie eine finstere Todesbereitschaft, eine beklemmende Ergebenheit in das Unvermeidliche, deren schaurige Hintergründigkeit von Seneca pathetisch, von Tacitus grimmig festgehalten worden ist.

Zu alledem enthalten die Stücke Senecas ein gleichgestimmtes Pendant. Der Tod ist dort die Erlösung von Schmerz und Schuld, der Weg in die Freiheit, ins Nichts. Das in vielen Variationen auftretende Motiv zeigt gelegentlich rauschhaft-ekstatische Züge, etwa in Phädras Antwort auf die Todesdrohung Hippolyts. Im allgemeinen jedoch verstehen sich Senecas Helden, wenn sie den Tod preisen, lediglich zu einer kalten, trotzigen Reaktion auf die feindliche Umwelt, den Herrschaftsbereich der Fortuna. Mit der Möglichkeit des Sterbens tut sich eine Lücke in der erbarmungslosen Kette der Ursachen und Wirkungen auf, denn der Tod beseitigt die Spannung zwischen Schicksalswalten und menschlicher Verantwortlichkeit. »Wer sich zwingen läßt, weiß nicht zu sterben«, entgegnet Megara dem Tyrannen Lycus im ›Rasenden Herkules‹; »Sicher ist, wer sterben kann, muß und will«, erklärt Andromache in den ›Troerinnen‹. Ihr Sohn Astyanax, ein Kind noch, handelt demgemäß: Er springt aus freiem Entschluß von dem Turm hinab, von dem er gestürzt werden soll. Ein Chorlied des ›Agamemnon‹ entfaltet das Motiv in reicher Instrumentierung:

Weh, ein süßes Übel ist für die Sterblichen
die schreckliche Liebe zum Leben, da doch Entrinnen aus den Übeln
offenstünde und der Befreier Tod die Elenden riefe,
ein sanfter Hafen ewiger Ruhe.
Ihn bewegt kein Schrecken noch Sturm
der zügellosen Fortuna oder des ungerechten
Donnerers Flamme.
...
Alle Sklaverei zerbricht
der Verächter der leichtlebigen Götter,
der das Antlitz des schwarzen Acheron,
der die traurige Styx nicht traurig erblickt
und es wagt, dem Leben ein Ende zu setzen.
Gleich einem König ist er, gleich den Überirdischen.
O wie elend ist's, nicht zu sterben zu wissen!

Der Tod als das Tor, das dem Menschen offensteht, wenn die Widerwärtigkeiten des Lebens ihn allzusehr bedrängen: Dieser Grundgedanke der Stoa beruhte auf der Annahme, daß sich nach der natürlichen Ordnung der Dinge jedes Einzelwesen wieder in seine Elemente auflöse, um einem anderen Platz zu machen. Mit der Stoa ist eine weitere, sehr wichtige Komponente genannt, die den Tragödien Senecas Aktualität verschaffte und sie als Spiegel des Zeitgeistes erscheinen läßt. Es wurde bereits erwähnt, daß die stoische Philosophie in der frühen Kaiserzeit zur Trägerin der öffentliche Moral avancierte. Aus ihr ging während des 1. Jahrhunderts n. Chr. ein Widerstandsethos gegen Tyrannenwillkür hervor; wie schon

Cato, der Gegner, und Brutus, der Mörder Caesars, sich zur Stoa bekannt hatten, so blieb diese Lehre in der folgenden Zeit der ständig glimmende Herd der republikanischen Opposition gegen die Monarchie. Außerdem aber betätigten sich die Stoiker nach wie vor als Prediger der Genügsamkeit, des einfachen Lebens, mit heftiger Kritik am Übermaß der zivilisatorischen Genüsse.

Die Tragödien Senecas enthalten beides, vor allem Anklagen der Tyrannei. Überhaupt ließe sich aus ihnen ein Leitfaden der stoischen Ethik zusammenstellen. Sie erschöpfen sich nicht in der Illustration philosophischer Lehrsätze; ihnen eignet – was durch die mythischen Stoffe in ihnen angelegt war – eine dichterische, symbolische Kraft, die darüber hinausgeht. Gleichwohl sind sie kein für sich stehender Teil von Senecas Gesamtwerk. Sie wollen in höherem Maße belehren und erziehen (zuallererst den Prinzen, wahrscheinlich auch den Hof und das Publikum von Rom) als fesseln und unterhalten, sie verfolgen also dieselben Zwecke wie die Prosawerke. Die Querverbindungen zwischen den beiden Corpora sind offenkundig: Der Zorn und das Rasen der Tragödienfiguren lassen sich durch die Erkenntnisse der Schrift ›De ira‹ erläutern und umgekehrt, der Fürstenspiegel ›De clementia‹ oder die Briefe an Lucilius enthalten Maximen in Fülle, die sich auch in den Tragödien finden. Als Bindeglied zwischen dem mythischen Geschehen und der philosophischen Reflexion dient vor allem der Chor: Hiermit bot die überlieferte Form dem Philosophen-Dichter ein ausgezeichnetes Vehikel dar, seinen Überzeugungen in kaum verhüllter Direktheit Ausdruck zu verleihen. Da heißt es zum Beispiel in einem Liede des ›Thyestes‹:

Welche Raserei treibt euch (Könige) an,
abwechselnd euer Blut hinzugeben
und durch Verbrechen das Szepter zu erstreben?
Ihr wißt nicht, in der Gier nach Burgen,
worauf sich Herrschaft gründet.
Den König machen nicht Schätze,
nicht des Gewandes Purpurfarbe,
nicht das Kennzeichen der königlichen Stirn,

nicht Tore, glänzend von Gold:
König ist, wer Ängste abgelegt hat
und die Übel eines schlimmen Herzens,
den nicht zügelloser Ehrgeiz
und die nie beständige Gunst
der unbedachten Menge bewegt
...
der stehend auf sicherem Grund
unter sich alles erblickt
und freudig entgegeneilt seinem
Schicksal und klaglos stirbt
...
König ist, wer nichts fürchtet,
König ist, wer nichts begehrt.
Dies Königreich gibt jeder sich selbst.

Auf Grund einer aus dem 19. Jahrhundert überkommenen ästhetizistischen Einstellung zeigt man noch immer Scheu, die Tragödien Senecas als engagierte lehrhafte Dichtung anzuerkennen: zu Unrecht. Ähnliches findet man massenhaft in der christlichen Dichtung, etwa in der Märtyrerliteratur. Das Urteil, ein poetisches Werk habe didaktische Ziele, impliziert nicht, daß sich die Kunstgestalt darin erschöpft.

Ein in den Tragödien des öfteren behandeltes Thema, man könnte geradezu sagen ihr Leitmotiv, ist der selbstherrliche, das Recht mit Füßen tretende, allein auf Gewalt sich stützende Tyrann sowie sein Gegenbild, der maßvolle, milde, auf das Wohl seiner Untertanen bedachte König. Die Prosafassung dieses Kontrastes hat Seneca seinem Traktat ›De clementia‹ einverleibt. Dort wird in äußerster Zuspitzung dargetan, daß sich der Gewaltherrscher durch sein Wüten in immer größere Gefahr bringt, bis sein Handeln auf ihn zurückschlägt, während der gerechte König sich größter Sicherheit erfreut – »er wird geliebt, verteidigt, verehrt«. Der Tyrann ist der Gefangene seines Tuns; er kann nicht zurück; er muß seine Verbrechen durch Verbrechen schützen. Er hat sich alle Welt zu Feinden gemacht, auch die Diener, die Freunde, ja die eigenen Kinder;

er nimmt, da er sich vor Waffen fürchtet, Zuflucht zu Waffen – er ist unglücklich und erbarmungswürdig. Der König hingegen übt seine Macht sanft und zum Heile aller aus; er strebt danach, den Bürgern seine Befehle als sachgerecht erscheinen zu lassen; die Leute reden über ihn insgeheim nicht anders als in der Öffentlichkeit; Waffen hat er nur zum Schmuck.

Parallelen zu diesen etwas holzschnittartigen, ganz dem sittlichen Rigorismus der Stoa verpflichteten Darlegungen enthält zum Beispiel der ›Agamemnon‹. Dort läßt sich der Chor allgemein über das Schicksal derer aus, die die Macht innehaben:

> Gefürchtet wollen sie sein
> und gefürchtet zu werden haben sie Scheu; nicht gibt die
> Nacht,
> die bergende, ihnen sichere Zuflucht,
> nicht löst der Bezwinger der Sorgen,
> der Schlaf, ihre Brust.
> Welche Burgen hat nicht schon wechselseitiges Verbrechen
> in die Tiefe gestürzt, welche zermürben nicht
> unfromme Waffen? Recht und Scham
> und der Ehe geheiligte Bindung
> fliehen die Höfe …

Antithetisch wird in einer Szene des ›Thyestes‹ argumentiert, worin Atreus die Position des Tyrannen, ein Gefolgsmann die des gerechten Herrschers einnimmt. Atreus hat sich in langer, haß- und wuterfüllter Rede zur rächenden Tat am Bruder aufgestachelt. Hieran knüpft sich folgender Dialog:

GEFOLGSMANN: Das feindselige Gerede des Volkes
schreckt dich nicht?
ATREUS: Dies ist das größte Vorrecht des Königtums,
daß es das Volk zwingen kann, die Taten seines Herrn
hinzunehmen und zu preisen.
GEFOLGSMANN: Wen Furcht zwingt
zu preisen, den macht Furcht zum Feinde.

Doch wer nach dem Ruhme wahrer Gunst strebt,
der wünscht von Herzen, nicht nur mit Worten gepriesen zu werden.

ATREUS: Wahren Preis empfängt oft auch der Niedrige,
falschen nur der Mächtige. Sie müssen wollen, was sie nicht wollen.

GEFOLGSMANN: Der König wolle Ehrenhaftes: Niemand wird nicht dasselbe wollen.

ATREUS: Wo dem Herrschenden nur Ehrenhaftes erlaubt ist,
wird auf Widerruf geherrscht.

GEFOLGSMANN: Wo nicht Scheu ist
und nicht Sorge für das Recht, Ehrbarkeit, Pflichtbewußtsein, Treue,
steht Königsherrschaft auf schwankendem Grund …

In den ›Troerinnen‹ bringt Seneca einen Dialog zwischen Pyrrhos, dem Sohne Achills, und Agamemnon. Während Pyrrhos rücksichtslos das Opfer Polyxenas, der Priamostochter, auf dem Grabe des Vaters fordert, erscheint der Ältere als jemand, den gerade die Größe des Sieges veranlaßt, Maß und Menschlichkeit zu wahren: »Was willst du mit grausem Mord den edlen Schatten des berühmten Führers besudeln? Zuerst gilt es zu erkennen, was der Sieger tun, der Besiegte erdulden muß. Gewaltherrschaft hat niemand lange ausgeübt, die gemäßigte hat Bestand …«

Neben der Herrschaftsethik sind deren größte Gefahr, die Leidenschaften, ein Hauptthema der Tragödien Senecas. Der Mitvollzug des Wütens der Affekte, wie es die Dramenfiguren vorführen, soll den Leser oder Zuschauer gleichsam immunisieren, er soll ihn durch die Betrachtung abstoßenden Fehlhandelns dem stoischen Ideal der Apathie näherbringen. Als Schilderer von Leidenschaften ist Seneca mehr noch als sonst Nachfolger des Euripides. Er hat indes ins Kolossalische gesteigert, was er dort vorfand, und verselbständigte, um das Handlungsganze wenig besorgte Affektgemälde entworfen.

Dokumente der Leidenschaftlichkeit sind vor allem die beiden großen Frauengestalten. Medea peitscht sich in einer furchtbar-grandiosen Szene zur Rachetat des Kindsmordes auf; nach langem innerem Kampfe treiben die Furien sie zum Vollzug. Phädra verfällt rasender Liebe, bis zu physischem Dahinsiechen, und dem Vernunftgebot der Amme vermag sie nur zu entgegnen: »Was du vorbringst, ist, wie ich weiß, wahr, Amme, doch Wahnsinn zwingt mich, dem Schlechteren zu folgen. Mein Geist geht wissentlich in den Abgrund und wendet sich vergebens nach heilsamen Entschlüssen um.« Die willentliche Abkehr vom Rechten gibt den Weg frei ins Pathos, in den Affekt. Phädra illustriert geradezu die Psychologie der Stoa.

Senecas postphilosophische Dichtungen haben sich auch sonst mancherlei stoische Lehren zu eigen gemacht. *Fatis agimur, cedite fatis* – »Vom Schicksal werden wir getrieben, weicht dem Schicksal«, heißt es in einem Chorlied des ›Ödipus‹, worin sich die thebanischen Greise unmißverständlich zur Heimarméne, zum Providenzglauben der Stoa bekennen. In den ›Phönissen‹ wird das Problem des Freitodes erörtert; wenn Ödipus dort argumentiert, »überall ist Tod, vortrefflich hat Gott dies eingerichtet: Das Leben kann jeder dem Menschen entreißen, den Tod aber niemand«, dann spricht er nicht anders als Seneca selbst in seinen Prosawerken. *Modicis rebus longius aevum est* – »Mäßige Verhältnisse sind von längerer Dauer«: Das schon erwähnte Chorlied des ›Agamemnon‹ enthält auch das popularphilosophische Motiv von der größeren Sicherheit dessen, der nicht allzu hoch hinausstrebt. Ein ähnlicher Kontrast, nur moderner noch, ist Gegenstand einer Partie im ›Rasenden Herkules‹. Der Chor preist die ruhige, schlichte Einfalt des Landlebens und möchte sie der Unrast der Stadt mitsamt dem dort herrschenden Drang nach gesellschaftlicher Geltung entschieden vorgezogen wissen.

Ein hervorstechendes Merkmal der Tragödien Senecas sind grausige, abstoßende, widerliche Schilderungen. Ihr Sitz im Handlungsganzen ist gewöhnlich der die Katastrophe meldende Botenbericht. Der ›Rasende Herkules‹ bringt eine Beschreibung der Unterwelt aus dem Munde des Theseus, der soeben von dort zurückgekehrt ist: In der Substanz konventionell, verdient sie Bewunderung wegen

24. Tragödienszene: Odysseus (rechts) fordert von Andromache den Knaben Astyanax; im Hintergrund die dreitürige Bühnenfront. Tonrelief aus einem Grab, Zeit des Augustus. Rom, Thermenmuseum

ihrer das Schaurige der Örtlichkeit evozierenden Töne. Man geht wohl nicht fehl, wenn man sie als mythisch-poetischen Ausdruck der Todesfurcht deutet. Der Botenbericht der ›Troerinnen‹ hat das grausame Ende des Knaben Astyanax und der Priamostochter Polyxena zum Gegenstand: Die Gefaßtheit der Opfer hebt sich scharf ab von dem Schrecken der Prozedur, und das Ganze findet vor einer gaffenden Menge statt, die sich an Plätzen mit guter Aussicht postiert hat – Greuel, Todesmut und theatralische Schaustellung fügen sich zu einem effektvollen Bilde zusammen.

Schlimmeres enthält der Botenbericht der ›Phädra‹. Er schildert die grundlose Tötung Hippolyts, des von seinem Vater Theseus Verfluchten: Poseidon vollstreckt den Fluch durch Entsendung eines stiergestaltigen Ungeheuers. Hippolyt flieht mit einem Gespann längs der Küste; eine Flutwelle erhebt sich; sie speit den Stier aus, der phantasievoll beschrieben wird. Vieh und wildes Getier, Hirten und Jäger fliehen – allein Hippolyt bleibt furchtlos und sucht die verängstigten Pferde zu zügeln. »Nicht bricht dieser leere Schrecken meinen Mut.« Doch vergebens: Er ist den durchgehenden Pferden nicht gewachsen; er stürzt; er wird geschleift. Sein Blut benetzt die Flur, das Haupt hüpft über die Klippen, das Haar bleibt im Gebüsch hängen, das Gesicht wird verwüstet, die Räder fahren über die Glieder hinweg. Ein im Weg stehender Pfahl dringt dem Unglücklichen in die Weichen ein, und eine Weile werden Rosse und Wagen von dem Widerstand zurückgehalten. Dann zerreißt das Gespann den Helden; Gesträuch zerfetzt seinen Leib; an jedem Stamm hängt ein Teil der Leiche. Diener und Hunde, berichtet der Bote schließlich, suchen im Gelände nach den Resten des Zerstückelten.

Das quasiallegorische Monstrum des Stieres, die naturalistische Zerreißung Hippolyts: Beides soll auch für den Leser nichts sein als *vanus terror*, »ein leerer Schrecken«. Alle Dynamik der grausigen Szene ist nur Folie für den Gleichmut, die Unerschütterlichkeit Hippolyts. Der Absolutheitsanspruch des stoischen Ideals erfordert grelle Kontraste: Eine geradezu schematische Heldenpose vermag auch extremer Scheußlichkeit standzuhalten. Körperliche Unversehrtheit und Leben sind für die stoische Weltauffassung wie alles, was der Wirklichkeit angehört, nur relative Größen, und so dient der menschliche Leib, seine Destruktion, in den Tragödien Senecas als Greuelthema par excellence – der stoische Held, der Weise, ist wie der christliche Märtyrer über alles Physische erhaben, und eben dies wird durch das grausige Ende Hippolyts dargetan.

»Daß nicht Medea vor dem Publikum ihre Kinder schlachte oder der ruchlose Atreus öffentlich menschliche Eingeweide koche«, hatte noch Horaz in der ›Ars poetica‹ die Dichter gewarnt. Die alte griechische Tragödie gab hierfür den Maßstab ab, sie pflegte den

Augen der Zuschauer das allzu Schreckliche zu entziehen. Seneca hingegen hat auch durch die Illusion der Bühne grelle Effekte gesucht: Seine Medea tötet auf offener Szene, sein Atreus wagt zwar nicht, dort zu kochen (dieser Teil der Handlung wird durch Erzählung, durch einen extrem schauderhaften Botenbericht absolviert), aber er wirft dem Bruder zum Entsetzen des Publikums die Überbleibsel der Mahlzeit hin, die Köpfe und Hände der Kinder. Auch sonst hat Seneca die Drastik der Entleibung, der Verstümmelung und Zerstückelung ohne Scheu in die Bühnenhandlung einbezogen. Iokaste zieht sich nicht, wie bei Sophokles, zurück, um aus dem Leben zu scheiden: Sie stürzt sich coram publico ins Schwert. Und ebenso sind die Zuschauer Zeugen, wie der dem Wahnsinn verfallene Herkules Frau und Kinder umbringt.

Seneca beeindruckt in seinen Tragödien durch grandiose Schilderungen: vom Rasen der Leidenschaften, von rituellen Handlungen, von schrecklichen Geschehnissen. Diesen Tableaus hat er vor allem seine Aufmerksamkeit zugewandt, die dramatischen Zusamenhänge hingegen sind darüber nicht selten vernachlässigt. Die Schürzung und Lösung des tragischen Knotens wird eher angedeutet als sorgsam ausgeführt, und auch bei der Zeichnung der Charaktere scheint Seneca gern vorauszusetzen, daß der Leser oder Zuschauer sie bereits aus den griechischen Originalen kennt. Sie werden als gegebene Größen, als von der Tradition in bestimmter Weise geprägte Gestalten eingeführt. »Senecas Medea hat offenbar die ›Medea‹ des Euripides gelesen«, lautet ein vielzitiertes boshaftes Philologenwort.

Senecas Art, die überkommenen Handlungsabläufe zuzubereiten, läßt sich allenthalben am Vergleich mit den griechischen Vorlagen ablesen. Dem ›Ödipus‹ zum Beispiel hat das Sophokleische Meisterstück als Muster gedient. Die Unterschiede drängen sich geradezu auf. Dem Original eignet Spannung: Der Held spürt unerbittlich dem an Laios begangenen Verbrechen nach und entlarvt sich schließlich selbst als den Täter. Dieser Ablauf liegt auch der Version Senecas zugrunde; dort wird er jedoch nicht konsequent in seiner fürchterlichen Logik dargeboten; er erscheint gleichsam als

Rahmen für eine Reihe von Bildern, die durch Scharniere notdürftig miteinander verbunden sind.

Schon der exponierende erste Akt ist solch ein Bild. Das von der Pest heimgesuchte Theben erfüllt Ödipus mit bösen Ahnungen, über die ihn auch Iokaste nicht hinwegzutrösten vermag. In diese Ahnungen aber mischt sich bereits ein Schuldgefühl, das der Held des Sophokles nicht hat und auch der Senecas noch nicht haben dürfte: Es antizipiert das Ergebnis der weiteren Handlung. Seneca stellt also dem Publikum sofort ein den ganzen Ödipus umfassendes Porträt vor Augen. Der zweite und dritte Akt werden jeweils von einer Schilderung beherrscht: von einer Eingeweideschau und einer Totenbeschwörung. Beide Partien, gespickt mit schaurigem Detail, sind Zutaten Senecas. Nachdem Kreon mit der göttlichen Auskunft aus Delphi zurückgekehrt ist, die Pest sei Strafe für den Mord an Laios und es gelte, diesen Mord zu sühnen, wird bei Sophokles ein schon wissender, wegen seines Wissens sich sträubender Seher Teiresias herbeigerufen. Das Pendant bei Seneca hingegen weiß noch nichts, und so kommt es zur Eingeweideschau als Mittel, das Dunkel zu lichten. Hierzu müßte sie denn auch mitsamt ihrer durchsichtigen Symbolik vollauf genügen; Seneca indes bricht der Szene die Spitze ab, nur damit noch das Ritual der Nekromantik, die Beschwörung des Laios, folgen kann. Die beiden Schilderungen sind parallele, innerhalb *eines* Dramas nicht miteinander verträgliche Werkstücke; die jeweils vorangehenden Scharniere aber warten mit allerlei Ungereimtheiten auf, die darauf deuten, daß die für sich stehenden Tableaus mit geringer Sorgfalt zusammengefügt worden sind. Der vierte Akt bringt die Aufklärung, einmal, daß Ödipus den Laios getötet hat, zum anderen, daß er dessen Sohn ist. Seneca befleißigt sich hier größter Kürze, um desto ausgiebiger bei der Katastrophe zu verweilen: Ödipus und Iokaste erhalten nach dem Botenbericht noch eine zusätzliche gemeinsame Szene – die schon erwähnte, in der Iokaste sich auf der Bühne das Leben nimmt.

Das Corpus der Seneca-Tragödien enthält zwei Stücke, bei denen die Auflösung der Form über das hier exemplarisch Angedeutete beträchtlich hinausgeht: den ›Herkules auf dem Öta‹ und die ›Phönissen‹. Das erstgenannte Werk wurde von einem Philologen als »das unförmlichste Produkt« bezeichnet, »das mit dem Anspruch auf Kunst aus dem Altertum erhalten ist«. Zu diesem Eindruck verhilft ihm zuallererst die exorbitante Länge: es erreicht mit knapp zweitausend Versen nahezu das Doppelte des gewöhnlichen Maßes. Außerdem ist die Einheit des Ortes und der Zeit aufgegeben: Der von Seneca hinzuerfundene Anfang, ein von Herkules gesprochener Prolog sowie das folgende Chorlied, spielen noch nicht in Trachis, der Lokalität der Haupthandlung.

Die ›Phönissen‹ wiederum bestehen aus zwei zeitlich voneinander getrennten Szenenfolgen, gleichsam aus zwei Einaktern, die durch ihre Zugehörigkeit zum Ödipusmythos lose miteinander verknüpft sind. Der Chor fehlt, so daß der Titel nicht paßt, er stammt von der für die zweite Hälfte maßgeblichen Vorlage, den ›Phönikerinnen‹ des Euripides. In der ersten Szenenfolge wütet Ödipus in heftigen Affektreden zunächst gegen sich selbst und dann gegen die zum Bruderkrieg sich rüstenden Söhne, die zweite Folge zeigt Iokaste, wie sie ihr Los beklagt und zwischen den Söhnen zu schlichten versucht. Die ›Phönissen‹ sind nicht unvollendet geblieben noch wurden sie von der Überlieferung verstümmelt: Es hat Seneca in diesem Fall genügt, das große Leid der beiden Hauptfiguren als verbindungslose Kontrastbilder nebeneinanderzustellen.

Seneca ist der einzige römische Autor, dem die Nachwelt sowohl Dichtungen als auch Prosawerke verdankt. Er hat sich in Wortwahl, Wortstellung und Syntax an die für einen jeden Bereich maßgeblichen Konventionen gehalten; die Sprache seiner Tragödien unterscheidet sich demgemäß deutlich von der seiner philosophischen Schriften. Immerhin ist der Graben nicht so breit, wie er hätte sein können: Poesie und Prosa hatten schon in augusteischer Zeit begonnen, einander näher zu kommen. Dahinter stand als prägende Instanz die Rhetorenschule; ihre Entwicklung zum Affektierten und Pathetischen, zum Pointierten und Manieristischen färbte auf die gesamte Literatur ab, die damals entstand. Sie vermittelte einen Standard des Sprachlichen, dem ein hohes Maß von Künstlichkeit eignete, sie brachte einen Zeitstil hervor, der schon durch die geistreiche Form imponieren wollte. All dies spiegelt Senecas Gesamtwerk in individueller Brechung. Die drei Arten von Texten, die in den philosophischen Schriften unterschieden wurden, die Argumentation, die Erzählung und die pathetische Schilderung, ließen sich auch in den Tragödien dingfest machen: die Argumentation in den Streitgesprächen, die Erzählung in den Botenberichten und die pathetische Schilderung in den Affektentladungen. Diese Analogie gilt allerdings nur für die Dialogpartien. Die in verschiedenen Metren abgefaßten Chorlieder bekunden durch ihre Distanz schaffende Bildhaftigkeit ein lyrisches, kontemplatives Gepräge weitab von aller rhetorischen Aufdringlichkeit.

Wie schon erwähnt, schweigt die Überlieferung zu der Frage, ob Senecas Tragödien sei es zu dessen Lebzeiten, sei es später aufgeführt worden sind. Die Philologen führen in dieser Sache seit langem einen zähen, noch stets nicht entschiedenen Streit, und die bejahenden und die verneinenden Stimmen halten sich in etwa die Waage. Die Verfechter der Lesedramen-Theorie berufen sich vor allem auf Merkmale der Stücke selbst, insbesondere auf die Greuelszenen, und behaupten, dergleichen sei unspielbar und somit bühnenfremd. Hiergegen ist mit Recht eingewandt worden, daß das römische Publikum durch die Gladiatorenkämpfe und Tierhetzen an barbarische Scheußlichkeiten schlimmster Art gewöhnt war; die Regie brauchte also in der Wahl ihrer Mittel nicht zimperlich zu sein. Außerdem gehört zum Handwerk des Schauspielers die Kunst des Als-ob, der täuschende Trick: Auch Horaz hat ja die »Tötungen« auf offener Bühne nicht für unmöglich, sondern für widerlich und abstoßend erklärt. Ein erfahrener Theatermann vermag in den Tragödien Senecas nichts zu entdecken, was sich nicht ohne allzu große Mühe in Szene setzen ließe, auch mit den beschränkten Mitteln der antiken Bühnentechnik. Die Stücke selbst enthalten keine triftigen Indizien, daß Seneca nicht an eine Aufführung gedacht, daß er reine Lesedramen geschaffen habe.

Seneca wäre ein sonderbarer Dramatiker gewesen, wenn er ein Stück nach dem anderen produziert hätte, ohne zu wünschen, daß es je seine eigentliche Bestimmung, die Bühne, erreicht. Einzelfälle mögen denkbar sein; ein ganzes Corpus von Tragödien bereitet Schwierigkeiten. Man könnte vielleicht noch einräumen, daß die Dialoge rezitiert wurden, mit verteilten Rollen oder auch nicht – doch was hätte Seneca mit den Chorpartien, den Anapästen, den Asklepiadeen, der Polymetrie bezweckt, wozu sollte er diese Kunst aufwenden, wenn sie nie angemessen dargeboten wurde? Ebenso wie die Stücke des Pomponius Secundus (von deren öffentlicher Darbietung die Nachwelt nur erfährt, weil es Störungen gab, gegen die der Kaiser einschreiten mußte) mögen auch die Senecas in einem der großen römischen Theater, dem des Pompeius, des Balbus oder des Marcellus, aufgeführt worden sein. Außerdem besaß Nero, wie der ältere Plinius berichtet, jenseits des Tiber ein *theatrum peculiare*, ein Privattheater, das sehr wohl auch für Inszenierungen von Seneca-Tragödien zu Gebote gestanden haben kann.

Es kommt hinzu, daß Nero Gefallen an diesen Stücken fand und daß er danach gierte, sich auch selbst als Sänger und Mime zur Geltung zu bringen. Die einer breiteren Öffentlichkeit zugänglichen, in römischen Augen um so verwerflicheren Schaustellungen setzten zwar erst in den Jahren 59 und 60 ein, mit der Stiftung von Spielen – *Juvenalia, Neronia* –, an denen der Stifter sich beteiligte. Man darf indes annehmen, daß Nero von Jugend auf seinen musischen Passionen frönte – Seneca hätte sich sonst nicht veranlaßt gesehen, schon im Jahre 54 n. Chr. in der ›Apocolocyntosis‹ die Stimme seines Zöglings zu preisen. Was Nero darbot, teilt am genauesten Sueton mit: Er sang zur Kithara und trat als Tragöde auf, in Kostüm und Maske. Bei den letzteren Vorführungen handelte es sich wohl meist um ausgewählte virtuose Einzelszenen; Sueton nennt Beispiele, von denen zwei aus Seneca-Stücken stammen könnten: ›Der geblendete Ödipus‹, ›Der wahnsinnige Herkules‹. Doch es gehört wenig Phantasie dazu, sich vorzustellen, daß Nero auch in ganzen Tragödien auftrat, in denen des Lehrers, wobei dieser vielleicht ebenfalls eine Rolle übernahm, zur Darbietung vor geladenen Gästen.

ELFTES KAPITEL

Senecas Reichtum und seine Neider – Vom glücklichen Leben

Rom und das Reich befanden sich während des Quinquenniums, der ersten fünf Jahre der neronischen Herrschaft (54–59 n. Chr.), in guten Händen. Der Kaiser selbst trug hierzu vor allem dadurch bei, daß er andere gewähren ließ. Seneca und Burrus, die beiden stets einverständlich handelnden Reichsverweser, taten das meiste, Seneca als Mentor Neros und als Senator (im Jahre 56 oder 57 n. Chr. auch als Konsul durch Nachwahl), Burrus als Gardepräfekt, als der de facto höchste Offizier. Mit ihnen nahmen sich zahlreiche weitere Würdenträger – die stadtrömischen Magistrate und der Senat, die Provinzgouverneure und die kaiserlichen Funktionäre – der allgemeinen Wohlfahrt an. Einige von ihnen, wie Tiberius Claudius Balbillus, der Präfekt von Ägypten (55–59 n. Chr.), mögen mit Seneca befreundet gewesen sein, jedenfalls aber waren etliche Männer in führenden Positionen mit ihm verwandt – ein sicheres Indiz für die Macht, die er damals ausgeübt hat. Der politisch enthaltsame jüngere Bruder Mela betätigte sich zwar lediglich in irgendeiner Provinz als kaiserlicher Prokurator. Novatus jedoch, der ältere, hat, wohl im Jahre 58 n. Chr., das Konsulat bekleidet – er wird nach seiner Statthalterschaft in Griechenland als Senator in der Hauptstadt gelebt und gewirkt haben. Ein Paulinus, der Adressat der Schrift ›De brevitate vitae‹, fungierte zu einer nicht genau bestimmbaren Zeit als Vorsteher der römischen Getreideversorgung (*praefectus annonae*), und er war wohl mit Pompeia Paulina, der zweiten Frau Senecas, verwandt, vielleicht deren Vater. Ein anderer Pompeius Paulinus, vielleicht ein Bruder der Frau Senecas, scheint im Jahre 54 n. Chr. durch Nachwahl das Konsulat innegehabt zu haben; er stand in den Jahren darauf auf dem wichtigen Posten der Statthalterschaft von

Niedergermanien. Wenn in diesen Fällen zwar nicht offenkundig, so doch sehr wahrscheinlich ist, daß Seneca auf die Besetzung von Stellen in der Reichsverwaltung Einfluß genommen hat, so darf man dasselbe auch sonst vermuten. Die Quellen pflegen derlei Routineangelegenheiten zu verschweigen – daß es sich bei Otho anders verhält (hier berichtet Plutarch, daß Seneca den Anstoß gab), liegt am pikanten Zusammenhang: Nero begehrte Poppaea Sabina, und so schickte er deren Gatten, eben Otho, als Statthalter ins entfernte Lusitanien.

Nero gab sich, wenn er sich schon einmal aufraffte, aus eigener Initiative administrative Maßnahmen zu treffen, gern in kindischer Weise großzügig – dann mußte seine Umgebung darauf bedacht sein, unliebsame Folgen zu verhüten. Ein eklatanter Fall trug sich im Jahre 58 n. Chr. zu. Der römische Staat zog nicht selbst die Steuern ein. Hierfür waren nach wie vor, wie schon in republikanischen Zeiten, Pächter zuständig, die hierbei kräftig in ihre eigenen Taschen wirtschafteten und somit zu mancherlei Klagen Anlaß gaben. Nero faßte eine radikale Lösung ins Auge: Er gedachte, »dem Menschengeschlecht das schönste Geschenk zu machen« (so Tacitus) und sämtliche Zölle abzuschaffen. Man lobte den Impuls, wandte jedoch ein, daß die Durchführung dieser Absicht dem Reich den Untergang bereiten werde – was nicht sehr übertrieben scheint, wenn man bedenkt, wie eng die Bezahlung der Truppen und die Verteidigung der Grenzen miteinander verknüpft waren. Der phantastische Plan scheiterte, und es kam lediglich zum Erlaß einiger Einzelbestimmungen, die besonders unangenehme Auswüchse der Steuerpraxis bekämpfen sollten. Daß Seneca, dem es auch auf finanziellem Gebiet an Sachverstand nicht fehlte, seine Hand im Spiel hatte, darf als sicher gelten – auch wenn man von den philologischen Künsten, die sich an der maßgeblichen Tacitusstelle versucht haben, nichts wissen will. Es heißt nämlich im überlieferten Text: »Doch Neros Eifer, nachdem sie zunächst dessen Großherzigkeit gelobt hatten, dämpften die Senatoren, indem sie darlegten, das Reich werde sich auflösen, wenn die Einkünfte, von denen der Staat getragen werde, sich verminderten.« Der niederländische Philologe Justus Lipsius (1547–1606) hat das Wort *senatores* in *seni-*

ores, »die Älteren«, geändert. Hiernach wäre die Angelegenheit nicht im Senat, sondern im kaiserlichen Kabinett, zuallererst unter Teilnahme von Seneca und Burrus, beraten worden. In sprachlicher Hinsicht ist die Änderung unangreifbar; der Sache nach läßt sich für sie ins Feld führen, daß jene die Auswüchse im Steuerwesen bekämpfenden Bestimmungen durch ein kaiserliches Edikt erlassen wurden, nicht durch einen Senatsbeschluß (*ergo edixit princeps* ... – »Somit gab der Kaiser bekannt ...«).

Seneca war nicht nur überaus angesehen und einflußreich, er zählte auch notorisch zu den wohlhabendsten Menschen seiner Zeit. Wenn er infolge der Verbannung etwas eingebüßt hatte (er besaß damals jedenfalls das für den Senator vorgeschriebene Mindestvermögen von einer Million Sesterzen), dann war ihm dies bei seiner Rückberufung erstattet worden. Das meiste aber verdankte er kaiserlicher Großzügigkeit. Tacitus macht bereits nach der Ermordung des Britannicus eine Andeutung: Nero habe damals seine wichtigsten Freunde reich beschenkt – daß Seneca zu diesen *potissimi amici* gehörte, leidet keinen Zweifel. Derselbe Tacitus läßt ihn im Jahre 62 n. Chr., als er um die Erlaubnis bittet, sich vom Hofe zurückzuziehen, selbst zum Kaiser sagen, er, Nero, habe in den acht Jahren seiner Herrschaft so viele Ehrungen und Reichtümer auf ihn gehäuft, daß ihm zu seinem Glück nur eines fehle: Es möge maßvoll sein.

Die Lage und das Aussehen von Senecas stadtrömischem Wohnsitz haben keinerlei Spur in der Überlieferung hinterlassen. Daß er ein ansehnliches Domizil sein eigen nannte, wie es sich für einen führenden Staatsmann geziemte, ist gewiß. Wie man sich solch ein hochherrschaftliches Haus vorzustellen hat, dafür findet sich in Pompeji oder Ostia reiches Anschauungsmaterial. Sicherlich hat sich Seneca nicht mit einem Gebäude jener schlichten, rechteckigen Machart begnügt, worin der Eingangsraum auf das Atrium, die hohe Halle mit ihrem in der Mitte offenen Dach, mit ihren Nebengelassen und mit dem gegenüberliegenden Empfangszimmer, dem Tablinum, führte. Sein Stadtpalast wird in den zwei oder drei Geschossen, aus denen er bestanden haben mag, mancherlei Zusätzliches enthalten haben, insbesondere eine Bibliothek, ferner Bäder sowie eine geräumige Küche und Vorratskammern. Und zweifellos gehörte auch ein Peristyl dazu, eine Säulenhalle, die den Hausgarten umgab, so daß sich Seneca bei jeder Witterung in der freien Luft ergehen konnte. Andererseits wird er so luxuriös nicht gewohnt haben, daß Martial auch von ihm – wie von einem gewissen Sparsus – hätte sagen können, er habe ein Landgut mitten in der Stadt besessen, einen Weinberg und eine Rennbahn für Wagen.

Nachdem er bei Nero das soeben erwähnte Gesuch vorgebracht hatte, soll er den Gepflogenheiten seiner bisherigen Machtstellung entsagt haben: Er verbat sich den Zustrom der allmorgendlich ihn Begrüßenden, ging ohne Gefolge aus und begab sich nur noch selten in die Stadt. Diese Andeutungen bestätigen, daß er bis dahin den Lebensstil praktiziert hatte, der bei den römischen Magnaten von jeher üblich war. Wie er selbst dem Kaiser regelmäßig seine Aufwartung zu machen hatte, so oblag es ihm, die zu empfangen, die sich durch einen Besuch bei ihm um seine Gunst bemühten. Und er konnte sich nicht in die Stadt oder gar auf Reisen begeben, ohne von zahlreichen Sklaven sowie von Klienten und Freunden begleitet zu sein. Überdies gehörte ein würdevolles, aber unbequemes Kleidungsstück, die Toga, zu den unabdingbaren Requisiten standesgemäßen Auftretens.

Außer dem Stadthaus besaß Seneca – und auch hierin unterschied er sich nicht von seinen Standesgenossen – mehrere kleine Güter, die allenfalls eine halbe Tagesreise von Rom entfernt lagen und mehr der Erholung ihres Herrn dienten als der Erzielung von Gewinn. Nomentum, ein alter latinisch-sabinischer Ort etwa zwanzig Kilometer nordöstlich von Rom, gab einem dieser *suburbana*, dieser Villen »vor der Stadt«, den Namen: Seneca vermerkt zweimal in den Briefen, daß er dem Freunde von seinem Nomentanum aus schreibe – einmal ist er trotz des Abratens von Paulina eilends dorthin gefahren, weil in der Stadt eine fiebrige Krankheit grassierte. Dortselbst, bei Nomentum, befand sich auch ein Stück Kapitalanlage: jenes von Columella, dem Landwirtschaftsschriftsteller, gepriesene Weingut, das Seneca, wie der ältere Plinius berichtet, dem

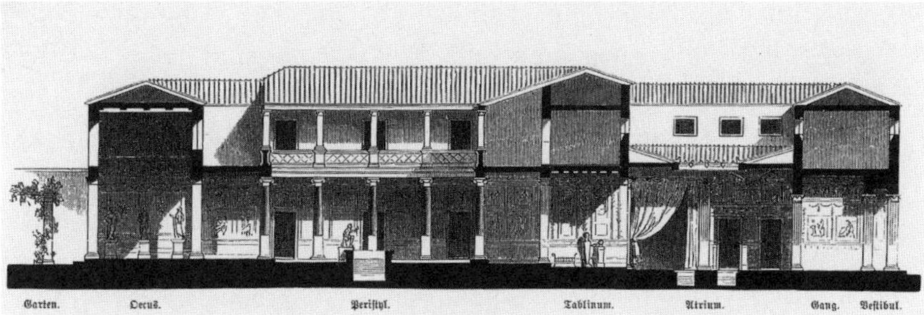

25. Durchschnitt eines römischen Wohnhauses. Rekonstruktion, aus der Culturgeschichte des classischen Altertums von W. Spemann, Stuttgart o. J.

berühmten Philologen Quintus Remmius Palaemon für 2400000 Sesterze abgekauft hatte. Daß er sich auch selber um seine Wingerte kümmerte, deutet er einmal in seinem naturwissenschaftlichen Werke an: *ego … vinearum diligens fossor*, »ich, der sorgfältige Beackerer von Rebpflanzungen«.

Fernerhin hat Seneca mit Sicherheit auch bei Alba Longa, in den Albanerbergen südöstlich von Rom, ein Landgut sein eigen genannt. Dort hatte einst Pompeius eine Villa besessen und besaß jetzt auch Kaiser Nero eine: Die Lage war wegen der schönen Landschaft und des gesunden Klimas sehr begehrt. »Von einer eher unbequemen als langen Reise ermüdet traf ich spät in der Nacht auf meinem Albanum ein«: So beginnt der einzige Brief, der das Gut erwähnt. Ob es sich um das *suburbanum* handelt, auf dem Seneca sich aufhielt, als ihn der Todesbefehl Neros erreichte? Er war, wie Tacitus schreibt, gerade aus Kampanien zurückgekehrt »und hatte beim vierten Meilenstein auf seinem Landsitz haltgemacht«. Die Entfernungsangabe stimmt nicht, es müßte eher von vierzehn Meilen (eine römische Meile entspricht 1480 Metern) die Rede sein als von vier. Andererseits fällt es schwer anzunehmen, daß Seneca in derselben Gegend zwei *suburbana* besessen haben sollte.

Hiermit sind die exakten Zeugnisse, die über den von Seneca getriebenen Wohnaufwand Auskunft geben, erschöpft. Welches ländliche Domizil mit dem in der Epistel 12 erwähnten *suburbanum* gemeint ist, ob eines der beiden genannten oder ein drittes, muß offenbleiben. Sehr wahrscheinlich gehörte ihm in Kampanien, in der Nähe von Cumae, eine Villa. Von dort aus sind mehrere Briefe geschrieben, und von dort aus ließ er sich, wie schon berichtet, gern an der Meeresküste entlangtragen, um seinem Hals- und Lungenleiden Linderung zu verschaffen. Wenn diese Vermutung zutrifft, dann war er auch Eigentümer einer *villa maritima*, wie sie seit der späten Republik zu Hunderten die Küste Latiums und Kampaniens säumten. Hiermit pflegte – anders als bei den Gutshäusern im Landesinneren – keinerlei Ackerbau oder Viehzucht mehr verbunden zu sein; dieser nicht selten ein Stück weit ins Meer hineingebaute Typus von Villen diente einzig der Muße und dem Lebensgenuß.

Die Quellen geben schließlich noch sporadisch Kunde von auswärtigen, um des Gewinnes willen unterhaltenen Besitzungen, ferner von finanziellen Transaktionen. Ein Hinweis der ›Naturales quaestiones‹ deutet auf ererbtes Land bei Corduba, in der spanischen Heimat, die Seneca nie wieder aufgesucht zu haben scheint – er spricht von »einem Erbgut, das weit von seinem Herrn entfernt daliege«. Genauere Spuren weisen nach Ägypten: »Warum hast du jenseits des Meeres Besitz?« läßt er sich in der Schrift ›De vita beata‹ vorwerfen. Und im 77. Brief beteuert er, daß ihm gleichgültig sei, was auf alexandrinischen Schiffen eintreffende Berichte seiner Leute ihm Neues über den Stand seiner Geschäfte mitzuteilen wüßten. Die Seneca-Rede vor Nero nennt neben ausgedehnten Kornfeldern auch reichliche Zinseinnahmen. Hierzu könnte man als Illustration eine Nachricht Cassius Dios anführen, wenn dieser Zeuge bei derartigen Details nicht oft ziemlich unzuverlässig wäre: Seneca habe den Briten in der Hoffnung, gute Zinsen zu erhalten, gegen ihren Willen zehn Millionen Sesterze geliehen, dann aber das Darlehen plötzlich und mit großer Härte zurückgefordert – dies sei einer der Gründe für den Boudicca-Aufstand im Jahre 61 n. Chr. gewesen.

Seneca soll bis zum Jahre 58 n. Chr. ein Vermögen im Wert von dreihundert Millionen Sesterzen zusammengebracht haben, das Dreihundertfache des für einen Senator, das Siebenhundertfünfzigfache des für einen Ritter erforderlichen Mindestbetrages. Diese Zahl wirkt unglaubhaft, wenn man sie mit den eher spärlichen Ein-

26. Pompeji, Haus des Loreius Tiburtinus. Pergolagarten, aus neronischer Zeit

zelposten – von Landsitzen und Kapitalanlagen – vergleicht, die soeben aufgeführt wurden. Tacitus nennt sie denn auch nicht im eigenen Namen, sondern in dem eines Feindes von Seneca, des Publius Suillius Rufus, und zwar inmitten eines ganzen Kataloges von Beschimpfungen und Anwürfen. Seneca fühlte sich hierdurch derart provoziert, daß er den Mann anklagen und mit Verbannung bestrafen ließ – ein einmaliger Vorgang in seinem Leben – und daß er sich in der eigens zu diesem Zweck verfaßten Schrift ›De vita beata‹ (›Vom glücklichen Leben‹) hinsichtlich seines Reichtums zu rechtfertigen suchte.

Suillius war, als es im Jahre 58 n. Chr. zu dieser Affäre kam, hochbetagt. Ovid hatte ihm, dem Gatten seiner Stieftochter, einen Bittbrief aus dem Exil am Schwarzen Meer gesandt: Er möge sich für ihn bei Germanicus, dessen Quästor er war, verwenden, auf daß er nach Rom oder wenigstens in größere Nähe von Rom zurückkehren dürfe. Suillius, der passiven Richterbestechung überführt, mußte unter Tiberius seinerseits in die Verbannung gehen. Gleichwohl erlebte er, von Caligula aus dem Exil zurückgerufen, während der Herrschaft des Claudius seine große Zeit: Er brachte es zum nachgewählten Konsul sowie zum Statthalter der Provinz Asien; außerdem betätigte er sich als erfolgreicher und somit gefürchteter Ankläger (*delator*). Rom kannte keine Staatsanwaltschaft, keine Behörde, die von Amts wegen Missetäter vor Gericht stellte. Statt dessen galt das Prinzip der Popularanklage: Jeder unbescholtene Bürger war berechtigt, Delinquenten der verdienten Strafe zuzuführen. Um einen größeren Anreiz zu geben, verhießen manche Strafgesetze dem erfolgreichen Ankläger Prämien; dies wiederum zeitigte zumal in der Kaiserzeit die unliebsame Folge, daß manche aus der Delation ein Geschäft machten. Zu dieser Spezies zählte Suillius. Er war es, der bei einem Teil der Opfer Messalinas, bei der Drusus-Tochter Julia und bei Valerius Asiaticus, die erforderlichen Handlangerdienste geleistet und auch sonst viele Leute zu Fall gebracht hatte.

Dieser Mann, ein ebenso dreister wie rücksichtsloser Denunziant und Ankläger, suchte Seneca in den Staub zu ziehen. Tacitus hat der Affäre zwei längere Kapitel gewidmet, allerdings hat er sich hierbei nicht sonderlich um eine klare Darstellung des äußeren Hergangs bemüht. Offenbar hat Suillius zunächst in privaten Gesprächen allerlei Ungünstiges über Seneca geäußert. Dieser erfuhr hiervon durch Zwischenträger und forderte geeignete Leute auf, vor dem Senat Anklage gegen Suillius zu erheben. Dort aber, während der Verhandlung, wiederholte und verschärfte der unerschrockene

Suillius seine Schmähreden gegen Seneca. Dieser, hieß es da, sei ein Feind der Freunde des Claudius, unter dem er mit vollem Recht die Verbannung habe erdulden müssen. Er habe sich an unnütze Studien und an die Unerfahrenheit junger Leute gewöhnt und sei neidisch auf die, die eine lebendige, unverfälschte Beredsamkeit ausübten, um ihre Mitbürger zu schützen. Er selbst sei Quästor des Germanicus, jener aber in dessen Hause Ehebrecher gewesen. Seneca habe die Schlafgemächer fürstlicher Frauen entehrt und mit Hilfe von wer weiß was für philosophischen Lehren in vier Jahren freundschaftlicher Beziehungen mit dem Kaiser dreihundert Millionen Sesterze zusammengetragen. In Rom gingen ihm die Testamente Kinderloser wie bei einer Treibjagd ins Netz; Italien und die Provinzen würden durch unermeßlichen Wucher leer geplündert.

Die wohlbedachten Attacken des Suillius illustrieren gut, was man im zeitgenössischen Rom mit einiger Aussicht auf Erfolg über Seneca verbreiten konnte. Von dessen politischer Tätigkeit, von dem Einfluß, den er auf die Verwaltung des Reiches nahm, verlautet nichts. Auch seine Erzieherrolle gegenüber Nero wird übergangen. Seneca ist in dieser Karikatur auf seine private Existenz, auf die eines Müßiggängers, Jugend- und Frauenverführers und Geldsacks reduziert, der seiner Raffgier auch noch ein philosophiches Mäntelchen der Bedürfnislosigkeit umhänge. Das grobe Verdikt *inertia studia*, »unnütze Studien«, war gewiß ganz im Sinne manches Biedermannes, der sich etwas auf die Pflege altrömischen Nützlichkeitsdenkens zugute tat: Es verwarf Philosophie, Rhetorik und Dichtung in einem, kurz alles, was das leichtfertige Schwatzvolk der Griechen eingeschleppt hatte. Mit der *imperitia iuvenum*, der »Unerfahrenheit junger Leute«, zielt Suillius offenbar auf den Umstand, daß sich Senecas Schriften bei der Jugend seiner Zeit größter Beliebtheit erfreuten – »sie waren damals nahezu die einzige Lektüre der jungen Leute«, sagt Quintilian. Diesen zweifelhaften Aktivitäten und Erfolgen glaubt Suillius seine eigene Delatorentätigkeit markig als *vivida et incorrupta eloquentia*, als »lebendige, unverfälschte Beredsamkeit«, entgegenstellen zu können: Wenn irgendwo, dann entlarvt Tacitus hier die extreme Parteilichkeit des Suillius. Der

Vorwurf »Ehebrecher« wärmt die offizielle Begründung des Exils wieder auf, der Plural *cubicula principum feminarum*, »Schlafgemächer fürstlicher Frauen«, scheint auf das Gerücht anzuspielen, daß sich Seneca auch auf ein Verhältnis mit Agrippina eingelassen habe. Schließlich der Geldpunkt: Der höhnische Hinweis auf die »Lehren der Philosophen« zeiht Seneca des krassen Widerspruchs zwischen seinen wortreich geäußerten angeblichen Überzeugungen und seiner Lebenspraxis – für ihn, wie seine Reaktion, die Schrift ›De vita beata‹, zeigen sollte, der empfindlichste Vorwurf. Die Beziehung zu Nero stellt sich dem Schmäher als *regia amicitia* dar, was sich auch als »Freundschaft mit dem Tyrannen« deuten läßt und, so aufgefaßt, eine Majestätsbeleidigung enthält. Die Reden von der Jagd auf Testamente und vom Zinswucher sind wohl nichts als unbegründete Gemeinplätze.

Die Ankläger beabsichtigten zunächst, Suillius wegen Veruntreuung von Staatsgeldern zu belangen, deren er sich während seiner Statthalterschaft in Kleinasien schuldig gemacht habe. Da es jedoch zu zeitraubend schien, hierfür hinlängliche Beweise zu beschaffen, bedachten sie sich anders: Sie zogen ihn wegen seiner Delatorentätigkeit in Rom zur Verantwortung. Das Delikt, das hierfür einschlägig sein sollte, wird nicht genannt. Man darf indes annehmen, daß Suillius wissentlich falsche Klagerhebung (*calumnia*) vorgeworfen wurde, ein vom Senatsgericht öfters mit Verbannung geahndetes Vergehen. Suillius suchte sich mit dem Argument des Befehlsnotstandes zu rechtfertigen: Er habe lediglich Anweisungen des Claudius befolgt. Als Nero daraufhin einwandte, sein Adoptivvater habe nie eine Anklage gegen jemanden erzwungen, schützte er Befehle Messalinas vor, womit er sich erst recht unglaubwürdig machte: Warum man gerade ihn ausersehen habe, der schamlosen Wüterin die Stimme zu leihen? Bestrafen müsse man die Gehilfen bei schrecklichen Taten, wenn sie, die doch den Lohn für ihre Verbrechen empfingen, die Verbrechen selbst auf andere abwälzen wollten. Suillius verlor einen Teil seines Vermögens und bekam die Balearen als Verbannungsort zugewiesen; er ging ungebrochen und soll dort genußvoll und angenehm gelebt haben.

Die Sache war mit der Verurteilung des Suillius nicht abgetan, weder für Senecas Umgebung noch für ihn selbst. Man hörte nicht auf, ihm vor allem seinen Reichtum zum Vorwurf zu machen, der, wie man sagte, die Mittel eines Privatmannes bei weitem übertraf; er suche es, fügte man hinzu, durch die Schönheit seiner Gärten und die Pracht seiner Villen dem Kaiser zuvorzutun. Er rüge den Luxus anderer, erzählte man sich, und besitze fünfhundert Tische aus Zedernholz mit je drei Elfenbeinfüßen; die verwende er zur Bewirtung seiner Gäste. All dies Gerede hat Seneca veranlaßt, um Audienz bei Nero zu bitten und ihm das zu Beginn dieses Kapitels Erwähnte vorzutragen. Seine Ausführungen gipfelten in dem Vorschlag, der Kaiser möge wieder an sich nehmen, was er ihm geschenkt hatte.

Daß die Angelegenheit mit dem Prozeß gegen Suillius für Seneca nicht abgetan war, bekundet vor allem die Schrift ›De vita beata‹ – diese Abhandlung ist ja wohl, wie man mit guten Gründen immer schon vermutet hat, im Zusammenhang mit der leidigen Affäre des Jahres 58 n. Chr. entstanden. Letzte Sicherheit zu erlangen ist hier, wie oft in der Chronologie der Werke Senecas, unmöglich. Alles Persönliche und Autobiographische, überhaupt alles Aktuelle, das heißt alles, was auf irgendwelche Zeitereignisse gemünzt scheinen könnte, pflegt ja von ihnen mit unerbittlicher Strenge ferngehalten worden zu sein. Seneca hat eben als rechter Stoiker nicht nur für sich und einen engen Zirkel gleichgesinnter Freunde, insbesondere für die Adressaten der Widmungen, geschrieben, sondern für die ganze Mit- und Nachwelt, geradezu für die Menschheit, und so ist der Erlebnisgrund seiner Werke, sofern er überhaupt vorhanden war, meist nahezu ohne Rückstand umgesetzt: Seneca hat ihn in philosophische Lehren übertragen, die Allgemeingültigkeit beanspruchen, sowie in einen rhetorisch-pathetischen Stil, der die Stoffe ebenfalls über alles Private und Subjektive hinaushebt. Gewiß exemplifiziert er gelegentlich, zumal in den Briefen an Lucilius, mit sich selber; dann aber pflegt es sich um innere Erfahrungen zu handeln, nicht um äußere Geschehnisse. Seneca hat also nach Möglichkeit von sich selber abstrahiert, fast so sehr wie der epikureische Lehrdichter Lukrez, der sich nahezu völlig hinter seinem Werk verbirgt, und jedenfalls weit mehr als Cicero in seinen philosophischen Schriften – er hat ja insbesondere auf das konventionelle Mittel der persönlichen Perspektive, auf die Vorreden verzichtet.

Bei drei frühen, bereits betrachteten Werken, den ›Consolationes‹, verhält es sich zwangsläufig anders: Hier soll ja eine bestimmte Person, die einen bestimmten Verlust erlitten hat, getröstet werden. Dieser Typus philosophischer Schriftstellerei kann gar nicht umhin, Konkretes einzuflechten, was, wenn es darum geht, die eigene Mutter zu trösten, von selbst autobiographischen Charakter annimmt. Unter den übrigen herkömmlicherweise als »Dialoge« zusammengefaßten Essays zeichnen sich drei dadurch aus, daß sie Erlebnissituationen sowie die hierdurch hervorgerufenen inneren Konflikte zu spiegeln scheinen: ›De vita beata‹, ›De tranquillitate animi‹ (›Von der Seelenruhe‹), ›De otio‹ (›Von der Zurückgezogenheit‹). Sie behandeln Themen, die zur Zeit ihrer mutmaßlichen Entstehung – in den Jahren vor und nach dem endgültigen Bruch mit Nero – sich auch in Senecas Leben als erörterungs- und entscheidungsbedürftig hervorgetan haben: Es geht in ihnen sei es um die ethische Einschätzung des Reichtums, sei es um die Frage, welche Existenzform den Vorzug verdiene, ob man sich politisch engagieren oder in möglichst großer Zurückgezogenheit seinen persönlichen Vorteil suchen solle. Die drei Schriften sind auch dadurch als besondere Gruppe bemerkenswert, daß sie von der traditionellen Hauptlinie der stoischen Philosophie abzuweichen, ihr gelegentlich beinahe zu widersprechen scheinen – dies ist offensichtlich dadurch bedingt, daß sich Seneca zur Apologetik, zur Selbstverteidigung genötigt sieht und daß die jeweiligen Umstände ihn darin behindern, seine Lebenspraxis mit den strengen Forderungen der Stoa in Einklang zu bringen.

Die in den vorangehenden Kapiteln betrachteten Prosawerke zeigten Seneca als Seelenarzt. Die Leiden der menschlichen Psyche und deren Heilung sind der Gegenstand sowohl der Trostschriften als auch der Bücher ›De ira‹, und die Theorie von der Milde des

Alleinherrschers, ›De clementia‹, verweist ebenfalls unübersehbar auf den dunklen Grund drohender Affektentladungen: des Zornes und der Grausamkeit. Anders verhält es sich mit dem Gros der übrigen Prosaschriften. Dort geht es um das Generalthema der Ethik, um die richtige, ein Maximum an »Glück« erzielende Lebensführung, die auf richtiger Einschätzung des Wertes aller Dinge beruht. Insbesondere widmen sich die drei genannten, durch Bedrängnisse des Autors selbst angeregten Essays diesem Problem. Den Abhandlungen ›De vita beata‹ und ›De otio‹ ist gemeinsam, daß vor allem positive Möglichkeiten richtigen Lebens erörtert werden; in der Schrift ›De tranquillitate animi‹ hingegen stehen vornehmlich die Gefahren zur Debatte, die das wichtigste Ziel des Menschen, seine Eudämonie, sein Glück (hier als *tranquillitas*, »Ruhe«, bezeichnet), bedrohen können.

Der Essay ›De vita beata‹ ist dem älteren Bruder gewidmet, der hier nicht mehr, wie in dem Werk ›De ira‹, Novatus, sondern bereits nach seinem Adoptivvater Gallio heißt. Seneca erörtert darin die Frage, ob sich der Anspruch auf eine philosophisch begründete Lebensführung mit großem Reichtum vereinbaren lasse. Er behandelt das Problem in allgemeiner Form, ohne auf seine eigene Situation, auf seinen notorischen Reichtum, den er Nero verdankte, einzugehen. Daß die Schrift gleichwohl der Selbstbeschwichtigung und der Rechtfertigung gegenüber der Umwelt hat dienen sollen, läßt sich vor allem aus der ungewöhnlich toleranten Einstellung ableiten, die Seneca hier dem Reichtum gegenüber zeigt. Zwar lehrt er nicht anders als sonst, daß der Reichtum zu den äußeren Gütern, den gleichgültigen Dingen gehöre und daß man sich nicht innerlich von ihm abhängig machen dürfe. Die Erörterung ist aber im Verhältnis zur Bedeutung des Themas ungemein langatmig ausgefallen, und vor allem fehlt die Forderung, man möge dem Reichtum wie den anderen Glücksgütern aus eigenem Entschluß Maß und Ziel setzen, wie sie Seneca sonst auszusprechen pflegte. *Einen* Rechtfertigungsgrund, den triftigsten von allen, auf den schon Tacitus hinwies (in der Rede, die er dem um Abschied Nachsuchenden in den Mund legte), konnte er selbst nicht öffentlich vorbringen: daß er die ihm von Nero angetragenen Besitztümer nicht ablehnen durfte – er hätte damit die Möglichkeit, ihn zu beeinflussen, aufs Spiel gesetzt.

Der Anfang der Schrift ist in seiner Klarheit und Schlichtheit von unnachahmlichem Reiz: *Vivere, Gallio frater, omnes beate volunt, sed ad pervidendum, quid sit quod beatam vitam efficiat, caligant; adeoque non est facile consequi beatam vitam, ut eo quisque ab ea longius recedat, quo ad illam concitatius fertur, si via lapsus est: quae ubi in contrarium ducit, ipsa velocitas maioris intervalli causa fit* – »Leben, mein Bruder Gallio, wollen alle im Glück, doch wie sich erkennen läßt, was es sei, was das Leben glücklich macht, ist ihnen dunkel, und in dem Maße ist es nicht leicht, eines glücklichen Lebens teilhaftig zu werden, daß ein jeder sich desto weiter davon entfernt, je hastiger er ihm nachstrebt – wenn er den Weg verfehlt hat; denn sobald der ihn in die entgegengesetzte Richtung führt, ist gerade die Eile der Grund dafür, daß der Abstand immer größer wird.«

Ein glückliches Leben – diese Feststellung hatte schon Aristoteles getroffen – wünschen sich alle Menschen; das Problem aber besteht darin, wie dieses Glück beschaffen sein soll und mit welchen Mitteln es sich erreichen läßt. Hieraus ergibt sich, wie es scheint, die Disposition der Schrift: *Proponendum est itaque primum, quid sit quod adpetamus; tunc circumspiciendum, qua contendere illo quam celerrime possimus* – »Wir müssen uns also zunächst klar machen, was das ist, wonach wir streben; dann aber gilt es Umschau zu halten, wie wir auf schnellstem Wege dorthin gelangen können.« Der erste Punkt verweist denn auch unzweideutig auf den ersten Hauptteil (3,2 – 16): Seneca geht dort von mancherlei Definitionen des glücklichen Lebens, des höchsten Gutes, aus (3 – 5) und polemisiert sodann ausführlich gegen die Epikureer und gegen deren Behauptung, *virtus* und *voluptas*, Tugend und Lust seien voneinander abhängig (6 – 16). Er verfährt demnach im ersten Hauptteil ähnlich wie im ersten Buch der Schrift ›De ira‹: Auf die Bestimmung des Gegenstandes folgt Kritik an der Lehrmeinung einer anderen Schule. Den zweiten in der zitierten Disposition genannten Punkt hat Seneca indes offensichtlich nicht behandelt – er löst sich, wie auch in manchem anderen Falle, von seinem Programm. Statt die Mittel anzugeben, mit deren Hilfe man ein glückliches Leben führen könne, erörtert er das Problem, auf das es ihm vor allem ankommt: wie der stoische Weise zum Reichtum eingestellt sei (17–28). Der Rest der Einleitung (1,2–3,1) gilt einem seit Platons ›Kriton‹ oft behandelten Thema: der Unmaßgeblichkeit des Urteils der Masse – Seneca versteht sich nicht nur hier zu der Rolle eines schroffen, verachtungsvoll auf die Menge herabblickenden Geistesaristokraten.

Der erste Hauptteil bringt also, wie angedeutet, zunächst eine Reihe von Definitionen. »Glücklich ist ein Leben«, beginnt Seneca, »das seiner natürlichen Bestimmung entspricht; dies kann uns nur zuteil werden, wenn unser Geist gesund und in ständigem Besitz seiner Gesundheit ist, ferner wenn er tapfer und resolut ist, auf edelste Weise Leid erträgt und sich den Umständen fügt, wenn er sich um seinen Körper und alles, was damit zusammenhängt, kümmert, aber nicht ängstlich, wenn er die anderen Dinge, die das Leben erleichtern, schätzt, ohne ihnen zu verfallen, bereit, die Gaben des Glücks zu genießen, ohne von ihnen abhängig zu sein.« Wie ersichtlich, bereitet Seneca schon hier, mit dem Schluß der ersten Definition, vor, was im zweiten Hauptteil dargetan werden soll: daß auch der perfekte Stoiker, der Weise, die sogenannten Glücksgüter nicht unbedingt ablehnen muß, sofern er nur vernünftig von ihnen Gebrauch macht. Seneca schlägt sofort, und ebenso im weiteren Verlauf der Argumentation, einen zwanglosen, urbanen Gesprächston an, ohne die eifernde Eindringlichkeit, die ihm sonst oft eignet.

Mit dem sechsten Kapitel setzen die von nun an die ganze Schrift durchziehenden Einwürfe eines fiktiven Gesprächspartners ein: *Sed animus quoque ... voluptates habebit suas* – »Aber auch der Geist wird Vergnügungen sein eigen nennen!« Hiermit kommt eine der wichtigsten Streitfragen zwischen der Stoa und den Epikureern aufs Tapet: die Frage nach dem Verhältnis von *voluptas* (»Lust, Vergnügen«) und *virtus* (»Tugend, sittlicher Wert«). Seneca will, wie von ihm als Stoiker nicht anders zu erwarten, der *virtus* den

Vorrang, die unbedingte Führung eingeräumt wissen. Die *voluptas* muß sich mit der Rolle einer Begleiterin, einer zufälligen Dreingabe – wie von Kornblumen auf einem Getreidefeld – begnügen. Das Thema wird in ungezwungenem Wechsel der Motive erörtert, und nur selten entfernt sich Seneca merklich von der Spontaneität einer wirklichen Diskussion, zum Beispiel in der drastischen, rhetorische Mittel nicht sparenden Antithese der *virtus* und der *voluptas*: »Etwas Erhabenes ist die Tugend, herausragend und königlich, unbesiegbar, unerschöpflich, die Lust hingegen etwas Niedriges, Sklavisches, Schwaches, Hinfälliges, dessen Aufenthaltsort und Wohnstatt Bordelle und Kneipen sind. Die Tugend wirst du im Tempel antreffen, auf dem Forum, in der Kurie (dem Sitzungssaal des Senats), vor den Mauern stehend, staubbedeckt, braungebrannt und mit schwieligen Händen; die Lust findest du meist in Verstecken und im Schutze der Dunkelheit, in Bädern und Schwitzkammern und an Orten, die die Polizei fürchten, schlaff, kraftlos, triefend vor Wein und Salben, bleich oder grell geschminkt und wie eine Leiche hergerichtet.«

»Wer der Lust verfallen ist,« verlautet danach, »wie wird der Mühen und Gefahren trotzen, der Armut und so vielen Schrecken, die das menschliche Leben umlärmen? Wie wird er den Anblick des Todes, wie Schmerzen ertragen, wie Naturkatastrophen und eine solche Menge erbitterter Feinde, wenn er sich von einem so weichen Gegner besiegen läßt?« Seneca faßt bald darauf mit einer stark abweisenden Gebärde das Bisherige zusammen: »Man höre also auf, Unvereinbares zu verbinden und mit der Tugend die Lust zu vermengen – ein Fehler, durch den man sich gerade den Schlechtesten empfiehlt.« Seneca nimmt nunmehr die wahre, der Stoa sehr nahestehende Lehre Epikurs (dessen »Lust« mit der stoischen Apathie fast identisch war) gegen diejenigen in Schutz, die Mißbrauch mit ihr treiben, die den Namen Epikurs als Mäntelchen benutzen, ihre Ausschweifungen zu rechtfertigen. Gegen Ende des ersten Teils steigert sich der Ton zu würdigem Pathos: Die *virtus* wird als Gehorsam gegenüber Gott und schließlich als Gottähnlichkeit gepriesen.

Das Gespräch geht fugenlos in den zweiten Hauptteil über: Seneca schließt die Erörterung des Verhältnisses von Tugend und Lust mit dem Satz ab, daß die Tugend sich selbst genüge, daß es für den, der glücklich leben wolle, einzig und allein auf sie ankomme: *virtus ad beate vivendum sufficit.* Anders stehe es jedoch, fährt Seneca in einem Zuge fort, wenn man noch kein vollkommener Weiser, sondern ein Fortschreitender sei: Dann bedürfe man einiger Nachsicht von seiten des Schicksals, bis man alle Fesseln eines Sterblichen abgestreift habe.

Hiermit hat Seneca sich die Basis geschaffen, von der aus er den üblichen Einwand gegen die zu einer strengen philosophischen Richtung sich Bekennenden leicht widerlegen kann: »Warum weißt du tapferer zu reden«, lautet dieser Einwand, »als zu leben?« Er wird noch dreimal vom Gesprächspartner wiederholt, so daß Seneca stets aufs neue zu einer Rechtfertigung des Reichtums ausholen kann. »Du redest anders, als du lebst«, heißt es, und: »Die Philosophen stehen nicht ein für das, was sie sagen«, und schließlich: »Warum ist dieser Mensch ein Anhänger der Philosophie und lebt in solchem Reichtum?« Senecas Entgegnungen beruhen stets auf derselben Basis: »Ich bin kein Weiser«, beteuert er, »und um deine Entrüstung zu steigern: ich werde auch keiner sein. Verlange nicht von mir, daß ich den Besten gleiche, sondern daß ich besser bin als die Schlechten.« Platon, Epikur und Zenon hätten denselben Vorwurf zu hören bekommen – wer die Philosophen kritisieren wolle, finde immer etwas. Was sie forderten, sei ungeheuer schwierig; sie verdienten auch dann Bewunderung, wenn sie scheiterten, da sie Großes versucht hätten.

Seneca war sich wohl bewußt, daß diese Art der Rechtfertigung, die sich auf praktische Unzulänglichkeit beruft, unbefriedigend sei, daß es doch weit mehr noch darauf ankomme, wie sich derjenige, der sich von allen Schlacken falscher Bedürfnisse befreit habe, der wahre Weise, dem Reichtum gegenüber verhalten solle, und so vollzog er fast unmerklich einen Wechsel in der Argumentationsgrundlage: An die Stelle des um Weisheit sich Bemühenden tritt der Weise – Seneca rechtfertigt schließlich auch den Reichtum dessen, der an das hohe Ziel seines Strebens gelangt ist. »Der Weise glaubt nicht, irgendwelcher Gaben des Glücks unwürdig zu sein. Er liebt den Reichtum nicht, aber er gibt ihm den Vorzug; er nimmt ihn nicht in sein Herz, wohl aber in sein Haus auf; er verschmäht ihn nicht, wenn er ihm zufällt; er hält ihn zusammen und ist damit einverstanden, daß seiner hohen Gesinnung größere Mittel zu Gebote stehen.« Seneca wiederholt daher die abweisende Gebärde des ersten Teils: »Man höre also auf, den Philosophen das Geld zu verbieten: Niemand hat die Weisheit zur Armut verurteilt.« Der Reichtum muß allerdings redlich erworben sein; nichts davon darf in Wahrheit anderen gehören; der Weise besitze ihn ohne Stolz, als etwas Unerhebliches, das ihn jederzeit wieder verlassen kann. Er wird großzügig sein und Gelegenheit zu wohltätigem Wirken nehmen, aber mit Bedacht, daß er keinen Unwürdigen beschenkt.

Zum Schluß beteuert Seneca emphatisch, daß der Weise den Reichtum niemals für ein Gut halten, daß er unter allen Umständen ihm gegenüber innere Distanz wahren werde. Und um nicht anmaßend zu scheinen, läßt er, statt im eigenen Namen zu sprechen, Sokrates einen Vortrag halten: daß kein noch so schroffer Glückswechsel ihm etwas anzuhaben vermöge, daß ihn der Verlust materiellen Besitzes nicht ärmer mache. Den Kritikern aber, die den Philosophen Reichtum oder sonst etwas vorwerfen, entgegnet Sokrates (und hier glaubt man, unter dessen Maske Seneca selbst zu vernehmen): »Zu nichts bin ich fester entschlossen als dazu, meinen Lebenswandel nicht nach euren Vorurteilen auszurichten. Bringt von überallher die üblichen Reden zusammen: ich werde nicht glauben, daß ihr mir Rügen erteilt, sondern heult wie arme kleine Kinder.« Dann – kurz bevor die handschriftliche Überlieferung abbricht, so daß die letzten Sätze fehlen – läßt sich Sokrates, diesmal aus dem Gefängnis, in Erwartung seiner Hinrichtung, mit erneuter Steigerung des Tones so vernehmen:

> Was soll der Wahnsinn, was dies Göttern und Menschen feindliche Treiben, sittliche Größe zu schmähen und mit böswilligen Reden Heiliges zu schänden? Wenn ihr könnt:

lobt die Guten, wenn nicht: entfernt euch! Wenn es euch Spaß macht, eurer widerlichen Frechheit freien Lauf zu lassen, dann fallt übereinander her! Denn wenn ihr gegen den Himmel rast, dann begeht ihr, meine ich, keine Lästerung – ihr müht euch nur umsonst. Ich habe einst Aristophanes Stoff für seine Witze geliefert, der ganze Haufen der Komödiendichter hat seine giftigen Späße auf mich ausgeschüttet: Meine feste Haltung kam gerade durch die Attacken zum Vorschein, denen sie ausgesetzt war.

Man mag bedauern, daß die zunächst so breit angelegte Schrift »Vom glücklichen Leben« so spitz in kaum noch verhüllter Selbstverteidigung endet. Andererseits muß man Seneca (auch wenn er, der Stoiker, davon nichts hören will) seinen gerechten Zorn über Suillius und seinesgleichen zugute halten:

Ihr nehmt euch die Zeit, nach den Schwächen anderer zu forschen und über wen auch immer euer Urteil abzugeben: »Warum hat dieser Philosoph so viel Wohnraum? Warum nimmt der so üppige Mahlzeiten ein?« Ihr seht die Pickel an anderen und seid selbst von Geschwüren bedeckt ... Werft Platon vor, daß er Geld forderte, Aristoteles, daß er welches nahm, Demokrit, daß er sich nicht darum kümmerte, und Epikur, daß er es ausgab ... Warum blickt ihr nicht auf eure eigenen Laster, die euch von überall her aufspießen, indem sie teils euer Äußeres heimsuchen, teils in euren Eingeweiden brennen? So ist es nicht um die Menschheit bestellt, auch wenn ihr euren eigenen Zustand wenig kennt, daß ihr soviel Zeit übrig habt, eure Zunge zur Beschimpfung Besserer zu mißbrauchen.

ZWÖLFTES KAPITEL

Neros Muttermord – Von der Seelenruhe

Poppaea Sabina heiratete sich in drei Ehen auf den Gipfel der Menschheit hinauf: Ihr erster Gatte war ein Ritter namens Rufrius Crispinus, als Prätorianerpräfekt einer der Vorgänger des Burrus; ihr zweiter, Marcus Salvius Otho, Senator, besaß den Vorzug, mit Nero befreundet zu sein, und mit dem dritten erreichte sie ihr Ziel: Dies war kein anderer als der Kaiser selbst.

Eigentlich hätte sie, als Tochter eines gewissen Titus Ollius, Ollia heißen müssen. Sie brachte es jedoch, auf vorteilhafte Selbstpräsentation von Anfang an bedacht, fertig, sich nach ihrer Mutter Poppaea Sabina, oder richtiger, nach ihrem Großvater Gaius Poppaeus Sabinus zu benennen, der sich unter Augustus als Konsul und unter Tiberius als Provinzstatthalter bewährt hatte. Die Mutter galt als die schönste Frau ihrer Zeit; von ihr hatte Poppaea die Figur geerbt und vielleicht auch das bernsteinfarbene Haar. Ihre Haut pflegte sie mit Bädern in Eselsmilch und selbstverfertigten Salben. Sie war des Milieus, in das sie strebte, würdig, aus anderem Holze geschnitzt als Octavia, die arme vernachlässigte Gemahlin Neros, oder die Freigelassene Acte, dessen Mätresse. Sie forderte als Lohn für ihre Reize höchsten Rang; ihr Machtstreben gab dem Agrippinas kaum etwas nach, und so nötigte ihr Erscheinen den Kaiser zu der Wahl, entweder ihr zu entsagen oder sowohl die Mutter als auch die Gemahlin zu beseitigen. Tacitus hat nicht ohne Grund an den Anfang des Berichts von der Affäre den düsteren Satz gestellt: »Mit einem herausragenden Ehebruch begann in diesem Jahre« (im Jahr 58 n. Chr.) »großes Unheil für den Staat.«

Die Überlieferung bietet Poppaeas Ehekarriere in zwei Versionen dar. Nach der einen war sie noch mit Crispinus verheiratet, als

Nero sie kennenlernte, Otho aber führte sie daraufhin heim, um seinem kaiserlichen Freund den Umgang mit ihr zu erleichtern. Nach der anderen, zweifellos eher den Tatsachen entsprechenden Darstellung wurde Nero ihrer erst ansichtig, als sie bereits Othos Gattin war. Otho selbst sollte hierzu beigetragen haben, indem er leichtfertig, wie weiland Kandaules vor Gyges, an der Tafel des Kaisers die Reize seiner Ehefrau pries. Sie wurde also zugelassen; Nero fing Feuer; sie aber tat spröde (sie sei doch verheiratet), bis der kaiserliche Liebhaber ihren Mann quasi in die Verbannung schickte: Wie schon erwähnt, wurde Otho auf Anraten Senecas mit der Statthalterschaft von Lusitanien (dem heutigen Portugal) betraut.

Poppaea ließ nicht locker. Mit der Rolle einer Mätresse konnte sie sich auf die Dauer nicht zufriedengeben, sie wollte Kaiserin werden. Sie beschimpfte und verspottete Nero, dessen Liebe zu ihr immer heftiger entbrannte: Er sei wie ein unmündiges Kind, fremden Befehlen hörig, nicht nur ohne Herrschaftsmacht, sondern auch unfrei. Derlei Reden richteten sich gegen Agrippina, die offenbar noch stets über Neros Psyche gebietende Mutter – sie machten sogar am Hofe die Runde. »Doch niemand wehrte ihnen«, schreibt Tacitus (also auch Seneca und Burrus nicht), »da alle wünschten, daß die Macht der Mutter gebrochen werde, und niemand glaubte, der Haß des Sohnes könne sich bis zum Mord an ihr steigern.«

Hierin scheint der Schlüssel zum Untergang Agrippinas enthalten zu sein: Diese Frau war so stark, ihr Wille so zwingend, daß sich Nero ihrer nicht durch Verbannung oder auf andere Weise zu entledigen vermochte, daß er sie, um selbständig und Herr seiner Entschlüsse zu sein, töten mußte. Es war ein Psychodrama, das sich im Jahre 59 n. Chr. im römischen Kaiserpalast abspielte – unausweichliche äußere Notwendigkeiten bestanden nicht. Erleichtert wurde das Entsetzliche dadurch, daß man im rechenschaftsfreien Bezirk des Hofes so viel Übung im Töten hatte, auch gegenüber nächsten Angehörigen: Agrippina, das Opfer, gab mit zwei Gattenmorden das Beispiel, und Nero, der Täter, hatte bereits durch die Beseitigung des Stiefbruders eine unverächtliche Probe abgelegt.

Agrippina war am 6. November 15 n. Chr. in der Stadt der Ubier, der später nach ihr benannten Colonia Agrippinensis (Köln), zur Welt gekommen. Ihre gleichnamige Mutter schenkte dem Germanicus insgesamt neun Kinder, von denen drei in früher Jugend starben. Von den Überlebenden waren die drei Brüder, darunter Caligula, älter als Agrippina, die beiden Schwestern, Drusilla und Julia Livilla, jünger. Germanicus hatte Frau und Kinder sowohl in Germanien (bis 16 n. Chr.) als auch während seiner Mission im Osten (17 – 19 n. Chr.) bei sich; nach seinem plötzlichen Tode in Antiochien kehrte die Frau mit seiner Asche und den Kindern zu Schiff nach Rom zurück. Von Agrippinas Jugend ist fernerhin nichts bekannt. Schon im Jahre 28 n. Chr. wurde sie auf Geheiß des Tiberius mit Gnaeus Domitius Ahenobarbus, einem Enkel der Augustus-Schwester Octavia, vermählt. Diese Ehe war vermutlich ein Martyrium, wenn man bedenkt, was Sueton über Domitius, »einen in allen Lebensverhältnissen abscheulichen Menschen«, einen Rohling und Lumpen aus höchstem Adel, zu berichten weiß. Domitius soll, am 15. Dezember 37 n. Chr. durch die Geburt des nachmaligen Kaisers Nero Vater geworden, in einem eigenartigen Akt der Selbsterkenntnis auf die Glückwünsche der Freunde hin ausgerufen haben, daß von ihm und Agrippina nur etwas Fluchwürdiges, der Allgemeinheit Unglück Bringendes abstammen könne. Er hatte kurz zuvor wegen Majestätsbeleidigung, mehrfachen Ehebruchs und Inzests unter Anklage gestanden; ihn rettete der Thronwechsel, doch starb er bereits im Jahre 40 n. Chr. Unter dem Zepter des Bruders Caligula führten Agrippina und ihre Schwestern zunächst ein glanzvolles Leben. Um so schärfer war der Kontrast des Exils auf den kleinen Pontischen Inseln, die die Prinzessinnen wegen einer Hochverratsaffäre hatten aufsuchen müssen. Agrippina war damals gerade Witwe geworden, und die Ächtung nahm ihr das Vermögen.

Von ihrer Rückkehr, ihrer Ehe mit Crispus Passienus und der einige Jahre darauf folgenden mit Kaiser Claudius war bereits die Rede, auch davon, wie es ihr gelang, in sorgsam kalkuliertem schrittweisem Vorgehen ihren Sohn Nero an die Stelle des zur Thronfolge weit besser legitimierten Britannicus zu bringen. Ihre Position als

Gemahlin des Frauen gegenüber hilflosen Claudius war glänzend: Sie erhielt den Titel Augusta und wurde in mehreren Städten des Ostens als Göttin verehrt; sie erfreute sich ihrer Macht und ihres ungeheuren Reichtums; sie fuhr – was sonst nur den Priestern zustand – mit einer Prunkkarosse aufs Kapitol und erschien bei festlichen Anlässen an der Seite des Kaisers in der Öffentlichkeit. Daß sie ihren Gatten durch ein Pilzgericht vergiftete und so einem kaum überbietbar günstigen Zustande selbst ein gewaltsames Ende setzte, war durch ihren Ehrgeiz bedingt, Nero möglichst früh zum Throne zu verhelfen. Auch hat sie wohl befürchtet, Claudius möchte sich doch noch seiner Vaterpflichten gegenüber Britannicus erinnern.

Agrippina, nunmehr knapp vierzig Jahre alt, wollte mit und durch Nero herrschen, und zunächst ließ sich alles durchaus ihren Wünschen gemäß an. Die erste Parole, die der junge Kaiser an die Soldaten ausgab, lautete *Optima mater* – »die beste Mutter«. Doch die Dinge nahmen einen gänzlich anderen Verlauf: Der Einfluß von Seneca und Burrus entfremdete den Sohn der Mutter und verursachte Zwistigkeiten, und Agrippinas Drohung mit Britannicus bewirkte nur, daß Nero den Stiefbruder vergiften ließ. Als sich nun in der Person der Poppaea Sabina eine weitere Instanz zwischen sie und ihren Sohn drängte, und zwar eine weibliche, gesellschaftlich ebenbürtige, an Machtwillen gleich starke, da soll sie, die jetzt befürchten mußte, daß der Sohn ihr gänzlich entglitt, einen letzten, ungeheuerlichen Versuch gewagt haben: Sie habe sich ihm, dem vom Mahle Erhitzten, Trunkenen, in verführerischer Aufmachung zur Blutschande angeboten. Tacitus verzeichnet auch eine andere Version seiner Quellen, wonach das Begehren von Nero, nicht von Agrippina ausgegangen sei; er ist jedoch geneigt, der ersterwähnen Darstellung den Vorzug zu geben, mit dem einleuchtenden Hinweis, daß Agrippina ja bereits durch ihre Ehe mit Claudius, ihrem Onkel, einen Inzest begangen habe. Seneca sei zur Stelle gewesen, heißt es weiterhin: Er, der Philosoph und Tragödiendichter, muß mit Entsetzen gesehen haben, wie sein Zögling durch einen mit vollem Wissen begangenen blutschänderischen Akt das Verbrechen des Ödipus zu überbieten drohte. Er habe sich Actes, der Freigelassenen bedient. Sie vereitelte Agrippinas Vorhaben, indem sie Nero warnte: Die Truppen würden die Herrschaft eines Kaisers nicht ertragen, der heilige Gesetze mißachte.

Dieser Szene, von Tacitus an den Beginn des Jahres 59 n. Chr. gestellt, folgte zu Frühlingsanfang die Ermordung. Nero hatte lange nach dem geeigneten Mittel gesucht: Offene Gewalt schien gefährlich, Gift hingegen äußerst schwierig, da Agrippina in Verbrechen erfahren und stets sehr wachsam war. Der Freigelassene Anicetus, einst Erzieher des Knaben Nero und jetzt Kommandant der Flotte zu Misenum (bei Neapel), ein Mensch ohne jegliche moralische Skrupel, wußte Rat: Er bot an, ein Schiff zu konstruieren, von dem sich ein Teil durch einen Mechanismus auflösen lasse, so daß Agrippina, wenn sie das Schiff benutze und der Mechanismus betätigt werde, einem Unglück zum Opfer zu fallen scheine. Nero war einverstanden; die Quinquatrus, ein im März zu Ehren der Minerva gefeiertes Fest, sollten zur Ausführung des Planes benutzt werden. Agrippina begab sich, von der angeblichen Versöhnungsbereitschaft Neros herbeigelockt, nach Baiae, dem mondänen Bade- und Villenort am Golf von Neapel. Bei dem Mahl, das dort stattfand, ließ Nero es der Mutter gegenüber an keiner Aufmerksamkeit fehlen. Möglicherweise waren Seneca und Burrus zugegen: Sie erschienen unverzüglich, als Nero sie nach dem Mißlingen des Attentats herbeirief, hielten sich also damals nicht in Rom, sondern in der Gegend von Baiae auf. Das tückische Prunkschiff, angeblich dazu bestimmt, Agrippina in die Nähe ihrer Villa zurückzubringen, fuhr bei sternklarer, ruhiger Nacht ein Stück in den Golf hinaus. Dann wurde der Mechanismus in Tätigkeit gesetzt. Er funktionierte nur zur Hälfte: Ein Kajütendach stürzte ein und erdrückte einen der Begleiter Agrippinas; das Schiff selbst brach indes nicht auseinander. Eine Begleiterin wurde erschlagen, als sie rief, daß sie Agrippina sei. Agrippina hingegen, die ruhig blieb, vermochte sich zuerst schwimmend, dann mit Hilfe eines entgegenkommenden Bootes in Sicherheit zu bringen.

Sie durchschaute das böse Spiel, sie versuchte, sich zu retten, indem sie so tat, als glaube sie an einen Unfall. Ein Bote ging ab zu

Nero: Die Güte der Götter habe sie einer großen Gefahr entkommen lassen, er möge aber, so besorgt er sei, mit einem Besuch bei ihr noch warten. Nero hingegen war außer sich vor Angst – er befürchtete einen Racheakt mit Hilfe von Sklaven oder Soldaten. Seneca und Burrus, bei denen er Rat suchte, verharrten lange in Schweigen. Nach all den Schwierigkeiten, die Agrippina ihnen bereitet hatte, und nach all den Streitigkeiten mit dem Sohn, deren Zeugen sie gewesen waren, mochten sie Neros Besorgnis für so unberechtigt nicht halten. Schließlich fragte Seneca den Präfekten, ob man den Soldaten die Tötung befehlen könne. Als dieser verneinte (die Garde sei dem ganzen Kaiserhaus verpflichtet), wurde Anicetus angewiesen, zu vollenden, was er versprochen habe.

Inzwischen war Agrippinas Bote eingetroffen. Nero warf ihm sein Schwert hin (nach einer anderen Version: Er legte insgeheim einen Dolch neben ihm nieder) und ließ ihn festnehmen, als habe er beabsichtigt, im Auftrage der Mutter den Kaiser zu ermorden – jetzt konnte man verbreiten, die Mutter habe sich nach dem Scheitern ihres Anschlags selbst das Leben genommen.

Anicetus umstellte die Villa mit Posten und drang selber, von zwei Offizieren begleitet, ins Schlafgemach vor. Dort soll Agrippina, als sie begriffen hatte, was der Lärm und die Flucht der Diener und das Erscheinen der drei bewaffneten Männer bedeutete, dem, der sein Schwert zog, zugerufen haben: *Ventrem feri* – »Stoß in den Leib!« Der Leichnam wurde noch in derselben Nacht eingeäschert, die Diener sorgten später für ein schlichtes Grab. Tacitus vermerkt noch, daß Agrippina einst von Wahrsagern, die sie nach dem Schicksal ihres Sohnes befragte, die Auskunft erhielt, er werde die Herrschaft erlangen und dann seine Mutter töten. Sie aber habe daraufhin gesagt: *Occidat, dum imperet!* – »Mag er mich töten, wenn er nur an die Herrschaft kommt!«

Nach außen hin galt nunmehr, daß Nero mit knapper Not einem tückischen Attentat der Mutter entgangen sei. Auf einen Wink des Burrus beglückwünschten die Gardeoffiziere den Kaiser, die Hofleute dankten den Göttern, und die Nachbargemeinden bekundeten durch Opfer und Gesandtschaften ihre Freude. Nero aber, dem erst jetzt, nach der Tat, die Furchtbarkeit seines Verbrechens vollauf bewußt wurde, hielt es nicht länger auf dem Schauplatz des Geschehens aus; er begab sich nach Neapel. Von dort aus schickte er ein von Seneca aufgesetztes Schreiben an den Senat: der angebliche Bote habe ihn ermorden sollen, und seine Mutter sei von eigener Hand gestorben. Es folgten Rügen früheren Verhaltens: Agrippina habe nach der Mitherrschaft gestrebt, herausragende Männer mit Prozessen bedrängt und schon unter Claudius viel Unheil ins Werk gesetzt. Ein zufällig durch Quintilian bewahrtes Zitat zeigt, daß Nero in seiner Botschaft Betroffenheit mimte: *Salvum me esse adhuc nec credo nec gaudeo* – »Daß ich gerettet bin, kommt mir bis jetzt weder glaubhaft noch erfreulich vor.« Die Zeitgenossen nahmen diese Nachrichten mit großer Skepsis auf, und Seneca wurde der Komplizenschaft mit Nero bezichtigt. Gleichwohl beschloß der Senat Dankfeste in allen Tempeln; der Tag der Quinquatrus, an dem der Anschlag entdeckt worden war, sollte alljährlich durch Spiele gefeiert und in der Kurie ein goldenes Standbild der Minerva sowie eine Statue des Kaisers aufgestellt werden. Als Nero endlich nach Rom zurückzukehren wagte, bereitete man ihm einen triumphalen Empfang. Er zog stolz aufs Kapitol und dankte den Göttern.

Tacitus hat sich in der Beurteilung des Verhaltens von Seneca und Burrus große Zurückhaltung auferlegt. Erst das Schreiben an den Senat veranlaßt ihn zu einem indirekten Vorwurf: »Seneca geriet in Verruf, weil er mit dieser Botschaft ein Geständnis abgelegt habe.« Der nachdenkliche Historiker hat sich gewiß mit guten Gründen bei der Nachtszene, da Nero seine beiden Ratgeber um Hilfe bat, mit der Darstellung des Hergangs begnügt. Die Situation, in die Nero sich und seine Umgebung durch den mißglückten Anschlag gebracht hatte, schien heillos. Man war den aufhetzenden Reden Poppaeas nicht entgegengetreten, da man wünschte, daß Agrippinas Macht gebrochen werde, und mit dem Äußersten eines Mordes nicht gerechnet hatte. Nun war dieses Äußerste versucht worden und nur infolge unvorhersehbarer Umstände auf halbem Wege steckengeblieben. Agrippina war seit je gefährlich, doch jetzt, nachdem ihr Sohn ihr das Glück erneuerter Zuneigung vorgegaukelt hatte, um sie heimtückisch ermorden zu können, war sie es doppelt. Daher verbot es sich wohl, an die von ihr gewiesene Möglichkeit anzuknüpfen und ebenfalls so zu tun, als habe es sich um einen banalen Unfall gehandelt. Burrus wollte seine Prätorianer herausgehalten wissen: Sie würden in Erinnerung an Germanicus nichts Schlimmes gegen seine Tochter wagen. Und wenn diese nun ihrerseits bei den Prätorianern Zuflucht suchen würde? Hier lauerte ein Risiko, das wohl auch die sonst in derlei Situationen praktizierte Strafe der Verbannung ausschloß.

Auf seiten Neros kam mit dem mißglückten Anschlag zu dem Haß noch das schlechte Gewissen, der Schrecken, die Furcht: Der Konflikt zwischen Mutter und Sohn hatte ein Stadium erreicht, daß er sich offenbar nur noch durch den Tod eines der Beteiligten lösen ließ. Für eine Palastrevolution gegen Nero, für eine Beseitigung seiner Herrschaft hätte es gründlicher Vorbereitungen bedurft, doch hierfür war die Zeit damals noch lange nicht reif – an diese Möglichkeit haben Seneca und Burrus in jener Nacht ganz gewiß nicht gedacht. So blieb nur der furchtbare Ausweg, der tatsächlich begangen wurde. Die beiden Regenten, die nicht wissen konnten, was die weiteren Jahre neronischer Herrschaft bringen würden, mochten sich in der Hoffnung wiegen, Nero werde sie weiterhin gewähren lassen oder sich ihren Ratschlägen fügen, ja das bisherige System werde, nachdem Agrippina beseitigt sei, noch ungestörter funktionieren als zuvor. Seneca und Burrus deckten einen Mord; sie taten es nach bestem Wissen aus Gründen der Staatsräson.

Vom Geschehen des Jahres 59 n. Chr. aus betrachtet, wäre es doppelt wichtig zu wissen, wann Seneca seine Tragödien geschrieben hat. Hier wird vermutet, daß sie vorwegnahmen, was sich in der kaiserlichen Familie abgespielt hat – doch wenn sie, wenigstens zum Teil, als Reaktion auf diese Ereignisse entstanden wären? Die Ähnlichkeiten zwischen Mythos und Wirklichkeit sind unabweisbar. Daß Nero und Agrippina den Rollen eines von Anfang an wissenden Ödipus und einer ebenso wissenden Iokaste nahekamen, wurde bereits angedeutet. Man könnte noch weiter zurückgehen und die Gattenmörderin Agrippina mit Klytämnestra vergleichen. Handgreiflicher wäre die Parallele des geheuchelten Versöhnungsmahls: bei Atreus und Thyest in der Tragödie, bei Nero und Agrippina in der Realität. Doch eine allzu genaue Analogie zwischen dem Rom Neros einerseits und Mykene und Theben andererseits hat Seneca aus seinen Stücken, wann immer er sie schrieb, gewiß nicht herausgelesen wissen wollen: Er hat den Orest-, den Muttermörderstoff nicht bearbeitet. Es ging ihm wohl mehr um die Konfiguration im ganzen, um das düstere Gewebe wechselseitiger Verstrickung und Schuld, um die Tücke der Ereignisfolgen, die den jeweiligen Anteil von Verhängnis und menschlicher Verantwortung schwer bestimmbar machte. Daß der neronische Hof die alten griechischen Mythen zu wiederholen schien, mußte sich bei der Allgegenwärtigkeit dieser Mythen nicht nur Gebildeten aufdrängen. Seneca wiederum konnte daraus folgern, daß man seine Stücke als Allegorien für aktuelle Geschehnisse lesen würde.

Welche allgemeine Bereitschaft damals bestand, Mythos und Wirklichkeit in eins zu setzen und den kaiserlichen Hof als Wiederkehr fast unvordenklicher Zustände zu betrachten, zeigen – neben der erwähnten Rede vom altüberlieferten Bruderzwist, die die Tötung des Britannicus rechtfertigen sollte – von Sueton bewahrte Schmähverse auf Nero. Sie waren zur Zeit des Muttermordes in Umlauf, teils durch das Griechische (das jedermann verstand) geringfügig verfremdet, teils in gewöhnlichem Latein:

> Νέρων Ὀρέστης Ἀλκμέων μητροκτόνος
> Nero, Orest, Alkmäon: Muttermörder.
> *Quis negat Aeneae magna de stirpe Neronem?*
> *Sustulit hic matrem, sustulit ille patrem.*
> Wahrhaftig, ein Sproß vom großen Stamme des Äneas
> ist Nero:
> Er schaffte die Mutter, jener den Vater beiseite.

Die Pointe des lateinischen Epigramms beruht auf dem Doppelsinn von *sustulit*: Das Beiseiteschaffen, das Äneas vollzog – er trug den Vater Anchises aus dem brennenden Troja –, war rettend, das des Nero tötend. Es kommt hinzu, daß das Haus des Augustus, das julische, von Äneas abzustammen beanspruchte und den Urahn als Prototyp der Nachkommen gesehen wissen wollte; das Distichon konstatiert mit grimmigem Hohn eine neue, von offizieller Seite keineswegs behauptete Beziehung.

Eine Person wird erstaunlicherweise nach der Ausführung der Untat von der Überlieferung gänzlich übergangen: Poppaea Sabina, die Anstifterin. Sie hat erst knapp drei Jahre später wieder einen Auftritt auf der Bühne der Geschichte: Erst damals hat Nero sie geheiratet, unmittelbar nachdem er sich von Octavia getrennt hatte. Dabei soll sie es gewesen sein, die den Kaiser dazu antrieb, seine Mutter zu töten als diejenige, die einer Ehe mit ihr im Wege stehe; man hätte also erwartet, daß Nero unverzüglich oder allenfalls nach einer kurzen Zeit geheuchelter Trauer um die Mutter Poppaea zu seiner Gemahlin machen würde. Als Erklärung mag die Vermutung dienen, daß Poppaea nicht der einzige, nicht einmal der wichtigste Grund für die Ermordung Agrippinas war, sondern eher ein Anlaß, ein auslösendes Moment. Nero sind dann wohl, wie man weiterhin annehmen kann, Bedenken gekommen: Octavia, die Claudius-Tochter, gehörte zur Dynastie. Das labile System des julisch-claudischen Hauses barg viele Unwägbarkeiten; für Nero war offen, wie der Senat, das Volk und zumal die Gardetruppen auf die Verstoßung der ungemein beliebten Octavia reagieren würden.

Hierfür gibt Tacitus einen Fingerzeig. Erst nachdem Nero mancherlei Verbrechen begangen hatte und vom Senat nichts als devote Zustimmung dazu verlautbart worden war, kam die Absicht zur Ausführung; erst im Jahre 62 n. Chr. entschloß sich der Kaiser, seine Gattin nach neunjähriger Ehe mit der Begründung, sie könne keine Kinder bekommen, zu verstoßen. Poppaea, die nun endgültig Oberwasser hatte, war niederträchtig genug, ein Ehebruchsverfahren gegen Octavia zu inszenieren, doch der Versuch scheiterte an der Wahrhaftigkeit der Dienerschaft, die sich auch durch die Folter nicht brechen ließ. Eine der Sklavinnen soll zum Leiter der Untersuchung, zu Tigellinus gesagt haben, *castiora esse muliebria Octaviae quam os eius* – »die Scham Octavias sei keuscher als sein Mund«.

Seneca ist schwerlich unbeschädigt aus dem schlimmen Ereignis hervorgegangen. Die Frau, die ihn aus dem Exil zurückgerufen und ihm den Weg zu seiner hohen Stellung gebahnt hatte, war bald darauf, nach Neros Regierungsantritt, zu seiner gefährlichsten Widersacherin geworden – jetzt war sie beseitigt, jedoch durch Mord, bei dem er sich der Mittäterschaft hatte schuldig machen müssen. In diese Lage aber hatte ihn sein ehemaliger Zögling gebracht, der wenig Bereitschaft zeigte, den Pflichten eines Herrschers zu genügen, der sich ungehemmt seinen Leidenschaften hingab und erst zum Bruder-, jetzt auch zum Muttermörder geworden war, trotz aller Sorge und Zuwendung, die Seneca ihm hatte angedeihen lassen. Ihm mußte sich die Frage aufdrängen, ob es sinnvoll für ihn sei, in der bisherigen Weise fortzufahren, ob er nicht besser daran tue, sich vom Hofe, aus der Politik, aus dem öffentlichen Leben zurückzuziehen. Er mußte befürchten, immer tiefer in die Abenteuer und Verbrechen eines jugendlichen, von seiner Rolle überforderten Herrschers verstrickt zu werden – er, der sich bei aller Kenntnis seiner Schwächen einem hohen Ideal des Menschentums verpflichtet fühlte.

Wie schon dargetan, glaubt man, in drei Stücken der Sammlung *Dialogi* die Besonderheit feststellen zu können, daß sie, wenn auch sehr zurückhaltend und in einer von allem Autobiographischen absehenden Form, kritische Situationen im Leben Senecas spiegeln. Die zweite dieser Schriften, ›De tranquillitate animi‹ – ›Von der Seelenruhe‹ befaßt sich hauptsächlich mit Störungen allgemeiner Art, denen weite Kreise der römischen Wohlstandswelt ausgesetzt waren, mit seelischen Verstimmungen und deren Heilung. In den Kapiteln 3 – 5 erörtert Seneca jedoch das Grundproblem der damaligen regierenden Klasse, das infolge der Entwicklung, die Nero genommen hatte und weiterhin zu nehmen schien, in besonderem Maße sein eigenes war: wie es mit der politischen Tätigkeit, mit der Pflicht zur Wahrnehmung öffentlicher Aufgaben bestellt sei, unter welchen Voraussetzungen man sich zurückziehen und in andere, ebenfalls gemeinnützige Tätigkeitsbereiche ausweichen dürfe.

Das Problem hatte – was angesichts der wirren politischen Verhältnisse, die im hellenistischen Zeitalter herrschten, nicht wundernimmt – zumal in der Stoa eine ansehnliche Tradition, und so brauchte Seneca nicht lange zu suchen, als es ihm darum zu tun war, auf Grund der Meinungen, die in seiner Schule geäußert worden waren, zu einem eigenen Urteil zu gelangen. Seine Darlegungen knüpfen an Athenodoros aus Tarsos an, der ein Freund Ciceros und Lehrer des Augustus gewesen war. Athenodor, schreibt Seneca, halte es für das Beste, daß man sich mit Politik, mit der Staatsverwaltung und sonstigen öffentlichen Angelegenheiten beschäftige: Dergleichen stärke den Geist und befähige ihn zu sittlichem Fortschritt. »Doch weil inmitten dieses irrwitzigen Ehrgeizes der Menschen«, fährt Athenodor fort, »inmitten so vieler Verleumder, die auch redliche Absichten in den Staub ziehen, die Gradsinnigkeit zuwenig Schutz genießt und sich stets mehr Enttäuschungen einstellen werden als Erfolge, ist es angebracht, sich dem Forum und dem öffentlichen Leben fernzuhalten.« Ein großer Geist, heißt es weiterhin bei Athenodor, werde nicht – wie ein Löwe oder sonst ein wildes Tier durch einen Käfig – durch Zurückgezogenheit beengt; er habe reichlich Gelegenheit, sich zu entfalten und für die Allgemeinheit nützlich zu sein. Man sei dem Staat nicht nur förderlich, indem man Kandidaten protegiere, Angeklagten helfe und Entscheidungen über Krieg und Frieden treffe: Auch wer die Jugend mahne, wer ihren Herzen bei dem derzeitigen Mangel an guten Erziehern eine anständige Gesinnung einpflanze, handele als Privatmann im öffentlichen Interesse. Wer die Zeit, die er den staatsbürgerlichen Obliegenheiten vorenthalte, für gelehrte Studien verwende, sei kein Deserteur, kein pflichtvergessener Mensch; man sammele Freunde um sich und sei weder sich selber zur Last noch für andere ohne Nutzen. Erst wer sich jeglichem Umgang versage, Abschied von der Menschheit nehme und nur noch für sich lebe, versetze sich in eine Isolierung, in der Mangel an Betätigungsmöglichkeiten herrsche. Dann beginne man mit sinnlosem Aufrichten und Abreißen von Gebäuden, man dämme das Meer ein und lege komplizierte Wasserspiele an. Manch einer von dieser Art habe für sein langes Leben keinen anderen Beweis als sein hohes Alter.

Athenodor neigte in ethischen Fragen offenbar zu einer kasuistischen Betrachtungsweise. Cicero hatte für das dritte Buch seines Werkes ›De officiis‹, ›Von den Pflichten‹, das die Kollision des Nützlichen mit dem Ehrenhaften, des Vorteils mit dem Anstand behandelte, Material benötigt. Athenodor half ihm bei der Beschaffung, indem er ihm die Hauptpunkte einer Schrift des Poseidonios zusammenstellte – der Titel dieser Schrift lautete: ›Über das Pflichtgemäße nach den jeweiligen Umständen‹. Von den Verhältnissen will Athenodor auch in der von Seneca zitierten Partie abhängig sein lassen, ob man sich politisch betätigen solle. Dem Grundsatz nach ist er noch bereit, den Dienst am Staat als Pflicht anzuerkennen. Die Einschränkungen jedoch, zu denen er sich sofort herbeiläßt, reichen ziemlich weit: Schon rücksichtsloser Ehrgeiz und Verleumdungen, die üblichen Begleiterscheinungen öffentlicher Wirksamkeit, sowie die verhältnismäßig geringen Erfolgsaussichten sollen dazu berechtigen, daß man von jeglichem politischen Engagement Abstand nimmt. Als Ersatz führt er soziales Handeln ins Feld: Man betätige sich als Jugenderzieher. Selbst die Bemühungen des Gelehrten sind Dienst an der Gemeinschaft. So bleiben als von Athenodor nicht akzeptierte Individualisten nur jene reichen Leute, die nichts Besseres zu tun wissen, als ihr Geld für luxuriöse Villen – insbesondere am Meeresufer – auszugeben. De facto hat Athenodors Großzügigkeit die Grenzpfähle zwischen der Stoa und dem Epikureismus beseitigt: Eine soziale Einstellung, Hilfsbereitschaft zumal im Freundeskreise war auch den Epikureern nicht fremd, und auch ihnen genügte, wenn sie seriös waren, eine schlichte Lebensweise.

Seneca ist mit Athenodors laxer Auffassung nicht einverstanden: Hier seien den Umständen allzu große Konzessionen gemacht worden. Nicht fluchtartig dürfe man den Widrigkeiten ausweichen, sondern Schritt für Schritt, gleichsam im geordneten Rückzug – es gebe ja ohnehin keinen Platz, wohin man nicht vom Schicksal verfolgt werden könne. Auch sei es nicht erlaubt, schon deshalb zu resignieren, weil man keine gehobene Position einzunehmen vermöchte: Auch der einfache Soldat im dritten Glied müsse seine Pflicht tun. Erst im äußersten Falle, wenn alle anderen Möglichkeiten erschöpft seien, dürfe man sich mit den Bereichen begnügen, die Athenodor in jedem Behinderungsfalle aufzusuchen gestatte: mit Freunden, mit gut ausgefüllter Muße.

Nichts deutet darauf, daß Senecas Darlegungen nicht in republikanischer Zeit geschrieben sind: Die alten Ämter werden erwähnt, insbesondere das Konsulat, ferner das Tribunal der Richter, die Rednerbühne und sogar die Volksversammlung. Von dem in Rom seit zwei bis drei Generationen etablierten Kaisertum findet sich keine Spur. Offenbar mußte so getan werden, als gäbe es das Problem der politischen Betätigung nur unterhalb des Hofes, im Bereich der Provinz- und Stadtverwaltung. Diese Vermutung wird durch das Beispiel bestätigt, das Seneca alsbald ins Feld führt: die Herrschaft der sogenannten Dreißig Tyrannen, eines oligarchischen Regimes, das sich nach dem verlorenen Peloponnesischen Krieg in Athen eingenistet hatte (404–403 v. Chr.). Nicht ohne Raffinement bleibt die Staatsform der Monarchie, für die sich der Geschichte reiches Anschauungsmaterial hätte entnehmen lassen, außer Betracht: Ein Kollektiv verkörpert die Voraussetzungen, die einem freien Manne die Ausübung politischer Tätigkeit nahezu unmöglich machen.

Die Mimikry, das Versteckspiel diesmal nicht hinter dem Mythos, sondern hinter einer Episode aus der Geschichte Athens, brachte Seneca noch einen weiteren Vorteil: Er konnte eine philosophische Autorität ersten Ranges namhaft machen. Sokrates hatte bewiesen, daß es auch unter extremen Bedingungen noch möglich ist, irgendwie auf die öffentlichen Angelegenheiten einzuwirken. Er hatte sich dem Terrorregime nicht gebeugt; er war in hoffnungsloser Lage seinen Mitbürgern Vorbild und moralischer Rückhalt. Andererseits ist derselbe Sokrates wenige Jahre später, als die Freiheit zurückgewonnen und die Demokratie wiederhergestellt war, von den Athenern hingerichtet worden. Sein Schicksal zeigt, daß es nie gänzlich unmöglich ist, dem Gemeinwesen zu dienen, daß man sich jedoch hierbei auch unter den günstigsten Voraussetzungen nie völlig sicher wähnen darf. »Auch in einem schwer darniederliegenden Staat besteht für einen Weisen die Möglichkeit, öffentlich zu wirken, auch in einem blühenden und wohlbestellten führen Grausamkeit, Haß und tausend andere Laster das Zepter.« Ob sich

Seneca auch dieses Mal – wie in der Schrift ›De vita beata‹ – der Maske des Sokrates bedient, ob er mit ihm sich selbst gemeint hat? Unmöglich ist es nicht, wenn auch nicht so wahrscheinlich wie bei dem Problem des Reichtums: So weit waren die Verhältnisse noch nicht gediehen, daß Seneca sich bedroht fühlen mußte.

Soviel zu der Partie in der Schrift ›Von der Seelenruhe‹, der man am ehesten Bekenntnischarakter zuschreiben möchte: Seneca scheint mit seiner Polemik gegen Athenodor innere Zweifel niederzuringen und sich Mut zuzusprechen, er klammert sich gleichsam an die offizielle Linie der Stoa. Dies läßt sich auch daran ablesen, daß er sich hier, in den Kapiteln 3 bis 5, vom Hauptgedanken der Schrift entfernt.

Den Anfang macht eine formale Besonderheit. Nicht Seneca spricht dort zum Adressaten Serenus – zu dem Freunde, dem auch der Essay ›De constantia sapientis‹ gewidmet ist –, sondern Serenus zu Seneca: Er legt ihm sein seelisches Befinden dar und beschreibt die Symptome; darauf (im zweiten Kapitel) antwortet Seneca – er stellt die Diagnose und verabfolgt die Therapie. Die Abhandlung beginnt also mit einer vollständigen psychotherapeutischen Konsultation.

Serenus charakterisiert zunächst seinen Gesamtzustand (1,1–3): Er sei von einer eigenartigen Unsicherheit befallen, einem Schwanken zwischen dem für richtig und dem für falsch Erkannten – *nec aegroto nec valeo*, »Ich bin nicht krank und nicht gesund«; er lebe in einer Verfassung der *infirmitas*, der »Schwäche«. Sodann wendet er sich einzelnen Symptomen zu. Er liebe die Sparsamkeit und Einfachheit und richte seine Lebensführung demgemäß ein, zugleich aber imponiere ihm die Pracht, der Luxus der großen Häuser (1,4–9). Gemäß den Lehren der Stoa widme er sich öffentlichen Aufgaben (hierin ist die schmale Brücke zum Exkurs des Athenodor-Zitates enthalten); wenn jedoch Schwierigkeiten aufträten, wünsche er sich eine zurückgezogene Existenz (1,10–12). Er verkenne nicht, daß es in der Wissenschaft auf die Sache, auf die Wahrheit und sonst nichts ankomme, dann aber lasse er sich von dem eitlen Streben nach einem erhabenen Stil mißleiten (1,13–14).

Ne singula diutius persequar, in omnibus rebus haec me sequitur bonae mentis infirmitas – »Um nicht länger bei Einzelheiten zu verweilen, überallhin begleitet mich dieses Defizit einer richtigen Geistesverfassung.« Serenus bittet um ein Heilmittel, mit dem sich die *fluctuatio*, die Unstetigkeit seines Gemütszustandes, zur Ruhe bringen lasse (1,17).

Was der Freund sich wünsche, antwortet Seneca, sei die *euthymia* des Philosophen Demokrit: eine gleichmäßig heitere, in sich ruhende Seelenstimmung. Es gelte, nunmehr generell zu untersuchen, wie man diese Euthymie, diese *tranquillitas animi* zu erreichen vermöge; Serenus solle sich aus der allgemeinen Remedur das ihm Gemäße auswählen. Seneca benutzt also den konkreten Fall des Freundes, Lehren zu erteilen, die für sämtliche Fälle dieser Art taugen. Unruhe, Unstetigkeit und Unzufriedenheit mit sich selbst, Überdruß und Mißbehagen sind samt und sonders Gestimmtheiten, die sich vor allem bei ständigem Wechsel in der Beschäftigung, ziellosem Schwanken, planloser Reisewut und dergleichen mehr der Seele bemächtigen: So lautet Senecas Generaldiagnose, seine Beschreibung einer damals offenbar weitverbreiteten Gemütslage.

Das Kapitel ist ein aufschlußreiches kulturgeschichtliches Dokument. Es nennt komplexe Phänomene, die in das traditionelle Schema der stoischen *vitia* (»Laster, Fehler«) nicht passen. Seneca faßt die von ihm beschriebenen Zivilisationsleiden der Kaiserzeit mit den Ausdrücken *fastidium vitae, taedium* (»Lebensekel, Überdruß«) zusammen – Verwöhntheit, Langeweile, Unrast, welche die innere Leere zu verdrängen sucht: Derlei Einstellungen schwären im Gemüt der Menschen, und ihr Leben zerbröckelt zwischen unbefriedigten Wünschen und enttäuschten Hoffnungen.

Athenodor, fährt Seneca nunmehr fort, habe gegen dieses Leiden vor allem öffentliches Wirken empfohlen, sich aber selbst eingeworfen, daß die Zeiten hierfür nicht geeignet seien – ein sonderbarer Anfang der therapeutischen Lehren (wer beginnt schon mit einer Maßnahme, die nichts taugt oder jedenfalls umstritten ist?): Seneca hat offensichtlich nach einer Gelegenheit gesucht, das ihn bewegende Problem der Verpflichtung zu politischer Tätigkeit einzufügen. Erst nach den Athenodor-Kapiteln bringt er die eigentlichen Vorschläge zur Heilung (6–17). Diese Partie, der Hauptteil der Schrift, fällt im Vergleich mit den Präliminarien etwas ab. Seneca geht hier jeweils von isolierten Einzelursachen aus, nicht von dem komplexen Gesamtzustand seiner Diagnose. Man übernehme sich nicht durch Aufgaben, denen man nicht gewachsen sei; man lasse Vorsicht bei der Wahl seines Umgangs walten; man setze seinem Vermögen ein vernünftiges Maß; man sei stets auf alles gefaßt, was das Schicksal bringen könne – Seneca reiht allerlei Ratschläge aneinander, die sich im wesentlichen innerhalb dessen bewegen, was in der stoischen Sittenpredigt üblich war.

DREIZEHNTES KAPITEL

Senecas Entlassung – Von der Zurückgezogenheit

Nach Agrippinas Tod war Neros Leidenschaft fürs Wagenrennen und für theatralische Darbietungen kaum noch zu zügeln. Seneca und Burrus mußten sich einmal wieder zu einem Kompromiß bereit finden: Damit sich der Kaiser nicht durch beide Arten von Schaustellungen preisgebe, gestatteten sie ihm die eine; sie ließen ihm jenseits des Tiber, im Vatikanischen Tal (wohl in der Nähe des erwähnten Privattheaters), eine Pferderennbahn einrichten. Doch Nero wollte mehr, er wollte auch musische Aufführungen mit Publikum und Beifall.

Die Römer pflegten die Schur des ersten Bartes zu feiern (die Haare wurden in einem kostbaren Gefäß aufbewahrt). Der Kaiser benutzte diese Gelegenheit, ein besonderes Fest zu stiften, die *Juvenalia*, die »Jugendspiele«, mit theatralischen und musikalischen Wettkämpfen – indem er viele einbezog, vor allem aus den Kreisen des Adels, glaubte er der Sache etwas von ihrer in römischen Augen überaus gravierenden Anstößigkeit nehmen zu können. Er selbst trat als letzter auf, mit der Kithara, die er zunächst sorgfältig stimmte, und trug einzelne Nummern aus Tragödien vor. Militär war zugegen, das sich als Claque betätigte, und auch junge Ritter wurden hinzugezogen, die ihren Beifall erschallen ließen: Man nannte sie alsbald *Augustiani*, »Kaiserbejubler«. Burrus beobachtete das ganze Treiben, *maerens ac laudans*, wie Tacitus lapidar mitteilt, »bekümmert und voll des Lobes«.

Im Jahre darauf, 60 n. Chr., richtete der Kaiser einen Agon, einen Wettkampf ein, der alle fünf Jahre wiederkehren sollte, die *Neronia*. Sie folgten ganz und gar griechischem Muster: Es gab außer musischen Darbietungen, die im Mittelpunkt standen, Wagenrennen und die von den Römern in besonderem Maße mißbilligten sportlichen Veranstaltungen. Der Tabubruch war kraß; bei den musischen Wettbewerben, die im Theater des Pompeius stattfanden, führten ehemalige Konsuln den Vorsitz, und der Kaiser mitsamt dem hohen Adel rang um die Siegeskränze. Beim Dichterwettstreit trat auch Lukan, Senecas Neffe, auf; ihm wurde für ein Enkomion auf Nero der Preis zuerkannt. Nero wiederum erhielt auch in der Beredsamkeit den Kranz, obwohl er sich darum gar nicht beworben hatte. Das Fest ging ohne Skandal vorüber, und die griechische Kleidung, die in jenen Tagen von vielen getragen wurde, verschwand wieder. Das Ereignis hat auch in die zeitgenössische Münzprägung Eingang gefunden. Die Aufschrift lautet *certamen quinquennale Romae constitutum* – »Zur Einrichtung des Fünfjahreskampfes in Rom«. Den *Neronia* war indessen keine große Zukunft beschieden: Sie fanden noch einmal statt, im Jahre 65 n. Chr., als der Stifter noch regierte, und sind dann offenbar abgeschafft worden. Viel später, wohl im Jahre 240, fühlte sich Kaiser Gordian III., man weiß nicht warum, bemüßigt, die fast verschollenen Spiele wiederauszugraben.

Was Seneca und Burrus von den *Neronia* hielten, ob sie damals überhaupt noch versuchen konnten, auf die Entschlüsse des Kaisers einzuwirken, ist nicht bekannt. Auch sonst lassen die Quellen nichts mehr über politische Maßnahmen der beiden Reichsverweser verlauten; die Rennbahn im Vatikanischen Tal blieb ihre letzte Tat. Im Jahre 62 n. Chr. starb Burrus, und bald darauf bat Seneca den Kaiser, sich ins Privatleben zurückziehen zu dürfen: Wahrscheinlich war es schon vorher mit dem Einfluß der beiden Männer nicht mehr zum besten bestellt gewesen. Es ist denkbar, daß sich der Tod Agrippinas lähmend auf ihr Regiment ausgewirkt hat. Nero, von seiner stets gewaltsam fordernden, um Herrschaft kämpfenden Mutter befreit, bedurfte keines Gegengewichts mehr, das ihm Rückhalt gab; seine Mordtat scheint das Kräftespiel aufgehoben zu haben, das bis dahin sein Verhältnis zu Seneca und Burrus bestimmt hatte. Das Schweigen der Quellen über nahezu drei Jahre hinweg wäre also ein Indiz dafür, daß es mit Senecas Machtstellung, die

27. Rom, Circus Maximus. Kaiserzeit. Für Wagenrennen: Länge 600 Meter, Breite 150 Meter, mit Sitzreihen für 250 000 Zuschauer. Luftaufnahme

ganz und gar auf der Duldung durch den Kaiser beruhte, nicht erst im Jahre 62 n. Chr., sondern schon unmittelbar nach Agrippinas Tod zu Ende ging. Hierfür spricht auch die Annahme, daß sich Seneca gewiß nicht von einem Tag auf den anderen entschloß, um seine Entlassung nachzusuchen – diesem Schritt waren sicherlich lange Überlegungen vorausgegangen. Andererseits scheint Nero damals keiner besonderen Lenkung bedurft zu haben. Er verhielt sich ruhig, als wären seine dämonischen Kräfte durch das Auf und Ab der vorangegangenen Jahre angegriffen worden. Auch fanden zu jener Zeit keine spektakulären Ereignisse statt – abgesehen von dem Aufstand der britischen Königin Boudicca, den der zuständige Statthalter Suetonius Paulinus jedoch rasch niederschlug.

An einem stadtrömischen Zwischenfall muß Seneca zumindest innerlich Anteil genommen haben. Der Stadtpräfekt Lucius Pedarius Secundus war von einem seiner Sklaven umgebracht worden. Ein barbarisches Gesetz, das nach dem Konsul Gaius Junius Silanus benannte *Senatus consultum Silanianum* vom Jahre 10 n. Chr., sah vor, daß sämtliche Sklaven zu kreuzigen seien, die sich zur Tatzeit im Hause des Herrn aufgehalten hatten und nicht beweisen konnten, daß sie versucht hatten, Hilfe zu leisten. Als demgemäß verfahren und das gesamte Gesinde des Pedarius, etwa vierhundert Leute, zur Hinrichtung geführt werden sollte, kam es zu einem Aufruhr, und der Senat versammelte sich, die Angelegenheit zu beraten. Dort setzte sich die Meinung durch, daß es bei der bisherigen Strenge bleiben müsse; hierfür trat insbesondere Gaius Cassius Longinus ein, der angesehenste Jurist seiner Zeit. Es gab indes eine Minderheit, welche die rigorose Anwendung des Silanischen Senatsbeschlusses ablehnte: Man wies mit Bedauern auf die Zahl hin und wollte das Alter und das Geschlecht berücksichtigt wissen sowie den Umstand, daß die meisten zweifellos unschuldig seien.

Man möchte annehmen, daß Seneca zu jener Minderheit gehörte (überliefert ist es nicht): Zeit seines Lebens hat er mit großem Nachdruck für Milde und Menschlichkeit gegenüber Sklaven plädiert. Er wollte in jedem Sklaven zuallererst den Menschen gesehen wissen: »Wenn man auch einem Sklaven alles antun darf« (so in der Tat das positive Recht, dem der Sklave als »Sache« galt, mit der der »Eigentümer« nach Belieben verfahren konnte), »so gibt es doch etwas, was das *commune ius animantium*, das Naturrecht einem Menschen gegenüber als unerlaubt verbietet.« Diese Maxime in der Schrift ›Über die Milde‹ wird in der ›Über Wohltaten‹ wie folgt erläutert: »Der irrt, der da glaubt, die Sklaverei erfasse den ganzen Menschen. Sein besserer Teil ist davon ausgenommen: der Leib ist unterworfen und dem Herrn zuerkannt; der Geist aber ist unabhängig ... Der Leib also ist's, den das Schicksal dem Herrn überantwortet hat; den kauft er, den verkauft er; das Innere kann nicht übereignet werden.« Auch der 47. Brief befaßt sich ausführlich und in einer für die damaligen Ohren meist gewiß recht ungewöhnlichen Tonart mit der Behandlung von Sklaven: »Zu meiner Freude erfahre ich von denen, die von dir kommen, daß du wie in einer Familie mit deinen Sklaven lebst: So gehört es sich für dich, klug und gebildet wie du bist. ›Es sind Sklaven.‹ Nein, Menschen. ›Es sind Sklaven.‹ Nein, Hausgenossen. ›Es sind Sklaven.‹. Nein, einfache, mit uns befreundete Leute. ›Es sind Sklaven.‹ Nein, unsere Mitsklaven, wenn du bedenkst, daß dem Schicksal uns beiden gegenüber dasselbe erlaubt ist.« Seneca zählt auf, wie vieles die Sklaven mit ihren Herren gemeinsam haben, und seine Betrachtungen gipfeln darin, daß er die Goldene Regel auch auf den Umgang mit ihnen angewandt wissen will: »Lebe so mit dem, der unter dir steht, wie du wünschst, daß der mit dir lebt, der über dir steht.«

In schroffem Gegensatz zur grobschlächtigen Härte des *Senatus consultum Silanianum* hat sich die kaiserliche Rechtsetzung immer wieder bemüht, Mißbräuche des Herrenrechts einzudämmen. Gegen die Tötung des eigenen Sklaven wird seit Claudius eingeschritten; die Tötung des fremden Sklaven kann nicht nur die Verpflichtung zum Schadensersatz, sondern auch eine Kriminalstrafe nach sich ziehen. Von Antoninus Pius (138–161 n. Chr.) ist ein Erlaß überliefert, wonach Sklaven, die wegen unangemessen harter Behandlung durch ihren Herrn in ein Heiligtum oder zu einem Standbild des Kaisers Zuflucht genommen haben, verkauft werden müssen (so daß sie einen anderen Herrn erhalten). Nun heißt es schon bei Seneca, vor der oben zitierten Partie aus der Schrift ›De clementia‹: *Servis ad statuam licet confugere* – »Sklaven dürfen zu einem (kaiserlichen) Standbild Zuflucht nehmen«, und in der Schrift ›De beneficiis‹ verlautet: »Es ist jemand dafür zuständig, Mißhandlungen von Sklaven durch deren Herren zur Kenntnis zu nehmen: Er soll gegen Grausamkeit, Willkür und Geiz bei der Gewährung des Lebensnotwendigen einschreiten.«

Diese Zeugnisse lassen vermuten, daß asylsuchende Sklaven (Kaiserstatuen galten als ebenso heilig wie Tempel) nicht erst durch Antoninus Pius Schutz erhielten, daß somit dessen Erlaß – ein Bescheid auf die Anträge von Provinzstatthaltern – eine schon bestehende Praxis bestätigte. Dann aber liegt die Vermutung nahe, daß kein anderer als Seneca im Namen Neros Anordnungen getroffen hat, die auf die Schonung mißhandelter Sklaven zielten. Bei der Instanz, welche das Zitat aus der Schrift ›De beneficiis‹ für zuständig erklärt, hat es sich – für das Gebiet von Rom – zweifellos um den Stadtpräfekten gehandelt, dem auch die Digesten die Aufgabe zuweisen, sich der beschwerdeführenden Sklaven anzunehmen.

Burrus erlitt einen qualvollen Tod: Eine Geschwulst im Schlund führte zu Atemnot und schließlich zur Erstickung. Ein Gerücht wollte wissen, daß Nero beteiligt war: Er habe Burrus durch ein angebliches Heilmittel gegen das Halsleiden vergiftet. Als er den Patienten besuchte, soll dieser, der den verbrecherischen Anschlag durchschaut habe, geantwortet haben, er befinde sich wohl.

Das Gerücht bestand schwerlich zu Recht. Burrus, ein aufrechter, im besten Sinne soldatischer Charakter, hatte zwar dem Kaiser gegenüber stets offen ausgesprochen, was er dachte; ein letztes Beispiel hierfür war sein Widerstand gegen Neros Absicht, die Ehe mit Octavia zu beenden. Gleichwohl läßt sich kein hinlänglicher Grund für die Annahme beibringen, daß Nero den Tod des Schwerkranken beschleunigt habe. Sextus Afranius Burrus, zunächst Offizier, dann unter Tiberius und Claudius Prokurator, das heißt Verwalter kaiserlicher Besitzungen, war im Jahre 51 n. Chr. auf Betreiben Agrippinas zu der Vertrauensstellung des alleinigen Prätorianerpräfekten befördert worden. Er hat diesen Posten bis zu seinem Tode (62 n. Chr.) unangefochten innegehabt. Die Nachfolge wurde geteilt und so eine seit Augustus meist befolgte Regel wieder in Kraft gesetzt: Faenius Rufus, bisher für Roms Getreideversorgung zuständig, und Ofonius Tigellinus, ein dunkler Ehrenmann und Günstling Neros, kommandierten hinfort gemeinsam die Gardetruppen. Tigellinus hatte bislang als *praefectus vigilum*, als Chef der römischen Feuerwehr gedient. Er wußte sich auf seinem neuen Posten bald in den Vordergrund zu drängen.

»Der Tod des Burrus brach die Macht Senecas«, schreibt Tacitus. Gerade das einvernehmliche Zusammenwirken beider, des Zivilisten und des Militärmannes, hatte den jungen Kaiser einigermaßen gezügelt und so den bis etwa zum Jahre 60 n. Chr. andauernden Schwebezustand ermöglicht. Senecas Feinde registrierten die Verschiebung des Kräfteverhältnisses und brachten die schon erwähnten Vorwürfe aufs Tapet: Die Besitzungen Senecas überstie-

28. Wagenrennen im Circus Maximus. Römisches Relief, Kaiserzeit. Foligno, Archäologisches Museum

gen das Maß, das einem Privatmann – im Gegensatz zum Kaiser – zukomme, die Pracht seiner Gärten und Landsitze solle die kaiserlichen Anlagen ausstechen. Er setze die Liebhabereien des Kaisers, lauteten weitere Einflüsterungen, in der Öffentlichkeit herab, vor allem dessen Leistungen im Pferderennen und im Gesang. Schließlich holten jene Hofleute zu Schlägen aus, die den Kaiser besonders empfindlich treffen mußten. Wie lange werde es nichts Rühmliches im Staate geben, das nicht von Seneca eingeführt scheine? Neros Kindheit sei ganz gewiß vorüber, und sein jugendliches Alter stehe in voller Kraft – er solle sich des Schulmeisters entledigen.

Wie am Kaiserhofe üblich, wurden Seneca diese gehässigen Reden hinterbracht, und da er mit Tigellinus offenbar auf einem solchen Fuße stand, daß nicht einmal der Versuch einer Zusammenarbeit mit ihm in Betracht kam, setzte er nunmehr die wohl seit längerem bestehende Absicht in die Tat um, den Kaiser um seine Entlassung aus dem Hofdienst zu bitten. Tacitus berichtet hierüber ausführlich: Er läßt auf den Tod des Burrus ein Redepaar folgen, das aus dem Gesuch des Ministers und der Antwort des Kaisers besteht. Den Inhalt der Reden hat er aus seiner Quelle übernommen – wohl aus dem Geschichtswerk des Fabius Rusticus, eines Zeitgenossen und Freundes von Seneca –, den Wortlaut aber und das Detail der Argumentation wird er, wie es in der antiken Geschichtsschreibung seit Thukydides Brauch war, selbst ersonnen haben, wobei er in dem Gesuch Senecas offensichtlich gewisse Eigenheiten von dessen Schriftstellerei nachgeahmt hat. Die Reden verbinden, ja verquicken die Bitte um Entlassung mit dem Problem der Reichtümer, die Seneca von Nero empfangen hat und die er nunmehr zurückzugeben wünscht; sie befleißigen sich einer diplomatischen, verhüllenden, ja ausweichenden Diktion.

Seneca soll sich nach Tacitus, sobald ihm, dem kaum noch Vorgelassenen, eine Audienz beim Kaiser eingeräumt worden war, wie folgt geäußert haben:

> Das vierzehnte Jahr ist es jetzt, Majestät, seit man mich der Hoffnung, die man in dich setzte, zur Seite gestellt hat, das achte, seit du die Herrschaft ausübst: in der Zwischenzeit hast du so viele Ehren und Reichtümer auf mich gehäuft, daß mir zu meinem Glück nur eines fehlt: die Mäßigung. Ich möchte mich auf große Vorbilder berufen, nicht von meinem Rang, sondern von deinem. Dein Urahn Augustus hat dem Agrippa erlaubt, zurückgezogen in Mytilene zu verweilen; dem Maecenas gestattete er, mitten in der Stadt in Ruhe, als wäre er in der Fremde, zu leben; sie hatten – der eine sein Kriegsgefährte, der andere in Rom durch verschiedene Mühsal stark beansprucht – ansehnliche, ihren großen Verdiensten jedoch entsprechende Belohnungen empfangen. Ich aber, was

habe ich deiner Freigebigkeit entgegenhalten können als die Bildung, die sozusagen im Schatten aufgewachsen war und nur dadurch Glanz bekam, daß ich den ersten Proben deiner Jugend beigestanden zu haben scheine – ein hoher Lohn für sie. Doch du hast mich mit unermeßlichem Einfluß und unschätzbaren Geldmitteln umgeben, so daß ich oft in mir die Frage wälze: ich, aus ritterlichem und provinzialem Hause stammend, werde zu den Großen des Staates gerechnet? Unter Adligen mit reicher Ahnenzier bin ich, der Emporkömmling, zu glanzvoller Stellung gelangt? Wo bleibt die Gesinnung, die mit Mäßigem zufrieden ist? Ist sie es, die solche Gärten anlegt und durch stadtnahe Villen spaziert und den Überfluß so ausgedehnter Kornfelder, so reichlicher Zinsen genießt? Nur eine Entschuldigung kommt mir zu Hilfe: ich durfte mich deinen Geschenken nicht widersetzen.
Doch jetzt haben wir beide das Maß erfüllt: du darin, was ein Kaiser einem Freunde schenken, und ich darin, was ein Freund von einem Kaiser annehmen kann – was darüber ist, steigert den Neid. Der bleibt zwar, wie alles Menschliche, unterhalb deiner Hoheit, aber mich bedrängt er, mir muß geholfen werden. Wie ich, auf einem Feldzug oder einer Reise ermüdet, um Beistand bäte, so suche ich auf diesem Lebensweg, alt geworden und auch den leichtesten Aufgaben nicht mehr gewachsen, so daß ich meine Reichtümer nicht weiter ertragen kann, um Schutz nach. Laß das Vermögen durch deine Prokuratoren verwalten, nimm es in dein Eigentum auf! Dadurch werde ich mich nicht selbst in Armut stürzen, sondern nur das aushändigen, dessen Glanz mich blendet, und die Zeit, die der Sorge für die Gärten und Villen vorbehalten war, geistiger Tätigkeit widmen. Du bist im Vollbesitz deiner Kräfte und hast in einer Reihe von Jahren die Machtausübung in höchster Stellung kennengelernt; wir, deine älteren Freunde, dürfen jetzt Ruhe beanspruchen. Auch dies wird zu deinem Ruhm beitragen, daß du die hoch hinausgehoben hast, die sich auch mit Mäßigem zufriedengeben.

Die Rede ist überaus sorgfältig stilisiert. Eine allgemeine, das Ganze umgreifende Feststellung eröffnet das Gesuch: Seneca bittet um Mäßigung sowohl der Ehren (*honores*) als auch der Reichtümer, mit denen Nero ihn bedacht hat. Schon das Wort »Mäßigung« (*moderatio*) mildert und verschleiert das eigentlich Gemeinte. Seneca möchte, wie das Folgende zeigt, den Dienst am Hofe ganz quittieren, also von jedwedem *honor* befreit werden, und er wünscht entsprechend, daß Nero alles zurücknimmt, was er ihm geschenkt hat. Die Bitte um die Beendigung des Hofdienstes wird nicht direkt ausgesprochen; sie versteckt sich hinter zwei Beispielen, die mit Bedacht gewählt sind: Was Augustus seinen beiden Paladinen, Agrippa und Maecenas, gewährte, kann Nero einem Seneca nicht verweigern, der eine ähnliche Stellung innehat. Daß es mit der historischen Richtigkeit der beiden Beispiele etwas hapert, tut nicht viel zur Sache; Tacitus hat überzeugend einen für Seneca typischen Argumentationsmodus in dessen Rede eingefügt.

Auf den ersten folgen der zweite und dritte Schritt: Seneca stellt seine Verdienste um die Erziehung Neros als überaus geringfügig hin und kontrastiert damit den unverhältnismäßig großen Lohn, den der Kaiser ihm habe zuteil werden lassen. Dann beruft er sich zu Beginn des vierten und letzten Schritts wieder auf das Maß als Richtschnur für das, was jetzt erforderlich sei: Wir haben beide das Maß erfüllt. Er befaßt sich zunächst abermals mit den Reichtümern – Nero möge sie zurücknehmen – und kommt am Ende nochmals kurz auf die erbetene Entlassung zurück: Deine alten Freunde dürfen jetzt Ruhe beanspruchen. In diese chiastische, dem Schema a – b – b – a folgende Form sind Motive eingeflochten, die dem Philosophen und Schriftsteller Seneca wohl anstehen; die Aussage »Dadurch werde ich mich nicht selbst in Armut stürzen« zum Beispiel verweist deutlich auf die Thematik der Schrift ›De vita beata‹.

Die Antwort, die Tacitus dem Kaiser in den Mund legt, hat folgenden Wortlaut:

> Daß ich deiner vorbereiteten Rede auf der Stelle entgegentreten kann, ist das erste, was ich als Geschenk von dir besitze:

du hast mich nicht nur das Vorausgesehene, sondern auch Unerwartetes zu erörtern gelehrt. Mein Urahn Augustus hat Agrippa und Maecenas erlaubt, sich nach der Mühsal der Ruhe hinzugeben, als er selbst in einem Alter stand, dessen Ansehen rechtfertigte, was und von welcher Art das war, was er ihnen zuteil werden ließ, und doch hat er keinem die von ihm verliehenen Belohnungen weggenommen. In Krieg und Gefahren hatten sie sich verdient gemacht: Davon sind ja die jüngeren Jahre des Augustus ganz erfüllt gewesen. Auch mir hätten dein Schwert und dein Arm nicht gefehlt, hätte ich Waffentaten vollbringen müssen; du hast vielmehr, wie es die Verhältnisse des Augenblicks erforderten, mit Überlegung, Rat und Anweisungen erst meine Kindheit, dann meine Jugend umhegt. Und deine Verdienste um mich werden, solange mein Leben währt, unvergänglich sein; was du von mir hast, die Gärten, Renditen und Landhäuser, ist den Wechselfällen der Zeit unterworfen. Und mag das viel zu sein scheinen: Manch einer, der sich keineswegs mit deinen Fähigkeiten messen kann, hat mehr bekommen. Ich schäme mich, an Freigelassene zu erinnern, die man in größerem Reichtum sieht; daher muß ich auch erröten, daß du, der du mir am teuersten bist, noch nicht alle an Vermögen überragst.

Du aber stehst noch in rüstigem Alter und bist den Geschäften und dem Ertrag, den sie bringen, gewachsen, und ich befinde mich noch in den Anfängen meiner Herrschaft ... Warum willst du mich nicht, wenn die Unsicherheit meiner Jugend irgendwo vom Wege abkommt, zurückholen und meine Kräfte, indem du ihnen deinen Rückhalt gewährst, desto nachdrücklicher lenken? Nicht deine Mäßigung, wenn du deinen Besitz zurückgibst, nicht dein Ruhebedürfnis, wenn du den Kaiser verläßt, sondern meine Habgier, die Furcht vor meiner Grausamkeit werden in aller Munde sein. Mag man noch so sehr deine Genügsamkeit loben: Für einen Weisen schickt es sich nicht, aus einem Verhalten, das dem Freunde üble Nachrede bereitet, für sich selbst Ruhm zu suchen.

Neros Replik wiederholt im wesentlichen die Gedankenschritte Senecas. Die Beispiele, welche die Argumentation eröffnet hatten – Agrippa und Maecenas im Verhältnis zu Augustus –, werden übernommen, jedoch mit anderem Beweisziel: Gewiß, Augustus hat seinen beiden Helfern Ruhe zugestanden, indes, er dachte nicht daran, ihnen seine Geschenke wiederabzunehmen. Nero kehrt sodann, an Senecas zweiten und dritten Schritt anknüpfend, das dort behauptete Wertverhältnis um: die »unvergänglichen«, immateriellen Güter, die er seinem Lehrer verdankt, überragen das »den Wechselfällen der Zeit unterworfene«, materielle Besitztum. »Du aber stehst noch in rüstigem Alter«: Der hier beginnende Schlußabschnitt entspricht der Wendung, die Senecas Darlegungen mit den Worten »Doch jetzt haben wir beide das Maß erfüllt« genommen hatte.

Nero widerlegt seinen Lehrer sehr präzise. Daß Seneca »dem Ertrag, den die Geschäfte bringen« gewachsen sei, ist gegen dessen Behauptung gemünzt, er könne seine Reichtümer nicht weiter ertragen. Nero zitiert die Kategorien Senecas – »Mäßigung«, »Ruhe« – und nimmt ihnen zugleich in prägnanten Formulierungen ihre Beweiskraft, ihren Sinn: Seneca ist noch nicht zu alt für weitere Zusammenarbeit, Nero mit seinen fünfundzwanzig Jahren noch nicht alt genug, daß er darauf verzichten könnte. Die beiden letzten Sätze endlich legen unverhüllt und schonungslos die Einseitigkeit von Senecas Standpunkt bloß. Tacitus läßt hier einen Schüler seinen Meister schlagen, nicht nur formal, sondern auch durch den Inhalt. Die Umkehrung des Wertverhältnisses der Güter, welche die beiden einander haben angedeihen lassen, entspricht den Prinzipien der stoischen Philosophie, und mit der Berufung auf den Weisen, für den es sich nicht schicke, einen Freund zu eigenem Ruhme bloßzustellen, appelliert der junge Kaiser direkt an Senecas ethische Maximen.

Das Raffinement der Rede ist unerwartet: Es widerspricht der schon mitgeteilten Ansicht, Nero habe als der erste Kaiser Roms fremder Eloquenz bedurft. Tacitus hat dies in Kauf genommen: Er wollte nicht Neros Beredsamkeit, sondern seine Heimtücke in ein möglichst grelles Licht rücken. Die Rede kritisiert ja nicht nur, sondern erweist dem Adressaten auch größten Respekt: Seneca hat sich unsterbliche Verdienste um Nero erworben, und dieser kann ihn noch immer nicht entbehren. Der weitere Verlauf der Ereignisse entlarvt die Rede als bare Heuchelei. Nero hatte seiner Mutter gegenüber, als er sie umbringen wollte, Versöhnungsbereitschaft gezeigt und vor ihr, um sie auf das für den Anschlag präparierte Schiff locken zu können, die Rolle des liebenden Sohnes gespielt. Jetzt, dem Lehrer gegenüber, waren noch nicht Mordgedanken die Triebfeder. Es galt lediglich, so zu tun, als sei alles beim alten geblieben – trotz Tigellinus und anderer Veränderungen. So heißt es denn bei Tacitus, der Kaiser habe Seneca nach Beendigung seiner Rede umarmt und geküßt, »von Natur dazu veranlagt und durch Gewohnheit darin geübt, seinen Haß durch trügerische Komplimente zu verschleiern«.

Perculso Seneca, »Nach dem Sturze Senecas«, heißt es lapidar zu Beginn des nächsten Abschnitts im taciteischen Geschichtswerk, worin geschildert wird, wie Tigellinus an Macht und Einfluß zunimmt. Man wundert sich: Der Wortlaut der Rede Neros hatte das genaue Gegenteil bedeutet, Senecas Gesuch um Entlassung war abschlägig beschieden worden. Eine moderne Biographie bringt den Sachverhalt auf die Formel, daß Seneca offiziell in seinem Amt verblieb und daß sich auch sein Verhältnis zum Kaiser nicht änderte. Die zweite Behauptung geht zu weit; die erste hält stand, wenn man das Wort »offiziell« stark betont. Nach außen hin – darauf läuft Neros Rede hinaus – sollte sich, jedenfalls zunächst, kein spürbarer Wandel vollziehen; faktisch aber war Seneca entmachtet. Der römische Kaiserhof huldigte einem Byzantinismus, auf den die Beteiligten längst eingestimmt waren: Seneca verstand sofort, daß Neros Worte in der Substanz das Gegenteil von dem bedeuteten, was sie aussagten – er *war* entlassen, oder richtiger, Nero hatte den schon seit längerem bestehenden Zustand der Demission bekräftigt. Seneca zog alsbald die Konsequenzen: Er beschnitt die Zahl der allmorgendlichen Besucher und ging nur noch selten und dann ohne Gefolge in die Stadt – er wird insbesondere die Teilnahme an den Sitzungen des Senats eingeschränkt haben.

Der Politiker Seneca hatte ausgespielt, mußte aber noch gelegentlich zu der einen oder anderen Aktion herhalten: Diesen Eindruck vermitteln auch die spärlichen Nachrichten über den weiteren Verlauf. Für das Jahr 63 n. Chr. ist eine kurze Unterredung mit Nero bezeugt, anläßlich der Geburt einer Tochter, die Poppaea zur Welt gebracht hatte. Vom Jahre 64 n. Chr. ist ein weniger harmloses Streiflicht überliefert: Als nach dem Brand Roms große Summen für den Wiederaufbau der Stadt und die Errichtung des Kaiserpalastes, des »Goldenen Hauses«, benötigt wurden, ließ Nero im ganzen Reich die Heiligtümer ausrauben. Seneca scheint hiermit von Amts wegen befaßt gewesen zu sein, oder vielmehr: Ihm wurde zugemutet, sich hiermit zu befassen. Er lehnte ab: Er bat um Urlaub auf einem entfernten Landgut, und als ihm dies nicht gewährt wurde, gab er vor, an Neuralgien zu leiden, und hielt Bettruhe. Nero soll damals einen Anschlag auf ihn ins Werk gesetzt haben, und zwar mit Gift; er aber sei davongekommen, weil ihm die Sache hinterbracht wurde oder weil er sich peinlich in acht nahm.

Es ist möglich, daß nicht nur Nero, sondern auch Seneca daran lag, den Rückzug nicht gewaltsam, sondern nach und nach zu vollziehen – ihm vor allem aus ethischen Gründen. Nero war sein »Freund«, und auch politische Freundschaften pflegte man in Rom nach festen Regeln aufzulösen. Es sei besser, eine Freundschaft, die sich nicht fortsetzen lasse, wie eine Naht allmählich aufzutrennen als sie ruckartig zu zerreißen, hatte Cicero mit Berufung auf den alten Cato gelehrt; man hüte sich, den Eindruck zu erwecken, als wolle man nicht nur eine Freundschaft beenden, sondern auch eine Feindschaft auf sich nehmen. Für Seneca kam noch hinzu, daß ihn seine stoischen Überzeugungen dazu nötigten, sich soviel und so lange wie möglich am politischen Leben zu beteiligen: In der Schrift ›De tranquillitate animi‹ hatte er seine Polemik gegen Athenodor mit der Bemerkung eröffnet, daß man zwar mitunter nachgeben und sich zurückziehen müsse; dies aber solle nicht fluchtartig geschehen, sondern Schritt für Schritt, gleichsam in geordneter Kolonne.

So spricht schließlich manches für die Annahme, daß das taciteische Rededuell zwischen Seneca und Nero zu einem dramatischen

Moment verdichtet hat, was in Wahrheit über einen längeren Zeitraum hinweg und nicht ohne Wiederholungen vor sich gegangen ist – derartige Raffungen waren in der antiken Geschichtsschreibung durchaus erlaubt und üblich. So könnte denn Sueton recht haben, wenn er das Zerwürfnis folgendermaßen zusammenfaßt: »Nero zwang seinen Lehrer Seneca, sich das Leben zu nehmen, obwohl er ihm, der oft um Entlassung gebeten und sich bereit erklärt hatte, sein Vermögen abzutreten, hoch und heilig geschworen hatte, Seneca sei grundlos ängstlich – er, Nero, wolle lieber selber sterben als ihm etwas Schlimmes antun.«

In der Zeit des Rückzugs hat Seneca begonnen, die Stadt zu meiden: als bänden ihn, schreibt Tacitus, seine angegriffene Gesundheit oder philosophische Studien ans Haus. Damals setzte die fruchtbarste Periode des Schriftstellers Seneca ein; sie währte drei Jahre, bis zu seinem Tod. Cicero hatte sich unter der Diktatur Caesars zu politischer Untätigkeit verurteilt gesehen. Damals faßte er den kühnen Entschluß, seinen römischen Zeitgenossen die gesamte griechische Philosophie zu vermitteln: die Logik, Physik und Ethik der vier großen Schulen, und es gelang ihm innerhalb dreier Jahre, nicht unwesentliche Teile dieser philosophichen Enzyklopädie fertigzustellen. In ähnlicher Weise nutzte Seneca die Zeit nach der Trennung von Nero zu umfänglicher Produktion. Er ist hierbei, soweit erkennbar, keinem festen Plan gefolgt; er hat sich weiterhin mit Fragen aus seinem Hauptgebiet, der Ethik, befaßt, außerdem aber mit den ›Naturales quaestiones‹ ein umfängliches Werk im Bereich der Physik geschaffen.

Wie schon erörtert, enthält die Sammlung der sogenannten Dialoge drei Schriften, die sich ohne Zwang als Reflexe von kritischen Situationen in Senecas Leben deuten lassen. Der dritte dieser Essays – er trägt den Titel ›De otio‹, ›Von der Zurückgezogenheit‹ – ist zwar von den Unbilden der Überlieferung stark beschädigt worden: Anfang und Ende fehlen, so daß man nicht weiß, wem er gewidmet war. Das Erhaltene ergibt indes ein hinlänglich zuverlässiges Bild. Seneca hat sich hier offensichtlich ein Thema ausgesucht, das ihm, als er sich damit befaßte, um seiner eigenen Existenz willen auf den Nägeln brannte – die Frage, ob und unter welchen Bedingungen ein Rückzug aus der Politik möglich sei.

Das Fragment ›De otio‹ setzt ein mit Klagen, wie abhängig vom Urteil der Masse die Menschen seien, wie flatterhaft und wankelmütig: Nur wenn man sich gänzlich aus der Öffentlichkeit zurückziehe, könne das Leben *aequali et uno tenore procedere*, »im stetigen Gleichmaß vonstatten gehen«. Abrupt wird der Gedankengang unterbrochen, der Autor läßt sich – man weiß nicht, von wem: vom unbekannten Adressaten der Schrift oder von einem beliebigen fiktiven Gesprächspartner – einen Einwurf machen: »Was tust du da, Seneca? Wirst du deiner Partei untreu?« Diese Worte enthalten ein auffälliges Signal: Nur hier und sonst nirgends in seinem Werke beteiligt sich der Verfasser im eigenen Namen an der philosophischen Argumentation, am philosophischen Gespräch. Seneca lüftet für einen Augenblick die Maske der Abstraktion, des Anspruchs auf Allgemeingültigkeit: Er gibt zu erkennen, daß er stark engagiert ist, daß seine Gesinnung, seine – des an die stoische Lehre Gebundenen – Überzeugungstreue auf dem Spiele steht.

Der Einwurf jenes Gesprächspartners (der, wie er andeutet, seinerseits kein Stoiker ist) lautet, vollständig übersetzt, folgendermaßen:

> Was tust du da, Seneca? Wirst du deiner Partei untreu? Zweifellos sagen doch eure Stoiker: »Bis zum letzten Tag unseres Lebens werden wir politisch tätig sein; wir werden nicht aufhören, dem Gemeinwohl zu dienen, jedem einzelnen zu helfen, selbst unseren Feinden beizustehen und kräftig anzupacken. Wir sind's, die kein Alter vom Dienst befreien und, wie jener wortgewaltige Mann« (nämlich Vergil) »sich ausdrückt, auf unsere weißen Haare den Helm drücken; wir sind's, bei denen in dem Maße vor dem Tode keine Ruhepause stattfindet, daß, wenn möglich, nicht einmal der Tod als Ruhepause dient.« Was bringst du uns Parolen Epikurs mitten ins Lager Zenons? Warum begehst du nicht lieber ganz offen Fahnenflucht, wenn dir deine Partei nicht mehr gefällt, statt daß du Verrat übst?

Seneca gibt hierauf zunächst einen vorläufigen Bescheid: Sein praktisches Verhalten stimme, hält er dem Gesprächspartner entgegen, mit dem seiner Leitbilder – Zenons und Chrysipps, die keine staatlichen Ämter wahrnahmen – überein. Und er holt sodann zum Beweise aus, daß er auch von den Vorschriften, von der Theorie der Stoiker nicht abweiche, indem er den Gegenstand in zwei Teile zerlegt: Erstens dürfe man sich schon von frühester Jugend an gänzlich zurückziehen und sich gänzlich der *contemplatio veritatis*, »der Untersuchung der Wahrheit«, widmen; zweitens könne man dies auch nach Ableistung seines Dienstes tun, wenn man vom Alter angeschlagen sei. Seneca bringt nunmehr zwar nicht je besondere Argumente für den ersten und den zweiten Punkt, er greift indes zu wiederholten Malen auf seine Zweiteilung zurück.

Die Schrift ›De otio‹ ist als ganze dialogisch oder sogar dialektisch angelegt. Sie beginnt mit düsteren Betrachtungen über die Haltlosigkeit der Menschen; hätte es damals dergleichen gegeben, dann hätte Seneca sagen können, daß sich nur in klösterlicher Abgeschiedenheit eine innerlich gefestigte, prinzipientreue Existenz führen lasse. Dann fährt der Gesprächspartner dazwischen: *Quid agis, Seneca?*, und auf seine Vorhaltungen folgt die ausführliche Widerlegung. Es gehört nicht viel Kühnheit zu der Behauptung, daß Seneca hier etwas von den ›Soliloquia‹ Augustins vorweggenommen hat: Wie dort der Autor mit seiner Ratio, seiner Vernunft debattiert, so findet in der Schrift ›De otio‹ eine Unterredung Senecas mit sich selber statt; er möchte mit sich ins reine kommen, und er tut dies, indem er sich selber Einwände macht und sodann den Gegenbeweis antritt. Cicero hatte sich im Winter 49 v. Chr., nach Ausbruch des Bürgerkrieges zwischen Caesar und Pompeius, in einer vergleichbaren Situation befunden: Wie sollte er sich angesichts der drohenden Diktatur Caesars verhalten – war er verpflichtet zu handeln, und wenn ja, wozu? In einem Brief an den Freund Atticus berichtet er, wie er, um sich von dem ständigen Trübsinn abzulenken, seine konkreten Nöte in die Form abstrakter Alternativen gebracht und hierüber unter Berücksichtigung des jeweiligen Für und Wider mit sich selbst diskutiert habe: Ob man in seinem

Vaterlande bleiben dürfe oder nicht, wenn dort ein Tyrann herrsche, lautete eine Alternative, ob es unter dieser Voraussetzung politisch richtig sei, in einem Versteck Ruhe zu halten, oder ob man um der Freiheit willen jede Gefahr auf sich nehmen müsse, lautete eine andere. Was Cicero hier als eine Art geistigen Trainings vorführt, um seine Lage zu objektivieren und aus ruhiger Distanz zu einer Entscheidung zu gelangen, hat Seneca praktiziert, als er die Schrift ›De otio‹ verfaßte: Er untersuchte, um Abstand zu gewinnen, sein Problem in verallgemeinerter und zugleich dialektischer, das Für und Wider betrachtender Form. Dergleichen war sowohl Cicero als auch Seneca von Jugend auf vertraut: Im Rhetorikunterricht lernte man, sogenannte Hypothesen in Thesen zu verwandeln, das heißt man übte sich darin, aus einem konkreten Fall, der Hypothese, durch Fortlassen der jeweiligen Umstände ein allgemeines Problem, die zugehörige These, herauszupräparieren.

In der Schrift ›De otio‹ sucht Senenca seines Problems, des Rückzugs aus der Politik, nicht nur durch Abstraktion, sondern auch durch Generalisieren Herr zu werden: Es wird von ihm systematisch, nach allen Aspekten erörtert, welche die Grunddogmen der stoischen Philosophie ihm an die Hand gaben. Das dritte Kapitel grenzt die Lehre der Stoa von der Epikurs ab: während Epikur im Prinzip Enthaltsamkeit von der Politik empfahl, jedoch Ausnahmen zuließ, habe Zenon im Gegensatz hierzu den Weisen grundsätzlich zur Teilnahme am öffentlichen Leben verpflichtet und ihn nur unter bestimmten Voraussetzungen davon dispensiert. Das vierte Kapitel stellt dem Staat im üblichen Sinne, der Polis, die stoische Kosmopolis, die Welt, zur Seite: Man könne beiden »Staaten« zugleich von Nutzen sein oder nur einem von ihnen. Wer in der Zurückgezogenheit lebe, vermöge vorzüglich dem größeren zu dienen: durch die wissenschaftliche Behandlung ethischer, physikalischer und theologischer Probleme. Das fünfte Kapitel bemüht den stoischen Naturbegriff, der politischen Tätigkeit einen möglichst großen Aktionsradius zu verschaffen: Der Mensch sei durch sein Wesen, seine Natur, sowohl für die Praxis als auch für die Theorie (*contemplatio*) angelegt.

So geht es fort. Seneca bemüht sich weiterhin, die Kategorie des Politischen so weit zu fassen, daß ziemlich jedes zweckvolle Handeln darunterfällt. Seine eigene Problematik verbirgt sich im dritten Kapitel, wo »Staat« und »politische Tätigkeit« noch in ihrem eigentlichen, eingeschränkten Sinne verwendet werden: »Wenn ein Staat zu sehr verdorben ist, als daß man ihm noch helfen könnte, wenn Mißstände ihn zum Verschwinden bringen, dann wird der Weise sich nicht vergebens abmühen noch sich ohne Nutzen für ihn opfern.« Senecas Standpunkt hat sich, seit er die Abhandlung ›De tranquillitate animi‹ verfaßte, merklich verschoben. Dort polemisierte er noch gegen Athenodor, der ihm allzu großzügig Ausnahmen von der Pflicht des Dienstes am Staate zu gewähren schien. Hier hingegen sucht er sich der Schwierigkeit durch schier uferlose Definitionen zu entziehen – im Ergebnis ist er jetzt ungefähr zu der Position gelangt, die Athenodor eingenommen hatte.

Mit der Schrift ›De otio‹ ist der kleineren Abhandlungen Senecas nahezu vollständig Erwähnung geschehen, mit Ausnahme derjenigen, die in der maßgeblichen Handschrift den etwas pompösen Titel trägt: ›Quare aliqua incommoda bonis viris accidant, cum providentia sit‹ – ›Warum guten Menschen mancherlei Ungemach zustößt, obwohl es die Vorsehung gibt‹; sie wird meist kurz ›De providentia‹ genannt. Sie ist Lucilius gewidmet, demselben jüngeren Freunde, dem Seneca auch seine beide großen Alterswerke, die ›Naturales quaestiones‹ und die Briefe, zugeeignet hat. Man war daher schon immer geneigt, sie derselben Phase von Senecas Schaffen zuzuweisen, den Jahren der Zurückgezogenheit; konkrete Hinweise hierfür gibt es jedoch nicht. Die Schrift ist mit erheblichen kompositorischen Mängeln behaftet, sie bekundet andererseits Senecas tiefe Religiosität. Es geht in ihr um das Theodizeeproblem, um die Frage, wie sich der Glaube an eine göttliche Vorsehung mit der Erfahrung vereinbaren lasse, daß gerade auch guten Menschen viel Leid widerfährt. Gott hat hiermit nichts Böses in die Welt gebracht: Ohne Widerpart ist sittliche Bewährung nicht möglich, lehrt Seneca, und: »Ein väterliches Herz hat Gott für gute Menschen, und er liebt sie sehr und sagt: ›Von Mühen, Schmerzen und Verlusten sollen sie heimgesucht werden, auf daß sie wahrhaft Kraft gewinnen‹.«

Komplementär zu diesem Prüfungsgedanken ist der stoische *amor fati*, die Bereitschaft, alles, was das Schicksal auferlegt, freudig anzunehmen. »Zu nichts werde ich gezwungen«, verlautet hierzu in der Schrift ›De providentia‹, »nichts erdulde ich widerstrebend; ich bin nicht Sklave Gottes, sondern stimme mit ihm überein, und zwar um so mehr, als ich weiß, daß alles nach einem unabänderlichen, für die Ewigkeit verkündeten Gesetz vonstatten geht.« Die stoische Schicksalsergebenheit weiß sich als Teil des Kosmos: »Es ist ein mächtiger Trost, mit dem Universum dahingerissen zu werden: Was immer es sei, das uns so zu leben, so zu sterben befohlen hat, es bindet mit gleicher Notwendigkeit auch die Götter.« Widerstand wäre angesichts der Gewalt des *fatum* Torheit: *Ducunt volentem fata, nolentem trahunt* – »Wer sich fügt, den führt das Schicksal, wer sich sträubt, den zieht es fort«, lautet ein auf den Zenon-Schüler Kleanthes zurückgehender Vers, dessen lateinische Fassung von Seneca stammt.

Die philosophischen Schriften Senecas, insbesondere die kleineren Abhandlungen, tragen herkömmlicherweise den Gattungsnamen »Dialoge«, obwohl sie, jedenfalls in dem durch Platon oder Cicero begründeten Sinn, keine Dialoge sind. Die problematische Bezeichnung geht, wie erwähnt, auf Quintilian zurück; außerdem wird sie von dem Mailänder Codex aus dem 10. Jahrhundert verwendet, der für den Text der bisher behandelten zehn philosophischen Schriften maßgeblich ist. Offensichtlich hat man sich des Etiketts »Dialog« schon zu Zeiten Quintilians in einem verwaschenen, abgegriffenen Sinne bedient: Das von Seneca sehr oft angewandte Stilmittel, einen fiktiven Gegner auftreten zu lassen, der Einwürfe vorbringt – »Da könnte jemand sagen ...« –, genügte offenbar für die Qualifikation dieser Schriften als Dialoge. Das Stilmittel aber entstammt der Diatribe (»Beschäftigung«, »Unterhaltung«), einem seit hellenistischer Zeit verbreiteten Typus volkstümlicher philosophischer Unterweisung. Wanderredner stoischen oder sonstigen Gepräges waren eifrig bemüht, in teils ernsten, teils heiteren Vorträgen moralische Grundsätze und Erfahrungsregeln unter die Leute zu bringen. Die Diatribe liebte Wortwitze und derbe Ausdrücke, und sie würzte ihre Darlegungen gern mit Zitaten, Anekdoten und historischen Beispielen. Das Genre blieb meist subliterarisch, befruchtete aber mannigfach die höhere Literatur: Nicht erst bei Seneca, sondern schon bei Cicero und Horaz ist sein Einfluß spürbar.

VIERZEHNTES KAPITEL

Das Spätwerk: Über Wohltaten, Naturwissenschaftliche Probleme, Briefe an Lucilius

Schenken und Wohltun waren im überschaubaren antiken Stadtstaat sehr verbreitet: Daß die Reichen andere an ihrem Überfluß teilhaben ließen, mußte schon deshalb in hohem Maße als soziale Pflicht erscheinen, weil es kein ausgeklügeltes, jede Art und Höhe von Einkünften erfassendes Steuersystem gab wie im modernen Staat. Die Wohlhabenden spendierten den Kommunen, finanzierten insbesondere gemeinnützige Bauten, wovon noch überall im ehemaligen Gebiet des römischen Reiches zahlreiche Überreste zeugen. Sie errichteten Stiftungen – oft durch testamentarische Verfügungen – für Arme, Gebrechliche oder Waisen; sie kamen bei gegebenem Anlaß für Vergnügungen wie Gladiatorenkämpfe oder Schauspiele und für Massenspeisungen auf. Von alledem ist in Senecas umfänglichster ethischer Schrift, dem aus sieben Büchern bestehenden, vollständig erhaltenen Werk ›De beneficiis‹, ›Über Wohltaten‹, nicht die Rede. Dort geht es nicht um die dem Ehrgeiz oder dem Ruhm dienende Liberalität gegenüber Gemeinden und deren Bevölkerung, vielmehr um Hilfe und Vorteilsgewährung zugunsten einzelner, um Gaben und Handlungen, für welche der Spender Zeichen persönlicher Dankbarkeit erwarten darf.

Mit dem Problem des Reichtums hatte sich Seneca bereits in der Zeit seines Ministeramts ausgiebig beschäftigt: die zweite Hälfte der Schrift ›De vita beata‹ untersucht, wie der Weise zum Reichtum eingestellt sein, welchen Gebrauch er davon machen solle. Dort findet sich eine Partie, die wesentliche Motive des Werkes ›De beneficiis‹ vorwegnimmt und daher als dessen Keimzelle gelten darf:

(Der Reiche wird von seinen Mitteln) schenken: an Gute oder an solche, die er gut machen kann; er wird schenken, wobei er mit sorgfältigster Überlegung die Würdigsten auswählt, da er ja weiß, daß er ebenso über seine Ausgaben wie über seine Einnahmen Rechenschaft ablegen muß; er wird schenken aus triftigem, billigenswertem Grund, denn das dem Falschen dargebotene Geschenk zählt zu den beschämenden Verlusten …

Der irrt, wer da glaubt, Schenken sei eine leichte Sache: Sehr viele Bedenken sind damit verbunden, wenn man mit Überlegung gibt und nicht nach Belieben und in rascher Aufwallung austeilt. Den einen verpflichte ich mir, dem anderen erbringe ich eine Gegenleistung; dem einen helfe ich, des anderen erbarme ich mich; den statte ich aus, weil er's verdient, daß ihn die Armut nicht hinabzieht und bedrängt; einigen gebe ich nichts, obwohl Mangel herrscht, weil auch, wenn ich gebe, Mangel herrschen wird; manchen biete ich die Hilfe an, manchen nötige ich sie sogar auf. Ich kann in dieser Sache nicht nachlässig sein: Nie führe ich genauer Buch, als wenn ich schenke. »Du schenkst also«, wendest du ein, »um eine Gegenleistung zu empfangen?« Nein, ich will nur keinen Verlust erleiden: Dorthin soll mein Geschenk gelangen, von wo es zwar nicht zurückverlangt, wohl aber vergolten werden kann. Eine Wohltat werde so angelegt wie ein Schatz, den man tief vergräbt, den man nur hervorholt, wenn es notwendig ist.

Seneca war nicht der erste Römer, der sich mit der Ethik des Schenkens befaßte. Schon Cicero hatte in seiner Pflichtenlehre – ›De officiis‹, nach einer Schrift des Stoikers Panaitios – dem Problem gebührende Aufmerksamkeit gewidmet. Das erste Buch behandelt die sittlichen Pflichten, und dort steht an zweiter Stelle die Sozialethik, die nach den Prinzipien Gerechtigkeit und Hilfsbereitschaft (oder Wohltätigkeit, *beneficentia*) geordnet ist. Auch Cicero erklärt sofort, daß Freigebigkeit mancherlei Vorsichtsmaßregeln erfordere, unter anderen die, daß man einem jeden nach Verdienst schenken müsse. Im zweiten Buch kommt Cicero auf die Kunst des Schenkens zurück, nunmehr erklärtermaßen unter dem Aspekt des Nutzens für den Schenker. Dort schreibt er, daß je nach den Voraussetzungen verschieden zu verfahren sei. Man helfe Notleidenden, es sei denn, sie verdienen, sich in Not zu befinden; man versage sich auch denen nicht, die nicht in beengten Verhältnissen leben wollen. In jedem Falle aber wähle man sorgfältig aus: Nach Ennius seien Wohltaten, wenn schlecht plaziert, schlechte Taten. Man helfe nämlich in Erwartung von Dankbarkeit, von Gegenleistungen, man lege daher seine Wohltaten bei anständigen Menschen besser an als bei reichen.

Wie ersichtlich, teilen sich die Lehren Ciceros und Senecas darin, daß sie von rechnender Verständigkeit geprägt sind: Der Schenker fragt sich, ob der Beschenkte die Gabe verdient, und er schenkt um so bereitwilliger, je mehr er auf eine Gegenleistung hoffen darf. Vor der christlichen Forderung schrankenloser Nächstenliebe vermochte die kalkulierende Wohltätigkeitsethik der Antike nicht zu bestehen. Der erste Kirchenvater, der sie als unzulänglich zu erweisen suchte, war Laktanz in den ›Divinae institutiones‹.

Die Schrift ›De beneficiis‹ zeichnet sich durch eine formale Besonderheit aus: Sie besteht aus einem systematischen (soweit diese Kategorie überhaupt auf die philosophischen Werke Senecas anwendbar ist) und einem kasuistischen Teil. Seneca bemerkt hierzu am Anfang des fünften Buches, an der Zäsur zwischen den beiden Teilen, er glaube, in den vorausgehenden Büchern sein Thema abgehandelt zu haben, indem er erörterte, wie eine Wohltat zu erweisen und wie sie zu empfangen sei – von jetzt an diene er nicht mehr seinem Stoff, sondern gebe sich ihm hin; was er von jetzt an bringe, sei zwar nicht überflüssig, jedoch andererseits auch nicht notwendig.

Die einem Freunde namens Aebutius Liberalis – er ist im übrigen unbekannt, ein Brief verrät, daß er aus Lugdunum (Lyon) stammte – gewidmete Schrift benennt im ersten Satz die beiden Aspekte, um die es gehen soll: daß das Wohltun sowohl auf der Geber- als auch auf der Nehmerseite zahlreichen Irrtümern unterworfen sei. Der Geberseite gelten Buch 1 (was soll man schenken: Kap. 11–15) und die erste Hälfte von Buch 2 (wie soll man schenken: Kap. 1–17). Der zweite Aspekt füllt den Rest des zweiten sowie die erste Hälfte des dritten Buches (wie soll man Geschenke annehmen: 2,18–3,17).

Die auf die Präliminarien folgende Definition der Wohltat, des wohltätigen Tuns insistiert sofort auf dem ethischen Kriterium, das für beide Aspekte des wechselseitigen Verhältnisses, des Gebens wie des Empfangens, von fundamentaler Bedeutung ist: auf dem Kriterium der Gesinnung. »Was also ist eine Wohltat? Eine wohlwollende Handlung, die Freude gewährt und durch das Gewähren auch selbst empfängt, zu dem, was sie tut, geneigt und aus eigenem Antrieb bereit. Daher kommt es nicht darauf an, was geleistet oder gegeben wird, sondern darauf, mit welcher Einstellung, da eine Wohltat nicht in der Leistung oder Gabe besteht, sondern in der seelischen Haltung des Leistenden oder Gebenden.« Das Sittliche trage seinen Wert in sich selbst, heißt es zu Beginn des vierten Buches; wenn das Sittliche um seiner selbst willen erstrebt werde, die Wohltat aber etwas Sittliches sei, dann könne es dafür keine andere Bedingung geben – Nützlichkeitserwägungen solle man in den Staub treten. Wenn jemand durch die Umstände gehindert wird, eine Wohltat zu vergelten, dann hat er gleichwohl das Seinige getan, dann wird ein verständnisvoller Wohltäter zu ihm sagen: »Alles habe ich von dir bekommen. Du tust mir Unrecht, wenn du glaubst, ich erwartete noch etwas von dir – voll und ganz hat deine Gesinnung mich überzeugt.«

Seneca versichert von Anfang an, daß falsches Geben Undankbarkeit zur Folge habe: Man wähle Würdige aus und schenke dann hochherzig, ohne Wenn und Aber, dann werde man dankbare, zu Gegenleistungen bereite Empfänger haben. Dieses Kalkül steht in Spannung zum Postulat der Uneigennützigkeit, und Seneca läßt den fiktiven Kritiker hiergegen einwenden: »Ihr wollt, daß man sich die Leute sorgfältig aussuche, denen man Wohltaten erweise, weil ja auch Bauern den Samen nicht in den Sand werfen; wenn das stimmt, dann kommt es uns beim Wohltun auf unseren Vorteil an, wie beim Pflügen und Säen – auch das Säen ist nicht um seiner selbst willen erstrebenswert.« Senecas Erwiderung vermag diese Spannung nicht gänzlich aufzuheben: Sie beharrt einerseits auf dem Dogma, daß man wie überall, so auch beim Geben seine *ratio*, seinen rechnenden Verstand walten lassen müsse, sie versteht sich jedoch andererseits zu unbestreitbar altruistischen Äußerungen wie: »Bei der Auswahl werde ich auf nichts weniger achten als auf das, was du mir ansinnst: von wem ich eine Gegenleistung empfangen werde; ich wähle mir nämlich jemanden aus, der dankbar ist, nicht jemanden, der mir zurückgibt; oft ist nämlich dankbar, wer nicht zurückgibt, und undankbar, wer zurückgibt.«

Die Praxis sorgsam erwogener Hilfe für einzelne hat sich gewiß zur Zeit Senecas im wesentlichen auf Angehörige derselben Schicht und auf Personen beschränkt, die denselben Status genossen wie der Helfer, die *sui iuris*, nicht gewaltunterworfen waren, genauso wie er. Seneca konnte sich mit derlei Grenzpfählen nicht zufriedengeben, und so hat er sich zweier Gruppen angenommen, die, durch ihren personenrechtlichen Status benachteiligt, unfähig schienen, Wohltaten zu erweisen oder in ausreichendem Maße zu erwidern: der Sklaven und der Kinder (wozu ja auch die Volljährigen zählten, solange der *pater familias* noch lebte). Diesem Thema gilt die zweite Hälfte des dritten Buches (18–38). Der Zweifel, ob ein Sklave seinem Herrn eine Wohltat erweisen könne, stütze sich auf die Unterscheidung von Wohltaten (*beneficia*), Pflichten (*officia*) und Diensten (*ministeria*). Der Außenstehende könne eine Wohltat vollbringen, die Familienangehörigen täten ihre Pflicht und ein Sklave leiste Dienste – er dürfe nichts von dem, was er tue, einem Ranghöheren in Rechnung stellen.

Seneca führt, um diesen Zweifel zu zerstreuen, das Gesinnungsmoment ins Feld – es komme darauf an, in welcher Absicht jemand handele, nicht, in welchem Status er sich befinde. Er läßt alsbald eine Reihe von Beispielen folgen, die nachdrücklicher als alles Räsonnement beweisen, daß Sklaven fähig sind, Wohltaten zu vollbringen, und Anspruch darauf haben, als Wohltäter anerkannt zu werden. Bei den Kindern – genauer: den Söhnen – lautet die Frage, ob sie den Vätern mit Größerem zu entgelten vermöchten, als sie empfangen haben. Den Einwänden gegen diese Annahme und ihrer Widerlegung haftet etwas Gekünsteltes, Spitzfindiges an.

Bei der Erörterung des Undanks nimmt Seneca Gelegenheit, die Sphäre des Wohltuns, die in der Ethik beheimatet ist, von der rechtsgeschäftlichen Sphäre, also gewissermaßen nach unten hin, abzugrenzen. Er fragt, ob Undank, dieses häßliche Laster, bestraft werden solle. Er antwortet mit einem entschiedenen Nein und begründet seine Ablehnung wie folgt:

> Viele Gründe drängen sich mir auf, derentwegen dies Vergehen nicht unter das Gesetz fallen darf. Zuallererst: Der beste Teil der Wohltat geht verloren, wenn für sie eine Klageformel wie auf ein Darlehen oder auf Miete und Pacht gewährt wird. Dies ist nämlich an ihr das Schönste, daß wir beim Geben den Verlust riskieren, weil wir alles dem Ermessen der Empfänger anheimgegeben haben; wenn ich mahne, wenn ich vor den Richter lade, dann beginnt die Sache statt einer Wohltat ein Kredit zu sein. Zweitens: Da es eine ganz und gar sittliche Pflicht ist, Dank abzustatten, hört sie auf, sittlich zu sein, wenn sie erzwingbar ist; dann wird man einen dankbaren Menschen ebensowenig loben wie den, der etwas Hinterlegtes herausgegeben oder eine Schuld ohne Richter beglichen hat. So verderben wir die beiden schönsten Dinge im menschlichen Leben, den dankbaren Menschen und die Wohltat – was ist denn an der Wohltat Großartiges, wenn man sie nicht schenkt, sondern leiht, oder am Empfänger, der nicht, weil er will, vergilt, sondern weil er muß?

Seneca legt umständlich dar, warum er das Wohltun für nicht justitiabel hält. Am liebsten wäre es ihm, wenn sich alles menschliche Handeln in der sittlichen, allein auf Freiwilligkeit beruhenden Sphäre abspielen könnte – die menschliche Schwäche mache indes außerdem noch die Rechtsordnung mit ihren Zwangsmitteln erforderlich.

Zum Erweisen und Erwidern von Wohltaten sind alle Menschen uneingeschränkt berufen, auch Sklaven und Kinder. Andererseits bleibt das Recht mit seinen erzwingbaren Pflichten strikt von der stets und in allen Phasen freiwilligen Wohltätigkeit geschieden. Seneca hat zu diesen Ein- und Ausgrenzungen sozialen Handelns noch einen weiteren Bereich hinzugefügt: den göttlichen, wie ihn der stoische Pantheismus auffaßte. Hiervon handelt neben anderem das vierte Buch, das im übrigen ziemlich planlos zwischen dem systematischen und dem kasuistischen Teil des Werkes angesiedelt ist. Eine polemische, gegen die Epikureer gerichtete Partie (nach deren Überzeugung sich die Götter um die Geschicke der Welt nicht kümmern) spitzt sich zu der Frage zu, ob Gott Wohltaten erweise. Seneca zählt, um dies zu bejahen, die Herrlichkeiten der Welt auf: die Pflanzen und Tiere, Flüsse und Quellen, Landgebiete und Bodenschätze, woraufhin der fiktive Gesprächspartner ihm ins Wort fällt: »Die Natur gewährt mir das.« Nunmehr holt er zu einer Entgegnung aus, gegen die es keinen Einwand mehr gibt: »Erkennst du nicht, daß du, wenn du dies sagst, Gott nur einen anderen Namen gibst? Was ist die Natur, wenn nicht Gott und das göttliche Prinzip, das der ganzen Welt und ihren Teilen inhäriert? ... Wenn du denselben als Fügung bezeichnest, dann behauptest du nichts Verkehrtes; denn da die Fügung nichts anderes ist als die in sich verflochtene Folge von Ursachen, ist Gott die erste aller Ursachen, von der die übrigen abhängen ... Wohin immer du dich wendest, wirst du ihn dir entgegenkommen sehen: Nichts ist frei von ihm, er erfüllt selbst sein Werk.« Der Stoiker Seneca weiß sich durch den Kosmos bestätigt: Wie die Menschheit von ihm mit Wohltaten bedacht wird, so sollte die Bereitschaft zum Wohltun als umfassendes Regulativ des menschlichen Zusammenlebens wirksam sein.

Der kasuistische Teil des Werkes ›De beneficiis‹ erörtert in loser Folge einzelne mit dem Wohltun zusammenhängende Probleme: ob es schimpflich sei, sich von anderen im Wohltun übertreffen zu lassen, ob man sich selbst Wohltaten zu erweisen vermöge, was es mit der These auf sich habe, daß niemand undankbar sein könne, und mit dem Gegenteil davon. Ist man auch dann zu Dank verpflichtet, wenn man nicht selber eine Wohltat empfangen hat, sondern ein naher Verwandter? Kann man auch wider Willen jemandem eine Wohltat erweisen? Kann eine Wohltat wieder entzogen werden? Diese bunte Reihe von *quaestiones*, von spitzfindigen, kniffligen Fragen, will nicht allzu ernst genommen werden: Seneca hebt wiederholt hervor, daß es ihm um Geistestraining und Vergnügen zu tun ist, um *exercitatio ingenii* und *oblectamentum*. Wahrscheinlich gibt diese heitere ethische, der Lebenspraxis nicht eben nahestehende Rabulistik das Muster wieder, nach dem man in den Philosophenschulen Geschicklichkeit im Argumentieren zu erwerben suchte.

»Pompeji, eine bekannte Stadt in Kampanien, bei der auf der einen Seite die Küste von Sorrent und Stabiae, auf der anderen Seite die von Herkulaneum zusammenlaufen und in lieblichem Bogen einen vom offenen Meer getrennten Golf umschließen, ist, wie wir erfahren haben, einem Erdbeben zum Opfer gefallen, wobei auch die Umgebung in Mitleidenschaft gezogen wurde.« Senecas Beitrag zur antiken Naturwissenschaft, das Werk ›Naturales quaestiones‹, läßt sich dank dieses Hinweises den letzten Lebensjahren zuschreiben: Das erwähnte Erdbeben hat Pompeji im Jahre 62 n. Chr. heimgesucht, ehe es siebzehn Jahre später durch den Vesuvausbruch verschüttet wurde. Die ›Naturales quaestiones‹ sind dem Freunde Lucilius gewidmet und wurden großenteils in derselben Zeit wie die an ihn gerichteten Briefe verfaßt.

Die handschriftliche Überlieferung präsentiert das Werk in sieben Büchern – offensichtlich fälschlicherweise. Denn während sonst jedes Buch nur *einen* Gegenstand erörtert, enthält das vierte deren zwei, und zwar überaus verschiedene: Es handelt zunächst vom Nil und sodann von den Wolken; von den Darlegungen über den Nil ist nur der Anfang, von denen über die Wolken nur das Ende bewahrt geblieben. Die Drucke kennzeichnen den Nil-Teil als Buch 4a, den Wolken-Teil als Buch 4b. Das Werk besteht somit aus acht Büchern, von denen 4a am Ende und 4b am Anfang verstümmelt ist. Ein Teil der Handschriften bringt die Bücher in einer anderen Reihenfolge (nicht in der, die auch den Drucken zugrunde liegt): Das Werk beginnt dort mit 4b und endet mit 4a. Diese Anordnung – 4b, 5, 6, 7, 1, 2, 3, 4a – ist die authentische; im gemeinsamen Urahn aller erhaltenen Handschriften waren der Anfang und der Schluß verlorengegangen:

4b *De nubibus* – Über die Wolken
5 *De ventis* – Über die Winde
6 *De terrae motu* – Über Erdbeben
7 *De cometis* – Über Kometen
1 *De ignibus in aëre existentibus* – Über feurige atmosphärische Erscheinungen
2 *De fulminibus et tonitribus* – Über Blitz und Donner
3 *De aquis terrestribus* – Über terrestrisches Wasser
4a *De Nilo* – Über den Nil

Das zweite Buch beginnt mit den Worten: *Omnis de universo quaestio in caelestia, sublimia, terrena dividitur* – »Die Naturkunde insgesamt gliedert sich in die Bereiche des Himmels, der Luft und der Erde«. Seneca zählt sodann allerlei Materien auf, die in diese Bereiche fallen. Offensichtlich werden von ihm drei Disziplinen unterschieden: die Astronomie, die Meteorologie (*sublimia* gibt τὰ μετέωρα / ta metéora wieder: was sich »in der Schwebe«, oberhalb der Erde, befindet) und die Geographie nebst der Geologie. Die Dreiteilung geht auf Aristoteles zurück: Während die ältere Naturwissenschaft oder richtiger Naturphilosophie mit dem Terminus Meteorologie alles bezeichnet hatte, was sich oberhalb der Erde befindet, trennte Aristoteles – da man inzwischen eine Vorstellung von den großen Distanzen der Gestirne gewonnen hatte – den Gestirnraum von der sublunaren Zone, so daß die Meteorologie hinfort nur noch für den Bereich zwischen Mond und Erde zuständig war.

Die Dreiteilung ist nicht für das Werk Senecas maßgeblich: Sie soll nur das Terrain abstecken, auf dem die ›Naturales quaestiones‹ angesiedelt sind. Die drei Disziplinen haben recht ungleiche Anteile erhalten. Die Meteorologie beansprucht fünf Bücher: Wolken, Winde, Regenbogen und Verwandtes, Gewitter, ferner die Erdbeben, da Seneca einer Theorie folgt, die sie durch Winde verursacht sein läßt. Für die Geographie bleiben somit nur die beiden letzten Bücher (terrestrisches Wasser, Nil), und die Astronomie ist nur durch eines vertreten, durch das über die Kometen. Ein Gesamtplan des Werkes ist nicht erkennbar; Seneca bringt eine lockere Folge von

Monographien. Auch ist nicht ersichtlich, weshalb sich Seneca gerade für die acht Materien entschieden hat, die in die ›Naturales quaestiones‹ eingegangen sind. Die Kometen und der Nil könnten aufgenommen worden sein, weil es sich um beliebte Themen handelte, die geeignet waren, ein breites Publikum anzulocken. Seneca hätte indes, wäre ihm dieser Gesichtspunkt wichtig gewesen, zwei weitere Gegenstände nicht übergehen dürfen: die Ozeane und den Vulkanismus.

Römische Naturwissenschaft ist eine contradictio in adiecto: Auf diesem Felde wurde in der lateinischen Welt lediglich das vorhandene, von den Griechen erarbeitete Wissen übernommen. Seneca macht hier keine Ausnahme. Er beruft sich denn auch allenthalben auf Autoritäten, und die Doxographie, das heißt die referierende Zusammenstellung älterer Theorien beansprucht in den ›Naturales quaestiones‹ ziemlich viel Raum, zumal in den Büchern 6 und 7. Er nennt etwa zwei Dutzend Forscher, am häufigsten Aristoteles, dessen Schüler und Nachfolger Theophrast sowie den Stoiker Poseidonios. Er hat indes von den Schriftstellern, die er erwähnt, die wenigsten selbst eingesehen, nicht einmal Aristoteles, dessen erhaltene ›Meteorologica‹ den gesamten Stoff der ›Naturales quaestiones‹, die Bücher 3 und 4a ausgenommen, behandeln – die angeblichen Zitate weichen von dem Wortlaut bei Aristoteles beträchtlich ab. Seine Hauptgewährsleute scheinen Poseidonios sowie dessen Schüler Asklepiodotos gewesen zu sein; ein Vergleich ist allerdings unmöglich, da deren Schriften untergegangen sind. Er hat aus den vorhandenen Theorien diejenigen ausgewählt, die er für die plausibelsten hielt; gelegentlich steuerte er auch eigene Beobachtungen bei – er berief sich zum Beispiel auf seine Erfahrungen als Winzer, um darzutun, daß das Quellwasser nicht vom Regen stamme.

Wie bei einem Stoiker nicht überraschend, rechtfertigt er naturwissenschaftliche Studien und hiermit sein Werk durch Hinweise auf deren ethische Förderlichkeit. Die Kenntnis der Natur befreit von Furcht, heißt es zu Beginn von Buch 6, nach dem Bericht über das Erdbeben in Kampanien: Der Mensch sei ständig und überall von Gefahren umgeben, weshalb er eine Torheit begehe, wenn er sich wegen eines Erdbebens besonders ängstige. *Nullum maius*

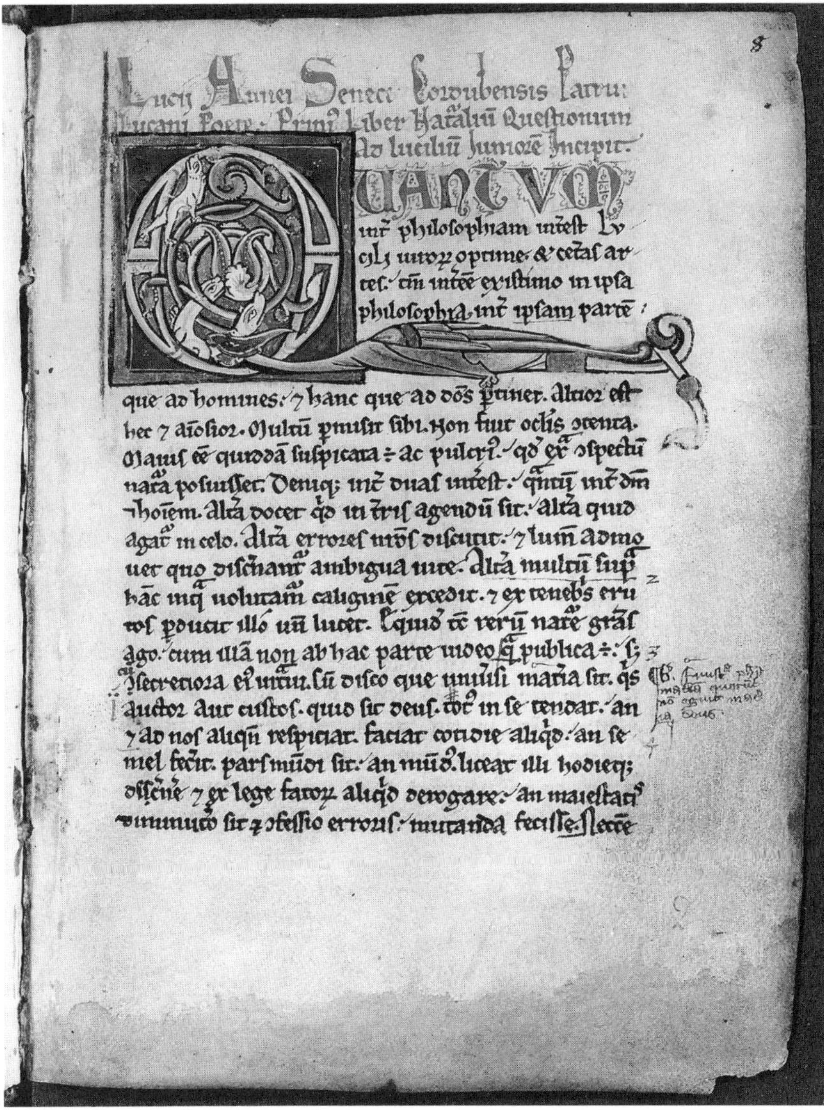

29. Der Anfang der Naturales quaestiones in einer Handschrift des hohen Mittelalters: Quantum inter philosophiam interest, Lucili virorum optime, et ceteras artes... »Wie sehr sich die Philosophie, allerbester Lucilius, von den übrigen Wissenschaften unterscheidet ...«. Berlin, Staatsbibliothek

solacium est mortis quam ipsa mortalitas – »Es gibt kein besseres Trostmittel gegen das Sterben als unsere Sterblichkeit.« Vor allem zeigt die Betrachtung der Natur, daß nicht strafende Götter Himmel und Erde in Aufruhr versetzen: »Diese Erscheinungen haben vom Götterwillen unabhängige Ursachen.« Die Betrachtung der Natur, das Eindringen in ihre Geheimnisse, verlautet in der Einleitung zum ersten Buch, wirkt überdies reinigend und befreiend; sie schafft Distanz zu den irdischen Dingen, sie erweist deren Nichtigkeit.

Seneca sucht jedoch sein Unternehmen, die Beschäftigung mit physikalischen Problemen, auch aus sich selbst zu rechtfertigen: »Was dabei herauskommt, fragst du? Das Größte, was es gibt: Kenntnis der Natur. Denn nichts Schöneres bringt der Umgang mit diesem Gegenstand mit sich – obwohl er auch von vielfältigem Nutzen sein kann –, als daß er den Menschen durch seine Großartigkeit fesselt und daß er nicht um des Profits willen, sondern wegen seiner Wunderbarkeit geschätzt wird.« Ganz zu Anfang des Werkes zeigt sich Seneca sogar geneigt, der Physik (wobei er sie freilich der Theologie annähert) den Vorrang vor der Ethik einzuräumen: Die Ethik lehre, was auf Erden zu geschehen habe, die Physik, was im Himmel geschehe; der Unterschied zwischen den beiden Zweigen der Philosophie sei so groß wie der zwischen Gott und Mensch – Die *virtus*, die sittliche Leistung, sei nicht um ihrer selbst willen etwas Vortreffliches, sondern weil sie den Geist weite und darauf vorbereite, die himmlischen Dinge zu betrachten – womit sich Seneca in seinem Enthusiasmus erheblich von der offiziellen Linie des stoischen Dogmas entfernt.

Seine Naturauffassung beruht auf dem Pantheismus, wie ihn insbesondere Poseidonios gelehrt hatte. Gott, die unpersönliche Vernunft und Vorsehung, gilt ihm als identisch mit der Natur, dem Kosmos. Der Kosmos gehorcht nirgends dem Zufall und stets und überall der Vernunft; alle natürlichen Erscheinungen haben bestimmte, für den Menschen im Prinzip erkennbare Ursachen – nur der Ursprung des Kosmos ist ein undurchdringliches Mysterium. Diese Maximen haben zur Folge, daß Gott in den ›Naturales quaestiones‹ keine Rolle spielt: Ihr Gegenstand ist die Natur. Seneca ist überzeugt, daß die Erforschung der Natur immer weiter fortschreiten werde: »Es wird einmal eine Zeit kommen, in der lang anhaltende Bemühung das jetzt Verborgene ans Licht zieht«; »es wird einmal eine Zeit kommen, in der unsere Nachkommen sich wundern, daß wir von so offenkundigen Dingen nichts gewußt haben.« Eine fundamentale Kategorie stoischer Naturdeutung ist die *vis vitalis*, die »Lebenskraft«, die nicht nur Lebewesen im heutigen Sinne, sondern auch die Elemente durchdringt – biologische, physikalische und chemische Prozesse wurden in der Lehre der Stoa nicht voneinander unterschieden. Träger der Lebensenergie ist die Luft; die Energie besteht in einer Art Spannung (*intentio)*, die alle Arten von Bewegung verursacht, auch die des Lichts und auch geistige.

Die ›Naturales quaestiones‹ sind ein sprödes Werk. Die physikalischen Theorien der Antike setzen dem Verständnis manchmal erhebliche Schwierigkeiten entgegen, da ihre Terminologie nicht immer durch Klarheit hervorsticht, da anstelle von Beweisen oder Schlüssen oft bloße Metaphern oder Analogien angeboten werden und da nicht selten spekulative Bedürfnisse als petitio principii auf die Argumentation einwirken. Andererseits hat Seneca auch in den ›Naturales quaestiones‹ den Literaten nicht verleugnet. Sein pointierter Stil macht sich dort kaum weniger bemerkbar als in den anderen Prosawerken. Ein Vergleich mit ähnlichen Hervorbringungen seines Jahrhunderts, mit den Schriften von Vitruv, Columella und Cornelius Celsus oder mit der ›Naturalis historia‹ des älteren Plinius, zeigt sofort das Besondere: Während sich die genannten Autoren fachwissenschaftlicher Werke um eine einigermaßen schlichte Vermittlung ihrer meist ziemlich trockenen Gegenstände bemühen, sucht Seneca, wo immer sich ihm eine Gelegenheit zu bieten scheint, Glanzlichter aufzusetzen. Er hat auch in den ›Naturales quaestiones‹ nicht auf den fiktiven Gesprächspartner verzichten mögen, um sich von ihm Einwürfe machen zu lassen, und verwendet dort ebenso wie in seiner übrigen Prosa das schmückende und belebende Mittel des Dichterzitats, wobei wie auch sonst Vergil und Ovid das Terrain beherrschen.

Seneca weist, wie dargetan, der Naturerkenntnis die Aufgabe zu, den Menschen von unnötiger Furcht zu befreien, und erklärt sie darüber hinaus zum Selbstzweck. Dies hat ihn jedoch nicht daran gehindert, auch in seinem naturwissenschaftlichen Werk sein moralisches Engagement kräftig zur Geltung zu bringen. Die Partien, in denen er Gelegenheit zu allerlei an die Adresse der Zeitgenossen sich wendenden, oft kulturkritischen Betrachtungen nimmt, sind vor allem die Einleitungen und Schlüsse der Bücher sowie mancherlei in die Darstellung eingefügte Exkurse. So predigt die *Praefatio* zum dritten Buch mit fast schon christlichem Pathos der Weltverachtung die Hinfälligkeit alles Irdischen. Der Schluß des ersten Buches findet vom Hauptthema, von Luftspiegelungen wie dem Regenbogen, zu dem verkehrten Gebrauch, welchen die dem Luxus verfallene Menschheit vom Spiegel macht. Der Schluß des zweiten Buches geißelt die Unsinnigkeit der Gewitterfurcht im besonderen und der Todesfurcht im allgemeinen. Ins dritte Buch (*De aquis terrestribus*) ist ein Exkurs über den Tafelluxus – mit einem sterbenden Fisch als Illustration – eingeflochten. Die Partie, die geeignet scheint, eine Kostprobe von der manieristischen Darstellungsweise Senecas vorzuführen, sei hier vollständig wiedergegeben:

> Erlaube mir, unser Problem beiseite zu tun und die Üppigkeit anzuprangern. Für manche, sagst du, gibt es nichts Schöneres als eine verendende Barbe; im Kampf des erlöschenden Lebens breitet sich zuerst Röte, dann Blässe aus; die Schuppen verändern sich, und die Farbe schwankt in unbestimmten Tönungen zwischen Leben und Tod. Die lange Vernachlässigung der Überfeinerung, dumpf und träge: wie spät erst wurde sie beseitigt, wie spät erst merkte man, daß man getäuscht und um solch ein Vergnügen gebracht wurde! Bisher konnten nur die Fischer dieses herrliche Schauspiel genießen. »Was soll ein gekochter Fisch, was ein toter? Erst auf der Schüssel darf er sterben!«
>
> Wir wunderten uns schon, wie anspruchsvoll die Leute waren: daß sie nur einen am gleichen Tage gefangenen Fisch anrühren wollten, einen, der, wie sie sagen, nach dem Meer

schmeckte; darum wurden die Fische im Lauf herbeigeschafft, darum gab man den Trägern, die keuchend und schreiend heraneilten, den Weg frei. Zu welcher Feinschmeckerei haben wir's jetzt gebracht? Schon gilt diesen Leuten ein Fisch, sobald er tot ist, als verdorben. »Man hat ihn heute gefangen«. »Ich kann dir in einer so wichtigen Sache nicht trauen; nur dem Fisch darf ich trauen. Man schaffe ihn her; vor meinen Augen soll's mit ihm zu Ende gehen.«

Der Magen unserer Feinschmecker ist so verwöhnt, daß sie einen Fisch nur dann verzehren können, wenn sie ihn noch während des Mahls haben schwimmen und sich rühren sehen. So weit bringt es die Findigkeit anmaßender Schwelgerei, so sehr denkt sich dieser Wahnwitz, der das Übliche verachtet, Tag für Tag etwas Feineres und Exklusiveres aus!

Früher sagte man uns: »Nichts ist wohlschmeckender als eine an Felsklippen gefangene Barbe.« Doch jetzt heißt es: »Nichts ist schöner als eine sterbende Barbe. Laß mich das Gefäß halten, in dem sie zappelt und zuckt.« Man bewundert sie reichlich und anhaltend, dann holt man sie aus ihrem gläsernen Behältnis. Nunmehr macht der den Erklärer, der sich am besten darauf versteht: »Seht, wie das Rot aufleuchtet, heller als jede Art von Zinnober! Seht, was für Adern sie über ihre Seiten hin auftreibt! Da: man möchte meinen, der Bauch sei blutüberströmt! Wie unter der Schläfe ein heller, bläulicher Fleck erstrahlt! Schon streckt sie sich und wird bleich und nimmt eine gleichmäßige Farbe an.«

Von diesen Leuten steht niemand dem sterbenden Freunde bei; niemand erträgt es, beim Tod des Vaters, den er doch gewünscht hat, dabeizusein. Wie viele geleiten ein verstorbenes Familienmitglied zum Grabe? Man läßt Brüder und Verwandte in ihrer letzten Stunde im Stich – man kommt gelaufen, um eine Barbe sterben zu sehen. »Ja, denn nichts ist schöner als dies.«

Ich kann nicht an mich halten, meine Worte manchmal etwas willkürlich zu gebrauchen und über ihre gewöhnliche Bedeutung hinauszugehen: Diese Leute sind, wenn es ums gute Essen geht, nicht mit den Zähnen und dem Magen und dem Mund zufrieden: Auch mit den Augen sind sie Leckermäuler.

Auch die ›Epistulae morales ad Lucilium‹ sind in den kurzen, fruchtbaren Jahren der Muße zwischen 62 und 65 n. Chr. entstanden, sie sind deren kostbarster Ertrag. *Secessi non tantum ab hominibus*, schreibt Seneca in einem der ersten Stücke, *sed a rebus, et imprimis a meis rebus: posterorum negotium ago* – »Ich habe mich nicht nur von den Menschen zurückgezogen, sondern auch von den Geschäften, und zwar vor allem von meinen eigenen: ich sorge für die Nachwelt.« Der Adressat der ›Moralischen Briefe‹, Lucilius Junior, war damals Verwalter der kaiserlichen Finanzen auf Sizilien. Er betätigte sich auch als Poet; Seneca zitiert ein paar Verse, darunter einen aus einem Lehrgedicht, das auch eine Beschreibung des Ätna enthalten zu haben scheint.

Die Briefe an Lucilius sind unvollständig erhalten: Der Schluß fehlt. Das Corpus ist in Bücher eingeteilt, und nichts hindert die Annahme, daß die Einteilung auf Seneca selbst zurückgeht. Nach dem 124. Brief, im 20. Buch, bricht die Überlieferung ab. Gellius, ein antiquarischer Schriftsteller des 2. Jahrhunderts n. Chr., zitiert aus einem Brief im 22. Buch der Sammlung. Es sind also mindestens zwei Bücher verlorengegangen, wahrscheinlich noch mehr.

Die Briefe haben Probleme der Ethik zum Gegenstand. Darüber hinaus gibt es nichts, was mehrere aufeinanderfolgende Stücke miteinander verbindet. Auch die Bucheinteilung hat rein technischen Charakter, denn die jeweils zu einem Buch gehörigen Stücke werden nicht durch thematische Beziehungen zusammengehalten. Die Briefe der ersten drei Bücher (die Stücke 1–29) haben ein gemeinsames formales Merkmal: Seneca flicht jeweils gegen Ende einen Spruch, einen Leitsatz eines Philosophen ein – auch Epikurs, des sonst meist Befehdeten –, um ihn sodann mehr oder minder ausführlich zu kommentieren; hierbei handelt es sich meistens um eine Lesefrucht des Tages. Die bunte Folge der wechselnden Themen spiegelt die allmähliche Entstehung der Sammlung. Die ›Epistulae morales‹ sind die von Seneca beigesteuerte Hälfte einer tatsächlich und ernsthaft mit Lucilius geführten Korrespondenz: Seneca geht sehr oft auf Äußerungen ein, die Lucilius ihm gegenüber getan hatte. Er scheint die Briefe in derselben Reihenfolge publiziert zu haben, in der sie nach und nach zustande gekommen waren. Daß er von Anfang an beabsichtigt hat, die Briefe zu veröffentlichen, zeigt eine selbstgewisse Beteuerung des 21. Stücks: »Was Epikur seinem Freunde versprechen konnte, das verspreche ich dir, Lucilius: ich werde Kredit bei der Nachwelt haben, ich kann Namen mitnehmen, auf daß sie mit mir überdauern.«

Aus der Antike (im engeren Sinne, ohne die Spätantike) sind drei Briefcorpora erhalten: die Corpora Ciceros, Senecas und des jüngeren Plinius. Mit ihnen hat es eine je verschiedene Bewandtnis. Ciceros Briefe waren nicht für die Veröffentlichung bestimmt, weder von Anfang an noch später; sie wurden postum ediert; sie geben durch Stil und Inhalt deutlich zu erkennen, daß der Autor keine literarischen Absichten mit ihnen verband. Seneca hingegen verfaßte literarische Briefe, Episteln, da er, wie erwähnt, von Beginn an daran dachte, sie zu publizieren; sie hatten indes eine reale Grundlage, da sie sämtlich primär an Lucilius gerichtet waren. Wieder anders verhält es sich mit Plinius: Bei einem Teil seiner Kunstbriefe ist der Adressat zur Fiktion geworden, diese Stücke gelangten sofort an das lesende Publikum. Senecas Briefe stehen demnach zwischen den ciceronischen und den plinianischen: Cicero schrieb nur für den Adressaten und Plinius im Grenzfalle nur für das Publikum, Seneca hingegen wandte sich sowohl an den Adressaten als auch an eine breitere Öffentlichkeit.

Seine Briefe werden durch die Einheit des Adressaten zusammengehalten (im Unterschied zu denen des Plinius) und darüber hinaus durch die Einheit der Beziehung, die Seneca mit Lucilius verband: ein Lehrer-Schüler- und ein Freundschaftsverhältnis zugleich (Lucilius war nur wenige Jahre jünger als Seneca), jedenfalls ein nahes, persönliches, beinahe intimes Verhältnis. Seneca hat die Leser der Briefe zu Zeugen eines echten Gedankenaustauschs zwischen Freunden machen wollen und gemacht, und auch in dieser

Hinsicht steht er zwischen Cicero und Plinius, zwischen Lebenswirklichkeit und Fiktion. Der Leser von Cicero-Briefen weiß, daß er private Dokumente zur Kenntnis nimmt, die nicht für ihn bestimmt waren – er dringt auf eigenes Risiko in eine fremde Sphäre ein. Der Leser von Plinius-Briefen wiederum weiß, daß er Kunstprodukte vor sich hat, die vornehmlich oder ganz und gar für ihn bestimmt sind – das Risiko einer Indiskretion ist nicht gegeben. Bei Seneca endlich liegt beides vor: Die Briefe wenden sich sowohl an einen Freund als auch an eine unbekannte Leserschaft – folglich trägt der Autor alles Risiko. Er hat dieses Risiko nicht ängstlich vermieden (dann wäre die Vertraulichkeit der Briefe nur vorgetäuscht), noch hat er es übersehen oder unterschätzt (dann wären die Briefe nicht frei von Peinlichkeiten), kurz, er hat den schwierigen Balanceakt, die Doppelaufgabe, persönlich und doch für die Allgemeinheit zu schreiben, mit großem Geschick gemeistert, und zwar gerade in den früheren Stücken, während sich die späteren nach Umfang und Inhalt nicht selten der unpersönlichen Traktatform annähern.

Die den Briefen an Lucilius Halt und Richtung gebende Größe, das Raster gleichsam, in das sie eingefügt sind, ist die stoische Ethik. Gewiß beruht hierauf auch nahezu das gesamte übrige Oeuvre Senecas. Die Briefe aber zeichnen sich dadurch aus, daß sie die Maximen der Stoa in einer sonst nirgends begegnenden Weise den jeweils zur Erörterung stehenden Problemen der Praxis anzupassen und in sachgerechter, differenzierter Weise für sie nutzbar zu machen suchen. Seneca hat dieses Prinzip der Applikation auf die Formel gebracht, daß, wenn die Vergangenheit schon alles entdeckt habe, jedenfalls die Aufgabe bleibe, von diesen Entdeckungen den richtigen Gebrauch zu machen – man benötige vielleicht keine neuen Heilmittel, müsse dann aber die vorhandenen den jeweiligen Fällen und Umständen anpassen: *medicamenta morbis et temporibus aptanda sunt.* Solche Annäherung von Theorie und Praxis, von Norm und Wirklichkeit kann auf zweierlei Weise vonstatten gehen, durch relativierende Reflexion über die vorgegebenen Grundsätze sowie durch die Einbeziehung der Wirklichkeit, der jeweiligen Umstände.

Die ›Epistulae morales‹ haben unverkennbar die Tendenz, der

stoischen Doktrin etwas von ihrer Schärfe zu nehmen. Seneca hat dort eine von den übrigen ethischen Schriften erheblich abweichende Art der Darstellung gefunden. In den Dialogen zumal pflegt er gleichsam am Katheder zu stehen und zu dozieren, und wer doziert, weiß von Anfang an, was er zu dozieren hat. Die ›Epistulae morales‹ hingegen erörtern ihre Sujets in stärkerem Maße als offene Probleme: Sie halten Zwiesprache, sie reflektieren und meditieren. Diese veränderte Darstellungsweise ist sicherlich zuallererst durch die Briefform und die Wahl des Adressaten ermöglicht worden. Seneca hat hieraus auch in stilistischer Hinsicht die Konsequenzen gezogen. Er demonstriert nicht, er tritt nicht auf wie ein Redner, der unter Aufbietung aller rhetorischen Mittel ein großes Publikum zu überzeugen sucht. Gewiß zeigt er sich auch in den Briefen als der einfallsreiche Stilist, der nichts so sehr schätzt wie die überraschende Pointe, die funkelnde Sentenz. Das sonst ihm eigene Pathos jedoch ist erheblich gedämpft, und an die Stelle des Grellen und Nervösen tritt das Gemäßigte und Beruhigte.

Seneca hat diese Öffnung auf die Zwiesprache und die Meditation hin nicht zuletzt dadurch spürbar gemacht, daß er dem jüngeren Freunde sein Wissen und seine Erfahrung nicht mit dem Anspruch des Überlegenen, sondern als auf gleichem Fuß mit ihm Stehender vermittelt. Dies erreicht er damit, daß er permanent die eigene Person in seine Überlegungen einschließt. Der Leser (das größere Forum also, an das Seneca sich in zweiter Instanz wendet) gewinnt so den Eindruck, daß sich zwei gleichstrebende Freunde durch ihren Dialog wechselseitig fördern. Die Ermahnungen an die Adresse des Lucilius sind zugleich Selbstermahnungen; Seneca tritt in den Briefen (um ein von ihm gern benutztes Bild zu gebrauchen) nicht nur als Arzt, sondern auch als Patient auf. Er äußert sich gerade dort über die Aufgabe des *proficere*, des »Fortschreitens«, und gerade dort entrückt ihm das Ideal, die vollkommene Weisheit, in eine kaum noch erreichbare Ferne. Die autoritative Härte, die seinen Lehren in den anderen Schriften nicht fremd ist, wird in den Briefen durch das Eingeständnis gemildert, daß nicht zuletzt er, Seneca, selbst dieser Lehren bedürfe. Gewiß kannte er wie seit je das Ziel; es stand fest und brauchte nicht erst gesucht zu werden. Doch das für richtig Erkannte bedurfte der Durchsetzung: Die ›Epistulae morales‹ schildern eindringlicher als die früheren Schriften Senecas eigenes Weisheitsstreben, sie schildern es als einen unaufhörlichen Prozeß der Selbsterziehung, als beharrlichen Kampf, als tägliches Training. Wenn man erkannt hat, bemerkt Seneca im 16. Brief, daß ohne Weisheit ein glückliches Leben unmöglich ist, dann muß man diese Erkenntnis in sich kräftigen und sich durch tägliches Nachdenken tiefer einprägen: »Es bereitet mehr Mühe, guten Vorsätzen treu zu bleiben, als sie zu beschließen; man muß durchhalten und durch ständige Anstrengung an Festigkeit hinzugewinnen, bis Teil des Wesens geworden ist, was als gute Absicht beginnt.« Im 75. Brief, wo drei Klassen oder Stufen von Fortschreitenden unterschieden werden, versichert Seneca (und sein Geständnis klingt dort überzeugender als in der die eigenen Belange verteidigenden Schrift ›De vita beata‹), er glaube schon viel erreicht zu haben, wenn er sich nicht unter den Schlechtesten befinde.

Wie angedeutet, geht Seneca auch von der Realität, von den jeweiligen Umständen aus, die stoischen Dogmen für seinen Freund und sich selbst in angemessener Weise zu aktualisieren. *Die* Realität allerdings, die in die früheren Schriften Eingang gefunden hatte – die kaiserzeitliche Zivilisation als Pandämonium menschlicher Triebe, Laster und Leidenschaften –, ist den Briefen weniger wichtig: Das Abstoßende, Schreckenerregende fehlt und ebenso das Satirische, das den ethischen Betrachtungen Senecas sonst nicht selten eine besondere Würze verleiht. Kleine Erlebnisse dienen als Anlaß, über irgendein Moralgebot und dessen Grenzen zu reflektieren; sie veranschaulichen, welcher Gebrauch sich von der Philosophie machen läßt. Der Besuch eines baufälligen Landhauses erinnert Seneca an sein eigenes Alter und an die Nähe des Todes. Oder er stellt befriedigt fest, daß die vielfältigen Geräusche, die von einer nahen Badeanstalt in sein Logis gedrungen sind, ihn nicht an seinen Studien gehindert hätten. Oder er berichtet von einer Durchfahrt durch einen dunklen Straßentunnel: wie er darin unwillkürlich eine sonderbare Beklemmung verspürt habe. Dann aber findet er von dort aus mühelos zu seinem eigentlichen Thema: Er reflektiert über die Unvermeidbarkeit bestimmter physischer Reaktionen. Der ständige Rückgriff auf die eigene Lebenssphäre nimmt der stoischen Doktrin manches von ihrer schematischen Starre, die Beobachtung des Alltags mildert und dämpft den hohen Anspruch, ohne ihn aufzuheben.

Noch andere Momente verleihen den ›Epistulae morales‹ eine sanftere, ruhigere Tönung. Es geht dort wie stets bei Seneca um die Unabhängigkeit des einzelnen, um seine innere Unangreifbarkeit, um die Fähigkeit also, was immer die Umstände mit sich bringen, zu ertragen, denn es gibt keine andere verläßliche Basis eines glücklichen, auf permanente Eudämonie sich gründenden Lebens. Doch von den beiden ärgsten Bedrohungen des Menschen, einer vermeidbaren und einer unvermeidlichen, ist nur noch die unvermeidliche, der Tod, uneingeschränkt präsent, ja hierüber wird, den Jahren entsprechend, in die Seneca gekommen ist, in den Briefen intensiver reflektiert als in den früheren Werken (von den Trostschriften abgesehen).

Die zweite große Gefahrenquelle hingegen, die Trübung der Seelenruhe durch Affekte, hat in den ›Epistulae morales‹ nur noch geringes Gewicht. Am ehesten wendet Seneca noch dem Reichtum und unnötigen materiellen Ansprüchen seine Aufmerksamkeit zu, außerdem befaßt er sich gelegentlich mit dem Erfordernis der Überwindung von Schmerz und Trauer. Er hat hiermit offensichtlich der besonderen Beziehung, aus der die Briefe hervorgingen, dem primären Adressaten Lucilius Rechnung getragen: Starke Affekte waren wohl weder für ihn selbst noch für den Freund ein vordringliches Problem, und der sekundäre Adressat, das allgemeine Lesepublikum, erfuhr auf diese Weise, womit sich diejenigen beschäftigten, die die Stufe der Gefährdung durch heftige Leidenschaften hinter sich gelassen hatten.

Der Ausdruck »Verinnerlichung« hat einen unangenehmen Beigeschmack. Er ist hier unvermeidlich als Bezeichnung für ein durchaus rationales, von irgendwelchem Gefühlsüberschwang nicht begleitetes Merkmal der ›Epistulae morales‹. Seneca zeigt sich dort stärker als zuvor bestrebt, die Polarität von Ich und Welt, die Grundspannung der stoischen Ethik (die Güterlehre sowie die Prinzipien der Autarkie und Ataraxie laufen auf nichts anderes hinaus), ins Subjekt hineinzunehmen – eben zu verinnerlichen. Man soll, lehrt Seneca, die Güter der Welt nicht brüsk zurückweisen, man braucht ihnen nicht von sich aus zu entsagen, man muß sich nicht eigenmächtig von angenehmen äußeren Verhältnissen abkehren. Wohl aber soll man stets Distanz wahren und stets bereit sein, Einbußen gelassen hinzunehmen. Die Unabhängigkeit von der Welt kann sich gerade auch inmitten der Welt bewähren.

Seneca propagiert in den Briefen an Lucilius eine Einstellung, welche die gegebenen Verhältnisse gutheißt und genießt, ohne ihnen zu verfallen; er zielt auf eine Art von Weltüberwindung, welche zugleich die Welt bejaht, auf eine so lange wie möglich in Reserve gehaltene Fähigkeit zum Verzicht. Dementsprechend hat er die damals üblichen äußeren Abzeichen philosophischer Lebensführung – den Bart, die Vernachlässigung der Kleidung und dergleichen – scharf abgelehnt: Dies Gebaren führe zur Absonderung von der Gesellschaft und sei unnatürlich. »Innen sei alles verschieden, doch unsere Miene passe sich den Leuten an.« Der Weise, autark, wie er sei, müsse nicht unbedingt Freunde haben, heißt es einmal – um so besser eigne er sich für uneigennützige Freundschaften. Von Vergnügungen wie dem Saturnalienfest soll man sich nicht ausschließen, und zum Problem des Besitzes heißt es: *possessionem tibi non interdico, sed efficere volo, ut … intrepide possideas* – »Hab und Gut verbiete ich dir nicht, ich will aber erreichen, daß du es, ohne darum zu zittern, besitzt.«

Die Ethik der ›Epistulae morales‹ ist deutlich von einem Vorfeld umgeben: von allerlei duldsamen, flexiblen Regeln der Lebensklugheit. Man ängstige sich nicht allzusehr wegen möglicher künftiger Übel, man unterziehe lieber die Lage einer genauen Prüfung und beherzige, daß vieles, was möglich oder wahrscheinlich sei, nicht eintrete. Oder: Der Selbsterhaltungstrieb sei uns von der Natur mitgegeben, er dürfe allerdings nicht zum beherrschenden Prinzip werden. Man solle aber, so viel man könne, Gefahren und Unannehmlichkeiten vermeiden, und vor allem entziehe man sich der Konfrontation mit der politischen Macht. Oder: Man achte auf die

Gesundheit der Seele, aber auch auf die des Leibes; hierfür genüge leichter Sport und bedürfe es keiner anstrengenden Übungen. Derlei »Lebenshilfe« hat sich die antike Ethik auch sonst angelegen sein lassen. Unter den Stoikern hat vornehmlich Gaius Musonius Rufus, ein jüngerer, griechisch schreibender Zeitgenosse Senecas, allerlei praktische Fragen erörtert – einer seiner Lehrvorträge befaßt sich mit der Ernährung, der Kleidung, dem Hausrat und dem Haarschnitt.

Die Einbeziehung der eigenen, vom Ziel der sittlichen Vollkommenheit noch weit entfernten Person, die Hereinnahme von Alltagswirklichkeit, die Zurückhaltung gegenüber den Affekten, die Verinnerlichung des Autarkieprinzips und die Zugeständnisse an die Lebenspraxis: Alle diese den stoischen Rigorismus abschwächenden Züge sind mehr durch die literarische Gattung, den Brief, und die Person des Adressaten bedingt als dadurch, daß sich Seneca verändert hätte. Auch in den ›Epistulae morales‹ hat die Ethik meist eine ernste, dunkle Tönung, auch dort fehlt der Ruhe, die erstrebt wird, die Gelassenheit, und auch dort läßt der Frieden, um den gerungen wird, die Anstrengung spüren. Ein stets angespannter herrscherlicher Wille sucht die Einheit der Person gegen äußere und innere Störungen zu behaupten, und manchmal scheint es, als suche er Widerstände, um sich selbst zu bestätigen. *Vivere militare est*, »Leben heißt Soldat sein« – Seneca entnimmt seine Bilder auch sonst gern dem militärischen Bereich, mit dem sich bei den Römern zuallererst die Vorstellung der Unbeugsamkeit, des zähen Ausharrens verbunden hat.

FÜNFZEHNTES KAPITEL

Senecas Tod – Neros Untergang

Die Ereignisse nahmen, nachdem Seneca zurückgetreten war, ungehemmt ihren von Nero gewünschten furchtbaren Verlauf. Die bislang wenigstens äußerlich gewahrte Rücksicht auf die Dynastie fiel fort: Der Kaiser löste die Ehe mit Octavia, der Tochter des Claudius, und heiratete zwölf Tage darauf seine Mätresse Poppaea Sabina, die nach der Ermordung Agrippinas drei Jahre auf diese Erhöhung hatte warten müssen. Octavia zog in das Haus des Burrus ein, das Nero – wohl als dessen Erbe – ihr zur Verfügung stellte; außerdem erhielt sie noch die Güter eines Mannes, der unlängst wegen angeblicher hochverräterischer Umtriebe ermordet worden war.

Hierbei blieb es nicht lange: Octavia mußte nach Kampanien ausweichen, wo sie unter militärische Bewachung gestellt wurde. Sie war beim Volk überaus beliebt, ihr Los rief nunmehr laute Klagen hervor. Da verbreitete sich das Gerücht, Nero habe aus Reue über sein schmähliches Tun die ehemalige Gattin zurückgerufen, und schon kam es zu Demonstrationen der Freude, in deren Verlauf die Standbilder Poppaeas niedergerissen wurden. Militär griff ein, und Poppaea, die den Tumult als Kampagne der Schutzbefohlenen und Bediensteten Octavias hinstellte, erreichte, daß Nero die Vorgängerin zu beseitigen beschloß. Anicetus, das elende Werkzeug bei der Ermordung Agrippinas, mußte sich zu einem Ehebruch mit ihr bekennen, und Nero zögerte nicht, das falsche Geständnis in einem Erlaß vor aller Welt bekanntzugeben. Octavia wurde auf das Inselchen Pandateria (heute Ventotene) verbannt, etwa fünfzig Kilometer von der kampanischen Küste entfernt; dort hatten auch Julia, die Tochter des Augustus, und die ältere Agrippina, die Gemahlin des Germanicus, ihr hartes Exil ertragen müssen. Octavia erlitt bald nach ihrer Ankunft auf dem Eiland im Alter von zweiundzwanzig Jahren den Tod: Man band sie fest und öffnete ihr die Adern.

Ihr Schicksal hat die Zeitgenossen, denen doch der kaiserliche Hof schon vieles Schlimme zugemutet hatte, stark bewegt. Hiervon zeugt vor allem das unter den Tragödien Senecas erhaltene Stück ›Octavia‹, das einzige römische Historiendrama, das auf die Nachwelt gekommen ist. Es ist schwerlich von Seneca selbst verfaßt, geht aber wohl auf einen Dichter zurück, der ihm zeitlich und geistig nahestand.

Das Jahr 63 n. Chr. stellt sich dem rückblickenden Betrachter dar wie die sprichwörtliche Ruhe vor dem Sturm: Die ›Annalen‹ des Tacitus billigen ihm nicht mehr als zehn Kapitel zu, von denen der römisch-parthische Zankapfel Armenien den Löwenanteil beansprucht. In das Jahr 64 fielen die ersten für jedermann zugänglichen Auftritte des »Künstlers« Nero sowie die Brandkatastrophe in Rom, die wiederum die erste Christenverfolgung verursachte; im Jahre 65 scheiterte die gegen Nero gerichtete pisonische Verschwörung, deren Aufdeckung neben vielen prominenten Teilnehmern auch Seneca in den Tod riß. Das Jahr 66 brachte weitere politische Morde des von Furcht gepeinigten Kaisers sowie den Beginn von dessen großer, bis Anfang 68 währender Griechenlandreise. Dann bewirkten die Erhebungen der Truppenbefehlshaber in Gallien und Spanien, was das stadtrömische Komplott drei Jahre zuvor vergebens versucht hatte: Der letzte Herrscher des julisch-claudischen Hauses wurde entmachtet und endete durch Selbstmord.

Nach Tacitus hat Nero im Jahre 64 n. Chr. neue Wege ersonnen, seinem bizarren Bedürfnis nach Anerkennung als Künstler Geltung zu verschaffen. Die Veranstaltungen, in denen er sich bisher produziert hatte, scheinen nicht für die breiteste Allgemeinheit zugänglich gewesen zu sein, auch die *Juvenalia* und *Neronia* nicht; jetzt aber war es für ihn beschlossene Sache, sein Können uneingeschränkt populär zu machen. Er scheute sich allerdings, vor dem römischen Volk aufzutreten, und begab sich in das überwiegend von Griechen bewohnte Neapel, um sich von dort aus zu einer Tournee ins grie-

30. Rom, Domus aurea, nach 64 n. Chr. Sogenannter Gartensaal, mit Kuppel

chische Mutterland zu begeben. Mehrfach trat er im vollbesetzten Theater von Neapel auf, bis das Gebäude infolge eines Erdstoßes einstürzte – glücklicherweise nach der Vorstellung, als das Publikum bereits nach Haus gegangen war. Nero reiste noch weiter nach Benevent, dort aber gab er sein Vorhaben aus unbekannten Gründen auf und kehrte nach Rom zurück – er hat den bizarren Griechenlandplan erst zwei Jahre später in die Tat umgesetzt.

Einstweilen stürzte er sich in einen Festtaumel. Er glaubte den Römern zeigen zu sollen, wie gern er sich in ihrer Mitte aufhalte. Seine öffentlichen Gelage, an denen sich auch überaus zweifelhafte

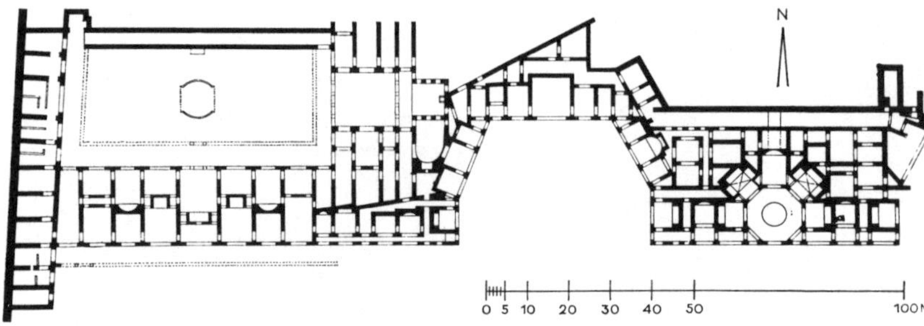

31. Rom, Domus aurea. Grundriß der geringen Überreste

Elemente beteiligten, beanspruchten viel Platz – er habe die ganze Stadt dazu verwendet, als wäre sie sein Haus, versichert Tacitus. Tigellinus schoß bei diesen Veranstaltungen den Vogel ab: Er inszenierte auf dem Marsfeld für den Hof eine Orgie, deren kulinarisches und sexuelles Angebot auch die verwegensten Wünsche zu befriedigen vermochte. Ihr folgte der verheerende Brand auf dem Fuße, der sich im Gedächtnis der Menschheit wie kein anderes Ereignis mit der Herrschaft Neros verbunden hat. Er brach in der Nacht vom 18. zum 19. Juli des Jahres 64 n. Chr. an der Südostseite des Circus Maximus aus, in den Verkaufsbuden, die sich dort befanden, und wütete insgesamt neun Tage lang. Von den vierzehn Bezirken, in welche die Hauptstadt seit Augustus eingeteilt war, wurden drei gänzlich und sieben zu großen Teilen vernichtet, während nur vier – das Gebiet jenseits des Tiber sowie die Quartiere im Norden, auf dem Quirinal und Viminal, ferner wohl das Viertel im Südwesten bei den nachmaligen Caracallathermen – vom Feuer verschont blieben.

Nero traf sofort eine Reihe von sachgerechten Maßnahmen: Die Obdachlosen erhielten Notunterkünfte in öffentlichen Gebäuden und eilig aufgeschlagenen Baracken, ein amtlich festgesetzter Getreidepreis verhinderte eine Teuerung, und aus der Umgebung wurden Lebensmittel herbeigeschafft. Rom erlebte durch die Anlage breiter Straßen, den Wiederaufbau nach einheitlichen Fluchtlinien und die Errichtung von Säulengängen eine gründliche Sanierung; Vorschriften über Baumaterialien und sonstige feuerpolizeiliche

Maßregeln sollten die Wiederholung eines derartigen Flächenbrandes unmöglich machen.

Diese positive Bilanz wurde freilich durch eine gigantomanische Bauwut sondergleichen aufgewogen. Nero begann, auf einem etwa fünfzig Hektar großen Gelände zwischen Palatin und Esquilin – wo sich später unter anderem das Colosseum, der Tempel der Venus und der Roma sowie die Trajansthermen erhoben – seine berüchtigte *Domus aurea* (»Goldenes Haus«) zu errichten, einen Prunkpalast, für dessen Kosten das ganze Reich aufzukommen hatte. Suetons Schilderung von den Ausmaßen und Einrichtungen dieser Anlage ist so eindrucksvoll, daß sie hier unverkürzt wiedergegeben sei:

> Die Vorhalle war derart groß, daß darin eine hundertzwanzig Fuß (= fünfunddreißigeinhalb Meter) hohe Kolossalstatue Neros Platz hatte, die Ausdehnung des Ganzen so ungeheuer, daß die aus drei Säulenreihen bestehende Halle eine Meile (= eintausendfünfhundert Meter) lang war. Ferner befand sich ein Teich darin, wie ein Meer von Baulichkeiten, die wie Städte ausahen, umgeben. Es gab außerdem Ländereien, in denen Felder mit Weinpflanzungen und Viehweiden mit Wäldern abwechselten und in denen sich in großer Zahl verschiedenartiges Getier, zahmes wie wildes, tummelte. In den Gebäuden war alles mit Gold, Edelsteinen und Perlmutt belegt. Die Speisezimmer hatten mit Elfenbeinplatten getäfelte Decken, die beweglich waren, Blumen herabzustreuen, und durchlöchert, Parfüms zu verspritzen. Der Hauptspeisesaal war rund; er drehte sich in einem fort Tag und Nacht herum, wie das Weltall. In die Bäder floß Wasser aus dem Meer und aus der (schwefelhaltigen) Albulaquelle. Als Nero dieses Haus, nachdem es fertiggestellt war, einweihte, sagte er, um seine Zufriedenheit auszudrücken, lediglich, jetzt fange er doch endlich an, wie ein Mensch zu wohnen.

Von der ganzen Herrlichkeit hat nur ein kleiner Bruchteil die Zeiten überdauert: ein etwa zweihundertfünfzig Meter langer und hundertachtzig Meter breiter Komplex von Sälen, die mit Dekorationen bemalt waren – die Reste hiervon gaben, da sie sich in »Grotten« zu befinden schienen, den in der Renaissance beliebten »Grotesken« den Namen.

Zwei miteinander zusammenhängende Gerüchte kursierten zur Zeit des Brandes in Rom: Nero habe, als die Feuersbrunst wütete, im Kitharödenkostüm auf einem Turm gestanden und ein Lied vom Untergang Trojas gesungen, und: Der Brand sei von ihm befohlen worden, weil er Platz für seinen Palast gewinnen wollte. Wenn es sich hierbei – wie wahrscheinlich – um Legenden handelt, dann bekundet sich durch sie jedenfalls, wessen die Zeitgenossen den extravaganten Kaiser für fähig hielten. Um dem Gerücht von der Brandstiftung den Boden zu entziehen, schob Nero die Mitglieder der christlichen Gemeinde in Rom als Sündenböcke vor. Er ließ sie aufs grausamste bestrafen: Sie wurden teils in Tierfelle genäht und von Hunden zerfleischt, teils ans Kreuz geschlagen und nach Sonnenuntergang als Fackeln verbrannt. Wahrscheinlich haben sich damals sowohl Petrus als auch Paulus in Rom aufgehalten, so daß die Überlieferung, die beider Tod mit der neronischen Verfolgung verknüpft, nichts Unmögliches behauptet.

Seneca war von allen diesen Ereignissen des Jahres 64 n. Chr. nur ein stummer Zeuge. Die Massenorgien und die entsetzliche Strafaktion gegen eine unbedeutende religiöse Vereinigung können ihm nicht verborgen geblieben sein, und Rom, das zur Hälfte in Schutt und Asche lag (seit dem Galliersturm 450 Jahre zuvor war der Stadt, die damals schon aus kühnem Dichtermund die »ewige« genannt wurde, nichts Ähnliches zugestoßen), dieses Rom sollte von seinem ehemaligen Zögling in Brand gesteckt worden sein! Daß er sich tatsächlich zurückhielt, daß er – von einer sogleich zu nennenden Ausnahme abgesehen – schwieg, wie nur ein Philosoph zu schweigen vermag, der sich zeit seines Lebens darin geübt hat, die Dinge der Welt aus leidenschaftsloser Distanz zu betrachten, dafür gibt es außer dem Schweigen an sich noch ein besonderes Indiz, eine Gelegenheit nämlich, die ihn risikolos zum Reden hätte bringen können. Sein Freund Aebutius Liberalis, derselbe, dem er das Werk ›Über

32. Aus der Schule Raffaels, Bogenschützen. Fresko in der Galerie Borghese, Rom, nach einem nicht mehr erhaltenen Deckengemälde in der Domus aurea

Wohltaten‹ gewidmet hat, stammte, wie erwähnt, aus dem gallischen Lugdunum, dem heutigen Lyon. Eine furchtbare Feuersbrunst hatte diese Stadt in einer Nacht des Jahres 65 n. Chr. völlig vernichtet. Seneca teilt Lucilius mit, wie er den fassungslosen Liberalis zu trösten versuche: nicht nur mit dem düsteren Argument, daß das Schicksal immer neue Wege einschlage, seine zerstörerische Kraft zu erweisen, sondern auch mit einem freundlicheren, das speziell auf schwer heimgesuchte Städte zugeschnitten ist. »Oft schon«, schreibt Seneca, »hat ein Schaden einer größeren Bestimmung den Platz frei gemacht, vieles stürzt ein, um sich desto höher wieder zu erheben. Timagenes« (ein griechischer Geschichtsschreiber, der zur Zeit des Augustus in Rom lebte), »ein Feind des Wohlstands unserer Stadt, sagte, die Feuersbrünste in Rom schmerzten ihn nur deshalb, weil er wisse, daß Schöneres das Niedergebrannte ersetzen werde.« *Romae incendia*, »die Feuersbrünste in Rom«: Seneca verbirgt sich hinter einer allgemeinen Feststellung, wo nichts nähergelegen hätte als ein Hinweis auf die eine, furchtbare Katastrophe des Vorjahres und die in vollem Gang befindliche Wiederherstellung.

Es ist wenig wahrscheinlich, daß Seneca das aktuelle Ereignis aus politischer Vorsicht, aus Furcht vor einer Denunziation (seit dem Jahre 62 n. Chr. gab es wieder Majestätsprozesse wegen unliebsamer Äußerungen) unerwähnt ließ: Er schwieg aus Prinzip; er hielt es für sinnlos, auf das Elend der Zeit einzugehen. Daß ihm dieses Elend nicht gleichgültig war, daß er den Gang der Ereignisse mit Abscheu und Empörung verfolgte, zeigt jene Ausnahme, die er sich erlaubte: ein heftiges In tyrannos, auf Nero gemünzt, notdürftig versteckt hinter der Maske des wegen seiner Grausamkeit sprichwörtlichen Phalaris.

Im zweiten, kasuistischen Teil der Schrift ›De beneficiis‹ geht es gegen Ende um das Problem, ob man eine Wohltat, die man von einem Weisen empfangen habe, auch dann vergelten müsse, wenn der Betreffende aufgehört habe, weise zu sein, und sich in einen schlechten Menschen verwandelt habe. Seneca legt drastisch dar, daß die Verpflichtung von jeglicher Veränderung dessen, dem sie geschuldet werde, unberührt bleibe; auch könne niemand schlimmster Nichtswürdigkeit anheimfallen, der sich mit Philosophie befaßt habe. Wenn aber jemand wie Phalaris, heißt es dann wörtlich (wobei offenbar an einen aus der Art geschlagenen Weisen nicht mehr gedacht ist), »an Menschenblut nicht nur Freude hat, sondern sich weidet und an Hinrichtungen von Menschen aller Altersstufen seine unersättliche Grausamkeit ausläßt, wenn er nicht aus Zorn, sondern in einem gewissen Wutrausch rast, wenn er vor den Augen der Eltern Kinder erwürgt, wenn er, mit einfachem Töten nicht zufrieden, Foltern anwendet, wenn er die zum Sterben Bestimmten nicht nur verbrennt, sondern röstet, wenn seine Burg stets von frischem Blut trieft, dann reicht es nicht aus, diesem Menschen eine Wohltat nicht zu vergelten. Was immer ihn mit mir verbunden hatte, das hat die aufgehobene Gemeinsamkeit menschlicher Rechtsgrundsätze getrennt.« Doch selbst in einem derartigen Extremfall ist Seneca noch zu einem Zugeständnis bereit: Der allen Rechts sich Überhebende mag erhalten, was er ohne Schaden für die Allgemeinheit erhalten kann:

> Retten werde ich seinen kleinen Sohn: Was beeinträchtigt diese Wohltat jemanden von denen, die seine Grausamkeit zerstückelt? Geld aber, mit dem er den Sold seiner Leib-

wächter bestreitet, werde ich ihm nicht verschaffen. Wenn er Statuen und Gewänder benötigt: Niemandem schadet das Zeug, das seinem Luxusbedürfnis zugute kommt; doch Soldaten und Waffen werde ich nicht liefern. Wenn er, als wär's etwas Großes, Bühnenkünstler und Dirnen und was sonst noch seine Wildheit sänftigen kann, fordert, will ich's ihm gern anbieten. Wem ich Dreiruderer und gepanzerte Kriegsschiffe nicht schicken würde, dem bin ich Yachten, Hausboote und anderes Spielzeug zu königlichem Zeitvertreib auf dem Meere zu schicken bereit. Und wenn sein Seelenzustand gänzlich hoffnungslos ist, dann werde ich mit derselben Hand der Allgemeinheit eine Wohltat erweisen und sie ihm vergelten, da ja für Menschen von dieser Wesensart der Tod ein Heilmittel ist und es für den das beste ist wegzugehen, der niemals mehr zu sich selbst zurückkehren wird.

Zwei Satzsequenzen gipfeln in der Billigung des Tyrannenmordes, das erste Mal verhüllt, das zweite Mal ganz offen. Die Untaten, die dem Tyrannen zugeschrieben werden, konnte der zeitgenössische Leser mit den Details der Neronischen Christenverfolgung kommentieren, und die Liste dessen, was auch dem wahnwitzigen Despoten für Wohltaten vergolten werden darf, liest sich wie eine Bilanz der Maßnahmen, mit denen Seneca die »Wildheit« Neros hatte »sänftigen« wollen. Nur dem ersten Glied der Reihe, dem Söhnchen, das gerettet werden darf, läßt sich kein derartiger Bezug auf die jüngste Vergangenheit abgewinnen.

Seneca hat die gegen Nero gerichtete Verschwörung, die nach ihrem Haupt Gaius Calpurnius Piso, einem Mann von höchstem Adel und bestem Ruf, benannt zu werden pflegt, gewiß gebilligt, und so geht man schwerlich zu weit, wenn man ihm die Rolle eines geistigen Wegbereiters zuschreibt. Die Verbrechen Neros, die Gefährdung des Reiches, die Erschöpfung der Finanzen: Diese Motive der Verschwörer wird auch er anerkannt haben, und auch er hat es damals gewiß für unvermeidlich gehalten, Nero durch einen Würdigeren zu ersetzen. Doch daß er eingeweiht worden sei, wie man ihm bei der Aufdeckung der Verschwörung sogleich nachsagte, ist überaus zweifelhaft: Da man ihm bei der Ausführung der Tat eine aktive Rolle schon wegen seines Alters schwerlich zumuten konnte, hätte man ihn ganz unnötigerweise zum Mitwisser gemacht. Sein Verhältnis zu der Unternehmung ähnelte wohl dem Ciceros zu dem erfolgreicheren Komplott, dem Caesar zum Opfer fiel: Sein Name hatte die Bedeutung eines Fanals und diente als Inbegriff dessen, was man erstrebte. Noch unglaubwürdiger ist daher die Nachricht, ein Teil der Verschwörer habe ihm, nicht ohne sich zuvor mit ihm zu verständigen, die Kaiserwürde übertragen wollen.

Der Kreis der Beteiligten war groß: Faenius Rufus, der eine der beiden Befehlshaber der Garde, gehörte dazu, ferner Senatoren, Ritter und Offiziere. Auch Senecas Neffe Lukan hatte sich angeschlossen: Es war wohl wegen des Erfolges seiner Dichtungen zum Zerwürfnis mit dem eifersüchtigen Kaiser gekommen. Die Menge der Verschworenen machte die Ausführung des Attentats nicht leichter; man ließ günstige Gelegenheiten ungenutzt, und Piso weigerte sich, sein Landhaus in Baiae, das der Kaiser gern besuchte, für den Mord herzugeben, da man die das Gastrecht schützenden Götter nicht kränken dürfe. Am frühen Morgen des Tages, auf den man sich endlich geeinigt hatte (Neros Leidenschaft für Wagenrennen sollte ausgenutzt werden), wurde das Unternehmen verraten: einer der Verschworenen traf allzu auffällig seine Vorbereitungen, so daß dessen Gehilfe, ein Freigelassener, Verdacht schöpfte und Anzeige erstattete. Nunmehr ergab eines das andere. Ein gewisser Antonius Natalis, engster Vertrauter Pisos, tat sich, um seinen Kopf zu retten, in der Preisgabe von Namen besonders hervor – dieser Mann war es auch, der alsbald Seneca der Mitwisserschaft zieh, da er mit Recht vermutete, daß dem Kaiser diese Nachricht willkommen sein würde. Der Köder zugesicherter Straflosigkeit vervielfältigte den Verrat, und mancher Teilnehmer scheute sich nicht, seine besten Freunde ins Verderben zu reißen. Die Stadt und ihre Umgebung wurden von Militär überwacht, und die Schergen schleppten immer neue Scharen von Beschuldigten zum grausamen Verhör herbei.

Piso, von einigen Mitverschworenen aufgefordert, sich in die Kaserne zu begeben und einen Staatsstreich zu wagen, verzagte. In der Darstellung des Tacitus eröffnet er die Reihe derer, die von der Rache Neros dahingerafft wurden. An zweiter Stelle folgte ein Verschworener, der im Jahre darauf das Konsulat hätte bekleiden sollen, und an dritter Seneca – mit ihm hat sich der antike Historiker weit ausführlicher befaßt als mit allen anderen. Auf die Dauer blieb auch die Beteiligung einiger Gardeoffiziere, insbesondere des Präfekten Faenius Rufus, nicht verborgen; ihre Exekution setzt den grausigen Reigen fort. Ein Offizier namens Subrius Flavus gab auf die Frage Neros, warum er den Fahneneid gebrochen habe, zur Antwort: »Ich haßte dich. Kein Soldat war dir treuer als ich, solange du Zuneigung verdientest; ich habe angefangen, dich zu hassen, als du zum Mörder deiner Mutter und deiner Gattin, zum Wagenlenker, Schauspieler und Brandstifter geworden warst.« Weitere Hinrichtungen schließen sich an, darunter die des an der Verschwörung gar nicht beteiligten Konsuls Vestinus. Auf den Katalog der Toten folgen Listen von Dienstenthebungen und Verbannungen; Nero räumte mit allen auf, die ihm verdächtig oder verhaßt waren. Dann belohnte er die Soldaten, suchte sich vor dem Senat zu rechtfertigen und ließ ebendort Danksagungen an die Götter beschließen.

Die Schilderung des Tacitus läßt deutlich erkennen, wie voraussetzungsreich die Sterbestunde Senecas gewesen ist. Man spürt die bewußte Haltung, das Eingeübte, Vorbereitete, man glaubt sogar etwas Theatralisches darin zu bemerken. Seneca weiß, wie sehr es jetzt auf sein Verhalten ankommt; er stellt seinen Tod zur Schau. Man hat ihm deswegen den Vorwurf der Heuchelei, der heldischen Pose gemacht. Vorsichtiger wird man sich mit der Feststellung begnügen, daß sein Lebensweg nicht durch eine göttliche Stimme vorgezeichnet war und daß daher seine Todesstunde nicht in so heiterer Schlichtheit, so krampflos und gelöst verlaufen konnte wie die seines Vorbildes Sokrates. Seneca repräsentierte eine komplizierte Spätzeit, in der selbst das Sterben zu einer Angelegenheit der Bildung, des Stils geworden war: Man hat die einschlägigen Lehren der Philosophen studiert und über sie nachgedacht; man wußte, daß viele denselben Weg gegangen waren und daß es vielen gelang, die Probe würdig zu bestehen; es hatte sich ein Ritual des Sterbens entwickelt; der Tod war gleichsam ein offizieller Akt. Wie im Leben, so suchte man auch beim Sterben die Affekte zu überwinden, man zwang sich zu Ruhe und Gelassenheit. Bei Seneca sträubte sich die Physis gegen den rituellen Vollzug, gegen die geöffneten Pulsadern und sogar gegen den Schierlingsbecher. Sein Geist jedoch zeigte sich der Belastung gewachsen, er war hinlänglich vorbereitet gewesen.

Die Vorbereitung hatte in einer ungewöhnlich intensiven Beschäftigung mit dem Todesproblem bestanden, und der von Seneca gebrauchte Ausdruck *meditatio mortis*, »Zurüstung zum Tode«, eignet sich denn auch zur Kennzeichnung seiner gesamten Ethik. Von der stoischen Tradition waren ihm vor allem drei Themen vorgegeben: der Unsterblichkeitsglaube, die Todesfurcht und die freiwillige Beendigung des Lebens.

Die Frage nach der Unsterblichkeit der menschlichen Seele war in der Stoa von Mal zu Mal anders beantwortet worden. Seneca sah sich hier einer Vielzahl von Positionen gegenüber, insbesondere den konträren Auffassungen des Panaitios und des Poseidonios. Panaitios hatte wie Epikur geleugnet, daß die Seele den Tod des Organismus überdauere, Poseidonios hingegen hatte sich mit der Annahme einer langen individuellen Fortexistenz stark dem Unsterblichkeitsglauben Platons angenähert. Man wundert sich daher nicht, daß man in den Schriften des auch sonst nicht immer schulgerechten Seneca nicht nur verschiedene stoische, sondern auch die Lehren Platons und Epikurs vorgetragen findet. Unverhüllt bekennt sich der Chor der ›Troerinnen‹ zu Epikur: Wie der Rauch des Feuers, wie die Wolken vor dem Nordwinde verfliege die Seele; nach dem Tode sei nichts und der Tod selbst sei das Nichts: *Quaeris quo iaceas post obitum loco? quo non nata iacent* – »Du fragst, wo du nach dem Tode liegst? Wo das Ungeborene liegt.« Doch auch die Prosaschriften enthalten derartige Äußerungen: »Der Tod ist die Befreiung von allen Schmerzen und die Grenze, welche unsere Leiden nicht überschreiten; er versetzt uns wieder in den Ruhezustand, in dem wir uns vor unserer Geburt befunden haben.« Nun müssen Bekenntnisse von Dramenfiguren und Argumente in Trostschriften keineswegs die Überzeugung des Autors bekunden. Die Lehre Epikurs kehrt indes in einem Brief an Lucilius wieder, der nach einer heftigen Asthmaattacke geschrieben wurde: Seneca berichtet, wie er sich unermüdlich zugesprochen habe, daß der Tod das Nichts sei; ihm dient die Lampe, die man anzündet und wieder löscht, als Gleichnis für das menschliche Leben.

In einem anderen Briefe neigt er der Ansicht zu, daß die Seele immateriell und ewig sei, und ein dritter schwelgt geradezu in platonisch-pythagoreischen Unsterblichkeitsgedanken: Das Leben hienieden sei ein Vorspiel; wie im Mutterleib auf das irdische, so bereite man sich während des irdischen Lebens auf das ewige vor; der Tod, der die Last des Fleisches nehme, sei der Geburtstag der Ewigkeit. Im Grunde hat sich Seneca sowenig wie Cicero entscheiden mögen. Die angeblichen Argumente überzeugten ihn nicht, und zu wahrem Unsterblichkeitsglauben empfand er kein Bedürfnis. Er beruhigte sich bei der Alternative, die Mehrzahl seiner Reflexionen über den Tod rechnet mit beiden Möglichkeiten. Ein Brief hat diese Erwägung auf die knappste Formel gebracht: *Mors quid est? aut finis aut transitus* – »Der Tod: was ist er? Entweder Ende oder Übergang.«

Seneca stand mit dieser indifferenten Haltung nicht allein; sie ist unter den Gebildeten seiner Zeit ziemlich verbreitet gewesen. Quintilian erklärt, die Frage der Unsterblichkeit sei unentschieden. Tacitus sagt dasselbe, indem er wünscht, sein verstorbener Schwiegervater möge sanft ruhen, wenn, wie die Weisen behaupten, große Seelen nicht zugleich mit dem Leibe dahinschwänden. Einzig der ältere Plinius äußert sich zu dieser Frage überaus unkonventionell: Mit einer geradezu bestürzenden Leidenschaftlichkeit wehrt er sich gegen die Vorstellung, daß der Seele eine Fortexistenz nach dem Tode beschieden sein könne. Der Tod war offenbar für gebildete Römer jener Zeit kein metaphysisches oder eschatologisches Problem. Für die Stoiker war er es, Poseidonios ausgenommen, ebensowenig gewesen.

Die ältere Stoa hat sich offenbar nie mit dem Phänomen der Todesfurcht befaßt: Der Tod galt ihr, wie Reichtum und Armut,

Gesundheit und Krankheit und dergleichen, als etwas Indifferentes, und hiermit war für sie die Angelegenheit abgetan. Seneca versteht die intellektualistische Haltung der Griechen nicht. Er zitiert einen Syllogismus Zenons: »Kein Übel ist ruhmreich; der Tod ist jedoch ruhmreich, also ist er kein Übel«, und fragt, ob man mit dergleichen – überdies noch fehlerhaften – Schlüssen die Todesfurcht besiegen könne. Er stellt sich vor, ein Feldherr feuere seine Truppen vor der Schlacht mit solchen Worten zur Tapferkeit an – *o efficacem contionem*, »welch wirkungsvolle Rede«, bemerkt er voll Hohn. Gewiß sei der Tod etwas Indifferentes, gibt er zu bedenken, aber nicht wie die Frage, ob die Zahl der Haupthaare gerade oder ungerade sei. Der Tod gehöre zu den Dingen, die, ohne ein Übel zu sein, das Aussehen eines Übels hätten: Gegen ihn sträubten sich die Eigenliebe und der angeborene Selbsterhaltungstrieb; er scheine viele vertraute Güter zu rauben und wirke bedrohlich, weil man nicht wisse, was bevorstehe; man müsse daher sein Herz durch lange Übung abhärten.

Ähnliche Gedanken hatte Seneca schon in einem früheren Briefe vorgetragen: Man solle gegen die Lebensgier angehen, empfahl er dort, indem man sich den unaufhörlichen Kreislauf des Werdens und Vergehens in der Natur vergegenwärtige. Über das Gesetz, daß der Tod die Bedingung allen Lebens sei (*mors naturae lex est)*, hat sich Seneca des öfteren geäußert, besonders eindringlich am Schluß des sechsten Buches der ›Naturales quaestiones‹. Wir stürzen nicht plötzlich in unseren Tod, heißt es in einem Brief, sondern nähern uns ihm Schritt für Schritt: *cotidie morimur*, »wir sterben Tag für Tag«; täglich wird uns ein Teil des Lebens genommen. Ein anderer Brief stellt diesen Gedanken in den kosmischen Zusammenhang des Wandels aller Dinge: Jeder Augenblick sei der Tod des vorangegangenen Zustandes; *vis tu non timere, ne semel fiat, quod cotidie fit* – »hüte dich zu fürchten, daß einmal geschehe, was täglich geschieht!«

Für die freiwillige Beendigung des Lebens, das dritte Thema, um das Senecas Todesgedanken kreisten, hatte die alte Stoa wieder den Boden bereitet: Sie lehnte Platons Verbot des Selbstmords ebenso ab wie die schrankenlose Freigabe, für die die Kyniker plädierten. Der »Austritt« (ἐξαγωγή, exagogē) mußte nach ihrer Auffassung sittlich gerechtfertigt sein; als Gründe kamen unheilbare Krankheit oder unerträgliche Schmerzen, die Aufopferung für das Vaterland oder für Freunde und schließlich die Gewaltherrschaft in Betracht, die zu unsittlichem Tun nötigt.

Seneca konnte sich in dieser Frage mit dem Überkommenen begnügen. Er verwahrt sich, an Epikur anknüpfend, gegen die von Lebensüberdruß genährte *libido moriendi*, die »Sucht zu sterben«: »Ein mutiger und weiser Mann flieht nicht aus dem Leben; er verläßt es.« Ein andermal führt er die üblichen physischen Gebresten als Rechtfertigungsgrund des Freitodes ins Feld: die Krankheit, die Schmerzen, ferner alles, was geistige Tätigkeit für immer unmöglich macht. Doch weitaus am wichtigsten ist ihm, der an herausragender Stelle und zugleich abhängig von der schrankenlosen Willkür des Kaisers wirkte, die Möglichkeit des selbstgewählten Todes als Tor zur Freiheit – nur wer diese Möglichkeit einbezog, war nach seiner Überzeugung in der Lage, in freier Entscheidung sittlich zu handeln. Der Tod von eigener Hand als Sicherheit vor allem äußeren Zwang, insbesondere vor dem Tyrannen: Seneca beruft sich einmal für diesen wiederholt von ihm geäußerten Gedanken auf das Epikurwort *Malum est in necessitate vivere, sed in necessitate vivere necessitas nulla est* – »Es ist ein Übel, unter Zwang zu leben, doch unter Zwang zu leben, ist kein Zwang vorhanden.«

»Dies ist das Schimpflichste, was man uns vorzuwerfen pflegt: daß wir uns die Worte der Philosophie, nicht aber ihre Taten zu eigen machen«: Seneca, der Philosoph, wußte, was er sich und der Welt schuldig war, er wußte, daß sich die Lehren, zu denen er sich zeit seines Lebens bekannt hatte, in der Todesstunde würden bewähren müssen. Auch konnte er nicht überrascht sein, als der Bote des Kaisers vor ihm stand: Wer fähig war, seine Mutter und seine Gattin zu ermorden, wer auf eine Verschwörung mit derart wütendem Terror reagierte, der würde auch seinen alten Lehrer, den stummen, durch sein bloßes Dasein unerträglichen Ankläger seiner Untaten, auf die Dauer nicht schonen.

Die Exekution ging immerhin mit einiger Umständlichkeit vonstatten: Nicht schon beim ersten Erscheinen übermittelte der kaiserliche Abgesandte den Todesbefehl. Antonius Natalis, der Vertraute Pisos, der als erster aussagte, hatte Seneca offenbar nicht stark genug belasten können. Seine Behauptung, Seneca habe von der Verschwörung gewußt, konnte er nur auf eine vergebliche Mission stützen: Er habe versucht, eine Unterredung zwischen Piso und Seneca zu vermitteln; Seneca aber, der erkrankt war, habe abgelehnt. Einen verfänglichen Satz fügte Natalis noch hinzu: Seneca habe seinen abschlägigen Bescheid mit den Worten beschlossen, sein eigenes Wohlbefinden hänge von der Unversehrtheit Pisos ab.

Nero machte sich die Mühe, diese Aussage zunächst durch eine Anfrage bei Seneca zu prüfen. Ein höherer Offizier namens Gavius Silvanus wurde entsandt. Seneca war gerade aus Kampanien zurückgekehrt und befand sich in einer seiner Villen vor den Mauern Roms. Er aß, als Silvanus bei ihm eintraf, mit seiner Gattin Pompeia Paulina und zwei Freunden zu Abend. Er bestätigte das Gespräch mit Natalis, bestritt allerdings jenen hintergründigen Satz: Er habe keinen Anlaß gehabt, die Unversehrtheit einer Privatperson dem eigenen Wohlbefinden vorzuziehen, und daß er nicht zu Schmeicheleien neige, wisse Nero selber sehr genau. Silvanus mußte sich nochmals zu Seneca begeben, diesmal mit dem Auftrag, ihm die »äußerste Notwendigkeit« anzukündigen – Nero hatte wohl inzwischen die letzte Scheu verloren, so daß er sich durch den durchaus glaubwürdigen Widerspruch Senecas nicht beeindrucken ließ. Silvanus gehörte zu den Verschworenen; er brachte den Mut nicht auf, Seneca nochmals unter die Augen zu treten, und gab den kaiserlichen Befehl an einen seiner Hauptleute weiter.

»Unerschrocken forderte Seneca die Tafeln seines Testaments,« heißt es hierzu bei Tacitus, »der Hauptmann indes verwehrte es ihm. Da wandte er sich zu seinen Freunden und erklärte: Er werde gehindert, ihren Verdiensten Dank abzustatten. So hinterlasse er ihnen das einzige und doch Schönste, was er noch habe: das Bild seines Lebens. Wenn sie dieses Bildes eingedenk blieben, dann werde ihnen ihre treue Freundschaft den Ruf eines edlen Charakters einbringen.« Seneca habe, fährt Tacitus fort, durch Zuspruch und Mahnung den Tränen der Anwesenden gewehrt: Was denn aus den Lehren der Philosophie geworden sei, über die sie viele Jahre nachgedacht hätten? Nach allem, was geschehen sei, habe Neros Wut nur noch ein Ziel gehabt, die Ermordung des Lehrers.

Facio me et formo et ad exemplar ingens attollo – »Ich arbeite an mir und forme mich und suche zu einem ungeheuren Ziele aufzusteigen«: Dieses Wort des *proficiens*, des »Fortschreitenden«, hilft verstehen, wie das Vermächtnis des zum Ziele Gelangenden aufgefaßt werden will. Seneca war im Begriff, die letzte Probe zu bestehen, und er zweifelte nicht daran, daß er sie bestehen würde. Zum »Bild seines Lebens«, das er den Freunden zu hinterlassen im Begriff war, gehörte auch diese Bewährung, und gerade sie fügte zu dem Bild das entscheidende Merkmal hinzu. Seneca war Prinzenerzieher und Regent des römischen Reichs gewesen, er hatte ein stattliches philosophisches und poetisches Oeuvre geschaffen und durch seinen Stil das Zeitalter geprägt: Er hat, als er Bilanz zog, weder sein politisches Wirken noch sein literarisches Werk einer Erwähnung gewürdigt; er hob einzig hervor, was die Philosophie ihm bedeutet, was sie aus ihm gemacht hatte. Diese seine wahre Leistung bekundete sich auch darin, daß er, wie einst Sokrates, als er den Schierlingsbecher leerte, denen, die bei ihm waren, seine Gelassenheit mitzuteilen suchte: Die Abwehr der Tränen und die Frage nach den Lehren der Philosophie verweisen unübersehbar auf den Schluß des ›Phaidon‹ sowie auf den ›Kriton‹.

Seneca bat auch Paulina, sich nicht allzusehr ihrem Schmerz hinzugeben: Sie möge sich durch die Betrachtung seines nach sittlichen Grundsätzen geführten Lebens trösten. Paulina jedoch erklärte, gemeinsam mit ihrem Gatten in den Tod gehen zu wollen. Seneca widersetzte sich ihrem Entschluß nicht, und so schnitten sie sich gleichzeitig die Pulsadern auf. Senecas magerer, greisenhafter Körper gab das Blut nur langsam preis; er öffnete sich auch an den Beinen und Kniekehlen die Adern. Als seine Qualen sich steigerten, empfahl er seiner Frau, einen anderen Raum aufzusuchen. Er selbst diktierte seinen Schreibern bis zum letzten Augenblick einen Text, der später veröffentlicht wurde und zur Zeit des Tacitus noch vorlag. Erhalten ist davon nichts, und der Inhalt ist unbekannt.

Nero wurde offenbar durch reitende Boten über die Vorgänge in Senecas Villa auf dem laufenden gehalten: Er befahl, den Tod Paulinas zu verhindern – sein Rasen sollte nur die angeblich Schuldigen treffen. Paulina war wohl bereits bewußtlos, als Sklaven ihr das Blut stillten und die Arme verbanden. Sie hat noch einige Jahre gelebt, ihres Mannes gedenkend; die fahle Blässe ihres Gesichts und ihrer Glieder verriet, was sie durchgemacht hatte.

Senecas Physis widerstrebte der sonst stets wirksamen Prozedur. Ein bereitgehaltener Schierlingsbecher brachte ebenfalls keine Erleichterung des Sterbens – die *imitatio Socratis*, der Versuch, Sokrates auch im Detail des Tötungsmittels nachzuahmen, mißlang. Schließlich führte ein Dampfbad den Tod herbei. Zuvor hat Seneca noch die in der Nähe stehenden Sklaven mit heißem Wasser besprengt und gesagt, daß er dieses Naß Jupiter dem Befreier weihe. Auch hiermit knüpfte er an Sokrates an, allerdings nicht ohne zugleich von dem Vorbild abzuweichen. Sokrates hatte nämlich, als der Tod eintrat, Kriton aufgefordert, dem Asklepios, dem griechischen Gott der Heilkunst, einen Hahn zu opfern: Das Ende erschien ihm als Heilung. Seneca hingegen wandte sich an den höchsten Gott in seiner – aus Griechenland importierten – Funktion als Retter, als Befreier; er hatte ja stoischer Auffassung gemäß mit dem Austritt aus dem Leben den Schritt in die Freiheit vollzogen. Seine Leiche wurde, einer längst getroffenen letztwilligen Bestimmung gemäß, ohne Feierlichkeiten verbrannt.

Zugleich mit Seneca fanden auch die übrigen männlichen Mitglieder der Familie den Tod: Lukan, weil er sich an der pisonischen Verschwörung beteiligt hatte, Gallio und Mela, weil sie Senecas Brüder waren. Der Dichter Marcus Annaeus Lucanus hinterließ, als er fünfundzwanzigjährig starb, ein imposantes Oeuvre: Gedichte mythischen Inhalts, eine unvollendete Tragödie ›Medea‹, ein Enkomion auf Nero und anderes; erhalten blieb lediglich das unabgeschlossene Epos ›Pharsalia‹, das den caesarisch-pompejanischen Bürgerkrieg (49–45 v. Chr.) zum Gegenstand hat. Er war ein eigenwilliges poetisches Genie, neben dem Onkel das bedeutendste des Zeitalters; sein Ende war wenig rühmlich. Als Verschwörer entlarvt, denunzierte er, vom Versprechen der Straflosigkeit verführt, zahlreiche Mitwisser und sogar seine schuldlose Mutter. Er soll, nachdem er sich auf Neros Befehl hin die Adern aufgeschnitten hatte, mit eigenen Versen auf den Lippen gestorben sein, wahrscheinlich mit jener Partie aus der ›Pharsalia‹, die das grausige Ende des Soldaten Lycidas schildert. Des Endes von Senecas Brüdern wurde bereits gedacht: Von Gallio ist lediglich die Tatsache der – wohl erzwungenen – Selbsttötung überliefert, Mela wurde mit Hilfe eines gefälschten Briefes, den sein Sohn Lukan verfaßt haben sollte, denunziert – er starb auf die übliche Weise.

Neros letzte Jahre waren ein Taumel zwischen rauschhafter künstlerischer Selbstdarstellung und ständiger, in Terror sich entladender Verfolgungsangst. Im Jahre 65 n. Chr. fand noch die erste und einzige Wiederholung der *Neronia* statt; der Kaiser ließ sich nicht von dem ebenso anstößigen wie lächerlichen Entschluß abbringen, als Dichter und Kitharöde mitzuwirken. Als er einmal spät vom Wagenrennen heimkehrte, wurde er von Poppaea, die damals wieder schwanger war (ihr erstes Kind, eine Tochter, hatte nur wenige Monate gelebt), heftig ausgescholten. Er versetzte ihr darauf im Jähzorn einen Tritt in den Leib, der eine Fehlgeburt und den Tod der Mutter verursachte. Poppaeas Leiche wurde einbalsamiert, und Nero hielt die übliche Grabrede.

Das Jahr 66 n. Chr. brachte einen diplomatischen Erfolg in der Armenienfrage: Der parthische Prinz Tiridates empfing in Rom unter viel Prunk und Pomp aus der Hand Neros das armenische Diadem, womit die parthische Seite Roms Oberhoheit über dieses Gebiet anerkannte. Das Geschehen in der Hauptstadt wurde dadurch bestimmt, daß der schreckliche Tigellinus den Kaiser zu immer neuen Mordbefehlen anstachelte. Ein herausragendes Opfer war Gaius Petronius Arbiter, ein Lebemann, der Nero in Fragen des Luxus und verfeinerten Genusses beraten hatte; er gilt, sehr wahrscheinlich zu Recht, als der Verfasser des fragmentarisch erhaltenen

33. Nero. Porträt aus der Zeit der pisonischen Verschwörung, München, Glyptothek

Schelmenromans ›Satyrikon‹. Mit ihm raffte Nero den dritten Schriftsteller seiner Zeit dahin, so daß sich der römische Parnaß nunmehr keiner literarischen Größe ersten Ranges mehr zu erfreuen hatte. Ferner wurden zwei hochangesehene Senatoren aus dem Wege geräumt: Barea Soranus und Thrasea Paetus, beide Stoiker, deren Freimut von der allgemeinen Servilität aufs schärfste abstach. Eben deshalb waren sie Nero seit langem verhaßt, der, wie Tacitus sarkastisch bemerkt, mit ihrer Beseitigung die Tugend selbst auszurotten trachtete.

Am 25. September 66 n. Chr. reiste der Kaiser aus Rom ab. Er trat eine künstlerische Tournee in Griechenland an, die sich bis zum Beginn des Jahres 68 hinzog. Von einem großen Gefolge und einer wohleinstudierten Claque, den Augustianern, begleitet, ließ er sich auf allen großen Spielen – deren Termin auf die Zeit seiner

Anwesenheit verlegt werden mußte – als Sänger und Wagenlenker feiern. Seine bizarre Doppelrolle als Kaiser und Künstler trieb nunmehr ihre sonderbarsten Blüten: Einerseits wetteiferte er mit den Ausrufern; andererseits schenkte er den griechischen Gemeinden die volle Unabhängigkeit von Rom – eine phantastische Geste, die ohne Wirkung blieb. Er kehrte mit 1808 Siegeskränzen als sichtbaren Zeichen seines Virtuosentums nach Rom zurück und ließ Münzen prägen, die ihn als Kitharöden darstellten.

Seine letzte Mordtat vollbrachte er, als er sich in Griechenland aufhielt: Er ließ Gnaeus Domitius Corbulo, seinen fähigsten General, unter heuchlerischen Freundschaftsbekundungen dorthin einladen und erteilte ihm alsbald den Todesbefehl. Wieder in Italien, setzte er das gewohnte Treiben fort – bis das Blatt sich wendete und die Provinzen Gallien, Spanien und Africa aufs neue versuchten, was drei Jahre zuvor in Rom gescheitert war: Bis die dortigen Truppenkommandanten sich von dem Manne lossagten, der kurz zuvor, als ihm jede noch so scheußliche Freveltat gelang, gesagt haben soll, vor ihm habe kein Herrscher gewußt, was er sich alles erlauben könne. Er war, als die Nachrichten von dem Aufstand eintrafen, die Kontrafaktur seines Lehrers: gänzlich unvorbereitet, kopflos, feige und unfähig zu planvollem Handeln. Was er nunmehr, in den letzten Wochen seiner Herrschaft, tat oder tun wollte, wirkt kindisch oder wie von einem Delirium eingegeben, und er glich, da ihm mit der Gunst der Massen das Charisma, das ihn getragen hatte, entzogen wurde, einem halb lächerlichen, halb bemitleidenswerten Popanz. Er erwog die verschiedensten Möglichkeiten und konnte sich zu nichts entschließen. Als auch die Gardetruppen abgefallen waren und die Hofleute den Palast verlassen hatten, floh er mit vier Begleitern aus Rom auf ein Landgut, das ihm von seinem Freigelassenen Phaon als Versteck angeboten worden war. Er kroch auf einem verborgenen Zugang, den man eilends gegraben hatte, in die Villa; dort kauerte er sich auf ein armseliges Polster, jammerte und rief: »Welch ein Künstler geht in mir zugrunde!« Als er hörte, daß der Senat ihn zum Staatsfeind erklärt hatte und man nach ihm suchte, um ihn nach der Vorfahren Brauch zu bestrafen, das heißt ihn zu Tode zu prügeln, zauderte er immer noch, selbst seinem Leben ein Ende zu setzen. Erst als ein Reitertrupp heransprengte, der ihn lebend gefangennehmen sollte, stieß er sich mit Hilfe seines Sekretärs Epaphroditus den Dolch in die Kehle. Er starb am 9. Juni 68 n. Chr., im zweiunddreißigsten Lebensjahr, auf den Tag genau sechs Jahre, nachdem er Octavia ermordet hatte.

SECHZEHNTES KAPITEL

Ruhm und Verdammnis: Senecas und Neros Eintritt in die Geschichte

Jenes »Bild seines Lebens«, das Seneca vor dem Tod seinen Freunden empfohlen hatte, enthielt sicherlich viele Details, die, zusammengefügt, ein anschauliches Ganzes vom Wesen Senecas ergaben. Die Einzelheiten beruhten einerseits auf zeitgenössischer Mitwisserschaft, andererseits auf dem vertraulichen Umgang, wie ihn Freunde pflegen. An die Nachwelt indes hat sich Seneca nur durch sein Werk gewandt – nicht auch, wie schon dargetan wurde, durch Kunde von seinem Leben. Er verfaßte selber nichts Autobiographisches und fand auch keinen Biographen, beides im Gegensatz zu Cicero, der im ›Brutus‹ mit eigener Hand seine Karriere als Redner geschildert und den Plutarch in einer ausführlichen Vita gewürdigt hat.

Ohne die ›Annalen‹ des Tacitus stünde es für die Nachwelt schlecht um das »Bild« von Senecas Leben, ja es wäre geradezu unmöglich, ein solches Bild noch zu entwerfen. Suetons Nero-Biographie würdigt Senecas Rolle in der Hof- und Reichspolitik mit keinem Wort; die drei kurzen Erwähnungen gelten allesamt dem Lehrer des Kaisers. Das monumentale Werk des Cassius Dio, eines griechisch schreibenden Historiographen (um 200 n. Chr.), ist nur fragmentarisch erhalten, und für die neronische Zeit stehen lediglich Auszüge zu Gebote. Cassius Dio mochte die Philosophen nicht, so daß er auch für Seneca viel hämische Kritik und nicht das mindeste Verständnis übrig hatte. Immerhin muß man ihm für einige Nachrichten aus den Jahren dankbar sein, die im Werke des Tacitus den Textverlusten zum Opfer gefallen sind.

Die ›Annalen‹ enthalten neben einer Anzahl kürzerer Erwähnungen drei größere Partien, die sich mit Seneca befassen: die Schilderung der Suillius-Affäre, das Rededuell mit dem Kaiser anläßlich des Entlassungsgesuchs sowie die breit ausgemalte Sterbeszene. Aus alledem ergibt sich eine Auffassung vom Wesen Senecas, die zwar auch Kritisches nennt, in der jedoch die positiven Züge deutlich überwiegen. Für Tacitus stand begreiflicherweise der Staatsmann Seneca im Mittelpunkt. Der Minister durfte nichts aus eigener Machtvollkommenheit entscheiden; er mußte sich stets der Zustimmung des Kaisers versichern und sah sich daher auf kompromißbereites Taktieren, auf Überredung und Nachgiebigkeit angewiesen. Der Historiker zeigt ein hohes Maß von Einsicht in diese heikle Lage Senecas. Er weist dem *rector imperatoriae iuventae*, dem »Lenker der kaiserlichen Jugend«, eine Eigenschaft zu, die ihm bei seiner schwierigen Stellung sehr zustatten kam: *comitas honesta*, »eine Umgänglichkeit, die den Anstand zu wahren wußte«. Vor allem übt Tacitus große Zurückhaltung gegenüber der zeitgenössischen Kritik an Seneca: Er teilt sie mit, ohne sie zu bestätigen. So begnügt er sich bei den Geschenken, die Nero nach der Ermordung des Britannicus seinen »bedeutendsten Freunden« habe zukommen lassen, mit der Wiedergabe der damaligen Kommentare dazu. Die Vorwürfe, die Suillius erhebt, werden dadurch entkräftet, daß sie aus suspekter Quelle stammen; die Leute, die Seneca nach dem Tode des Burrus beim Kaiser anschwärzen, sind schlechtweg *deteriores*, »minderwertig«. Die deutlichste Sprache aber spricht die Art und Weise, wie Tacitus der Rolle Senecas bei der Ermordung Agrippinas gedenkt: Er registriert, daß Seneca damals »in Verruf geraten« sei, und enthält sich jedes eigenen Urteils.

Daß Tacitus bei allem Primat der Politik durchaus vom Menschen, Philosophen und Schriftsteller Seneca beeindruckt war, bekundet nicht nur die Schilderung des Todes: Er hat zuvor, wo immer es anging, Gelegenheit genommen, auf die besonderen Fähigkeiten des Prinzenerziehers und kaiserlichen Beraters hinzuweisen. Nicht alle Erwähnungen enthalten uneingeschränktes Lob; Tacitus bringt nicht nur abfällige Bemerkungen mißgünstiger oder feindseliger Zeitgenossen, sondern versteht sich auch selbst gelegentlich zu einigem Tadel. Daß die um ihren Einfluß gebrachte Agrippina sich in ihrer Erregung über die *professoria lingua* ausläßt, die »Schul-

34. Seneca. Gemälde von Justus van Gent, um 1476.
Paris, Louvre

meisterzunge«, mit der Seneca die Weltherrschaft beanspruche, besagt nicht viel. Schärfer, da zu römischen Vorurteilen passend, sind die Pfeile, die Suillius abschießt: Seneca betreibt »unnütze Studien«; sodann wird höhnisch gefragt, welche philosophischen Lehren ihm zu seinem enormen Reichtum verholfen hätten. Und die Stimmen, die sich nach dem Tode des Burrus erheben, rügen auch die *carmina*, die Tragödien, die Seneca auf Neros Wunsch hin anfertige. Tacitus selbst läßt in zwei Bemerkungen einige Distanz erkennen. Seneca habe ein »gefälliges Talent« (*ingenium amoenum*) besessen, das dem Geschmack jener Zeit angemessen gewesen sei, verlautet anläßlich der von ihm für den jungen Nero verfaßten Leichenrede auf Claudius. Während diese Äußerung vor allem bezeugt, daß sich in dem halben Jahrhundert, das Tacitus von Seneca trennt, ein Stilwandel vollzogen hat, zielt der bereits zitierte Satz, Seneca habe durch seine

Reden die Ehrbarkeit seiner Lehren dartun oder sein Talent vorführen wollen, auf eine charakterliche Schwäche, auf Eitelkeit oder Selbstgefälligkeit. Doch alle diese in fremdem oder eigenem Namen vorgebrachten Spitzen setzen Seneca als anerkannte Geistesgröße seines Zeitalters, als den *princeps eruditorum*, wie der ältere Plinius sich ausdrückte, als den »Ersten unter den Gelehrten« voraus – auch für Tacitus, der schon bei der Rückberufung aus Korsika die *claritudo studiorum* Senecas preist, die »Berühmtheit seiner wissenschaftlichen Betätigungen«.

Einer besonderen Erörterung bedarf noch die schon erwähnte Nachricht, die Tacitus der Schilderung von Senecas Tod folgen läßt: Es sei das Gerücht gegangen, daß nach der Beseitigung Neros nicht Piso, sondern Seneca die Kaiserwürde habe erhalten sollen, der ja »ohne Schuld und durch den Glanz seiner hervorragenden Eigenschaften für die höchste Stelle auserwählt« sei. So unglaubwürdig diese Mitteilung ist (ein Neuling ritterlicher Herkunft kam damals für den Kaiserthron nicht entfernt in Betracht), so deutlich weist sie gleichsam prophetisch in die Zukunft. Sie läßt in Umrissen das Prinzip erkennen, das dem Adoptivkaisertum zugrunde liegt: daß nicht der Zufall dynastischer Erbfolge, sondern die bewußte Wahl des Würdigsten und Tüchtigsten bestimmen solle, wer Kaiser sei. Das Prinzip wurde zum ersten Male nach dem Tode Neros, während der Wirren, die darauf folgten, ausprobiert: Kaiser Galba, bereits hochbetagt, als er die Herrschaft antrat, bestimmte durch Adoption seinen Nachfolger. Der Versuch mißlang, da sich Galba nicht zu behaupten vermochte, und wurde erst ein Vierteljahrhundert später, nach dem abermaligen unglücklichen Ende einer Dynastie, wiederholt. Diesmal, bei der Adoption Trajans durch Nerva (97 n. Chr.), war das Verfahren erfolgreich; es blieb von nun an bis zum Regiment Mark Aurels (161 – 180 n. Chr.), also für etwa ein Jahrhundert maßgeblich.

Soviel zum Bild vom Staatsmann Seneca, wie es hauptsächlich von Tacitus festgehalten und an die Nachwelt weitergegeben worden ist. Der Philosoph Seneca hingegen hat, ohne daß hiervon ausdrückliche Zeugnisse Kunde hinterlassen hätten, Eingang in die Geschichte der geistigen Überlieferung gefunden. Während er selber die großen Stoiker vor seiner Zeit, Zenon und Chrysipp, Panaitios und Poseidonios und manche anderen, eifrig zitiert, von ihren Lehren berichtet und sie diskutiert, ist er seinerseits von den bedeutenden Nachfolgern in seiner Schule, von Epiktet und Mark Aurel, nie einer Erwähnung gewürdigt worden. Es gab keinerlei Erörterung seiner Lehren und keine Zitate aus seinen Schriften; er blieb unter Seinesgleichen, unter den Philosophen, merkwürdig isoliert. Dieses Faktum mag nicht zuletzt dadurch bedingt sein, daß die beiden anderen herausragenden Repräsentanten der jüngeren Stoa griechisch schrieben, wobei Mark Aurel einer seit dem ausgehenden 1. Jahrhundert n. Chr. unter Römern sich ausbreitenden Mode folgte. Man muß sich somit sonderbarerweise mit der schlichten Annahme begnügen, daß sich die Schriften Senecas auch in den Jahrhunderten nach seinem Tod erheblicher Verbreitung erfreuten, sonst wären sie ja nicht in so stattlichem Umfang erhalten geblieben. Und wie Zitate zumal der Kirchenväter zeigen, hat man bis zum Ausgang der Spätantike über ein noch größeres Corpus philosophischer Abhandlungen verfügt.

Wenn somit der Philosoph Seneca von den nachfolgenden Generationen ziemlich stiefmütterlich behandelt worden ist, so erregte immerhin der Schriftsteller, der Stilist Seneca einige – zumeist kritische – Aufmerksamkeit: Spätere Literaten befaßten sich zwar nicht mit den Inhalten, wohl aber mit der Form von Senecas Werken. Diese Diskussion begann mit Seneca selbst und endete mit den sogenannten Archaisten des 2. Jahrhunderts. Hernach, in der Soldatenkaiserzeit, sind die Fäden der römischen Literatur insgesamt gerissen, und als vom Ausgang des 3. Jahrhunderts an wieder Literaturwerke in lateinischer Sprache entstanden, hatte eine neue Epoche, die Spätantike, begonnen, in der man dringendere Sorgen hatte als Debatten über Stilfragen.

Die Mitwelt bewunderte Seneca; seine Prosa hatte bei den Zeitgenossen größten Erfolg. Vor allem die jungen Leute begeisterten sich für ihn, und Tacitus erblickte in ihm den Modeschriftsteller par excellence seiner Epoche. Seneca ist schwerlich verborgen geblieben, daß sich seine Prosa von der des ciceronischen und augusteischen Zeitalters unterschied. Nach Sueton hielt er seinen Zögling Nero von den alten Rednern fern, damit dieser nur ihn bewundere; laut Quintilian griff er unaufhörlich die älteren Schriftsteller an, da er im Bewußtsein seines eigenen, andersartigen Stils nicht glaubte, denen gefallen zu können, die an jenen älteren Schriftstellern Gefallen fanden. Man darf also annehmen, daß er nicht von ungefähr eine »moderne«, vom Bisherigen abweichende Schreibweise handhabte. Er hat sich zwar nirgends ausdrücklich hierzu geäußert. Gleichwohl gibt es ein sicheres Indiz für seine Selbsteinschätzung (die nicht unbedingt, wie Quintilian, Tacitus und Sueton meinen, mit Eitelkeit gepaart gewesen sein muß): Er kannte kein unbedingt verpflichtendes Vorbild und hat keinen Autor der Vergangenheit oder Gegenwart – nicht Cicero, nicht Livius, nicht sonst jemanden – für unerreichbar oder unübertrefflich erklärt.

Dies bezeugt vor allem der 114. Brief an Lucilius. Seneca verficht dort die These, daß Stilfehler durch moralische Fehler sei es einzelner Schriftsteller, sei es ganzer Epochen bedingt seien. Doch hierauf kommt es in diesem Zusammenhang nicht an, es geht um die konkreten Urteile. Seneca findet nicht nur an Maecenas etwas zu tadeln, dessen Manierismen schon immer Anstoß erregt hatten, sondern auch an Cicero und Sallust. Ciceros Perioden schöben, meint er, das Ende allzu lange vor sich her, und die Rhythmen der Satzglieder entsprächen einander mit routinierter Gleichförmigkeit. Und als Sallust für vorbildlich galt, habe man abgehackte Sätze, unerwartet abbrechende Wortfolgen und eine dunkle Kürze für Stil gehalten. Es werden Extreme beanstandet, sowohl bei Cicero als auch bei Sallust und dessen Nachahmern. Nun ist für Seneca selbst nichts so charakteristisch wie seine abgehackte Ausdrucksweise und seine kurzen, auf Pointen zustrebenden Sätze; er steht somit dem Stil Sallusts entschieden näher als dem Ciceros, so nahe, daß man meinen könnte (und auch gemeint hat), seine Theorie entferne sich von seiner Praxis. Wahrscheinlicher ist, daß Seneca unausgesprochenermaßen verschiedene Anforderungen an die Gattungen stellte, und bei der Kritik an Sallust schwebten ihm wohl die breit ausladenden Perioden des Livius als die für Geschichtsschreibung angemessenere Ausdrucksweise vor. Der 40. Brief legt dar, daß dem Redner andere Register zur Verfügung stünden als dem Philosophen. Zugleich distanziert sich Seneca dort auf das bestimmteste von dem wahren Modestil der Zeit, vom Wortschwall und von der extremen Pointenhascherei der zeitgenössischen Rhetorenschule. Er sucht in seiner Theorie nicht anders als in seiner Praxis ohne Anlehnung an Vorbilder auszukommen, und seine Argumentation zeigt Sicherheit und Selbstbewußtsein, wie sie ein Neuland erschließender Geist beanspruchen darf.

Die Zeit nach Seneca hat zwar noch große, eigenwillige Stilisten, insbesondere einen Tacitus, hervorgebracht, doch eine neue Schreibweise, die für eine ganze Epoche verbindlich geworden wäre, traute man sich nicht mehr zu. Der »Moderne« der neronischen Ära überdrüssig oder jedenfalls nicht bereit, sie fortzusetzen, griff man auf Vergangenes zurück: zur Zeit Quintilians, etwa eine Generation nach Seneca, auf die Klassik, auf Cicero und (in der Dichtung) auf Vergil, und einige Jahrzehnte später auf die Vorklassik, auf die Autoren der Periode von etwa 240 bis 80 v. Chr. Sowohl für die Klassizisten, für Quintilian und seine Zeitgenossen, als auch für die Archaisten, für Fronto und andere, war Seneca der Antipode, der Schriftsteller, von dem man sich polemisch absetzte, um das eigene Stilideal zu bestimmen.

Die Charakteristik, die Quintilian für Seneca erübrigt, ist fast ebensolang wie der Hymnus auf Cicero, den kanonischen Autor schlechthin, während sich alle übrigen Autoren (abgesehen von Homer) mit einem viel knapper bemessenen Raum begnügen müssen. Schon diese Proportionen zeigen, worum der Stilkampf ging – hier Cicero, dort Seneca. Daß es sich noch stets um einen Kampf, den nur Leichtsinn für entschieden gehalten hätte, handelte, zeigt Quintilians behutsame Art des Vorgehens: Seneca solle nicht vertrieben werden, es gehe nur nicht an, daß man ihn Besseren vorziehe. Nach diesen und ähnlichen Präliminarien versteht sich Quintilian zu dem Urteil, daß Seneca mit leichter Hand und großer

Wortgewandtheit produziert habe, daß er gelehrt und kenntnisreich gewesen sei und daß er sich fast aller literarischen Gattungen angenommen habe. In philosophischen Fragen lasse er es an Exaktheit fehlen, er sei indes ein vorzüglicher Streiter gegen die Laster. An seinem Stil jedoch sei das meiste verdorben, und er habe um so verheerender gewirkt, als gerade verführerische Fehler reichlich vorkämen. Nicht Begabung, sondern Selbstkritik fehle – er habe das Gewicht seiner Gedanken durch »winzige Satzglieder« (*minutissimae sententiae*) zerschlagen. Quintilian verwendet in seiner Charakteristik je zweimal die Ausdrücke *corruptum* (»verdorben«) und *vitia* (»Fehler, Mängel«); was er darunter verstanden wissen will, ist vor allem aus seinen Darlegungen über die Künstelei ersichtlich. Die Künstelei lasse Urteil und Geschmack vermissen, heißt es dort: *dicitur aliter, quam se natura habet et quam oportet et quam sat est* – »(Künstelei liegt vor, wenn) etwas anders ausgedrückt wird, als seiner Natur gemäß ist, als es sich gehört und als ausreicht«. Senecas Schreibweise zeigt Unnatur: Hierauf läuft Quintilians Kritik hinaus, die übliche Kritik des Klassizismus an barockem Stilempfinden.

Etwa ein halbes Jahrhundert nach Quintilian äußerte sich Marcus Cornelius Fronto über Seneca; er war Rhetoriklehrer und Erzieher der kaiserlichen Prinzen Lucius Verus (130 – 169 n. Chr.) und Mark Aurel (121 – 180 n. Chr.). Inzwischen hatte die archaistische Richtung den von Quintilian eingeleiteten Klassizismus abgelöst, oder richtiger, diese Richtung, die als Tendenz einer Minderheit schon immer bestanden hatte, gewann im 2. Jahrhundert die Oberhand. Ihre Anhänger machten vor allem Jagd auf verschollene Wörter der republikanischen Zeit; mit der Vokabelsuche verbanden sich antiquarische Studien und ein affektierter, sich altväterisch streng gebender Grobianismus. Fronto, ein Hauptrepräsentant dieser römischen »Neugotik«, übt markig Kritik an Seneca: Die zahlreichen Sentenzen, die sich in dessen Schriften fänden, gingen alle im Trab und nie im Galopp. Manches sei *scite dicta*, »sachkundig ausgedrückt« – doch auch in Kloaken komme manchmal Silberblech zum Vorschein, weshalb jedoch niemand die Reinigung von Kloaken pachte. Das schlimmste Gebrechen von Senecas Schreibweise sei, daß derselbe Gedanke tausendfach gedreht und gewendet werde; Seneca reibe eine Sentenz öfter als duftende Mädchen ihren Bernsteinschmuck. Diese grotesk klingende Kritik scheint im wesentlichen eine Steigerung der Vorwürfe Quintilians zu sein, und lediglich der nicht ganz unbegründete Tadel häufiger Wiederholungen wird hier zum ersten Male ausgesprochen.

Frontos Schüler, der Antiquar Aulus Gellius, ließ sich in einer des Meisters würdigen Weise über Seneca vernehmen. Es gebe zwei Meinungen über ihn, hebt er an: Die einen behaupteten, er sei ein durchaus unnützer Schriftsteller, sein Stil vulgär und abgegriffen, seine Gedanken nichtssagend und von advokatorischer Spitzfindigkeit, seine Gelehrsamkeit plebeisch und bar der Anmut und Würde, wie sie den Schriften der Alten eigne. Offensichtlich entstammt dieses Urteil einem Zirkel extremer Archaisten. Die anderen, fährt Gellius fort, gäben zwar den Stil preis, räumten jedoch ein, daß Seneca in seinen Scheltreden über die Laster eine ganz hübsche Strenge und Wucht zeige. Diese gemäßigtere Meinung steht offensichtlich in der Nachfolge Quintilians. Gellius selber begnügt sich sodann mit Kritik an der Kritik, die Seneca an Ennius, Cicero und Vergil geübt hatte; in diesem Zusammenhang hält er es für angebracht, ihn als *ineptus et insubidus homo*, als »albernen und läppischen Menschen« zu bezeichnen. Dies sind die letzten Worte, die das alte Rom über einen seiner Größten an die Nachwelt hat gelangen lassen.

Die Kirchenväter hingegen wußten Seneca zu schätzen. Sie fanden in seinen Schriften Lehren, die auch ein Christ hätte aussprechen können, und haben sich daher oft und gern auf ihn berufen. Laktanz meinte von ihm, er wäre ein wahrer Gottesverehrer geworden, wenn ihm jemand den Weg gewiesen hätte – *potuit esse verus dei cultor, si quis illi monstrasset.* Der Gedanke, daß er den Christen nahe gestanden haben müsse, führte zu einer gutgemeinten Fälschung: Wohl im 4. Jahrhundert entstand eine vierzehn Stücke zählende Korrespondenz zwischen Seneca und Paulus. Die kurzen Briefe sind in elendem Latein verfaßt; ihr Inhalt ist dürftig. Die dem Ganzen zugrundeliegende Annahme, daß die beiden Männer einander in

Freundschaft zugetan waren, entstammt einem Passionsbericht, dessen überlieferte Fassung ebenfalls auf das 4. Jahrhundert zurückgeht, der ›Passio sancti Pauli apostoli‹ des Pseudo-Linus. Dort verlautet, während der Apostel in Rom gepredigt habe, sei auch der *institutor imperatoris*, der »Lehrer des Kaisers« (der Name wird nicht genannt), freundschaftlich mit ihm verbunden gewesen: Dieser habe die *divina scientia*, die »Gotteswissenschaft« des Paulus erkannt und, wenn sich keine Gelegenheit zu mündlichem Gedankenaustausch bot, Briefe mit ihm gewechselt. Außerdem heißt es in der ›Passio‹ noch, dem Kaiser seien die Schriften des Paulus von einem seiner Lehrer vorgelesen worden – auch diese sonderbare Nachricht kehrt in den Seneca-Paulus-Briefen wieder. Einen weiteren Schritt tat schließlich Hieronymus: Er reihte Seneca in seinen Katalog christlicher Schriftsteller, ›De viris illustribus‹, ein. Er bemerkte hierzu, er würde ihn nicht aufnehmen, wenn ihn nicht jene vielgelesenen Briefe dazu veranlaßten, die Paulus und Seneca miteinander ausgetauscht hätten. Wie ein Zitat beweist, hat Hieronymus dieselbe Sammlung vor Augen gehabt, die in die handschriftliche Seneca-Überlieferung eingegangen ist.

Die christlichen Autoren haben auch eifrig in den Schriften Senecas gelesen und gelegentlich ausgiebig daraus zitiert. So sind durch Laktanz Reste dreier Werke ethischen Inhalts erhalten geblieben, die sonst nahezu spurlos untergegangen wären: die ›Exhortationes‹ (›Ermahnungen‹), die Abhandlung ›De immatura morte‹ (›Über den allzu frühen Tod‹) und die ›Moralis philosophia‹. Unter den aus den ›Exhortationes‹ stammenden Zitaten findet sich eines, das wie eine Maxime von Senecas eigenem Verhalten Nero gegenüber klingt: »Der Weise tut auch, was er nicht gutheißen kann, um hierdurch zu höheren Zielen einen Weg zu finden; er gibt die guten Sitten nicht preis, sondern paßt sie den Umständen an, und was andere sich um ihres Ruhmes oder Vergnügens willen zunutze machen, macht er sich zur Führung des Staates zunutze.« Die ›Moralis philosophia‹ wird auch von Seneca selbst bezeugt. Aus den Hinweisen in den Lucilius-Briefen ergibt sich, daß dieses Werk ebenfalls in den Jahren der Zurückgezogenheit entstanden ist.

Durch Augustin sind die Umrisse eines Dialogs im Sinne der Seneca-Überlieferung, also einer kleineren Abhandlung mit Einwürfen eines fiktiven Gesprächspartners, bewahrt geblieben: ›De superstitione‹, ›Über den Aberglauben‹. Die Schrift dient im ›Gottesstaat‹, in der ersten, polemischen Hälfte des großen Werkes, als Argument wider den heidnischen Götterkult; Augustin bringt in zwei Kapiteln Paraphrasen und Zitate. Hieraus ist ersichtlich, daß Seneca die staatliche Religion, die offizielle Theologie und den offiziellen Kult aus philosophischer Sicht für nichtig erklärt und zugleich den Weisen aufgefordert hatte, äußerlich und ohne innere Anteilnahme bei den überlieferten Bräuchen mitzuwirken. Augustin billigt Senecas Polemik und verwirft sein Mitmachen aus Opportunitätsrücksichten: »Gleichwohl hat dieser von der Philosophie gleichsam befreite Mann, weil er ein berühmter Senator des römischen Volkes war, verehrt, was er tadelte, getan, was er ablehnte, und angebetet, was er angriff.« Des weiteren läßt sich Augustin nicht entgehen, daß Seneca auch die religiösen Bräuche der in römischen Augen extrem abergläubischen Juden gerügt hat, zumal die Sabbatheiligung: Wie aus Senecas mißbilligender Äußerung »Die Besiegten gaben den Siegern Gesetze« ersichtlich ist, hatte die heidnische Umwelt schon damals begonnen, sich die jüdische Siebentagewoche zu eigen zu machen. Die Christen kamen in der Schrift ›Über den Aberglauben‹ nicht vor. Augustin vermutet, daß Seneca sie einerseits nicht zu loben wagte und es andererseits nicht über sich brachte, sie zu tadeln – er kannte den angeblichen Briefwechsel mit Paulus.

Als dritter unter den lateinischen Kirchenvätern hat Hieronymus die Hinterlassenschaft Senecas für seine Zwecke ausgebeutet und so wenigstens einen Widerschein von etwas bewahrt, das sonst gänzlich verschwunden wäre. Von diesem Fall, der Schrift ›De matrimonio‹, wohl einem frühen Werke Senecas, war bereits die Rede. Eine andere Form reduzierten Überlieferns war die Herstellung von Exzerpten; diese durch zahlreiche Handschriften bezeugte Tätigkeit hat vor allem im 6. und 7. Jahrhundert, in der dunklen Zeit des Übergangs von der Spätantike zum Mittelalter, stattgefunden. Mar-

35. Seneca. Gemälde von Peter Paul Rubens, um 1615. Karlsruhe, Staatliche Kunsthalle

tinus von Bracara, bereits erwähnt als Verfasser eines Auszugs aus der Schrift ›De ira‹, verfertigte eine Schrift, die in drei Fassungen mit je verschiedenem Titel überliefert ist: als ›Formula honestae vitae‹, als ›De quattuor virtutibus‹ und als ›De copia verborum‹ (›Richtschnur ehrenhaften Lebens‹, ›Über die vier Kardinaltugenden‹; ›Vom Wortvorrat‹ – dieser Titel ist rätselhaft). Als Grundlage für dieses Erzeugnis zweiter Hand scheint im wesentlichen Senecas verlorene Abhandlung ›De officiis‹ gedient zu haben. Ferner ist, wie ebenfalls bereits angedeutet wurde, eine anonyme Exzerptensammlung aus der Schrift ›Über Hilfsmittel gegen Unglücksfälle‹ (›De remediis fortuitorum‹) erhalten, und schließlich haben sich schon im frühen Mittelalter Spruchanthologien, die man aus dem gesamten Oeuvre Senecas zusammenstellte, großer Beliebtheit erfreut (›Liber de moribus‹, ›Monita‹ – ›Sittenfibel‹, ›Ermahnungen‹).

Nero war, wie dargetan, vom Senat zum *hostis*, zum Staatsfeind, zum Hochverräter erklärt und zum Tode verurteilt worden. Es war das erste Mal, daß diese Maßnahme einen Kaiser traf. Sie hatte seit alters die *damnatio memoriae*, die »Entehrung des Gedächtnisses«, zur Folge: Dem Verurteilten war das Grabrecht versagt, und es durfte nicht um ihn getrauert werden; man beseitigte von Amts wegen alle Statuen und sonstigen Ehrendenkmäler und tilgte den Namen, wo immer er in der Öffentichkeit genannt war. Im Falle Neros wurde ein ordentliches Begräbnis geduldet. Die beiden Ammen sorgten für die Beisetzung in der Familiengruft der Domitier.

Der Untergang des letzten Repräsentanten der julisch-claudischen Dynastie zog schwere Wirren nach sich. Es kam zum sogenannten Vierkaiserjahr (68/69 n. Chr.): Auf Servius Sulpicius Galba, der sich als Statthalter in Spanien an der Erhebung beteiligt hatte, folgten zwei unfähige Usurpatoren: der als Gemahl Poppaeas nach Lusitanien beorderte Marcus Salvius Otho sowie Aulus Vitellius; erst mit Titus Flavius Vespasianus gelangte die Herrschaft wieder in feste, sichere Hände. Nero, der mit Spenden und Spielen nicht gespart hatte, war bei der Masse in Rom überaus beliebt gewesen – auf seinem Grab prangte lange Zeit Blumenschmuck, und auf der Rednerbühne wurden bisweilen Bildnisse von ihm aufgestellt. Unter Otho, dem einstigen Freund Neros, fand beinahe so etwas wie die Wiederherstellung des früheren Zustandes statt: Die Statuen Neros und Poppaeas kehrten zurück, die Bauarbeiten am Goldenen Hause wurden fortgesetzt, und Otho selber schmückte sich mit dem Beinamen Nero. Auch Vitellius suchte Kapital aus der Stimmung des Pöbels zu schlagen. Er veranstaltete auf dem Marsfeld »dem Gesindel zur Freude, den Gutgesinnten zum Ärgernis« für Nero eine offizielle Totenfeier.

Verschiedene Gerüchte wollten wissen, daß Nero noch gar nicht gestorben sei. Auf diesem Nährboden verursachten mehrere falsche Neros einige Aufregung: Betrüger, die dem Kaiser ähnelten und auch etwas von Gesang und Zitherspiel verstanden. Ein erster Scharlatan dieser Art, ein Sklave aus Pontus, trieb im Jahre 69 n. Chr. in Kleinasien und Griechenland sein Unwesen. Unter Kaiser Titus

(79–81 n. Chr.) schlüpfte ein gewisser Terentius Maximus in dieselbe Rolle; seine Anhängerschaft rekrutierte sich vor allem aus dem Partherreich. Und sogar zwanzig Jahre nach Neros Tod trat noch einmal ein falscher Nero auf, abermals im Osten.

Nero wurde durch die Kräfte gestürzt, die das Opfer seiner Willkürherrschaft waren, durch die senatorische Opposition: Die Statthalter, die sich gegen ihn erhoben, handelten im Einverständnis mit der stadtrömischen, über eigene Machtmittel nicht verfügenden Aristokratie. Welche Stimmung, welches Urteil die letzte Phase seines Regimes in diesen Kreisen hinterließ, dafür ist als eindrucksvolles Zeugnis im Corpus der Seneca-Tragödien das Historiendrama ›Octavia‹ erhalten.

Es spielt im Jahre 62 n. Chr. und schildert in nicht allzu großer Distanz vom wirklichen Verlauf der Dinge Neros schändlichste Tat, das traurige Ende seiner ersten Gemahlin. Der exponierende erste Akt stilisiert die Ereignisse im Hause des Claudius nach dem Vorbild der mythischen fluchbeladenen Geschlechter der griechischen Tragödie. Im zweiten Akt tragen Nero und Seneca Wortgefechte miteinander aus; es geht einmal um die Frage, wie unbeschränkte Macht ausgeübt werden solle, ob durch Milde oder durch Härte, und zum anderen plädiert Seneca vergebens gegen Neros Absicht, Poppaea zu heiraten. Der dritte Akt setzt die mythisierende Tendenz des ersten fort: Der Schatten Agrippinas eilt aus der Unterwelt herbei und prophezeit Neros baldigen Tod. Octavia verläßt für immer den Kaiserpalast. Im vierten Akt meldet ein Bote, daß sich das Volk um Octavias willen erhoben habe, und der letzte gibt Nero nochmals Gelegenheit, seine Grausamkeit zu zeigen: er entrüstet sich über die Milde, die der Präfekt der Garde (sein Name bleibt ungenannt) bei der Niederwerfung des Aufstandes hat walten lassen, und befiehlt, Octavia zu Schiff an eine ferne Küste zu bringen und dort zu töten.

Das Stück enthält Motive, die Senecas Autorschaft auszuschließen scheinen. Schon die Annahme, daß der Dichter sich selber habe auftreten lassen, wäre kühn und in einer antiken Tragödie ohne Parallele. Außerdem wird deutlich nicht nur auf den Brand von Rom und auf das Goldene Haus, sondern auch, und zwar zu wiederholten Malen, auf Neros Ende angespielt. Andererseits steht die ›Octavia‹ durch Sprache, Stil, Versmaße und dramatische Technik den zweifellos echten Tragödien Senecas überaus nahe. Man sieht sich daher genötigt, die Behauptung der Unechtheit halb wieder zurückzunehmen und zu erklären, das Stück sei von einem Freunde und Nachahmer Senecas geschrieben worden. Hierfür spricht auch, daß es nicht lange nach den darin dramatisierten Ereignissen entstanden sein kann: Die Art der Behandlung setzt frisches Erleben voraus.

Seneca beklagt in einem Monolog sein Geschick: Er hätte besser daran getan, auf den Klippen Korsikas zu verweilen, statt sich an den Hof Neros zu begeben. Ein schweres Zeitalter laste auf der Menschheit, erklärt er am Ende seiner Betrachtungen:

> Verbrechen regieren, wütender Frevel tobt,
> ungehemmt herrscht Venus in schändlicher Wollust,
> siegreiche Üppigkeit rafft des Erdkreises unermeßliche
> Schätze
> schon lange mit gierigen Händen zusammen, sie zu
> verschleudern.

Nero tritt auf; Vers um Vers bekunden der Kaiser und sein ehemaliger Lehrer in sentenzartigen Formeln ihre diametral entgegengesetzten Standpunkte – ein Dialog, eine noch so leise Andeutung möglicher Annäherung findet nicht statt. Nero wird als Prototyp des Tyrannen gezeichnet, der nichts als Machtausübung und Unterdrückung kennt:

SENECA: Rühmlich ist's, das Angemessene zu tun, nicht das Erlaubte.
NERO: Auf dem, der daliegt, trampelt die Menge herum.
SENECA: Den, der verhaßt ist, beseitigt sie.
NERO: Das Schwert schützt den Herrscher.
SENECA: Besser schützt ihn Verläßlichkeit.

NERO: Es gehört sich, daß der Kaiser gefürchtet wird.

SENECA: Doch mehr noch, daß er geliebt wird.

NERO: Man muß vor ihm zittern.

SENECA: Was erzwungen wird, fällt schwer.

NERO: Sie sollen unseren Befehlen gehorchen.

Nach der Niederschlagung des Aufstandes steigert sich der Ton zu blutrünstigen Phantasien:

> Ach, die allzu matte Hand meiner Truppe
> und mein Zorn, viel zu langmütig nach solchem Frevel!
> Warum hat nicht Bürgerblut die gegen mich entfachten
> Brände gelöscht, trieft nicht vom Mord am Volke
> die Leichenhalle Rom, die solche Männer hervorgebracht hat?
> Doch die Verbrechen nur mit dem Tode zu bestrafen, reicht
> nicht aus;
> Schlimmeres hat des Haufens ruchlose Tat verdient.

Die jüdische und christliche Tradition war von jeher erfüllt von Prophetien, die das Kommen und Wirken widergöttlicher Mächte zum Gegenstand hatten: Satan oder Belia, bei den Christen auch Antichrist geheißen, wird Gott vom Weltenthrone zu verdrängen suchen. Diese vielgestaltigen, diffusen Visionen vom Ende der Zeiten konnten sich im 2. und 3. Jahrhundert mit der Gestalt Kaiser Neros verbinden. Die Legende, daß Nero gar nicht gestorben, daß er im Osten verschwunden sei, bot eine bequeme Handhabe, den ersten Christenverfolger mit dem Antichrist des Neuen Testaments zu verschmelzen. Die Sibyllinischen Bücher, eine Sammlung jüdisch-christlicher Weissagungen in griechischen Hexametern, wissen hierüber mancherlei zu fabeln. Da heißt es zum Beispiel:

> In der letzten Zeit, gegen Ende des Monats wird sein
> ein weltverwüstender und in Arglist trügerischer Krieg.
> Es wird kommen vom Ende der Erde der muttermordende
> Mann,

der geflohen ist und Scharfmundiges in seinem Sinn
bedenkt,
der die ganze Erde verwüsten und sich alles unterwerfen
wird,
der Klügeres durchweg als alle Menschen ersinnen wird;
um derentwillen er selber zugrunde ging, die wird er alsbald
erobern.
Er wird viele Männer und große Tyrannen vernichten
und sie allesamt verbrennen, wie das kein anderer je tat.

In der Spätantike verblaßte sowohl die Nerolegende als auch die Verknüpfung Neros mit dem Antichrist; das Mittelalter hat das Kommen des Antichrist an den Untergang des römischen Reiches und an die Herrschaft des letzten Kaisers geknüpft.

ANHANG

Zeittafel

	Allgemeine Geschichte		Senecas Leben
31/27 v. Chr. bis 14 n. Chr.	**Regierung des Augustus**		
6/5 v. Chr.	Geburt Jesu Christi		
		0	Geburt Senecas in Corduba
		2/3	Übersiedlung nach Rom
9	Schlacht im Teutoburger Wald (Vernichtung von drei römischen Legionen)		
14–37	**Regierung des Tiberius**	ca. 16–22	Philosophische Studien
19	Tod des Germanicus		
25	Anklage und Tod des Cremutius Cordus		
ab 27	Tiberius auf Capri		
31	Sturz Sejans	ca. 30	Aufenthalt in Ägypten
		ca. 34	Quästur
37–41	**Regierung Caligulas**		
37	Geburt Neros in Antium	ca. 38	Consolatio ad Marciam
		39–41	De ira I/II
		ca. 40	Senecas Vater gestorben
41–54	**Regierung des Claudius**	41	Verbannung nach Korsika
		42	Consolatio ad Helviam, De ira III
43/44	Provinz Britannia eingerichtet	ca. 43	Consolatio ad Polybium, De constantia sapientis
48	Messalina getötet	ca. 48	De brevitate vitae
49	Claudius heiratet Agrippina	49	Rückberufung aus der Verbannung; Seneca wird Lehrer Neros

	Allgemeine Geschichte		Senecas Leben
		ca. 50	Prätur
		51/52	Senecas Bruder Gallio Prokonsul von Achaia
		ca. 50–60	Die Tragödien
54–68	**Regierung Neros**	54–62	Seneca und Burrus führen die Regierungsgeschäfte
		54	Apokolokyntosis
55	Ermordung des Britannicus	55	De clementia
		ca. 56	Konsulat
		58	Prozeß gegen Suillius; De vita beata
59	Ermordung Agrippinas Neros Iuvenalia	ca. 59	De tranquillitate animi
60	Die ersten Neronia		
62	Burrus gestorben; Verstoßung und Ermordung Octavias	62	Das Entlassungsgesuch
		ca. 62	De otio
64	Der Brand Roms	62–65	De beneficiis; Naturales quaestiones; Epistulae morales ad Lucilium
65	Die pisonische Verschwörung	65	Seneca gezwungen, sich das Leben zu nehmen; Lukan ebenfalls; Tod Gallios
66	Tiridates von Nero mit der Herrschaft über Armenien betraut	66	Tod Melas
66–68	Neros Griechenlandtournee		
67	Ermordung Corbulos		
68	Abfall Galliens, Spaniens und Afrikas; Nero, abgesetzt, nimmt sich das Leben		

C. Iulius Caesar (85 v. Chr.)
∞ Aurelia (54 v. Chr.)

C. Iulius **Caesar** (44 v. Chr.)
∞ Cornelia (68 v. Chr.)

Iulia (51 v. Chr.)
∞ M. Atius Balbus

Iulia (54 v. Chr.)
∞ Pompeius Magnus (48 v. Chr.)

Atia (43 v. Chr.)
∞ C. Octavius (59 v. Chr.)

Octavia (11 v. Chr.)
∞ 1. C. Claudius Marcellus (40 v. Chr.)
∞ 2. M. Antonius (30 v. Chr.)

1. M. Marcellus (23 v. Chr.)

1. Zwei Marcellae

2. Antonia d. Ä. (39 v. Chr.)

2. Antonia d. J. (37 n.Chr.)
∞ Drusus (9 v. Chr.)
siehe rechts

C. Caesar (4 n.Chr.)

L. Caesar (2 n.Chr.)

Agrippina d. Ä. (33 n.Chr.)
∞ Germanicus (19 n.Chr.)
siehe rechts

Iulia (28 n.Chr.)

Agrippina d. J. 59 n.Chr.)
∞ 1. Cn. Domitius Ahenobarbus (40 n.Chr.)
∞ 2. ***Claudius*** (54 n.Chr.)

Drusilla (38 n.Chr.)

1. **Nero** (68 n.Chr.)
∞ 1. Octavia (62 n.Chr.)
∞ 2. Poppaea Sabina (65 n.Chr.)

Stammbaum des julisch-claudischen Hauses

Die Zahlen in Klammern nennen das Todesjahr.
Die Ziffer 1 oder 2 vor einem Namen zeigt, aus welcher Ehe der Vorfahren ersten Grades der Betreffende stammt.

Augustus (14 n.Chr.)
∞ 1. Scribonia (16 n.Chr.)
∞ 2. Livia (29 n.Chr.)
siehe rechts

Livia (29 n.Chr.)
∞ 1. Ti. Claudius Nero (33 v. Chr.)
∞ 2. ***Augustus*** (14 n.Chr.)

1. Iulia (14 n.Chr.) ∞ M. Vipsanius Agrippa (12 v. Chr.) | 1. **Tiberius** (37 n.Chr.) ∞ Vipsania | 1. Drusus (9 v. Chr.) ∞ Antonia d. J. (37 n.Chr.)

Agrippa Postumus (14 n.Chr.) | Drusus (23 n.Chr.) | Livilla (31 n.Chr.) | Germanicus (19 n.Chr.) ∞ Agrippina d. Ä. (33 n.Chr.) | **Claudius** (54 n.Chr.) ∞ 1. Messalina (48 n.Chr.) ∞ 2. Agrippina d. J. (59 n.Chr.)

Iulia Livilla (41 n.Chr.) | Nero (31 n.Chr.) | Drusus (33 n.Chr.) | **Caligula** (41 n.Chr.)

1. Octavia (62 n.Chr.) ∞ ***Nero*** (68 n.Chr.) | 1. Britannicus (55 n.Chr.)

Die Werke Senecas

Die philosophischen Schriften

L. Annaei Senecae Opera quae supersunt (Bibliotheca Teubneriana): I 1 Dialogi, ed. E. Hermes, Leipzig 1917²; I 2 De beneficiis, De clementia, ed. C. Hosius, Leipzig 1914²; II Naturales quaestiones, ed. A. Gercke, Leipzig 1907; III Epistulae morales ad Lucilium, ed. O. Hense, Leipzig 1914².

Sénèque, Dialogues (Collection Budé): 4 Bde., ed. A. Bourgery – R. Waltz, Paris 1942 u. ö. (mit französischer Übersetzung).

Sénèque, Des bienfaits (Collection Budé): 2 Bde., ed. F. Préchac, Paris 1921/27 u. ö. (mit französischer Übersetzung).

Sénèque, De la clémence (Collection Budé), ed. F. Préchac, Paris 1925 u. ö. (mit französischer Übersetzung).

Sénèque, Questions naturelles (Collection Budé): 2 Bde., ed. P. Oltramare, Paris 1929 u. ö. (mit französischer Übersetzung).

Sénèque, Lettres à Lucilius (Collection Budé): 5 Bde., ed. F. Préchac – H. Noblot, Paris 1945 u. ö. (mit französischer Übersetzung).

Seneca, Philosophische Schriften (Wissenschaftliche Buchgesellschaft): 1–2 Dialoge, Darmstadt 1993/95 $^{4-5}$; 3–4 Ad Lucilium epistulae morales, Darmstadt 1987/95 $^{2-4}$; 5 De clementia, De beneficiis, Darmstadt 1995² (Text = Collection Budé; mit deutscher Übersetzung von M. Rosenbach).

Seneca, Naturales quaestiones (Wissenschaftliche Buchgesellschaft), ed. M. F. A. Brok, Darmstadt 1995 (mit deutscher Übersetzung).

Seneca, Die kleinen Dialoge (Sammlung Tusculum): 2 Bde., ed. G. Fink, München 1992 (mit deutscher Übersetzung).

Die Tragödien

L. Annaei Senecae Tragoediae (Bibliotheca Teubneriana), ed. R. Peiper – G. Richter, Leipzig 1902².

L. Annaei Senecae Tragoediae (Bibliotheca Oxoniensis), ed. O. Zwierlein, Oxford 1986.

Seneca, Sämtliche Tragödien (Bibliothek der Alten Welt): 2 Bde., ed. Th. Thomann, Zürich-Stuttgart 1961–69 (mit deutscher Übersetzung).

Die Apokolokyntosis

L. Annaei Senecae Divi Claudii Ἀποκολοκύντωσις, ed. C. F. Russo, Florenz 1961³ (mit Kommentar).

Seneca, Apokolokyntosis (Sammlung Tusculum), ed. W. Schöne, München 1957 (mit deutscher Übersetzung).

Epigramme

Gli Epigrammi attribuiti a L. Anneo Seneca, ed. C. Prato, Rom 1964 (mit italienischer Übersetzung und Kommentar).

Fragmente

L. Annaei Senecae Opera (Bibliotheca Teubneriana), Bd. 3, ed. F. Haase, Leipzig 1853 u. ö., S. 418 ff.

Briefwechsel mit Paulus

L. Annaei Senecae Opera (Bibliotheca Teubneriana), Bd. 3, ed. F. Haase, Leipzig 1853 u. ö., S. 476 ff.

Epistolario apocrifo di Seneca a San Paolo, hrsg. von L. Bocciolini Paligi, Florenz 1985 (mit italienischer Übersetzung und Kommentar).

Literaturhinweise

Zur Biographie Senecas

Seneca – A Critical Bibliography 1900–1980. Scholarship on his Life, Thought, Prose, and Influence, hrsg. von A. L. Motto – J. R. Clark, Amsterdam 1989.

R. Waltz, Vie de Sénèque, Paris 1909.

I. Lana, Lucio Anneo Seneca, Turin 1955.

P. Grimal, Sénèque ou la conscience de l'Empire, Paris 1978 (deutsch: Seneca – Macht und Ohnmacht des Geistes, Darmstadt 1978).

M. T. Griffin, Seneca – A Philosopher in Politics, Oxford 1976.

M. Rozelaar, Seneca – Eine Gesamtdarstellung, Amsterdam 1976.

V. Sørensen, Seneca – Ein Humanist an Neros Hof, München 1984.

G. Maurach, Seneca – Leben und Werk, Darmstadt 1991.

Zur Geschichte der frühen Kaiserzeit

The Cambridge Ancient History, Bd. 10, hrsg. von S. A. Cook u. a., Cambridge 1934 u. ö., S. 607 ff.

A. von Domaszewski, Geschichte der römischen Kaiser, 2 Bde., Leipzig 1921–22[3].

F. B. Marsh, The Reign of Tiberius, Oxford 1931.

E. Kornemann, Tiberius, Stuttgart 1960 (Frankfurt/Main 1980).

R. Seager, Tiberius, London 1972.

J. P. V. D. Balsdon, The Emperor Gaius (Caligula), Oxford 1934.

A. A. Barrett, Caligula – The Corruption of Power, London 1989.

A. Ferrill, Caligula – Emperor of Rome, London 1991.

E. Groag, Claudius 256, in: Paulys Realencyclopädie der classischen Altertumswissenschaft, Bd. 3,2, Stuttgart 1899, Sp. 2778 ff.

A. Momigliano, L'opera dell'imperatore Claudio, Florenz 1932.

B. Levick, Claudius, London 1990.

B. W. Henderson, The Life and Principate of the Emperor Nero, London 1905.

E. Hohl, Domitius (Nero) 29, in: Paulys Realencyclopädie der classischen Altertumswissenschaft, Suppl.-Bd. 3, Stuttgart 1918, Sp. 349 ff.

J. Bishop, Nero – The Man and the Legend, London 1964.

M. Grant, Nero, London 1970.

E. Cizek, Néron, Paris 1982.

M. T. Griffin, Nero – The End of a Dynasty, New Haven – London 1984.
J.-M. Croisille, Néron a tué Agrippine, Brüssel 1984.
P. Grimal, Le procès Néron, Paris 1995 (Darstellung in der Form eines Briefromans).

Zur antiken Philosophie, insbesondere zur Stoa

A. V. Arnold, Roman Stoicism, Cambridge 1911.
K. Praechter, Die Philosophie des Altertums (Fr. Ueberwegs Grundriß der Geschichte der Philosophie 1), Berlin 1926[12].
K. Vorländer, Geschichte der Philosophie 1: Philosophie des Altertums, Reinbek 1963.
A. Bridoux, Le stoicisme et son influence, Paris 1966.
J. M. Rist, Stoic Philosophy, Cambridge 1969.
Römische Philosophie (Wege der Forschung 193), hrsg. von G. Maurach, Darmstadt 1976.
M. Pohlenz, Die Stoa, 2 Bde., Göttingen 1978/80[5].
The Stoics, hrsg. von J. M. Rist, Berkeley – Los Angeles – London 1978.
G. Maurach, Geschichte der römischen Philosophie, Darmstadt 1989.
Aufstieg und Niedergang der römischen Welt II 36, 3. Teilband (S. 1325 – 2252): Philosophie (Stoizismus), hrsg. von W. Haase, Berlin – New York 1989 (enthält S. 1545 – 2012 Beiträge zu den philosophischen Schriften Senecas).

Zu den philosophischen Schriften Senecas

K. Münscher, Senecas Werke, Philologus Suppl. 16,1, Leipzig 1922.
U. Knoche, Der Philosoph Seneca, Frankfurt/Main 1933.
G. Misch, Geschichte der Autobiographie, Bd. 1,2, Frankfurt/Main 1950[3], S. 408ff.
F. Giancotti, Cronologia dei ›Dialoghi‹ di Seneca, Turin 1957.
O. Regenbogen, Seneca als Denker römischer Willenshaltung, in: Kleine Schriften, München 1961, S. 387 ff.
M. Pohlenz, Philosophie und Erlebnis in Senecas Dialogen, in: Kleine Schriften, Hildesheim 1965, Bd. 1, S. 384 ff.
K. Abel, Bauformen in Senecas Dialogen, Heidelberg 1967.
I. Hadot, Seneca und die griechisch-römische Tradition der Seelenleitung, Berlin 1969.
A. D. Leeman, Das Todeserlebnis im Denken Senecas, in: Gymnasium 78, 1971, S. 322 ff.
W. Trillitzsch, Seneca im literarischen Urteil der Antike, 2 Bde., Amsterdam 1971.
Seneca als Philosoph (Wege der Forschung 414), hrsg. von G. Maurach, Darmstadt 1975.

R. Kassel, Untersuchungen zur griechischen und römischen Konsolationsliteratur, München 1958.
J. Fillion-Lahille, Le De ira de Sénèque et la philosophie stoicienne des passions, Paris 1984.
M. Fuhrmann, Die Alleinherrschaft und das Problem der Gerechtigkeit (Seneca: De clementia), in: Gymnasium 70, 1963, S. 481 ff., und in: Prinzipat und Freiheit (Wege der Forschung 135), hrsg. von R. Klein, Darmstadt 1969, S. 271 ff.
Fr.-R. Chaumartin, Le De beneficiis de Sénèque, sa signification philosophique, politique et sociale, Lille – Paris 1985.
N. Gross, Senecas Naturales quaestiones – Komposition, naturphilosophische Aussagen und ihre Quellen, Stuttgart 1989.
H. Cancik, Untersuchungen zu Senecas Epistulae morales, Hildesheim 1967.

Zu den Tragödien Senecas

W.-H. Friedrich, Untersuchungen zu Senecas dramatischer Technik, Borna-Leipzig 1933.
O. Regenbogen, Schmerz und Tod in den Tragödien Senecas, in: Kleine Schriften, München 1961, S. 409 ff.
O. Zwierlein, Die Rezitationsdramen Senecas – Mit einem kritisch-exegetischen Anhang, Meidenheim 1966.
C. J. Herington, Senecan Tragedy, in: Arion 5, 1966, S. 422 ff.
M. Fuhrmann, Die Funktion grausiger und ekelhafter Motive in der lateinischen Dichtung, in: Die nicht mehr schönen Künste, hrsg. von H. R. Jauss, München 1968, S. 23 ff.
B. Seidensticker, Gesprächsverdichtung in den Tragödien Senecas, Heidelberg 1969.
E. Burck, Vom römischen Manierismus – Von der Dichtung der frühen römischen Kaiserzeit, Darmstadt 1971.
Senecas Tragödien (Wege der Forschung 310), hrsg. von E. Lefèvre, Darmstadt 1972.
K. Heldmann, Untersuchungen zu den Tragödien Senecas (Hermes-Einzelschriften 31), Wiesbaden 1974.
Th. F. Curley, The Nature of Senecan Drama, Rom 1986.

Nachweis der Zitate

9 »Wenn du ein Darlehen ...«: De beneficiis 4,8,3. – »Ich sah um die Zeit ...«: Naturales quaestiones 1,1,3. – »In den Anfang ...«: Epistulae morales 108, 22.

10 in seinem Bericht: ebendort 108,17. – an anderer Stelle: ebendort 49,2.

11 in den literarhistorischen Notizen: zum Jahre 66 n. Chr. – in der ihn betreffenden: Vacca, Vita Lucani, in: Lucanus, Bellum civile, ed. C. Hosius, Leipzig 1913, S. 334, und Hieronymus, zum Jahre 63 n. Chr.

12 bekundet Cicero: Pro Archia 26.

13 Der Vater Seneca: Suasoriae 6, 27. – wie dieser berichtet: Controversiae 1, pr. 13.

14 aus einem Hinweis: De re rustica 3,3,3. – »Die Halle der Pisonen ...«: Martial 4,40,1 f.

15 im fünften Bande: Kap.2, am Ende: »Die Spanier der lateinischen Literatur.«

19 nach Cicero: In Verrem 2,3,93. – derselbe Cicero weiß: besonders Ad familiares 13,57,1. – Tacitus legt dem Sohn Seneca: Annales 14,53,5.

20 Der Sohn schildert ihn: Consolatio ad Helviam 17,4. – Ein ebendies behauptender Hinweis: ebendort 16,3. – »Hätte doch mein Vater ...«: ebendort 17,4.

21 sofort in der Einleitung: ebendort 2,4 f. – Als Verwalterin des Vermögens: ebendort 14,3. – Sie schminkte sich nicht: ebendort 16,3 f. – Seneca rät der Mutter: ebendort 17,1–3.

22 Paete, non dolet: Plinius, Epistualae 3,16,6. – Wie die Apostelgeschichte berichtet: 18,12–16.

23 Kaiser Nero: Cassius Dio 61,20,1. – Gallio wird dort: Naturales quaestiones 8, pr. 9–13. – Die Mutter, schreibt Seneca: Consolatio ad Helviam 18,2.

24 berichtet Tacitus: Annales 16,17,4. – In der Einleitung: Controversiae 2, pr. 3 f.

25 das daraus zitiert wird: siehe M. Schanz – C. Hosius, Geschichte der römischen Literatur, Bd. 2, München 1935^{4}, S. 341 und 707. – aus der Einleitung: Controversiae 1, pr. 11.

27 Seneca charakterisiert ihn: ebendort 1, pr. 22. – an einer Stelle versichert er: ebendort 4, pr. 3.

28 Er behauptet: ebendort 1, pr. 1. – schreibt der Sohn: Epistulae morales 108,22. – ein vielzitierter Vers: Tragicorum Romanorum Fragmenta,

ed. O. Ribbeck, Leipzig 1871[2], S. 65: Philosophari est mihi necesse etc. – »Er nahm Anstoß ...«: Plutarch, Cato 23,1. – in der Einleitung zum ersten Buch: Controversiae 1, pr. 9. – antiquus rigor: Consolatio ad Helviam 17,3.

32 Tu eloquentiae tamen: Controversiae 2, pr. 3.

34 Er habe einst zweitausend Namen: ebendort 1, pr. 2.

35 als seine supellex: ebendort 1, pr. 23.

38 Die ihm geläufige Art: ebendort 1, pr. 12. – Schon er hat diese Wende: ebendort 1, pr. 6 f.

39 In scholastica quid non: ebendort 3, pr. 12 ff. – der Einleitung zum neunten Buch: ebendort 9, pr. 3.

40 Petron macht vor allem: Satyrikon 1–5. – Tacitus: Dialogus de oratoribus 36–41. – der Anonymus: Vom Erhabenen 44.

43 in seinem Dialog ›Brutus‹: 304–324. – schreibt Seneca: Epistulae morales 45,3. – Er sei kleinwüchsig: ebendort 46,1.

44 ›De constantia sapientis‹: 16,4. – An anderer Stelle: Epistulae morales 78,1. vom Sterbenden heißt es bei Tacitus: Annales 15,63,2. – Eine Tante: Consolatio ad Helviam 19,2.

45 »Wende dich dann ...«: ebendort 18,4 f. – berichtet er: ebendort 19,2. – schreibt er: Epistulae morales 78,1–4. – wie einige Bemerkungen: ebendort 108,15 und 17. – An anderer Stelle: ebendort 54,1 f.

46 das der Medizinschriftsteller Aulus Cornelius Celsus: De medicina 3,22. – Ein Brief an Lucilius: Epistulae morales 56,1 f.; siehe auch ebendort 84,1.

47 schreibt er einmal: ebendort 58,5. – auf folgende Formeln: ebendort 108,23. – wie sein Vater bezeugt: Controversiae 2, pr. 4. – wie er selbst einmal andeutet: Epistulae morales 49,2.

48 wie der Sohn schreibt: Consolatio ad Helviam 15,1. – Er berief sich daher: Epistulae morales 108,17–21.

49 durch ein Dekret des Senats: Tacitus, Annales 2,85,4. – »Hiervon habe ich einiges ...«: Epistulae morales 108,15 f. – Die Matratze: ebendort 108,23.

50 Man solle sich nicht nur: ebendort 110,14–20. – »Hast du schon einmal ...«: ebendort 72,8. – bündig und prägnant: ebendort 81,22. – in seinem Werk ›Über den Zorn‹: 3,36,3 f.

51 Seneca erklärt: De ira 3,36,1. – wie Seneca berichtet: Epistulae morales 98,13. – »Die neue Richtung ...«: Naturales quaestiones 7,32,2.

52 der Vater Seneca: Controversiae 2, pr. 1 ff. – verteidigt er ihn: Epistulae morales 100. – ›De brevitate vitae‹: 10,1.

63 hat Petron zum Ausdruck gebracht: Satyrikon 71,12.

65 wie sein Vater schreibt: Controversiae 2, pr. 4. – wie gleichfalls schon der Vater: ebendort.

66 modo causas agere coepi: Epistulae morales 49,2. – wie Quintilian bezeugt: Institutio oratoria 10,1,129. – Tacitus: Annales 13,3,1. – wie dargetan: siehe oben S. 45 f.

67 schreibt er lakonisch: Consolatio ad Helviam 19,2. – der diese Nachricht bewahrt hat: 59,19,7 f.; dortselbst, 1–7, das Folgende.

68 ›De ira‹: 2,33,3–6. – »Nie habe ich dem Glück ...«: Consolatio ad Helviam 5,4. – in der zitierten Partie: De ira 3,36,3; siehe oben S. 50 f. – in einem Brief: Epistulae morales 50,2.
70 Tiberius zum Beispiel: Tacitus, Annales 5,3–5.
74 er schreibt: De beneficiis, 4,31,2.
75 ›De clementia‹: 1,1,6. – mutati in deterius principatus: Annales 4,6,1. – ›Über die Wohltaten‹: 3,26.
76 ›Trostschrift an Marcia‹: 4,2 und 15,3. – schreibt Seneca: ebendort 1,2. – Seneca kommt später: ebendort 22,4–8.
78 »eine neue, unerhörte Sache ...«: Controversiae 10, pr. 5. – »Als eine Wende ...«: Consolatio ad Marciam 1,3. – hebt Seneca rühmend hervor: ebendort 1,3 f. – ›Historien‹: 1,1.
79 schrieb Seneca: Consolatio ad Marciam 1,3. – Tacitus: Agricola 3,1.
80 Seneca jedenfalls gedenkt: De ira 1,20,8 f. – heißt es in der Trostschrift: Consolatio ad Helviam 10,4. – Einem ehemaligen Konsul: De beneficiis 2,12.
81 Valerius Asiaticus: De constantia sapientis 18,2. – Nach Tacitus: Annales 11,1,2. – war bereits die Rede: siehe oben S. 68. – schreibt Seneca: De ira 3,18,3–19. – berichtet Seneca an anderer Stelle: De tranquillitate animi 11,10.
82 schreibt Seneca: De beneficiis 2,21,5. – Tacitus: Agricola 4,1. – dessen allein Seneca: De tranquillitate animi 14,4. – seit der erwähnten Begegnung: siehe oben S. 67. – Zwei Aussprüche: Sueton, Caligula 53.
83 die Titel zweier ethnographischer Schriften: Servius, In Vergilii Aeneida 6,154 und 9,30.
84 beim älteren Plinius: Naturalis historia 6,60. – ›Naturales quaestiones‹: 6,4,2. – wurde bereits erwähnt: siehe oben S. 25.
85 im übernächsten Kapitel: siehe unten S. 109 ff.
87 Seneca hat es sich nicht nehmen lassen: De constantia sapientis 18,3.
88 nannte ihn einen Graus: Sueton, Claudius 3.
90 wie er selbst berichtet: Consolatio ad Polybium 13,2.
92 indem er seinen Freund: Naturales quaestiones 4, pr. 15. – Deprecatus est pro me: Consolatio ad Polybium 13,2. – Dies bezeugt Tacitus: Annales 12,8,2. – daß er selber in der Trostschrift: Consolatio ad Polybium 13,3.
93 ›Consolatio ad Helviam‹: 10,2; siehe auch ebendort 20,1.
94 »Es ist möglich ...«: Digesten 48,22,6,17. – fügt er hinzu: Consolatio ad Helviam 2,5. – zwei Tage vor dem Eintreffen: ebendort 15,2 f.
95 hoc saxum: ebendort 6,5; 7,8; 9,1. – Er fährt fort: ebendort 6,5. Etwas später: ebendort 9,1.
96 Senecas Überblick: ebendort 7,8 f.
98 Dort wird Korsika: Poetae Latini minores, ed. E. Bährens, Bd. 4, Leipzig 1882, Nr. 2 und 3 = Gli Epigrammi attribuiti ..., ed. C. Prato, Rom 1964, Nr. 2 und 3. – ›Trostschrift für Helvia‹: siehe oben S. 45.
99 ein Martialgedicht: 7,44. – aus einem zweiten Martialgedicht: 7,45. – ›Consolatio ad Helviam‹: 12,4. – »Vernimm, wie du dir ...«: ebendort 20,1.

101 ›De remediis fortuitorum‹: siehe oben S. 23. – heißt es dort: Consolatio ad Helviam 6,1. – »Zwei Dinge ...«: ebendort 8,2 und 4.

102 hat man festgestellt: M. Rozelaar, Seneca – Eine Gesamtdarstellung, Amsterdam 1976, S. 205. – der schon erwähnte Freigelassene: siehe oben S. 92. – er flocht lobende Worte: Consolatio ad Polybium 2,2 ff. und 12 f. – flehte er fast unverhüllt: ebendort 13,2.

103 schreibt Cassius Dio: 61,10,2 f.

104 Angeredet wird dort ein Crispus: Poetae Latini minores, ed. E. Bährens, Bd. 4, Leipzig 1882, Nr. 15 = Gli Epigrammi attribuiti..., ed. C. Prato, Rom 1964, Nr. 14. – Das zweite, den Tod des Freundes: ebendort, Nr. 55 = Prato, Nr. 53.

106 hier ist der Titel authentisch: Cassiodorus, Institutiones 2,6,4.

107 Besser lebte ich: Octavia 381 ff.

109 einige Stücke der ›Epistulae morales‹: 63; 93; 99. – festgestellt wurde: siehe oben S. 100 f.

110 ›Trostschrift für Apollonius‹: Plutarch, Moralia, Bd. 1, ed. W. R. Paton – I. Wegehaupt, Leipzig 1974^{2}, S. 208 ff.

111 er pries den Logos: Helena 8.

112 war bereits die Rede: siehe oben S. 76.

113 wie schon dargetan: siehe oben S. 102 f.

114 caram te, vita: 20,3.

115 schrieb er dem Freunde: Ad Atticum 12,14,3. – versichert er zu Beginn: 1,2. – spricht er sogar kaum verhüllt aus: 4,2. – Er wolle zeigen: 4,1.

116 »Entweder grämt dich ...«: 14,1. – »Auch das wird dir ...«: 2,1; 5,1; 6,1. – Der Schluß: 14–16. – »Dies habe ich ...«: 18,9.

118 Für Aristoteles: Nikomachische Ethik 2,7 1108a 4 ff.

119 Das Zuviel, die heftige Erregbarkeit: ebendort 4,11 1125b 26 ff. – ein langes Kapitel der ›Rhetorik‹: 2,2. – Man unterschied sie: Tusculanae disputationes 4,11.

120 cupiditas, lautete eine Definition: Poseidonios bei Laktanz, De ira dei 17,13. – Zenon: siehe M. Pohlenz, Die Stoa, Bd. 1, Göttingen 1978^{5}, S. 89 f. – Für Chrysipp: Seneca, Epistulae morales 113,18; Stoicorum Veterum Fragmenta, ed. J. von Arnim, Bd. 3, Leipzig 1903, Frg. 169. – war die Lehre: siehe M. Pohlenz, Die Stoa, Bd. 1, Göttingen 1978^{5}, S. 307 f. – an ira secundum naturam: 1,5,1. – Da heißt es: 1,9,2. – Entsprechend verlautet später: 1,17,1.

121 im dritten Buch: 3,3,1. – Seine Auffassung: 1,5 f. – »Wenn der Zorn ...«: 1,9,2 f.

122 »Affekt und Vernunft ...«: 1,8,3. – im 92. Brief: §§1 und 8. – daß die dort geschilderte Labilität: siehe unten S. 257 f.

123 Die erste Erwähnung: 1,20,8 f. – im zweiten Buch: 2,33,4–6. – Im dritten Buch: 3,18,3–19. – ›De constantia sapientis‹: 18.

124 »Da wir die Fragen ...«: 2,18,1.

125 Senecas Beiträge: 1,6; 15 f.; 18 f.

126 sapientem nec iniuriam: 2,1.

127 meinte der Rechtsgelehrte Paulus: Collatio legum Mosaicarum et Romanarum 2,5,1. – in einem Erlaß: Sueton, Claudius 38. – auch bei Seneca: De ira 1,4.
130 Alle psychischen Kräfte: siehe oben S. 114. – Erster Texttyp: De constantia sapientis 5,1–5.
139 Zweiter Texttyp: De ira 3,20.
143 aus dem Geschichtswerk Herodots: 3,25.
144 Seneca hat sich zuvor: siehe oben S. 81 f.
145 Nach Herodot: 3,19–22.
147 Dritter Texttyp: De ira 2,35.
153 zwei Verse der vergilischen ›Äneis‹: 8,703 und 702.
155 das schon erwähnte Charakteristikum: siehe oben S. 70.
156 wie schon erwähnt: siehe oben S. 90.
157 schreibt Tacitus: Annales 11,27. – »Sie begehrte …«: ebendort 11,26,3.
158 wie erwähnt: siehe oben S. 104. – »Die Tochter des Bruders …«: Gaius, Institutiones 1,62. – wie Tacitus sich ausdrückt: Annales 12,7,3.
160 Die Partie: ebendort 12,8,2.
162 Ein aus sieben Distichen: Poetae Latini minores, ed. E. Bährens, Bd. 4, Leipzig 1882, Nr. 5 = Gli Epigrammi attribuiti …, ed. C. Prato, Rom 1964, Nr. 72. – Seneca erwähnt: 13,8. – Cicero: 5. – Augustus: 4.
163 »Ganz allein diejenigen …«: 14,1. – Er wird carissime: 18–20. – Durch eine versprengte Notiz: Scholia in Iuvenalem 5,109.
164 der Schrift ›Über den Zorn‹: 2,18–21. – soll er geäußert haben: Scholia in Iuvenalem 5,109. – eine andere Quelle: Sueton, Nero 7.
166 war bereits die Rede: siehe oben S. 29 ff.
167 Er soll sich schon als Knabe: Sueton, Nero 52. – Seneca zitiert: Naturales quaestiones 1,5,6.
168 In einem Gedicht: Apocolocyntosis 4,1,23.
169 wurde bereits am Beispiel: siehe oben S. 47. – »Warum unterrichten wir …«: Epistulae morales 88,20. – »Ich kann mich nicht …«: ebendort 88,18. – »Wer als künftiger Grammatiker …«: ebendort 108,24.
170 läßt Tacitus: Annales 14,52,3. – Sueton weiß allerdings: Nero 52.
171 Tacitus bemerkt hierzu: Annales 13,3,2 f. – wofür Tacitus ihm: ebendort 13,11,2. – Dort erklärt Nero: ebendort 14,55,1. – von Agrippina verlautet: Sueton, Nero 52.
172 von dem altüberlieferten römischen Vorbehalt: siehe oben S. 28.
174 jene Tante: siehe oben S. 164.
175 Trajan soll behauptet haben: Aurelius Victor, De Caesaribus 5,2. – von Tacitus wie folgt geschildert: Annales 13,2,1 f.
176 berichtet Tacitus: ebendort 13,3,1.
177 wie schon erwähnt: siehe oben S. 88.
178 wie Tacitus sich ausdrückt: Annales 13,4,2.
179 Der Historiker Cassius Dio: 60,35,3. – der schon erwähnte Polyhistor Varro: siehe oben S. 167.

180 Hunc nunc deum: Apocolocyntosis 11,3. – Deflete virum: ebendort 12,3.

181 das Lied Apolls: ebendort 4,1,20 ff.

182 die Formel »erlaubte Vergnügungen«: Annales 13,2,1. – wie erwähnt: siehe oben S. 122.

183 berichtet Tacitus: Annales 13,18,1.

186 sociale animal: De clementia 1,3,2.

190 gegen Ende der erhaltenen Partie: ebendort 2,7,2 f.

191 »Erlaß einer nach Recht …«: ebendort 2,7,1. – im Monolog Neros: ebendort 1,1,4. – Später wird die Milde: ebendort 1,5,4. – und bald darauf: ebendort 1,5,6.

192 »Wir müssen Maß halten«: ebendort 1,2,2.

193 in den Reden der Jahre 46 und 45 v. Chr.: Pro Marcello, Pro Ligario, Pro rege Deiotaro. – Aristoteles gab dem Ausdruck: Rhetorik 1,13, besonders 1374 b 2 ff.; Nikomachische Ethik 5,14 1137 a 31 ff.

194 eine bereits erwähnte Bemerkung des Tacitus: Annales 13,11,2; siehe oben S. 171.

196 Cassius Dio beschreibt: 61,4,1–3.

197 bringt Quintilian: Institutio oratoria 10,1, 46–131. – Tractavit etiam: ebendort 10,1,129. – ist bereits erwähnt worden: Tacitus, Annales 14,52,3; siehe oben S. 170. – ein einsames Zitat bei Qunitilian: Institutio oratoria 9,2,9.

203 die ›Poetik‹ des Aristoteles: 13 1453 a 28 ff.

205 Der Senator: Cassius Dio 58,24,3 f.

206 Einem Ungenannten: Sueton, Tiberius 61. – Später, unter Claudius: Tacitus, Annales 11,13,1. – Quintilian: Institutio oratoria 10,1,98. – Tacitus: Annales 12,28,2. – verlautet dort: Dialogus de oratoribus 2,1. – »eine zwar nicht bessere …«: ebendort 3,2 f.

207 Domitian ließ: Cassius Dio 67,12,5. – schreibt Tacitus: Annales 13,17,1. – wurde bereits erwähnt: siehe oben S. 68 und 123. – Dort heißt es: De ira 2,33,4.

208 »Wozu läßt die blutige …«: Medea 849 ff. – Messalina inszenierte: Tacitus, Annales 11,31,2 f. – war bereits die Rede: siehe oben S. 80. – Nero wiederum: Sueton, Nero 53. – Calpurnius Siculus: Bucolica 4,6, ff.; 7,83 f.

209 Ave, imperator: Sueton, Claudius 21. – »Das Leben ist …«: De ira 2,8,2 f. – ein Brief vergleicht: Epistulae morales 30,8. – in Phädras Antwort: Phädra 710 ff.

210 im ›Rasenden Herkules‹: 426. – in den ›Troerinnen‹: 574. – ihr Sohn Astyanax: ebendort 1102 f. – ein Chorlied des ›Agamemnon‹: 589 ff. – Es wurde bereits erwähnt: siehe oben S. 62.

211 in einem Liede des ›Thyestes‹: 339 ff.

212 Die Prosafassung: De clementia 1,11,4–13.

213 zum Beispiel der ›Agamemnon‹: 72 ff. – folgender Dialog: Thyestes 204 ff.

214 »Was willst du …«: Troerinnen 255 ff. – in einer furchtbar-grandiosen Szene: Medea 893 ff.

215 »Was du vorbringst …«: Phädra 177 ff. – Fatis agimur: Ödipus 980. – »Überall ist Tod …«: Phönissen 151 ff. – Modicis rebus: Agamemnon 102. – im ›Rasenden Herkules‹: 159 ff. – eine Beschreibung der Unterwelt: ebendort 658 ff.

216 Der Botenbericht der ›Troerinnen‹: 1056 ff.

217 der Botenbericht der ›Phädra‹: 1000 ff. – »Nicht bricht …«: ebendort 1066. – in der ›Ars poetica‹: 185 f.

218 seine Medea: 967 ff. – sein Atreus: 641 ff. – aber er wirft: Thyestes 970 ff. – Iokaste: Ödipus 998 ff. – Und ebenso: Rasender Herkules 976 ff. – »Senecas Medea …«: U. von Wilamowitz-Moellendorff, Griechische Tragödien, Bd. 3, Berlin 1906, S. 162.

219 der exponierende erste Akt: 1–292. – jeweils von einer Schilderung: 293 ff.; 530 ff. – Der vierte Akt: 764 ff. – die schon erwähnte: 998 ff.

220 »das unförmlichste Produkt«: Fr. Leo, Göttinger gelehrte Anzeigen 1903, S. 7.

221 Wie schon erwähnt: Siehe oben S. 200.

222 wie die Stücke des Pomponius Secundus: siehe oben S. 206. – der ältere Plinius: Naturalis historia 37,19. – in der ›Apocolocyntosis‹: siehe oben S. 168. – am genauesten Sueton: Nero 21; 24.

223 Ein Paulinus, der Adressat: siehe oben S. 163.

224 berichtet Plutarch: Galba 20. – so Tacitus: Annales 13,50,1.

225 ergo edixit princeps: ebendort 13,51,1. – Nero habe damals: ebendort 13,18,1; siehe oben S. 183. – Derselbe Tacitus: ebendort 14,53,5.

226 daß Martial auch von ihm: 12,57,18 ff. – soll er den Gepflogenheiten: Tacitus, Annales 14,56,3. – Seneca vermerkt zweimal: Epistulae morales 104,1 und 110,1. – von Columella: siehe oben S. 14. – der ältere Plinius: Naturales historia 14,51.

227 ego … vinearum: Naturales quaestiones 3,7,1. – »Von einer eher unbequemen …«: Epistulae morales 123,1. – wie Tacitus schreibt; Annales 15,60,4; siehe unten S. 322. – Epistel 12: § 1.

228 mehrere Briefe: 49; 55; 77. – wie schon berichtet: siehe oben S. 46. – Ein Hinweis der ›Naturales quaestiones‹: 3, pr. 2. – ›De vita beata‹: 17,2. im 77. Brief: §§ 1–3. – eine Nachricht Cassius Dios: 62,2,1.

229 Tacitus nennt sie: Annales 13,42,4.

230 Ovid hatte ihm: Epistulae ex Ponto 4,8. – bei einem Teil der Opfer: siehe oben S. 156 f. – Tacitus hat der Affäre: Annales 13,42 f.

231 sagt Quintilian: Institutio oratoria 10,1,125.

233 wie man sagte: Tacitus, Annales 14,52,2. – erzählte man sich: Cassius Dio 61,10,3.

235 auf den schon Tacitus: Annales 14,53,5.

236 schon Aristoteles: Nikomachische Ethik 1,2 1095 a 14 ff. – Proponendum est itaque: De vita beata 1,1.

237 seit Platons ›Kriton‹: 3 44cd; 6 ff. 46 b ff. – »Glücklich ist ein Leben …«: De vita beata 3,3.

238 »Etwas Erhabenes ist …«: ebendort 7,3. – »Wer der Lust verfallen ist …«: ebendort 11,1. – »Man höre also auf …«: ebendort 12,3.
239 virtus ad beate vivendum: ebendort 16,3. – ein Fortschreitender: siehe oben S. 59. – »Warum weißt du …«: De vita beata 17,1. – »Du redest anders …«: ebendort 18,1; 20,1; 21,1. – »Ich bin kein Weiser«: ebendort 17,3.
240 »Der Weise glaubt nicht …«: ebendort 21,4. – »Man höre also auf …«: ebendort 23,1. – »Zu nichts bin ich …«: ebendort 26,4. – läßt sich Sokrates: ebendort 27,1 f. – »Ihr nehmt euch …«: ebendort 27,4–6.
243 Tacitus hat nicht ohne Grund: Annales 13,45,1.
244 Wie schon erwähnt: siehe oben S. 224. – schreibt Tacitus: Annales 14,1,3.
245 mit Gnaeus Domitius Ahenobarbus: siehe oben S. 158. – was Sueton über Domitius: Nero 5. – Domitius soll: ebendort 6. – war bereits die Rede: siehe oben S. 158 ff.
246 Optima mater: Tacitus, Annales 13,2,3; Sueton, Nero 9. – Tacitus verzeichnet: Annales 14,2.
248 nach einer anderen Version: Sueton, Nero 34; um ein Schwert handelte es sich nach Tacitus, Annales 14,7,6. – Ventrem feri: ebendort 14,8,5. – Tacitus vermerkt noch: ebendort 14,9,3.
249 Ein zufällig durch Quintilian: Institutio oratoria 8,5,18. – »Seneca geriet …«: Annales 14,11,3.
250 Hier wird vermutet: siehe oben S.199.
251 neben der erwähnten Rede: siehe oben S.207. – von Sueton bewahrte Schmähverse: Nero 39.
252 Hierfür gibt Tacitus: Annales 14,60,1. – castiora esse: ebendort 14,60,3.
253 Wie schon dargetan: siehe oben S.234.
254 schreibt Seneca: De tranquillitate animi 3.
255 Athenodor half ihm: Cicero, Ad Atticum 16,11,4; 16,14,4. – Seneca ist: De tranquillitate animi 4 f.
256 »Auch in einem schwer …«: ebendort 5,3.
257 wie in der Schrift: siehe oben S. 240 f.
258 Ne singula: De tranquillitate animi 1,15.
261 des erwähnten Privattheaters: siehe oben S. 222. – wie Tacitus lapidar: Annales 14,15,4.
264 »Wenn man auch …«: De clementia 1,18,2. – in der ›Über Wohltaten‹: 3,20,1 f. – Auch der 47. Brief: § 1.
265 »Lebe so mit dem …«: ebendort § 11. – ist ein Erlaß überliefert: Gaius, Institutiones 1,53; Digesten 1,6,2. – aus der Schrift ›De clementia‹: 1,18,2. – in der Schrift ›De beneficiis‹: 3,22,3.
266 auch die Digesten: 1,12,1,8. – sein Widerstand gegen Neros Absicht: Cassius Dio 62,13,1 f. – schreibt Tacitus: Annales 14,52,1. – die schon erwähnten Vorwürfe: siehe oben S. 233.
268 Tacitus berichtet: Annales 14,53–56.
272 der schon mitgeteilten Ansicht: siehe oben S.171.

273 Perculso Seneca: Tacitus, Annales 14,57,1. – Eine moderne Biographie: M. Rozelaar, Seneca – Eine Gesamtdarstellung, Amsterdam 1976, S. 330.

274 eine kurze Unterredung: Tacitus, Annales 15,23,4. – Vom Jahre 64 n. Chr.: ebendort 14,45,3. – hatte Cicero: Laelius de amicitia 76 f. – ›De tranquillitate animi‹: 4,1; siehe oben S. 255.

275 So könnte denn Sueton: Nero 35. – schreibt Tacitus: Annales 14,56,3. – Wie schon erörtert: siehe oben S. 234; 253.

276 »Was tust du da …«: De otio 1,4. – nämlich Vergil: Aeneis 9,612.

277 In einem Brief: Ad Atticum 9,4.

279 »Wenn ein Staat …«: De otio 3,3. – »Ein väterliches Herz …«: De providentia 2,6.

280 »Zu nichts werde ich …«: ebendort 5,6 ff. – Ducunt volentem: Epistulae morales 107,11. – wie erwähnt: siehe oben S. 197.

283 eine Partie: De vita beata 23,5 – 24,2.

284 an zweiter Stelle: De officiis 1,42 – 60.

285 Im zweiten Buch: ebendort 2,52 ff. – ›Divinae institutiones‹: 6,11. – ein Brief verrät: Epistulae morales 91,1.

286 »Was also ist …«: De beneficiis 1,6,1. – heißt es zu Beginn: ebendort 4,1,2 f. – »Alles habe ich …«: ebendort 7,14,5. – »Ihr wollt …«: ebendort 4,9,2.

287 »Bei der Auswahl …«: ebendort 4,10,4.

288 Bei der Erörterung des Undanks: ebendort 3,6 ff. – Er antwortet: ebendort 3,7,1 – 3. – Am liebsten wäre es ihm: ebendort 3,15.

289 Eine polemische: ebendort 4,2 ff. – »Die Natur gewährt …«: ebendort 4,7,1. – Seneca hebt wiederholt hervor: ebendort 5,12,2; 6,1,1; 7,1.

290 »Pompeji, eine bekannte Stadt…«: Naturales quaestiones 6,1,1.

292 er berief sich: ebendort 3,7,1. – Nullum maius solacium: ebendort 6,2,6.

294 »Diese Erscheinungen …«: ebendort 6,3,1. – »Was dabei herauskommt …«: ebendort 6,4,2.

295 »Es wird einmal …«: ebendort 7,25,4 f.

296 Die Partie: ebendort 3,18.

298 schreibt Seneca: Epistulae morales 8,2. – Seneca zitiert: ebendort 8,10; 24,21; 79,5 sowie Naturales quaestiones 3,1,1. – Gellius: Noctes Atticae 12,2,3.

299 des 21. Stücks: § 5.

300 Seneca hat dieses Prinzip: Epistulae morales 64,8.

301 die Aufgabe des proficere: siehe oben S. 239.

302 im 16. Brief: § 1. – Im 75. Brief: § 15. – Der Besuch: Epistulae morales 12. – er stellt befriedigt fest: ebendort 56,1 – 4. – Oder er berichtet: ebendort 57,1 – 6.

304 »Innen sei alles …«: ebendort 5,2. – heißt es einmal: ebendort 9. – Von Vergnügungen: ebendort 18,1 – 4. – possessionem tibi: ebendort 18,13. – Man ängstige sich nicht: ebendort 13. – der Selbsterhaltungstrieb: ebendort 14. – man achte: ebendort 15.

305 Vivere militare est: ebendort 96,5.

308 zehn Kapitel: 15,23–32. – die Juvenalia und Neronia: siehe oben S. 261 f.
310 versichert Tacitus: Annales 15,37,1.
311 Suetons Schilderung: Nero 31.
312 aus kühnem Dichtermund: Tibull 2,5,23.
313 wie erwähnt: siehe oben S. 285. – schreibt Seneca: Epistulae morales 91,13.
314 gegen Ende: De beneficiis 7,16,5. – heißt es dann wörtlich: ebendort 7,19,7. – ist Seneca noch: ebendort 7,20,2 f.
315 Diese Motive: Tacitus, Annales 15,50,1.
316 wie man ihm bei der Aufdeckung: ebendort 15,56,2. – die Nachricht: ebendort 15,65.
317 In der Darstellung des Tacitus: ebendort 15,59,4 f. – »Ich haßte dich ...«: ebendort 15,67,2. – Die Schilderung des Tacitus: ebendort 15,60–64.
318 meditatio mortis: Epistulae morales 26,8 ff.; 54,2. – der Chor der ›Troerinnen‹: 392 ff. – »Der Tod ist ...«: Consolatio ad Marciam 19,5.
319 in einem Brief: 54. – In einem anderen Briefe: 57,7 ff. – ein dritter: 102,20 ff. – Mors quid est?: Epistulae morales 65,24. – Quintilian erklärt: Institutio oratoria 5,14,13. – Tacitus sagt dasselbe: Agricola 46,1. – der ältere Plinius: Naturalis historia 7,188 ff.
320 Er zitiert: Epistulae morales 82,9 und 21. – in einem früheren Briefe: ebendort 36. – mors naturae: Naturales quaestiones 6,32,12. – heißt es in einem Brief: Epistulae morales 24. – cotidie morimur: ebendort 24,20. – vis tu non timere: ebendort 58,23.
321 Er verwahrt sich: ebendort 24,22 ff. – Ein andermal: ebendort 58,32 ff. – Malum est: ebendort 12,10. – »Dies ist das Schimpflichste ...«: ebendort 24,15.
322 heißt es hierzu bei Tacitus: Annales 15,62,1.
323 Facio me: De vita beata 24,4. – auf den Schluß des ›Phaidon‹: 66 117c–e. – auf den ›Kriton‹: 6 ff. 46 b ff.
324 Sokrates hatte: Phaidon 66 118 a.
325 Partie der ›Pharsalia‹: 3,635 ff. – wurde bereits gedacht: siehe oben S. 23 f.
326 wie Tacitus sarkastisch: Annales 16,21,1.
327 gesagt haben soll: Sueton, Nero 37. – »Welch ein Künstler ...«: ebendort 49.
329 wie schon dargetan wurde: siehe oben S. 43. – im ›Brutus‹: 304–324. – die drei kurzen Erwähnungen: Nero 7; 35; 52. – drei größere Partien: 13,42 f.; 14,53–56; 15,60-64.
330 rector imperatoriae iuventae: Annales 13,2,1. – bei den Geschenken: ebendort 13,18,1; siehe oben S. 183. – nach dem Tode des Burrus: Annales 14,52; siehe oben S. 266 f. – »in Verruf geraten ...«: siehe oben S. 249. – professoria lingua: Tacitus, Annales 13,14,3.
331 »unnütze Studien«: ebendort 13,42,3. – »gefälliges Talent«: ebendort 13,3,1. – der bereits zitierte Satz: ebendort 13,11,2; siehe oben S. 171.
332 wie der ältere Plinius: Naturalis historia 14,51. – auch für Tacitus: Annales 12,8,2. – die schon erwähnte Nachricht: ebendort 15,65; siehe oben S. 316.

333 Vor allem die jungen Leute: siehe oben S. 231.
334 Nach Sueton: siehe oben S. 170. – laut Quintilian: Institutio oratoria 10,1,126. – auch an Cicero und Sallust: Epistulae morales 114,16 ff. – und auch gemeint hat: siehe E. Norden, Die antike Kunstprosa, Leipzig 1923[4], Bd. 1, S. 306 ff.
335 die Quintilian für Seneca: Institutio oratoria 10,1,125–131.
336 Darlegungen über die Künstelei: ebendort 8,3,56 ff. – übt markig Kritik: Epistulae, ed. M. P. J. van den Hout, Leiden 1954, S. 149 f.
337 der Antiquar Aulus Gellius: Noctes Atticae 12,2. – potuit esse: Divinae institutiones 6,24,14.
338 Dort verlautet: Acta apostolorum apocrypha, ed. R. A. Lipsius – M. Bonnet, Bd. 1, Leipzig 1891, S. 24. – ›De viris illustribus‹: 12. – »Der Weise tut auch …«: L. Annaeus Seneca, Opera, Bd. 3, ed. F. Haase, Leipzig 1853, Frg. 19. – Aus den Hinweisen: Epistulae morales 106,2; 108,1; 109,17.
339 in zwei Kapiteln: De civitate dei 6,10 f. – war bereits die Rede: siehe oben S. 84 f.
340 bereits erwähnt: siehe oben S. 127. – bereits angedeutet: siehe oben S. 23.
341 wie dargetan: siehe oben S. 327. – »dem Gesindel zur Freude …«: Tacitus, Historiae 2,95,1.
342 Brand von Rom: Octavia 831 ff.
343 das Goldene Haus: ebendort 624 f. – Neros Ende: ebendort 618 ff.; 733. – in einem Monolog: ebendort 377 ff. – Nero wird als Prototyp: ebendort 454 ff.
344 steigert sich der Ton: ebendort 820 ff. – Da heißt es: Oracula Sibyllina 5,361 ff.

Register: Personen, Sachen

Die kursiv gesetzten Zahlen verweisen auf Abbildungen

Bildverzeichnis

Alinari: 77, 202
Archiv für Kunst und Geschichte, Berlin: 105, 195, 227, 267, 340;
Archiv für Kunst und Geschichte / Britisches Museum, London (Werner Forman): 183; (Erich Lessing): 54, 159, 331
Bildarchiv Foto Marburg: 173
Britisches Museum, London (Marie Vollenweider): 168
Carlsberg Glyptothek, Kopenhagen (Jo Selsing): 161
Deutsches Archäologisches Institut, Rom: 55, 71, 83, 89, 216, 229, 309
SMPK Berlin: 15; (Antike Porträts): 44, 156; (Ägyptisches Museum): 177; (Tragödienmasken): 199; (Fritz Henle): 97; (Staatsbibliothek/Handschriftenabteilung): 132, 141, 293
Staatliche Antikensammlung und Glyptothek, München: 326

Bei den Abbildungen auf den Seiten 132, 141, 293 danken wir Herrn Dr. Bernd Michael, Staatsbibliothek Berlin, für die Hinweise zur Datierung.

Dorothea Hauser

Baader und Herold

Beschreibung eines Kampfes

»zu sterben … wird unendlich viel einfacher sein, als den kampf entschlossen + revolutionär zu führen.« **Andreas Baader**

»Ich habe damals schon die Stunde verflucht, in der ich zur Polizei gegangen bin … einerseits war ich zur Staatstreue verpflichtet und auch aus Überzeugung staatstreu, andererseits erschien mir eben dieser Staat von Grund auf reformbedürftig.« **Horst Herold**

Dorothea Hauser erzählt die Geschichte jener beiden Männer, die bis heute die Symbolfiguren des »Deutschen Herbstes« geblieben sind: die Geschichte von Andreas Baader, dem Begründer der »Roten Armee Fraktion«, und von Horst Herold, dem legendären Chef des Bundeskriminalamts, der zugleich ein höchst eigenwilliger Staatstheoretiker und Sozialutopist von radikaler Schärfe ist. Worum ging es in den sieben Jahren, in denen die RAF dem Staat den Krieg erklärt hatte? War die »bleierne Zeit« der Show-Down eines langangelegten Kampfes zwischen der Kriegs- und der Nachkriegsgeneration? Dieses Buch beschreibt nicht nur die dramatischste Epoche der deutschen Geschichte seit 1945, sondern zeichnet darüber hinaus ein Bild der Bundesrepublik en miniature.

220 Seiten, Gebunden, ISBN 3-8286-0011-5

Jaques Schuster

Heinrich Albertz – der Mann, der mehrere Leben lebte

Eine Biographie

Wenn man anfängt, über Heinrich Albertz nachzudenken, kommt man aus dem Grübeln nur schwer heraus. War er Missionar oder Politiker? War er konservativ oder linksliberal? Muß man ihn als Anhänger der Brandtschen Ostpolitik bezeichnen oder eher als national denkenden Neutralisten? War er Anwalt unbequemer Minderheiten oder der eisenharte Studentenschreck von 1967? Die Reihe der Fragen, die sich an Leben und Persönlichkeit des Politikers und Pastors Heinrich Albertz knüpft, reißt nicht ab. Jacques Schuster erzählt das Leben eines eigenwilligen und wandelbaren Zeitgenossen, dessen Name untrennbar mit dem Tod Benno Ohnesorgs und der Entführung von Peter Lorenz verknüpft ist.

»Jaques Schuster ist ein großartiger Erzähler. Alles, was er beschreibt, wird durch seinen Scharfblick nicht nur einleuchtend, es wird hochinteressant: Unmöglich, von Schusters Studie nicht gefesselt zu sein.«

Arnulf Baring

360 Seiten, Gebunden, ISBN 3-8286-0015-8

Umschlaggestaltung: Ott + Stein, Berlin
Buchgestaltung: Lisa Neuhalfen, Berlin
Reproduktionen: Mega-Satz-Service, Berlin
Druck und Bindung: Clausen & Bosse, Leck
Printed in Germany 1997
ISBN 3-8286-0012-3

VII
VII
Via Lata
IX
Capitolinus
VIII
X
Palatinus
XIV
XI
Aventinus
XIII
0 200 400 600 800 1000 m